北朝鮮の国家戦略と
　　　　　パワーエリート
－ 幹部政策を中心に －

－ 玄 成 日 －

訳　北朝鮮難民救援基金

まえがき

　私が大韓民国ソウルの地を初めて踏んで、すでに10余年の歳月が流れた。この間、韓国で目撃した多くの変化を振り返って見れば、決して短い時間でない気がする。政権が3回も変わる間に、ＩＭＦで国が破綻するのかと思っていたら、いつの間にか国民所得2万ドルの、世界10大経済大国が姿を現した。国民の胸を抑え付けていた挫折と苦痛は、地球上で最大の祝典だというワールドカップの熱気の中で洗い流されてしまった。我が民族はこのように素晴らしいという事実を、そして私はこのような民族の構成員だという自負を思想学習と宣伝によってではなく、現実を通して実感する瞬間が幾度も訪れた歳月であった。

　変化は、朝鮮半島の南側だけで起きたことではない。それほど変わりそうでなかった私が生まれ育った北朝鮮も「10年経てば山河が変わる」という俗説に逆らえなかったようだ。数多くの餓死者と脱北者を量産した厳酷な試練を経て、社会主義は表皮を残すだけとなり、各自の人生は党と首領、国家でなく、自らが進んで責任を負う熾烈な生存競争の時代に入った。ついには、北朝鮮政権の理念的基礎である主体思想を理論化した黄長燁労働党書記が韓国に亡命する事態まで起きた。こうなると、世界が地球に残る最後の共産主義国家の最後に思いを致すことは、あまりにも自然なことであった。

　しかし、国際社会の予想とは異なり、金正日政権は多くの困難を勝ち抜き、粘り強い生命力を誇示してきた。一方では先軍政治の旗印を掲げて核を武器に外部世界と勝負するかと思えば、他方では、生存のためには何でも行うという実利主義を掲げて世の中を驚かせた。

　何が北朝鮮の真の姿なのか、そして金正日政権の寿命がこれほど永らえた秘訣は何なのか、北朝鮮の変化は政権の意思とどのように関連するのか、国際社会が北朝鮮の願っていることを総て解決してくれるなら、

果たして核を放棄して改革開放の道に踏み出すのかなど、北朝鮮体制の本質と展望に関わる質問を私は数多く受けてきた。この本を出すことにしたのは、まさにこうした質問への解答を模索する意図から出発している。

　この本は、私が2006年8月に慶南大学校大学院に提出した博士学位論文『北朝鮮の国家戦略と幹部政策の変化に関する研究』を基にしている。この論文は、光復後の金日成時代から金正日政権に至るまでの全期間、北朝鮮が追求してきた段階別国家戦略を、その行為主体である権力エリートの養成と補充、管理に関する政策、すなわち幹部政策との相互関連性を調べることで、金正日政権が追求している国家戦略の本質と性格、今後の展望を予測する理論的根拠を提示することを目的に置いた。

　幹部政策を通じて北朝鮮の国家戦略を診断するアプローチは、北朝鮮の国家戦略を表面的でなく、より根本的で制度的次元から分析しようという意図から始まった。つまり、表面に現れた戦略だけを見たのでは、その戦略が出てきた構造的、制度的背景と原因を明らかにするのが困難であり、したがって今後の展望を予測するにおいて限界があるとの判断から、国家戦略の樹立と実行を直接担当している主体としての、権力エリート問題を一つのアプローチとして選択した。

　権力エリート研究を通じて、北朝鮮の政策方向を把握しようという試みは、これまで幾度かなされた。しかし、エリートが政策に大きな影響を及ぼし得る民主主義国家や、さらに中国と過去の東欧社会主義国家と異なり、北朝鮮はエリートが自身の性向と関係なく統治者の意に無条件に従うほかない首領絶対主義体制である。エリートの性向や社会経済的背景を研究だけでは、北朝鮮のような首領絶対主義体制の国家戦略方向を明らかにするには限界がある。

　このため私は、北朝鮮の国家戦略研究には、エリートそのものよりも国家がいかなるエリートをどのように育成し登用、管理するのかという

問題、すなわち幹部政策の研究がより効率的で生産的であるとの結論に至った。幹部政策は、エリートの養成と補充が党と国家の唯一的計画と戦略によって行われる社会主義国家固有の政策である。旧ソ連と中国など総ての社会主義国家で、幹部政策は国家と体制の運命を左右する核心的な位置に置かれた。同じ改革意志から始められたゴルバチョフのペレストロイカは失敗したが、鄧小平の改革開放が成功した秘訣も幹部政策と深い関係を持つことがこの研究を通して立証された。このことから、金正日政権が追求している国家戦略の目標と方向は何か、北朝鮮の幹部政策を研究すれば基本的な答を得られるというのが論文を貫く私の認識であり主張である。

　私が北朝鮮の国家戦略研究のために、権力エリート問題を主題として選択することになった、また別の動機は私の出身背景にある。「抗日革命烈士」の遺児という身分を背景に、父は解放後に万景台革命学院と 6・25（朝鮮戦争）及び戦後に政府護衛総局、東欧留学を経て労働党中央委員会組織指導部副部長と第 1 副部長、幹部部長、検閲委員長、道党責任秘書など権力の核心に永年身を置くことができた。叔父もまた同じような過程を経て、私が韓国に来た後も主に軍部で金正日の側近として変わりなく体制に忠誠を尽くしている。こうした家庭環境で、私は北朝鮮の幹部養成と選抜、登用と管理など全般的な幹部政策の変遷を間近で見ることができた。こうした出身背景での成長と経歴、生活体験もその体制と権力層の生理を把握する上で助けとなった。

　本書は当初、先の論文内容を単に補完して発行する計画であった。しかし論文発表後、数ヶ月の間にも北朝鮮の内外情勢と権力エリートの身に多くの変化が起きた。とくに 2006 年 10 月北朝鮮の核実験と米国の北朝鮮政策の変更、六者会合再開と「2・13 合意」のような情勢の変化は、私に北朝鮮の対米戦略と対中国戦略、対韓国戦略など現実的問題をより深く扱い、北朝鮮の政策決定構造と政策過程での権力エリートの役割と

いう問題を新たに補充する必要性を感じさせた。

　最近、韓国に来た何人かの高位層出身脱北者の証言をまとめる過程で、権力エリートと政策に関する新たな資料と事例を得たが、これも論文の内容を一段階グレードアップする上で大きな助けとなった。これを通じて、北朝鮮の国家戦略と幹部政策の相関関係が、明確に現れていなかった論文の一部問題点を最大限補完するための努力にも、少なからぬ関心を払った。

　本書が北朝鮮を研究する多くの専門家と北朝鮮問題に関心を有する方々に実質的な助けとなることを願うばかりだが、私自身の学術的、論理的な思考と筆力の限界に、執筆の間おおいに悩んだ。適切な韓国式の語彙や表現を探せず、単語一つで何日も悩んだときもあった。本書の所々に、韓国の読者には見慣れず、すぐに理解できない北朝鮮的論理展開や表現、綴り方が残っていないかと心配している。

　私が韓国生活10余年で修士学位と博士学位の取得に至るには、多くの方々の助けと激励があった。まず、韓国生活に適応する以前から、修士課程を終えられるよう支援をして下さったソン・ファンヨン教授をはじめとする韓国外国語大学校の多くの教授と、国家情報大学院のハン・ギス博士にこの機会を通じて感謝申し上げます。

　修士課程を終えてすぐに博士課程に進めるよう、物心両面の支援を下さり、論文を完成できるよう導いて下さった慶南大学校のパク・ジェギュ総長とチェ・ワンギュ指導教授、ハム・テギョン教授、シム・チヨン教授をはじめとする多くの恩師と、思わしくない体調ながら夜を明かして論文を審議・完成して下さった関東大学校のチョン・ギュソプ教授、統一研究院のパク・ヨンギュ前院長にも深い感謝の意を表します。

　私が長期間論文作成と本書の執筆に専念できるよう配慮して下さった国家安保戦略研究所チェ・ビョンジェ理事長とキム・チョンボン所長、パ

ク・サンファン、ソン・ペクス前所長、多くの貴重な資料と手助け、そして勇気を下さった研究所の皆様にも感謝を禁じ得ません。私を学問の道に導いて下さり、常に家族のような情で包んで下さったキム・ヒョンシク教授、キム・スギャン教授、各種貴重な学術的資料と助言を提供して下さった統一研究院のチョン・ヒョンジュン教授、チェ・ジンウク教授をはじめとする多くの学者の方々にも感謝いたします。

　私の論文と本が出るまで惜しみない激励と知恵、貴重な資料を提供して下さった聯合ニュースのチャン・ヨンフン北朝鮮専門記者と脱北第1号博士アン・チャンイル先輩、私の文章に貴重な助言をして下さったキム・ガンウン博士とチョン・チャンヒョン記者、私が知識と学問の限界に直面するたびに挫折せず立ち直るよう精神的に助け、苦楽を共にしてくれた妻チェ・ソンヨンにも常に感謝しています。終わりに、至らないことこの上ない私の研究成果を本として出版できるように引き受けて下さった図書出版先人のユン・ガンベク社長とキム・ジハクチーム長をはじめとした皆様にも感謝いたします。

　この間、私に施して下さった皆様の愛と期待に、この本が少しでも恩返しとなれば、そしてわが民族最大の願いである朝鮮半島の平和統一のために昼夜労苦と心血を注いでいる方々に、少しでも助けになるなら、それに優る喜びはありません。

2007年7月30日

玄　成　日

日本語版への　まえがき

　この本は私が2006年、大韓民国の慶南大学大学院に提出した博士学位論文『北朝鮮の国家戦略と幹部政策の変化に関する研究』を、翌2007年に単行本として出版した『北朝鮮の国家戦略とパワーエリート』（ソウル：図書出版先人）に金正恩三代世襲体制出現に関連する内容を新たに補充し、日本の読者諸氏にご高覧を請うものである。
　いかなる国家においてもエリート、とくに権力エリートは、国家戦略の樹立と実行に決定的な役割を担う。これは北朝鮮も同じだと見られる。このため、権力エリート研究を通して北朝鮮の政策方向を把握しようという試みはこれまで着実になされてきた。しかし、エリートが国家の政策に多大な影響を及ぼす民主主義国家や、中国と過去の東欧社会主義国家などと異なり、北朝鮮はエリートが自身の出身と社会経済的背景、政治的性向や利害関係と関係なく、統治者である首領の意に無条件に従う他ない首領絶対主義体制である。よって、北朝鮮の国家戦略研究のためには体制を構成するエリート自体に対する研究も重要であるが、首領が自身の路線と政策指向に合致したエリートを育成、補充、登用、管理する政策、つまり幹部政策に関する研究がより一層重要であるというのが、私がこの研究に臨むことになった背景である。
　エリートの育成と補充が党と国家の唯一的な計画と戦略によって行われている社会主義国家において、幹部政策は国家と体制の運命を左右する核心的な位置に据えられている。同じ改革意志から始まったゴルバチョフのペレストロイカは失敗したが、鄧小平の改革開放は成功した秘訣も幹部政策と深い連関を持つことが、この研究を通して立証された。北朝鮮が追求している国家戦略の目標と方向が何かは、幹部政策を調べれば基本的な答を得られるというのが論文を貫く私の認識であり主張であ

る。こうした認識からこの研究は金日成時代から現在の金正恩政権に至るまで、北朝鮮が追求してきた段階別国家戦略を、その行為主体である権力エリートの養成と補充、管理に関する政策、すなわち幹部政策との相互連関の中で調べることにした。幹部政策を通して北朝鮮の国家戦略を診断しようというアプローチは、北朝鮮の国家戦略を皮相的でなく、より根本的で制度的な次元から分析しようという意図から始まった。表面に現れた戦略だけを見ては、その戦略が出てきた構造的、制度的背景と原因を明らかにするのは難しく、したがって今後の展望を予測するに限界があるという判断から、国家戦略の樹立と実行を直接担当している行為主体としての権力エリート問題を一つのアプローチとして選択した。

　私が北朝鮮の国家戦略研究のために、権力エリート問題を主題として選択することに至ったもう一つの動機は、私の出身背景にある。父は抗日革命烈士遺児という身分で、解放後は万景台革命学院、朝鮮戦争期は政府の護衛総局(現護衛司令部)所属親衛中隊、戦後は東欧留学を経て労働党中央委員会組織指導部副部長と第1副部長、幹部部長、検閲委員長、道党責任秘書などの要職に起用された。叔父も同様な過程を経て、主に軍部で私が韓国に来た後も長期間最高権力者の信任を維持した。こうした出身と家庭環境ゆえ、私は権力層家族のための平壤南山高等中学校と金日成総合大学英文科を卒業し、同大学の教員、外務省及び海外公館の外交官として勤務するなどの特権を享受し、過ちを犯して左遷された父に従い、家族と共に地方生活も体験するなど、曲折も経験した。私の出生と成長、学歴と経歴そのものが北朝鮮の幹部養成と選抜、登用と管理など幹部政策全般の体験過程であった。この過程で私は、金日成・金正日世代に北朝鮮の幹部政策がどのように確立され整理されたか、統治者が権力エリートをどのように育て、忠誠を尽くすように作り上げたのか、権力層が体制の守護といかなる社会的利害を有しているかを、自身と家族の経験を通して把握し得たと自負している。

この本は2007年出版当時、直ちに日本語翻訳版も出版する計画であったが、様々な事情で延び延びになっていた。そのような中、北朝鮮では金正日の急逝と金正恩三代世襲体制のスタート、張成沢処刑といった予期しない事件も発生した。金日成・金正日時代を背景とした書籍に記述された北朝鮮の国家戦略とパワーエリート構想も、金正恩時代となり持続的な変化を経ている。こうした状況が反映されていない書籍の単なる翻訳は、読者にとって大きな意味がないという判断から、今回の日本語版には金正恩政権の国家戦略と権力エリートに関する1章を新たに追加し、第7章とした。内容上「金日成・金正日・金正恩」三代政権のバランスがとれず、金正恩時代に関する部分が相対的に貧弱となっている。また、記述も金日成・金正日時代の国家戦略と幹部政策については、私の体験・見聞に基づいて比較的充分に内容を展開できたが、私が韓国に来た後に出現した金正恩政権については、北朝鮮の宣伝媒体と韓国をはじめとした外部世界の報道、学会の分析と脱北者証言などを私の経験と常識に照らして、再解釈し評価する方法に依拠するしかなかった点も限界として指摘せざるを得ない。

　にもかかわらず、この本をすでに出版された金日成・金正日時代に関する内容に金正恩政権に関する部分を単に補完する形で出すのは、金正恩政権の国家戦略と幹部政策、権力エリート構造などがほぼ先代からの延長線上にあるからである。よく知られているように、金正日は父である金日成の強大な後見と保護下で10年の後継修行と20年の統治過程を経て、豊富な経験を得て権力基盤を作ることができたが、金正恩に与えられた後継修行期間はわずか3年に過ぎなかった。

　金正日死亡後すでに3年の月日が流れたが、金正恩政権を構成している核心権力エリートの大部分は依然として金日成と金正日によって育成され補充された人物たちである。金正恩政権が内外で直面している多くの危機と難関を克服するために、絶え間ない変化を模索しつつも、基本

的に先代の路線と政策の枠組から抜けられずにいるのも、継承を通した正統性確保が世襲政権の生命であり、先代の遺産である既存統治システムと権力エリート構造が世襲政権の基礎だということと無関係ではない。こうした見地から、金正恩政権の国家戦略とパワーエリートを金日成・金正日時代との連続性の中で考察することは相変わらず意味があると思われる。

　この本が韓国に続き日本でも、北朝鮮を研究する専門家と北朝鮮問題に関心をお持ちの方々に、実質的な一助となることを願うが、私の学術的で論理的な思考と表現力には限界があることを、ご了解頂きたい。

　私が韓国生活10年で修士学位と博士学位を取得し、その後、韓国と日本でこの本を出版できるよう、貴重な助力と激励を送って下さった皆様方に、この機会を借りて改めて謝意を表します。私を支えて下さった方々の愛と期待にこの本がわずかでも応えることができれば、そして我が民族最大の宿願である平和統一のため、昼夜を問わず労苦と心血を注いでおられる方々にわずかでも助けになれば、これに優る喜びはない。

ソウルにて　玄　成　日
2015年2月

目　　次

まえがき　　3

日本語版へのまえがき　　8

第1章　序論　　17
Ⅰ．国家戦略とエリートの相関関係に関する理論的考察　　19
1. 国家戦略と幹部政策の理解　　19
2. 北朝鮮の権力エリートと幹部政策　　22

Ⅱ．旧ソ連と中国の国家戦略と幹部政策　　27
1. 旧ソ連　　28
2. 中国　　32

Ⅲ．研究方法　　43
1. 先行研究の検討　　43
2. 研究方法と範囲　　46

第2章　金日成政権の国家戦略と権力エリート　　51
Ⅰ．金日成唯一支配体制確立　　53
Ⅱ．段階別国家戦略　　59
1. 反帝反封建民主主義革命(1945.8～1947.2)　　59
2. 赤化統一の試み(1947.3～1953.7)　　61
3. 朝鮮戦争後復旧建設と社会主義革命(1953.8～1961.9)　　65
4. 社会主義建設と自主路線(1961.10～1970.11)　　66

Ⅲ．幹部政策の定立と権力エリート　　71
1. 体制形成期　　72
2. 体制強化期　　78
3. 人事制度確立　　89

第3章　金正日後継体制と国家戦略　　93
Ⅰ．金正日唯一指導体制確立　　95
1. 権力世襲の背景と課題　　95
2. 首領絶対主義体制の確立　　97

3. 唯一指導体制構築と権力掌握　　101
　　4. 後継体制の強化　　112
Ⅱ. 国家戦略の継承と検証（1970年代）　　117
　　1. 対内戦略　　117
　　2. 対南・対外戦略　　119
Ⅲ. 国家戦略の持続と変化(1980年代)　　123
　　1. 対内戦略　　123
　　2. 対南・対外戦略　　125
Ⅳ. 体制防衛戦略への転換（1980年代末〜1990年代初）　　131
　　1. 対内戦略　　131
　　2. 対外戦略　　135
　　3. 対南戦略　　145

第4章　金正日後継体制と権力エリート　　147
Ⅰ. 幹部政策の持続と変化　　149
　　1. 首領絶対主義体制確立と忠実性原則　　149
　　2. 唯一指導体制の確立と派閥形成遮断の原則　　151
　　3. 国家戦略継承と元老優待政策　　155
　　4. 国家発展戦略と専門性　　157
　　5. インテリ政策と広幅政治　　162
Ⅱ. 人事制度　　167
　　1. 人事体系と手続き　　167
　　2. 種類別人事過程　　174
Ⅲ. 側近政治と権力エリート　　183
　　1. 側近政治の出現　　183
　　2. 側近抜擢と登用　　186
　　3. 側近管理　　206

第5章　金正日政権の国家戦略　217

Ⅰ. 苦難の行軍と遺訓統治　219
1. 遺訓統治の背景　219
2. 危機克服と軍部統治　221
3. 遺訓貫徹と対内外政策　224

Ⅱ. 金正日政権スタートと国家戦略の変化　227
1. 国防委員会体制スタートと国家機構改編　227
2. 権力構造の変化　230
3. 国家戦略の目標と強盛大国建設　234
4. 先軍政治と実利主義　239

Ⅲ. 体制安保戦略　243
1. 統治理念と洗脳　243
2. 統制と外部思想遮断　250
3. 軍事力強化　253

Ⅳ. 経済発展戦略　257
1. 内閣の権能強化　257
2. 経済改革と実利中心原則　261
3. 変化の背景と限界　267

Ⅴ. 対外・対南戦略　271
1. 核外交と対米戦略　271
2. 対中国戦略　280
3. 対南戦略　287

第6章　金正日政権の権力エリート　295

Ⅰ. 体制防衛と権力エリート　297
1. 実力第一主義と幹部政策　298
2. 世代交代と権力エリート　308
3. 側近政治と体制防衛　314

Ⅱ．政策決定と権力エリート　　325
 1．政策決定の構造　　327
 2．政策決定過程　　338
 3．政策過程の評価　　351

第7章　金正恩政権の国家戦略と権力エリート　　355

Ⅰ．金正恩後継体制と体制防衛戦略　　357
 1．三代世襲体制出現の背景と過程　　357
 2．リーダーシップの危機と後継戦略　　361
 3．後継体制の登場と権力継承　　368

Ⅱ．金正恩政権の権力構造と国家戦略　　381
 1．金正恩政権のスタートと「党＝国家体制」の復活　　381
 2．金正恩政権の権力構造変化　　384
 3．金正恩政権の国家戦略と政策基調　　390
 4．金正恩政権の安定性評価と今後の展望　　394

第8章　結論　　399

参考文献　　411
 1．韓国内文献　　412
 2．北朝鮮文献　　419
 3．外国文献　　423
 4．その他資料　　425

著者紹介　　426
監修者あとがき　　427
翻訳を終えて　　430

図　目次

図	1-1	北朝鮮の幹部補充構造	24
図	1-2	北朝鮮の幹部政策構成要素	26
図	3-1	労働党中央委員会の指導体系	103
図	4-1	北朝鮮の幹部事業体系	167
図	5-1	金正日の統治構造と方法	234
図	5-2	金正日政権の国家戦略目標と性格と推進方法	241
図	6-1	北朝鮮の段階別政策決定過程	338
図	7-1	第3次党代表者会を通してみた労働党の組織構成手続き	369
図	7-2	第3次党代表者会以後の労働党中央委員会組織構造と機能	372

表　目次

表	2-1	解放後の北朝鮮地域内の主要政治分派	54
表	2-2	北朝鮮樹立時の各派閥の権力配分状況	56
表	2-3	金日成の唯一支配体制確立過程	58
表	2-4	体制形成及び強化期の社会主義国家などの幹部政策	72
表	3-1	労働党第6次大会直後の政治局常務委員の兼職	115
表	4-1	北朝鮮の人事担当機関と人事対象	169
表	4-2	親密な関係形成時期による出身別金正日の側近人物	189
表	5-1	時期別国防委員会構成の変化	228
表	5-2	北朝鮮の年度別経済成長率と貿易収支変化の推移	266
表	6-1	北朝鮮の市場経済教育現況	306
表	6-2	国防委員会構成員の兼職状況	332
表	7-1	第3次党代表者会で断行された労働党指導部人選結果	377

第1章

序　論

Ⅰ. 国家戦略とエリートの相関関係に関する理論的考察

1. 国家戦略と幹部政策の理解

　国家戦略(national strategy)の概念については≪ある国家が政治、経済、対外関係、安保、社会、文化などの諸分野で中長期的に推進すべき政策に対する総合的で体系的な計画と構想≫[1]という主張と、≪脅威に対応して国家の安全を保障するだけでなく、機会を捉えて国家の発展と繁栄を追求する包括的接近方法≫[2]という主張、そして≪ある国家が自国の安全と繁栄を保障し、国家の未来を確保するために追求すべき目標と方法を扱う総合的な接近方法≫という主張[3]など多様な解釈がある。こうした主張は、国家戦略が国家の利益、つまり国民的要求と利益実現を目標としているという共通した認識から始まっている。国家戦略の樹立と実行の実質的な行為主体である政権が、国家の利益よりも政権の利益だけを追求、もしくは政権の利益のために国民を犠牲にする戦略を追求すれば、こうした戦略は決して国家戦略とは言えない。政権を樹立して実行する戦略が、特定政派の利益でなく全国民的利益を追求する国家戦略となるには、合理的な国民意志の樹立及び利害関係の反映過程と、議会の監視と制御など民主的意志決定構造と、個人や集団の利益を全国民的利益に昇華するための広報と推進力などが必要である。[4]

---

[1] チョン・ソンジャン「革命戦略」；世宗研究所北韓研究センター『北朝鮮の国家戦略』(ソウル：図書出版ハンウル、2003) p.25
[2] チョン・ソンフン「韓国の国家利益と国家戦略」、『国家戦略』第5巻2号(1999) p.173～174
[3] ハン・ベホ「『国家戦略』発刊に寄せて」、『国家戦略』第1巻1号(1995) p.5～10
[4] キム・ジェハンは国家戦略に対する論議は国家利益(national interests)を定義した後に可能だと言いながら、国家戦略は国民の意思を収斂して形成されるものであるが、国家戦略が広報により

こうした一般的国家戦略の概念を適用する場合、体制防衛を最優先する北朝鮮政権の戦略を国家戦略と呼べるのか、という根本的疑問さえ提起される。このことから、国家と政権が同一視される北朝鮮のような唯一支配体制では、国家戦略の概念に政権安保や体制防衛のような概念が含まれざるを得ない。

北朝鮮は「国家戦略」という用語を使用しないが、一般的な「戦略」を《革命の基本任務を実現するため、該当する革命段階の全期間に堅持される党の一般的闘争綱領と基本方針》と定義している。[5]すなわち、国家戦略の行為主体が党だという点を明らかにしている。しかし北朝鮮のような「党国家体制」(Party State System)[6]では国家の総ての戦略と政策が党によって樹立されるという点から、党の戦略はすなわち国家戦略だということを否認できない。

北朝鮮はまた、戦略には《該当する革命段階から到達すべき目標と主要攻撃方向、革命力量編成と闘争の基本方法が含まれる。戦略は与えられた革命段階の全期間変わらない》と説明している。[7]北朝鮮で「革命戦略」は政権樹立から思想・技術・文化の三大革命と南朝鮮革命、世界革命に至るまでその意味が非常に広範囲で包括的に適用されている。よって革命戦略は政治、経済、安保、対南、対外など各分野の政策に対する「総合的で体系的な計画と構想」という意味から事実上、国家戦略と同じ地位に置かれると見ることができる。[8]

北朝鮮は革命戦略の特定の革命段階に局限することで、逆説的に革命の段階が変われば、国家戦略も変わらざるを得ないと認めている。共産主義政治体制の変化に関する研究で、一般的に使用される有用なモデルとして、ジョウィット(Kenneth Jowitt)によって提示された段階別特徴化モデルを挙げることができる。彼は、社会主義国家の発展過程を三段階、すなわち体制建設(system building)、組織強化(system consolidation)、組織運営(system management)段階に区分し、各段階の特徴を変革、強化、融和と規定した。

再び国民の意思決定に影響を与えると主張している。キム・ジェハン「韓国国家戦略の概念的構図」、『国家戦略』第5巻1号(1999)p. 215〜222

[5] 『朝鮮語大辞典(2)』(平壌:社会科学出版社、1992)p. 135

[6] Jan.F.Triska (ed), Communist Party-States: Comparative and International Studies (Indernapolis:Bobbs-Merril, 1969): Milovan Djilas, The New Class: An Analysis of the Communist System(New York:Frederick A.Praegre, 1957).

[7] 『朝鮮語大辞典(2)』p. 135

[8] チョン・ソンジャン「革命戦略」p. 24〜27

[9] しかし国家の発展戦略とその下位概念としての政策の変化を表すために用いられる段階別区分は、これよりもはるかに複雑で複合的な要因の影響を受ける。安保戦略と経済戦略、外交戦略など、下位戦略の変化時点と様相は同時に現れるよりも互いに違って現れ、もしくは一部の戦略は連続性を帯びる反面、一部の戦略だけ変わる場合も多々発見される。

したがって北朝鮮の場合、発展段階ごとに国家戦略の性格は、どのような部分が維持され、どのような部分が変化してきたか、それにより影響を受ける様々な要因との関連性との中で調べることにより、北朝鮮の国家戦略の本質と展望を評価し得る理論的根拠を導出できる、というのが本研究の提起する仮説である。そして段階別国家戦略により影響を受ける、こうした様々な要因の中で本研究が最も核心的な要因として選択し、従属変数として示したのがまさに北朝鮮の幹部政策である。

多元化した民主主義体制では、政府と民間団体、企業など社会に必要なエリートを、国家が一定の原則と基準を持って育成、補充、管理する国家次元の政策を樹立して推進することは不可能であるだけでなく、民主主義的価値にも合わない。よって社会内教育と経済活動、市民社会、そして選挙のような各種政治行為を通じて、エリートが自発的に生成されて補充される。反面、社会主義国家では国家が、より正確には党が、国家戦略だけでなくエリートの育成と補充、登用と管理などを総合的に計画し実行する。エリートの育成と補充、管理全般を合わせた政策が、まさに社会主義国家で実行されるいわゆる幹部政策である。

社会主義国家の幹部政策は、その国家の政策指向性を反映するという仮定から、北朝鮮の国家戦略研究を目的とするエリート研究も、エリート自体に対する研究よりも、国家がエリートをどのように育て、どのように補充・管理するのかという政策、つまり幹部政策に対する分析が、より現実的で効果的なアプローチだと見られる。よって本研究は、光復(訳注:主権回復)以後60数年間の北朝鮮国家戦略の変化過程を、幹部政策との関連の中から調べ、北朝鮮が指向する国家戦略の方向が何であり、またその実現のため、どのような幹部政策を追求するのかを評価することに目的を置いた。

---

9 チェ・ワンギュ『北朝鮮はどこへ』(馬山:慶南大学校出版部、1996) p. 325

2. 北朝鮮の権力エリートと幹部政策

　北朝鮮は「エリート」の意味について「反動的ブルジョア社会学説で『選抜された者』という意味の言葉」だと解説している。「エリート論」と関連しても「搾取社会の階級構造を『指導能力』を有する『エリート』と『受動的大衆』の関係として描写し、『エリート』による人民大衆の支配と抑圧を正当化する帝国主義統治者どもの反動的な社会学理論」と定義している。[10] 北朝鮮の主張通りならば、社会主義国家には支配階級としてのエリートは存在しないということである。

　しかし周知のように、北朝鮮をはじめとする社会主義国家にも、エリートの概念に該当する社会階層は、明らかに存在している。こうした社会指導層に該当する北朝鮮の語彙的表現として「幹部」もしくは「民族幹部」を挙げることができる。幹部(cadre)という用語は、元来ロシア革命と関連して登場した後、中国語に翻訳されて革命運動の中心人物を意味する。こうした元来の意味から見れば、幹部は革命の追従者である大衆と対比される指導者を意味する。しかし中国共産党が執権した後、幹部の意味は生産的な肉体労働に従事せず、国家予算から報酬を受ける総ての人々を含むと拡大された。[11]

　北朝鮮は「幹部」の意味について「党及び国家機関、社会団体など一定の責任ある地位で仕事する核心活動家、党の骨格力量であり党の政策を組織・執行する革命の指揮成員であり大衆の教育者である」と定義している。[12] 他方で「民族幹部」に対しては「己の民族の繁栄と発展のために奉仕できるよう教育・教養（訳注：北朝鮮の社会生活と活動に能動的に参加できる資質を持たせる洗脳教育）され準備されたその民族出身の幹部」と定義している。[13] これは、民族幹部が狭義の幹部だけでなく、これから幹部になり得る資質と能力を持つ幹部候補群、すなわち各分野の官吏と公務員を含む広義の概念を表している。

　このように北朝鮮でも権力エリート、もしくはエリート一般の範疇に属する階層が存在するにもかかわらず、エリートを社会主義体制とは関係のない

---

10 『朝鮮語大辞典(2)』p. 1757
11 イ・ホンヨン著、カン・ギョンソプ訳『中国の政治エリート、革命幹部世代から技術官僚時代に』(ソウル：羅南出版, 1997) p. 18
12 『朝鮮語大辞典(1)』(平壌：社会科学出版社, 1992) p. 64
13 『朝鮮語大辞典(2)』p. 1227

階層であるかのように否定的に蔑む理由は「支配階級」というエリートの階級的価値が「社会的平等」を標榜する社会主義的価値にそぐわないという認識と、[14]資本主義社会では、エリートが出身と社会経済的背景による階級的身分であるのに反して、社会主義社会では、幹部は国家政策によって育成され選抜される労働階級出身の指揮構成員だという認識によると見られる。

　北朝鮮でエリートの意味を持つ他の用語として、知識人もしくはインテリを挙げることができる。北朝鮮では知識人に対し「一定の知識や技術を持って精神労働に従事する社会階層又はその階層に属する人」と定義する。[15]結局、北朝鮮が言う知識人もしくはインテリは、一定の教育水準と学歴を有するという意味から、エリートの範疇に属すると見ることができる。しかし、成分上労働階級と差別される「主に自己の知識と技術で各種の階級に服務できる」動揺階層、[16]もしくは「どの社会やどんな革命でも他の階級や階層を指導できない社会階層」という意味で政治エリート、すなわち幹部と区別される技術専門エリートを意味する。北朝鮮は「インテリは革命の指導階級になれない」としつつも、ロシアや中国など社会主義国家では革命を主導し政権を樹立した革命エリートの大部分がインテリ出身であったという点について、彼らは知識階層の利益を代弁したのでなく、労働階級の利益を擁護し、啓蒙する先駆者の役割をしたので、労働階級の代表者と見なければならないと力説している。[17]

　北朝鮮でエリートの範疇に関して注目されるもう一つの対象は、党員階層である。外部世界には、北朝鮮で労働党が占める指導的地位と役割から、党員を特権階層と見る視角が少なくない。もちろん金日成が「私たちの党は労働者、農民、勤労インテリの中で社会主義、共産主義偉業の勝利のために身を捧げて戦う覚悟を持った最も先進的な人々によって成り立つ革命的組織体である」[18]と言及したように、党員は出身と思想性、能力など総ての面で厳格な

---

[14] ミルス(C.W.Mills)はエリートを「ある社会の重要な支配的制度内で最高の地位を占有して政策決定を担当する人」と定義している。C.W.ミルス著、チョン・ドックュ訳『パワーエリート』(ソウル：ハンギル社、1976) p. 6

[15] 『朝鮮語大辞典(1)』p. 1708

[16] 金日成「私たちの党のインテリ政策を正確に貫徹することについて」(咸鏡北道インテリを前に行った演説1968年6月14日)、『金日成著作全集(5)』(平壌：朝鮮労働党出版社、1972) p. 102

[17] リ・サンゴル『社会主義と知識人問題』(平壌：社会科学出版社、1995) p. 12～13

[18] 金日成「党員たちに対する党生活指導を強化し、私たちの党幹部政策を正しく貫徹することについて」(道党組織部長、幹部部長たちの前でした演説1968.5.27)『金日成著作全集(5)』p. 77

検証を経て選抜される「精粋分子」たちである。

しかし、北朝鮮で幹部やインテリが独自の階層を成す反面、党員は一つの階層というよりも各階級と階層ごとに布陣して、自己の階層を代表する「先駆者」と見ることができる。こうした先駆者は、今後幹部階層に編入され得る「人材プール」の性格を持つ。よって北朝鮮で幹部は総て党員であるが、全党員が皆幹部という訳ではない。しかし、労働党入党が幹部になるための最初の関門だという意味から、エリートの概念と党員の意味は密接した関連性を持つ。

北朝鮮は、幹部政策について「党と国家が幹部を育てて選抜配置し、教養（訳注：洗脳教育）する上で堅持する政策」と定義している。[19]これは、幹部政策が、幹部の補充だけでなく、育成と管理の全般に具体化されることを意味する。こうした意味から、北朝鮮で幹部政策は、幹部選抜に関連する人事政策と幹部育成のための教育政策、そして技術専門エリート補充に関するインテリ政策などを総て含む。

図1-1　北朝鮮の幹部補充構造

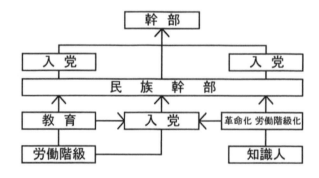

幹部補充と関連した人事政策には「幹部の表徴」と「幹部事業原則」など幹部の選抜と登用、管理の原則と方向を示す各種指標がある。「幹部の表徴」とは「幹部を選抜して配置するために基準としなければならない属性」[20]すなわち、どのような人が幹部になれるかということに関する資格基準を意味する。「幹部事業原則」は、こうした資格を備えた幹部をどのように選抜し、幹部集団を

---

[19] 『朝鮮語大辞典(1)』p. 64
[20] 前掲書 p. 64

どのように構成し、補充された幹部をどのように管理するかに関する原則を意味する。こうした見地から幹部の持続的忠誠心を引き出し、彼らの業務能力を極大化するための指導者の用人術と幹部管理手法も、幹部政策における、一つの非公式的な要素になり得る。

　北朝鮮ではインテリ政策と教育政策も幹部政策の重要な要素である。北朝鮮のインテリ政策は、体制形成期に国家建設と経済再建に求められる人材確保の必要性から技術専門エリートの抱き込みを基本としたが、体制強化期と管理期に移りインテリの思想改造と思想鍛錬を目的とした「インテリの革命化・労働階級化」政策に転換した。インテリの革命化・労働階級化がインテリ政策の重要な構成部分であることは、金日成の次のような言及から確認される。

　　私たちの党は…解放直後インテリを大胆に抱擁して党にも受け入れ、彼らと手を取って新しい社会、新しい生活を建設するという偉大なる革命事業を一緒に行う方針を取りました。…民主主義革命時期だけでなく社会主義革命段階でも党はインテリを信じ、絶えず教養改造しながら共に手を取り闘争してきました。…現実は、私たちの党が今まで実施してきたインテリ政策が本当に正しかったことをはっきりと示しています。…私たちは数年前にあった党代表者会議で、労働者、農民たちと共にインテリを革命化することに対する問題を重要なこととして提示しました。私たちの党が最近になってインテリを革命化することに対するスローガンを出したからと言って、党のインテリ政策に何らかの変化が生じたのでは決してありません。[21]

　結局、革命化・労働階級化を通し「改造され検証された」インテリは技術専門エリートとして権力に迎え入れ、新たな理念と制度に適応できないインテリは排除された。

　教育政策も民族幹部の育成に関わるという意味から、幹部政策と密接な関連性を持つ。換言すれば、どのような人を幹部として補充するかという問題と、そのような資格を備えた人を国家がどのように育てるかという問題は互いに切り離せない、総合的な幹部政策を構成すると言える。

　このように北朝鮮では国家的次元から幹部を政策的に育成・補充・管理す

---

[21] 金日成「私たちの党のインテリ政策を正確に貫徹する事について」p. 108～109

ることで人事政策と教育政策、インテリ政策が総合的幹部政策を構成している。

社会主義国家において国家が幹部政策を通してエリートを直接育成、補充、管理するのは、幹部政策が国家政策と関わることを示している。幹部政策と国家戦略のこうした相関関係は、国家発展の段階ごとに幹部政策がどのように変化してきたかを調べることにより、各段階で国家が何を追求したのかをより深く把握する概念的枠組を提供してくれる。

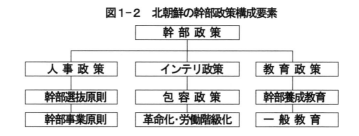

図1-2　北朝鮮の幹部政策構成要素

こうした幹部政策は体制形成期と強化期、管理期のような諸発展段階の国家戦略と共に持続的な変化の過程を経る。[22]とくに、政治エリートの補充及び昇進基準において優先順位がイデオロギーや政治的忠誠を優先する「党性」から、管理と行政能力を重視する「専門性」に移っていくことは、変化を追求することに先んじて社会主義国家で一般的に現れる現象である。[23]しかし、こうした専門性の強調が現実に具体化されるやり方は国ごとに異なると見られる。

こうした見地から旧ソ連と中国のような国家で、国家の改革戦略が幹部政策とどのような関係性を持っているのかを調べる必要がある。これは北朝鮮が追求する国家戦略の本質と展望についても、多くの点を示唆してくれるだろう。

---

[22] 社会主義政治体制の発展段階を体制の形成期と強化期、もしくは安定期と管理期などに区分し、各段階でのエリートの補充原則と基準が変化してきたという見解に対してはチェ・ワンギュ『北朝鮮はどこへ』p.307～308；チョン・ヒョンジュン『金日成政権の権力エリート研究』(ソウル：民族統一研究院、1995)p.7 などを参照。
[23] チェ・ワンギュ『北朝鮮はどこへ』p.307

II. 旧ソ連と中国の国家戦略と幹部政策

　過去と現在の総ての社会主義国家は、マルクス・レーニン主義理念とスターリン式政治構造という同じ土壌から出発し、共産主義社会建設という究極的目標を共有する同質の体制であった。しかし、これらの国家は、各自の発展戦略を追求する過程で体制の崩壊と経済改革による政治的安定の維持、既存路線の固守という互いに異なる道を歩むことになった。

　しかし、これら国家の中に最初から社会主義を放棄するために変化を追求した国はない。旧ソ連のゴルバチョフも、当初の目標はソ連体制の資本主義化ではなく社会主義体制の再建にあった。つまり、共産党の支配体制を維持しながら指導部による上からの改革を追求した。これはゴルバチョフが1989年11月28日、ソ連共産党機関紙『プラウダ』に寄稿した「社会主義思想と革命的ペレストロイカ」という論文を見れば分かる。彼はこの論文で「西側資本主義国家で成果を上げてきた社会民主主義の経験を学ぶ必要がある」として、ソ連はこれから「人間の顔を備えた民主主義的社会主義を指向する」と強調した。それと同時に彼は「現段階では一党独裁の維持が望ましく、改革の渦中に党は大衆扇動や民族主義的で排他主義的な特定集団の利益に対しても譲歩できない」とした。[24]

　より良い社会主義建設を目的にした改革が、中国とベトナムでは成功したが、旧ソ連と東欧では失敗した原因がどこにあるのかについて、これまで多くの研究がなされた。[25]

　これまでのところ、中国の場合は、政権が自ら改革の主体になり政治改革を最小化しつつ漸進的な経済改革を推進した反面、ロシアでは権力が改革の対象となり、政治改革先行の口実を与えることによって改革が重心を失い、急進的な私有化方向に向かったことが成敗の原因だと指摘されている。[26]

　そうならば、どうして中国やベトナムでは政権が改革の主体になり得たの

---

[24] チョン・ヨンソク『共産圏の変化実状と本質』(ソウル：図書出版タナ、1990) p. 77〜79
[25] 代表的な研究としてはSusan L.Shirk 著、チェ・ワンギュ訳『中国経済改革の政治的論理』(馬山：慶南大学校出版部、1999)；チョ・ハンボム『中国とロシアの経済体制改革比較研究』(ソウル：民族統一研究院、1997)；チョン・ヨンソク『共産圏の変化実状と本質』；ソ・ジェジン他『社会主義支配エリートと体制変化』(ソウル：未来人力研究センター、1999) などがある。
[26] ソ・ジェジン、チャン・ギョンソプ「序論」ソ・ジェジン他『社会主義支配エリートと体制変化』p. 25

に旧ソ連ではこれが不可能だったのか、より根本的な疑問が提起される。こうした疑問への解答を探すため、改革の失敗と成功の代表的事例として挙げられる旧ソ連と中国の国家戦略を幹部政策との関連で考察したい。

1. 旧ソ連

旧ソ連でゴルバチョフの改革政策が、共産党と連邦の解体と社会主義の終末を招来した1次的原因であったことについてはすでに言及した。1970年代後半から鈍化し始めたソ連の経済成長は、1980年代初に至り政権樹立後最低水準の2％台に落ち、1980年代後半には実質成長率0％を記録した。[27]

旧ソ連での経済没落の原因について様々な見解があるが、おおよそスターリン式官僚主義的計画経済という社会主義経済の構造的矛盾と非効率性、[28]官僚たちの不正腐敗、米ソ冷戦と軍備競争による過度な軍事費支出などが主に挙げられる。

経済の長期沈滞と指導層の特権による階級・階層間不平などの深刻化は、1950～1960年代の世代交代とフルシチョフの改革の試みを通して蓄積された国民の意識転換と結び付き、改革されるべきとの全社会的共感を育んでいった。それにもかかわらず、ブレジネフをはじめとするソ連の指導者たちは、安定と順応を強調する安易な政策をとり、葛藤と矛盾は一層深まった。

1985年、権力の座に昇ったゴルバチョフは「強力で調和のとれた公正で先進化した理想の社会主義国家」の復活を目標に掲げて本格的な改革に着手した。彼はブレジネフ時代の政策の大部分を廃棄し、対内的には経済の効率性向上と市場社会主義を目的とした再編(perestroika)、自由な意思と批判の表出と民主的政治参加を意味する公開的討論(glasnost)を主唱した。対外的には、GNPの25％に達する軍事費負担を減らし、国際社会の支援と協力を得るた

---

[27] チョ・ハンボム『体制転換期ロシアの社会像研究』(ソウル：統一研究院、2001) p. 4；自由評論社『東欧圏国家の変革と葛藤』(ソウル：自由評論社、1989) p. 14
[28] 経済学者ペセルコフはソ連の行政・命令経済の欠陥に対して七種を指摘している。まず、計画は少なく割当を受け奨励金を多く受けようとする企業の努力、第二に作業割当量を少なく受けようとする労働者の努力、第三に科学技術の進歩に対する企業の無感覚、第四に原料不足に比して経済メカニズムの乱費、第五に企業の品質向上努力の不在、第六に放漫な経済体制を密度ある集中体制に転換する事の失敗、第七に生産効率性に対する無関心などである。チョ・ハンボム『体制変換期ロシアの社会像研究』p. 7～8

めに「新思考」に基づく米ソ・中ソ関係正常化と核軍縮、東欧社会主義圏と第三世界国家への介入中断などの政策を追求した。[29] しかし対外関係では冷戦終息とドイツ統一、東欧社会主義圏の民主化、中ソ関係回復、アフガニスタンからの撤収などの成果が成し遂げられた反面、国内経済の回復と政治改革では失敗を重ねた。

ゴルバチョフの改革は、堅固な旧官僚制度上で推進された。旧ソ連の行政命令式経済体制の非効率性を招来した原因であるこのような官僚体制は、改革過程でも大きく変わらなかった。民営化以後も経済エリートは以前の座にそのまま残り、地位にも何ら変動がなかった。市場経済への移行は、かえって「ノーメンクラツーラ」[30]たちに、もはや陰の特権ではなく「正当で合法的」方法で富を蓄積する機会を提供した。[31]

既得権を維持した旧官僚体制の改革がない中途半端な経済改革は、特権層の不正蓄財と腐敗を合法化し、経済のマイナス成長と超インフレーション、さらには経済体制の総体的崩壊を招来した。結局、行政命令式経済体制の根幹を成している官僚機構自体の改革なくしては、経済改革が不可能だということが明らかであったが、こうした官僚機構改革は、権力層内部からの強力な反発と抵抗に直面した。これはゴルバチョフをして、鄧小平のような果敢な官僚制度の改革を躊躇させた。

これ以後、ゴルバチョフが選択した代案がグラスノスチ、すなわち公開討論を通じて改革に対する国民と知識人たちの支持を確保することで伝統的保守主義者たちに圧力をかけることであった。[32] しかしグラスノスチは当初の目的と異なり党と理念、体制の正当性と信頼を崩して、国民的不満の噴出と自由主義思潮の流入に機会を与えることで、政治改革の入口を開く結果を招いた。直接選挙の導入による政治構造の改革と民主化は、急進的改革派の勢力化と政治的混乱、権力層の分裂を加速化した。ゴルバチョフは保守強硬派とエリツィンのような急進的改革勢力間の妥協を試みたが、これは自身の政治

---

[29] ジョン M. トムソン、キム・ナムスン訳『20世紀ロシア現代史』(ソウル：社会評論、2004) p. 607
[30] ノーメンクラツーラは「最も重要な職位を構成する人々の名簿」を意味するソ連社会の特権階級であった。ノーメンクラツーラは共産党党員が党と政府及び他のソ連社会の機関で要職を占めることになっている体制と見ることができる。ジョン M. トムソン『20世紀ロシア現代史』p. 745
[31] チョ・ハンボム「ロシアの体制転換と支配エリートの性格変化」、ソ・ジェジン他『社会主義支配エリートと体制変化』p. 45～46
[32] ジョン M. トムソン『20世紀ロシア現代史』p. 621

的立場の弱化と大衆的人気の急落という結果をもたらし、ついに共産党解散とソ連邦解体という終末を招来した。

ゴルバチョフの改革戦略が失敗したことは、まず彼自身の資質に原因を見出すことができる。ゴルバチョフは改革の全期間、社会主義理念と党の指導に固執した。ゴルバチョフやフルシチョフは皆、イデオロギーの見地から共産主義的価値と原則に忠実であり、党に依存的であったために、彼らから真の改革に必須な前提条件である中央集権的計画経済と集団農場体制の廃止、市場化と私有化のような体制否定的措置は期待しがたかった。[33] ゴルバチョフは改革の意志は確固としていたが、明確な中長期的ビジョンの提示に失敗し、改革プログラムを一貫性を持って推進できず、決定的な瞬間に優柔不断な態度を執るなど改革主体としての強力なリーダーシップと決断力が欠如していた。改革に対する保守派の抵抗に直面すると、ゴルバチョフはエリツィン、ヤコブレフ、メドベージェフ、シュワルナゼなどの改革派を前面に立てて改革を主張させながら、自身は中立的立場をとるなど機会主義的な態度を見せた。[34]

さらに重要な問題は、ゴルバチョフが党と国家の指導部と官僚制度そのものを自身の意図に合うように改革するための緻密で計画的な幹部政策を改革に先行させなかったことである。執権後ゴルバチョフは、まず党政治局と秘書局をはじめとする指導部からブレジネフ系列の保守派を退任させ、グロムイコとシュワルナゼ、エリツィン、ザイコフなど改革派の人物を主な要職に任命した。また、1986年第27次全党大会で中央委員会委員の過半数を新たな人物に交替し、共和国、州、地区レベルの党官吏たちも大部分交替した。しかし、このように補充された官僚は、改革の本格的な推進過程で急進改革派と強硬保守派に分裂したため、改革の推進力と方向を失った。[35]

大部分の社会主義国家では、革命エリートが政治権力を掌握した後に、国家建設と運営に必要な知識人と専門家、技術者を迎え入れるために統一戦線的性格の幹部政策を実施しており、これは旧ソ連でも同じであった。[36] しかし、

---

[33] 前掲書、p. 723~724
[34] ホン・ヨンイク「ロシアのニューリーダー、プーチンのリーダーシップと国内外政策研究」；イ・ミョンウ編『政治エリート研究、2002：中国、日本、ロシアを中心に』（ソウル：世宗研究所、2002）p. 128
[35] ジョンM.トムソン『20世紀ロシア現代史』p. 611
[36] イ・ホンヨン『中国の政治エリート』p. 15

このように抱き込まれた技術専門エリートは、補充基準において、理念と党性が優先視される政治権力よりも、行政・経済・科学・教育、社会・文化などの専門分野に主に補充された。体制強化期に入って「新たな思想と技術の教育を受けた」新知識人は「古い思想に染まった」旧知識人を専門分野から押し出しただけでなく、世代交代の過程で革命エリートが掌握している政治権力も受け継ぐことになった。

旧ソ連をはじめとする社会主義国家では、こうした政治権力の継承問題を解決するために理念教育分野を発展させた。そして一方では、イデオロギーと政治理論で武装した社会科学エリートが、権力に進出して新進政治エリート集団を形成し、他方では自然科学を専攻した専門技術エリートが、行政及び経済、社会分野の新たな技術官僚集団を形成する構造が確立された。社会主義国家では新進エリートの大部分は、出身階級と社会的背景から見ると体制の受恵者という点で、革命エリートと価値観や性向を共有しつつも、同時に環境変化への適応と思考の柔軟性から知識人固有の実用主義的特性も合わせて示している。

社会主義国家で体制形成期から強化期を経て管理期に移る過程にエリートの補充基準が緩和され、合理的な専門基準が重視されたこともエリートの価値観と性向変化の一助となった。とくにこうした補充基準の変化が現実に適用される形式においても、かつての単純に政治エリートの専門知識と能力向上を強調、もしくは技術専門エリートの補充で党性よりも能力を優先した方式から一歩進んで最初から技術専門エリートを政治権力に迎え入れる「互選」(co-optation)が主要補充方式として座を占めることになった。[37]

世代交代によるエリートのこうした政治的性向の変化にもかかわらず、彼らがゴルバチョフの確固とした改革主体勢力として結集できなかったのは、主要職位が党中央委員会の制度的装置の中で維持され、党の階級構造の同意

---

[37] 互選は政治エリートが、既存の権威とリーダーシップを損傷させずに専門技術と体制の安全を同時に確保することができる一種の防御メカニズムと説明された。すなわち、集団代表を許容することによって政策決定者と社会的機能集団間にコミュニケーションを促進させる反面、新たな技術専門エリートを党支配下に統合することにより代表と統制という二つの機能を達成することができるということである。フレロン(F.J.Fleron)によれば、補充は一人の経歴において初期に政治的リーダーシップに編入されたことであり、互選は中間や後期段階、すなわち非政治的専門分野で7年以上過ごした後に政治的リーダーシップに編入される事をいう。チェ・ワンギュ『北朝鮮はどこへ』p. 322

なくしては、こうした職位への任命が不可能であったソ連体制固有の制度的特性、すなわち、高度に中央集中化された国家官僚制に起因すると見られる。党と国家の総てのエリートは党員として党の上位位階構造によるか、少なくともその同意の下で任命されるだけでなく、各分野の管理職に対する「推薦権」と「任命権」を有しており、こうした人事特権から能力よりは忠誠心と人脈が重要な基準として作用した。[38]

結局、ソ連の支配エリートは権力を基礎として自分たちの地代(rent)を極大化することで一つの特権階級を形成した。「ノーメンクラツーラ」とも呼ばれるこれら特権層は国家所有に対する統制権を持ち、序列によって厳格に区分された供給及び特恵制度によって排他的な既得権を享受し、したがって彼らに重要な事は自身の既得権を保障する体制の安定的な持続であった。[39]

ソ連官僚制度のこうした慢性的な問題点は、改革意志と欲求が強い制度圏外の知識人階層と専門技術エリートを権力機構内に吸収して改革の主体として活用する際に障害となった。知識人階層はゴルバチョフの改革を当初から熱烈に支持し、伝統主義的思考から抜け出せずに改革に冷淡な反応を見せている党官僚を辛辣に批判した。[40]ゴルバチョフは改革プログラムを構想するに際し国内外の有能な人材とインテリの協力に基づき、彼らを前に立て、改革に対する国民的支持を確保する努力を持続的に追求したが、いざ彼らを改革の指導勢力とするには失敗した。結局、既得権の維持だけを追求する無能な政治権力は、経済改革失敗の総ての責任を負って自身が改革の対象に転落することで、政治的かつ急進的体制転換の口実を提供することとなったのである。

2. 中国

旧ソ連の政治権力が改革の対象になったのとは異なり、中国では政権が改革の主体となり、政治的安定に基づく漸進的で持続的な経済改革を追求することによって、一党独裁と体制を維持しながらも経済成長を成し遂げられる

---

[38] チョ・ハンボム「ロシアの体制転換と支配エリートの性格変化」p. 40〜44
[39] ウ・ピョンギュン『ソ連崩壊と現代ロシア政治』(ソウル:図書出版メボン、2002) p. 182〜183
[40] 自由評論社『東欧圏国家の変革と葛藤』(ソウル:自由評論社、1989) p. 62

ことを示した。[41]

　中国で改革と開放は、遠くは建国以後「革命」(紅)と「発展」(専)という二つの目標の優先順位をめぐり繰り返して来た「左」と「右」、「保守」と「改革」の路線葛藤で、左傾的急進勢力が敗北し、改革的実用主義勢力が勝利した結果と見ることができる。[42]しかしより厳密な意味から見ると中国の改革の直接的動機として作用したのは、鄧小平をはじめとした元老革命家たちを政治的に埋葬しようとした文化大革命それ自体であった。

　文化大革命は、中国の権力エリートを4部類に分けた。[43]第一は、劉少奇と鄧小平など文革の犠牲者で、大部分が毛沢東の死後権力に復帰した。第二は、周恩来、李先念、葉剣英など批判を受けたが粛清を免れた生存者である。第三は、華国鋒など毛沢東に忠誠し文化革命を支持することで昇進した文革の受恵者たちである。第四は、文化革命の主導勢力として、宣伝扇動分野の掌握を通じて大衆動員を煽った江青、張春橋、王洪文、姚文元などの「四人組」と林彪をはじめとした軍部将校集団であった。文化革命の主導勢力は1971年、林彪の「反革命陰謀事件」と毛沢東の死亡により文化革命とともに歴史の中に消え、文革の受恵者も毛沢東の失政と文革、四人組に対して曖昧な立場を取ることで、鄧小平など「平反(訳注：中国語で名誉回復)」された幹部たちの批判を受けて没落した。[44]

　元老革命家たちが、権力に復帰した後に結集した改革主導勢力になり得た重要な背景は、彼らが文化革命の犠牲者として同病相憐れむ心境から鄧小平を中心に凝集力ある集団を形成でき、華国鋒など文革の受恵者に比べて毛沢

---

[41] チャン・ギョンソプ「中国の体制改革と支配エリートの性格変化」、ソ・ジェジン他『社会主義支配エリートと体制変化』p. 70～72
[42] キム・チョンゲ『中国の権力構造とパワーエリート』(ソウル：平民社、1994) p. 9
[43] イ・ホンヨンはこの4部類を「状況集団」(situation group)と規定した。彼によれば、「社会集団という特定の国家政策の結果としてある集団が置かれた地位と関連した概念である。この概念は全体社会構造の変革が政治構造に大きく依存する中国の革命政治に適合する。ある状況集団の構成員が共通の集団の同質意識を共有することも、しないこともできるが、これらは自身の位置が国家政策の結果だという事実を非常に敏感に悟っている。」イ・ホンヨン『中国の政治エリート』p. 100
[44] 平反は粛清された幹部を政治に復帰させる中国共産党の慣行である。人は失策を犯すが教育を通して矯正できるという、中国人の伝統的な考えは粛清幹部の平反を正当化する根拠となった。平反制度は幹部にとって事件に対する再検討と正しい判断を要求する装置になり、政策決定者は平反を通して自身の失策を正し教訓を得ることができる。平反制度の存在は人民にとって党の誠実性と適法性を信頼するようにさせ、間違いを犯した幹部を復帰させることにより幹部統合の手段となり得る。前掲書、p. 102～103

東の失政に対する責任から比較的自由であった。とくに粛清期間に権力の外にあって、人民の悲惨な現実と彼らの不満と要求を肌で体験した過程で改革の必要性を感じることができたのである。文化大革命は、元老革命家たちの世界観を変え、彼らを改革家として再出発させる決定的な契機となった。[45]

鄧小平は権力掌握後、農業、産業、国防、科学技術の4分野の現代化を目標にして本格的な改革に着手した。しかし、当時の政治エリートと官僚制度は新たな国家戦略の実行に全く寄与できなかった。[46]幹部集団は膨大な規模と高齢化、[47]低い教育水準、[48]硬直して偏狭なイデオロギー的思考、上部の不合理な命令に対する盲目的服従、派閥など多くの問題を抱えていた。官僚制度は高度に中央集権化、政治化され、幹部の職責は「単位所有制」と「終身性」として私営化され、幹部の権力乱用を牽制する制度的装置もなかった。

中国の権力が過度に集中した原因は、ソ連式政治体制モデルの影響、封建主義的君主制の残滓、商品経済の未発達、武装闘争に従事した革命エリートが、革命後に党・政幹部として起用された幹部制度、階級闘争を強調した左傾的政治理論などと関連する。こうした権力の過度な集中は以下のような多くの弊害を招いた。すなわち、党・政の未分離と党による政府の代行、党・政機構の非効率性、地方と企業の自主性の欠如、積極性の不足、人治による法治の代替、法体系の不完全性、人材活用上の混乱、官僚主義と権力乱用及び不正腐敗、特権主義と差別意識の蔓延、世論の一律化、思想性の全体主義など。[49]

---

[45] 前掲著、p. 175〜182
[46] 中国で政治改革の必要性は、現存政治体制が改革・開放政策実施後に変化した社会の現実に符合できないという認識から提起された。改革の推進において中国共産党の公式な立場と学会の一般的認識は中国政治体制の最も根本的な問題が権力の過度な集中から始まったと見ていた。ヤン・スンチャン『中国式社会主義の理論と実際』(ソウル：図書出版無限、1999) p371
[47] 建国以後中国共産党は1988年までは2,900万名の幹部を養成した。幹部と一般人の比率は1958年の1：80から1982年には1：50に増加し、1952〜1982年の30年間に幹部集団の規模が370％以上増加した。革命年齢(党生活年齢)を基準として最も高齢化した集団は大長征世代(鄧小平、陳雲、李先念)などであり、次は抗日戦争世代(趙紫陽、華国鋒など1930年代後半に入党)、その次が1945〜1949年の内戦世代(江沢民、李鵬など)である。高位級であるほど高齢であり、1980年党政治局委員6名の平均年齢は70歳で、総理と副総理などの平均年齢は69歳であった。イ・ホンヨン『中国の政治エリート』p. 220〜227
[48] 1982年中国の公式資料によれば、2,100万名の幹部の中で大学卒業者は19％の400万名に過ぎず、中等以下の教育を受けた者も40％になる。幹部たちの教育水準は高位級であるほど、そして党幹部であるほど低く、指導幹部中の71％が中等教育以下の教育を受けた。前掲書、p. 227〜231
[49] ヤン・スンチャン『中国式社会主義の理論と実際』p. 371〜372

毛沢東時代の慣行であったインテリ政策も経済発展戦略の実行に障害となった。知識人は権力から排除され、マルクス・レーニン主義と毛沢東思想の理論化と宣伝の先頭に立った理論家だけが権力層に残った。幹部養成のための教育制度の改善も至急の課題として提起された。中国の教育制度は無能な幹部集団を代替する能力と専門知識、改革意志を持った人材を輩出できる政策的・物質的与件をほとんど準備できなかった。

この総てのことは、指導部を含む幹部集団の改革とともに階級路線に基づく既存の幹部政策を根本的に変えなければならない必要性を提起した。しかし、官僚制度改革は、旧体制の人事権を含む総ての既得権との衝突をいかに克服するかによって成敗が左右されることが旧ソ連の改革過程でも如実に現れた。中国の支配エリートが自己否定的な体制改革に同調し、進んでこれを先導するよう仕向けたのは、鄧小平の緻密な政治・行政改革であった。

鄧小平時代の中国の経済改革は、4段階に分けて漸進的に推進された。すなわち、1978年第11期第3次中全会議から1984年第12期第3次中全会議までの「農業改革主導期」、1984年～1987年第13次全党大会までの「企業改革主導期」、1987年から1991年の「調整期」、1991～1995年の「第8次5ヶ年計画期」に区分される。[50]

まず、鄧小平は指導部の世代交代のため、急進的な人事交替よりも漸進的かつ合理的で融通性ある幹部政策を推進した。改革の障害物と認識された保守的元老幹部たちの引退を誘導するため、彼らが名誉と特権を維持しながら現職から退けるよう特別引退制度と、退任前に自分の後任者を自ら選定・訓練・任命できる権限を付与する「先入後出」もしくは「首長責任制」を導入した。[51]また、空席になった指導部に、若く教育水準が高い新世代幹部を大挙補充するために、幹部補充基準を大幅に緩和した。

建国初期には、中国の革命エリートも人材不足問題を解決するために、徳、

---

[50] チョ・ハンボム『中国とロシアの経済体制改革比較研究』p. 10～24
[51] 1982年2月、党第11期第5次中全会議は「老幹部の退職制度樹立に関した決定」を通じて老幹部の退職制度を中・青幹部の選抜と連携して処理する事を決定した。中国はまた改正憲法を通して国家主席など高位職の任期を明示し、2回以上の重任を禁止するなど既存の幹部終身制を廃止した。ヤン・スンチャン『中国式社会主義の理論と実際』p. 407；鄧小平が元老の引退を誘導しながらも、彼らに対する優遇を保障してやることは、それ自身が元老と共産主義的理念を相当部分共有しており、毛沢東のような元老の意見を無視する程度の優越した地位を持てないためだとの分析もある。Susan L. Shirk『中国経済改革の政治的論理』p. 106

能力、経歴の三種の補充基準による統一戦線的性格の幹部政策を追求した。ここで「徳」はマルクス・レーニン主義と党に対する忠誠度、政治的信念、階級性を意味し、「能力」は専門性や技術よりも大衆を課題遂行に動員する能力の概念として理解された。「経歴」は入党や革命闘争参加経歴を意味し、実質的に幹部補充で核心的な基準と見なされた。[52]

こうして補充された革命幹部と除隊軍人、大衆運動家は政治的信頼度が高いという理由で政治権力に編入され、知識人と国民党官僚出身者は思想教育を経て国家機関の機能分野に配置された。[53]毛沢東のこうした統一戦線戦略は、1950年代の百花運動を契機に階級路線中心の幹部政策に飛び火し、反右派闘争で全体の10％に達する50万名の知識人と国民党官僚出身者が粛清された。[54]反右派闘争以後、劉少奇、周恩来など穏健指導者は「徳」を党幹部に、「能力」を知識人に分離依存した政策を見直し、総ての幹部が「紅」と「専」を兼備させることで「プロレタリア専門家」を養成する幹部政策を推進した。しかし、こうした努力も1950年代後半の大躍進運動と1960年代の急進的文化大革命で挫折した。

鄧小平は、幹部補充基準に関して、マルクス・レーニン主義と毛沢東思想、社会主義路線と党的指導、無産階級独裁など4大原則の他に、革命に対する献身性や政治的忠誠、階級出身による差別など「紅」のいかなる長点も認めなかった。1980年1月、鄧小平は党政治局拡大幹部会議で行った演説『当面情勢と任務』で、「四つの現代化」実現のため四つの前提条件を提示し、幹部が社会主義革命路線を堅持し、専門知識と能力を備えることを含めさせた。これは、鄧小平が「紅」と「専」の兼備を通じた幹部制度改革を力説したものである。彼は「紅」と関連して党幹部の特権階級化根絶を、「専」と関連しては幹部と党員の専門知識習得と幹部の年少化、能力による人事制度の拡大を強調した。[55]

「幹部4化」という新たな幹部選抜基準に、革命化と年少化、知識化、専門化が含まれ、「才徳兼備」という幹部選抜原則が第12次全党大会で正式党憲と

---

[52] イ・ホンヨン『中国の政治エリート』p.61〜62
[53] 1957年まで共産党の知識人政策が寛大であったために政権樹立以前に大学を卒業した高齢の知識人の48％が入党できたが、後には極左的反知識人政策のため1950〜1966年の間、大学卒業者中わずか20％だけしか党員になれなかった。前掲書、p.296〜297
[54] 前掲書、p.76
[55] ヤン・スンチャン『中国式社会主義の理論と実際』p.404〜405

して採択された。[56]これにより幹部補充対象は40～50代の大学及び専門学校卒業生に集中するなど、幹部集団の学歴向上と年齢低下を追求した。

鄧小平は1980年2月、第11期第5次中全会議演説『党の路線を堅持し工作方法を改善する』で、党の専門化のために、中央委員中50名を50歳以下の若い人物から選抜する問題を党指導部が慎重に検討することを提案した。[57] 中国政府は1万2千余名の大学卒業生を教育と専門知識だけでなく、中国の実情にも精通し、大衆と融合できる指導者として育成するために基礎単位隊として配置することもした。[58]

鄧小平は行政組織の合理化と効率性向上のため、官僚制度の改革においても中央から地方に拡大する段階的方法と、ある単位で模範を作って他所に拡大・適用する方法を選んだ。鄧小平をはじめとした中国の改革指導者は、多くの集団の既得権を脅かす急進的改革よりも、たとえ改革が長引くとしても、官僚集団が共に改革に参加できるよう漸進的で部分的な改革を推進したのである。[59]

こうした漸進的で段階的行政改革の結果、総理の権限が強化され、副総理の数も12名から2名に削減され、中央機関の部署が統廃合もしくは新設された。[60]

これと併せて鄧小平は、党の人事独占慣行も改革した。[61]彼は人事管理に対する党の指導原則は維持しながらも、党組織部の厳密な審査と党委員会の民主的集団意思決定方式を強調する反面、経営単位の行政責任者選抜に選挙方式と、雇用契約と類似した「招請制度」を導入した。[62]

人事制度改善のため改革指導部は、第13次全党大会で公務員制度の導入計画を発表した。これによれば総理と部長、省長、市長など行政部の主要幹部

---

[56] キム・セウン『中国、資本主義なのか社会主義なのか』(ソウル：図書出版ヘマルグム、1994) p.160～161
[57] ヤン・スンチャン、前掲書、p.405
[58] イ・ホンヨン『中国の政治エリート』p.267
[59] Susan L. Shirk『中国経済改革の政治的論理』p.183～185
[60] イ・ホンヨン、前掲書、p.260～262
[61] 中国は、「人事管理に対する党の独占権は党が歴史の各段階ごとに政治的任務を遂行することに必要であり、新たな民主革命、社会主義革命、そして社会主義国家建設を成功裏に完了するように保障する基本的権限の原則」だと主張した。曹志編『中華人民共和国人事制度概要』(北京：北京大学出版社、1985) p.7
[62] イ・ホンヨン『中国の政治エリート』p.358～360

と議会の承認下で任命される幹部は政治公務員(政務)として、その他の官僚は政策執行者として「機能(業務)公務員」や「行政公務員」、「専門技術公務員」などに分類された。これらは高等教育を受けた20〜30代で、公開試験を通った後1年間の訓練を経て任命され、昇進のため特別教育と実務経験が要求された。党と司法・立法機関、企業従事者は公務員から除外された。[63]1993年に公務員規定として立法化されたこの改革によって約4千万名の幹部のうち5百万〜6百万名が国家公務員と規定された。この規定は行政に対する党の支配を廃止できず、公務員の政治的中立を原則的に排除したが、行政部は部内の人を自ら管理できる権限を確保した。[64]

党が行政と経済を管理する慣行が壊れたことは、中国の官僚制度改革で成し遂げられた重要な成果であった。党と政府の要職の兼任禁止、政府機関の党組織廃止、行政幹部の権限強化、企業での経営者責任制の定着、人民会議制度の再建、司法制度の独立性の問題が浮き彫りになったことなどは大きな変化であった。党委員会は党の路線と政策遂行の監督、思想・政治関連業務の指導、党内問題の処理、重要問題の決定、人事問題の管理など、五つだけ行うよう役割が制限された。[65]

鄧小平は、幹部政策の改革と併せて毛沢東時代に排斥された知識人を包容する措置も取った。科学者、技術者に対する人事管理のために全国的規模の広範囲な調査を実施する一方、知識人の政治的地位と業務・生活条件向上のため国家レベルの措置を取ることにより、専門技術官僚が共産党の政治局と書記局など最高位権力機構に進出できる道が開けた。[66]

こうして第13次全党大会が開かれた1987年には、中国指導部で世代交代が基本的に完了した。革命第1世代が退き、政治局常務委員会をはじめとする権力上層が若く学力が高い新進幹部に交替した。党中央委員たちの平均年齢は56.3歳と下がり、専門学校以上の学歴保持者は83.7%に増加した。とりわけ政治局委員の場合平均年齢は61.6歳に下がり、90%が大学程度の教育を受け、この中の55.5%が理工系を専攻した技術専門の人材であった。[67]

---

[63] 前掲書、p.373
[64] 前掲書、p.ix〜x
[65] 前掲書、p.364〜372
[66] 前掲書、p.398
[67] ヤン・スンチャン『中国式社会主義の理論と実際』p.408〜409

結局、現代化に必要な専門知識と技術を持った新たなエリート集団が革命幹部に代わって政治権力を掌握したのである。こうした幹部構造の変化は、毛沢東時代の階級革命中心の国家戦略から、鄧小平時代の改革・開放戦略への転換のための制度的基盤確立を意味した。

　新たに登場した中国の新進エリートは大部分が解放後の世代で、理念よりも技術と専門知識を重視する「専門技術官僚」(bureaucratic technocrats) であった。旧ソ連の新進政治エリートが主に社会・人文系列出身であったのに反し、中国の新進政治エリートは自然科学、とりわけ工学を専攻し生産分野の専門経歴を持っていた。また、ソ連の知識人は社会主義理念と体制に批判的であったが、彼らは体制を改善・完成させようとの使命感を持っていた。

　大部分が新規補充（recruitment）よりも互選（cooptation）方式で選出された専門技術官僚は、たとえ政治指導者としての経験や資質、責任感、行政管理能力、政策合意能力などが不足していても、官僚規制から脱して自発的・創造的に働くことを好み、イデオロギーを教条的にではなく、経済目標によって弾力的に解釈し、政策代案についても政治的妥当性よりも現実性と利潤を重視し、政治的意思決定においても思想的価値よりも実質的な結果によって評価しようという傾向が強い。[68]彼らは革命幹部のように広範で非公式な人脈に基づく派閥よりも、公式の法規と手続などの制度的装置を活用しようという特性から、政策開発と推進において権力によるシンボル操作や大衆動員よりも集団指導体制による折衝と妥協、調整に依存しようとした。[69]

　1980年代後半に入り改革戦略は国民生活水準を全般的に向上させたが、インフレーションと不正腐敗のような副作用も招来した。市場社会主義の実験は経済・社会に対する党の統制範囲と方法、計画経済と市場経済の結合水準など根本的な問題をめぐり指導部内に葛藤と分裂を惹起した。胡耀邦、趙紫陽など改革主義者たちは市場拡大と政治改革まで主張し、李鵬など保守主義

---

[68] 新進技術専門エリートのこうした価値観が公式イデオロギーと衝突することを緩和するために、鄧小平はマルクス・レーニン主義と毛沢東思想、社会主義を党の指導理念として堅持しながらも、同時に改革を推進するために「業務指導思想」という新造語を作り出した。これは社会主義に対する献身性よりも各機能分野の専門知識を意味し、業務指導思想に対する評価も党の経済発展任務にいかに寄与したかによって決定された。結局、思想事業の焦点は幹部と人民に改革の必要性を注入することに集中することになった。イ・ホンヨン『中国の政治エリート』p. 314〜322.
[69] Susan L, Shirk『中国経済改革の政治的論理』p. 96〜99.

者たちは中央政府の介入と統制強化を強調した。[70]

　江沢民をはじめとする新進指導者たちは、混乱収束のために新たな理念として「中国の特色ある社会主義」(有中国特色的社会主義)というスローガンを掲げ、党の強化とイデオロギー統制など強硬措置をとったが、天安門事件で失墜した信頼を回復するために改革から退くこともできなかった。1980年代末、東欧圏の崩壊も中国指導部に深刻な危機感をもたらしたが、体制維持のためにも国民の経済的欲求を解決しなければならないとの認識から、より果敢な改革開放の推進を選択した。これが東欧圏崩壊と関連して中国と北朝鮮指導部が選択した体制維持方式の違いであった。[71]

　政治の安定に基づく経済改革の持続という中国の国家戦略は、この30年間変わりなく推進された。この期間に中国で達成された飛躍的な経済成長は、胡錦濤のような改革の継承者を育てた鄧小平の国家百年の大計に基づく幹部政策と切り離しては考えられない。

　鄧小平によって初めて技術専門エリートに門戸を開放した中国の政治権力は、今日に至っては非共産党員まで受入れる程であり、もはや執権共産党の聖域であることを放棄している。[72]

　これまで見て来たように、ソ連では幹部政策における専門性の強調が技術専門エリート補充に局限され、政治エリート補充では政治的基準が体制転換期まで維持された。反面、中国では政治エリート補充にも専門性が適用され、技術専門エリートの政治権力進出が許容された。これが、これら国家で政治権力が改革の対象と主体とに地位が分かれた根本原因である。

　中国と異なり、旧ソ連が経済改革に先立って政治改革を断行したのは、ソ連の党国家体制が中国よりもはるかに強く制度化されており、命令型経済体

---

[70] 1980年代後半になり、中国の学会で新権威主義論が脚光を浴びていた。新権威主義論者たちは中国のような低発展状況で政治発展と経済発展を同時に追求することは無理であり、かえって経済発展を効率的に推進するために、一定期間強力な権威主義的政治指導力、とくに現代化指向性が明確な権威主義政治エリートの役割が必要だという主張を広げた。チャン・ギョンソプ『中国の体制改革と支配エリートの性格変化』p. 81〜82。

[71] キム・セウン『中国、資本主義なのか社会主義なのか』p. 26

[72] 中国共産党中央委員会統一戦線部の統計によれば、党と政府幹部職に任命された非党員の数がすでに3万2千人に達している。とくに裁判所と検察など政府組織の長官級以上の高位職に非党員が19名も含まれた事をはじめ、各級人民代表大会に18万名が、政治協商会議に43万名が招かれた。2006年、北京市政府は副局長級幹部16名を選んだが、10名を非党員に割当て、中央政府傘下の2大学の総長も党外から選出した。〈幹部＝党員〉という等式が壊れたのである。『中央日報』2007. 1. 26

制と結合していたためである。ソ連の政治改革は政治的混乱と経済改革の失敗、共産党とソ連邦崩壊の原因になったが、政治改革を断行しなかったなら堅固で集中化された官僚制度の抵抗によって市場改革を試すことすらできなかったろう。

　こうした意味から、旧ソ連よりもさらに硬直した北朝鮮の党国家体制の枠組を破らずに改革開放を成功裏に推進するのは期待しがたい。これが、金正日政権が当面していた真のジレンマであろう。[73]中国とベトナムの改革は、社会主義体制を全面的に廃棄せずとも国家経済の回生が可能だということを示してくれた。また、経済改革の核心条件は既存体制の廃棄でなく、直面した経済的、非経済的状況を綿密に検討し、これに対応して長・短期的に適切な制度及び政策の変化を柔軟に引き出す国家の能力(state capacity)だということを浮き彫りにしてくれた。[74]

---

[73] チェ・ワンギュ「訳者後記」；Susan L. Shirk 著、チェ・ワンギュ訳『中国経済改革の政治的論理』p. 247～550
[74] チャン・ギョンソプ『中国の体制改革と支配エリートの性格変化』p. 70

III. 研究方法

1. 先行研究の検討

　北朝鮮のエリート構造やエリート補充に対する研究を通じて、北朝鮮の政治体制変化や政策方向などを評価しようとする試みは以前から存在してきた。代表的には1970年代に発表されたアン・ビョンヨンの『北朝鮮政治エリートの構造分析』とイ・サンウの『北朝鮮政治エリートと大衆動員操作』、キム・チャンスンの『北朝鮮政治論』、チョン・ヨンホンの『北朝鮮の権力構造変化とエリート補充』などを挙げることができる。こうした論文は旧ソ連及び東欧共産圏国家の体制変化を分析することに有用な観点を提供してくれ、エリート接近法を北朝鮮体制変化研究の分析枠組として使用した点と、北朝鮮エリート構造及び補充制度分析を通して北朝鮮体制の特性と変化を扱っている点で大きな意味を探すことができる。

　1980年代以後から、北朝鮮政治エリートの社会的背景と金日成との親疎関係、派閥分布などの分析を通して体制変化問題を扱う研究が主流を成した。[75] また、1990年代には各分野の権力エリートの出身と学歴、経歴、派閥、金日成・金正日との姻戚関係など社会経済的背景と職能別政治性向などに対する、比較的詳しい資料に基づいて北朝鮮のエリート補充原則と変遷過程を集中的に分析している。[76]

　1990年代中盤以後からは、旧ソ連と東欧社会主義圏の崩壊と北朝鮮の対内危機の深化、そして金正日の公式権力承継など時代的変化を背景にして北朝鮮の権力構造と支配エリートの性向及び行為様式の変化などを、これら東欧国家の事例と比較して分析することにより、北朝鮮変化の可能性と展望など

---

[75] 代表としてキム・ボン『北朝鮮の政治エリート補充に関した研究』(建国大学校大学院博士学位論文、1990)；ソ・ヒス『北朝鮮権力エリート構造に関した比較論的研究』(釜山大学校大学院博士学位論文、1983)；イ・ウジョン『労働党第5次党大会以後の北朝鮮権力構造に関した研究：政治エリート変化を中心に』(東国大学校大学院博士学位論文、1986)などが挙げられる。

[76] 代表的な研究としてはヤン・ソンチョル『北朝鮮権力支配層研究』；ヤン・ソンチョル『北朝鮮政治研究』(ソウル：パクヨン社、1993)；チェ・ワンギュ「エリート構造と北朝鮮政治体制の変化」；チェ・ワンギュ『北朝鮮はどこへ』；チョン・ヒョンジュン『金正日政権の権力エリート研究』(ソウル：民族統一研究院、1995)などがある。

を提示する多くの研究が進められた。[77]

　とくに2000年代に入って発表されたいくつかの研究は、金正日政権スタート以後の北朝鮮体制の変化に主眼点を置き、これに統治イデオロギーとエリート構造変化の次元から接近し、北朝鮮変化の本質と今後の展望を評価している点から注目を受けている。[78]

　こうした研究は金正日政権の属性と体制維持の秘訣、政策変化の展望などに対する理論的論拠を提示することにより、国際社会が北朝鮮の変化に長期的眼目を持って対応することができる政策的代案を準備することに大きく寄与したと評価できるだろう。

　しかしこうした成果にもかかわらず、一部物足りない点も指摘せざるを得ない。何よりもエリート研究を通して北朝鮮の国家戦略を把握しようという試みは、今までほとんど行われていなかったことである。それゆえに、国家戦略の概念を北朝鮮研究に適用した事例さえ探すことが難しい。2003年世宗研究所北韓研究センターが発刊した『北朝鮮の国家戦略』は、北朝鮮の段階別及び分野別政策の持続性と変化過程を国家戦略の次元から接近して総合的に体系化したという点から意味を探せるが、国家戦略に影響を及ぼすエリート問題を扱っていないことが物足りなさとして残る。

　また、少なくない研究は国家政策との関連性よりも、エリートの構造と相互関係、補充類型、エリートの政治性向などの分析自体に目的を置き、もしくはこれらの体制維持的機能と権力掌握的機能に焦点を置き、形態分析導出を通し北朝鮮政権の存続可能性に関して予測することに集中している。すなわち、個別的エリートの性格と権限、権力者との親疎関係などにだけ関心を向けて国家次元の政策指向性との関連性には注目せず、もしくは北朝鮮社会

---

[77] 1990年代中盤以後に出た代表的研究としてはコ・ソンユン『北朝鮮権力エリートの危機意識と体制安全化戦略』(ソウル：韓国政策学会、1995)；キム・カプシク『金正日政権の権力構造』(ソウル：韓国学術情報、2005)；キム・カプシク『北朝鮮の党・政・軍役割分担体制に関した研究』(ソウル大学校大学院博士学位論文、2001)；キム・ソンボ『北朝鮮政治エリートの補充過程と経歴分析―政権機関幹部を中心に』(ソウル：慶南大学校極東問題研究所、1997)；ペク・ハクスン「金正日時代の党と国家機構：1998年改正憲法を中心に」；イ・ジョンソク、ペク・ハクスン『金正日時代の党と国家機構』(城南：世宗研究所、2000)；ソ・ジェジン外『社会主義支配エリートと体制変化』(ソウル：未来人力研究センター、1999)；チェ・ソン『金正日と北朝鮮の権力エリート』(ソウル：図書出版プルピッ、1997)などを挙げる事ができる。

[78] 代表的にはパク・ヒョンジュン外『金正日時代北朝鮮の政治体制：統治イデオロギー、権力エリート、権力構造の持続性と変化』(ソウル：統一研究院、2004)；キム・グソプ、チャ・ドゥヒョン『北朝鮮の権力構造と権力エリート』(ソウル：韓国国防研究院出版部、2004)などが挙げられる。

に対する全体的眺望に対する部分を見過ごしている。

　もちろん、社会主義国家のエリート構造と性向、社会経済的背景と役割などの国家政策の方向を予測し得る一つの準拠になり得る。しかし、他の社会主義国家のエリートが国家戦略に非常に大きな影響を及ぼし得た一方、唯一支配体制である北朝鮮では、政治性向や政策的同質感によるエリートの連帯が遮断されており、個別エリートの政治的見解や性向が国家政策に反映される可能性が制限されている。したがってエリートの性向と背景、役割などに偏重したアプローチだけでは北朝鮮が追求する国家戦略の方向を読み取るのに限界がある。

　次に指摘できる問題点は、エリートの補充原則と類型、官僚制などに関した研究は多く行われたが、こうした問題を幹部政策から扱った事例は見つけがたいことである。キム・ソンチョルの『北朝鮮幹部政策の持続と変化』（ソウル：民族統一研究院、1997）は体制形成以後の北朝鮮幹部政策の成立と強化、変化の過程を分析し、幹部補充の原則と制度がどのように持続し、変化してきたのかを明らかにすることでエリート研究の新たなアプローチを提示している。だが、北朝鮮の幹部政策を国家発展戦略よりも唯一支配体制の確立過程に重点を置いて扱っており、幹部政策の重要な構成要素と見られる人事政策、教育政策、エリート政策なども相互関連の中で総合的に説明されていない。

　こうした見地からイ・ホンヨンの『中国の政治エリート』は、中国の事例ではあるが、北朝鮮の国家戦略と幹部政策の相関関係を研究するにおいて多くの示唆を与えてくれる。この研究は、毛沢東時代から鄧小平時代に至るまでの幹部選抜基準と選抜過程、人事管理制度、幹部構造の変化と葛藤などを、全般的幹部政策の変化を通して中国での国家戦略変遷過程、とくに改革開放戦略の本質と展望について深い分析を提示している。

　北朝鮮エリート研究において公式序列に過度に依存することも重要な限界と指摘できる。社会主義国家で政治権力と政策決定権を総て所有する権力集団は党政治局である。よって、社会主義国家では党政治局序列がすなわち権力序列であるという認識から、政治局序列をエリート研究の主要分析基準として活用することは自然だと見ることができる。しかし、北朝鮮の場合、金正日後継体制に入った後に党政治局が有名無実な機構に転落したことは、広

く知られた事実である。[79] さらに金正日後継体制下で形成された権力構造の二元化と金正日の側近政治によって、公式序列と権力実勢が全く異なった点も、エリート研究で公式序列にだけ依存しては正確な分析が難しいことを示している。

　北朝鮮エリート研究で、高位層権力エリートを主要分析対象にしたことで、エリートの世代交代と権力構造の変化が続いた現実がまともに反映されずにいるのも弱点と見られる。すでに多くの研究が行われたエリートたちが権力から退陣し、出身と人的事項がほとんど知られていない新進エリートが大挙登場している。こうした事実は、個別エリート研究よりもエリート補充政策、すなわち幹部政策研究の重要性を示している。

　以上のように北朝鮮の国家戦略とエリート、そして幹部政策を相互関連性の中で総合的に体系化した事例は今まで見出されていない。こうした認識から、本研究は北朝鮮の国家戦略と幹部政策が密接な相関関係を形成しているという仮定の下、この二つの要素を一つの総合的枠組として分析しようと思う。

　このため北朝鮮政権が各段階で提示してきた国家戦略と共に、国家戦略の目標と性格に伴う幹部の選抜と登用、管理を合わせた幹部政策と幹部養成に関係した教育政策、また幹部補充の原則と基準の一面を見せるインテリ政策を包括的に考察することにする。そして既存の公式序列中心のエリート研究方法から抜け出し、北朝鮮政権の特性となった権力構造としての側近構造と独特な政治形態としての側近政治の実態を重点的に扱うことにする。これは、金正日後継体制期から現金正恩政権期に至るまで、北朝鮮の国家戦略樹立と実行の実質的行為主体は、これら側近幹部であり、統治者の側近抜擢と側近政治を通して彼の政策的意図と国家戦略の方向を読むことができるという仮説を前提としたものである。もちろん、本研究でもエリート個人の身上、ことに金正恩政権スタート後に補充された新進エリートたちに関する人物資料と各種情報と統計の不足などが、最も難しい問題になっている。

2.　研究方法と範囲

---

[79] 黃長燁『北朝鮮の真実と虚偽』(ソウル：統一政策研究所、1998) p. 87～89

この本は、北朝鮮の幹部政策を中心に国家戦略と権力エリートの相関関係を明らかにすることで、北朝鮮政権が追求している国家戦略が何なのかという根本的問題に対する解答を模索する。このため北朝鮮の幹部政策を光復(訳注:日本からの解放)以後から金正恩政権に至るまでの連続的な過程の中で把握しようと思う。特定の時期に局限した研究だけでは全般的な変化様相を知ることが難しく、通史的流れの中で比較することで変化の方向と属性、真正性などを探ることができる。とりわけ北朝鮮では、権力の世襲は国家戦略と幹部政策の継承性を浮上させざるを得ず、金正日政権と金正恩政権の国家戦略とそれに従う幹部政策も、過去の金日成政権時期に形成された骨格を基礎とせざるを得なかったということが本研究の前提である。よって、金正恩政権の国家戦略と権力エリートに関する研究は、過去の金日成・金正日政権との歴史的関連の中で、そして持続と変化の次元から接近することで目的を達成できるはずである。

　こうした見地から本研究は次のような研究方法を取る。最初に、特定の時期や主題を研究するにおいては当時の具体的状況を理解して接近する歴史的接近法を取る。つまり、過去の状況に対し現在の観点から見るよりも、当時の各行為主体の思考と意志、行為を強いる構造的条件を通して理解し、評価する。少なくない北朝鮮研究は現在の観点から北朝鮮の歴史と現象を考察することで、北朝鮮で起こる多様な現象に対する客観的で正確な解析よりも体制自体に対する否定的評価に止まる場合が多い。こうした研究方法は北朝鮮内で起こる多様な現象を、社会内部の多様な構造との因果関係を通して発見できないという点で非効率的といえる。

　しかし、歴史的接近は歴史的事件の因果関係に焦点を合わせる利点にもかかわらず、歴史的必然主義に埋没しかねないという限界を内包している。本研究では必然性に注目するよりも、当時の政治的行為者と社会構成員が置かれた具体的歴史的条件と状況に焦点を合わせることで、歴史的行為を当時の状況に合わせて理解することに注力したい。ある歴史の局面で、行為主体の選択肢の幅に広狭はあっても、一つだけの場合はない。主体に唯一の選択を強制する歴史状況という特別な場合でなければ発生しないということである。[80]したがって、本研究では必然性に焦点を合わせるよりも、北朝鮮で起こ

---

[80] イ・ジョンソク『現代北朝鮮の理解』(ソウル:歴史批評社、2000)p.27

る現象の構造的因果関係を、政治行為者の意志と北朝鮮を囲む政治・経済的構造の中で理解しようとした。

第二に、このために実践方法として文献分析研究方法を選択する。過去と現在の北朝鮮の多様な現象を理解し、北朝鮮がこれをどう受け入れたかを把握するには、文献を通して北朝鮮の意図を正確に理解することが必要だからである。

外部世界から北朝鮮指導部の情勢認識と意図を把握できる方法は数々ある。北朝鮮の公式出版物と言論媒体の内容と対内用教養資料、指導者の様々な指示事項と公式及び非公式の著作、北朝鮮当局の公式な立場を反映した発表資料、南北交流と接触、対外活動などを通して得た多様な情報と北朝鮮人士たちの公式、もしくは非公式発言などを活用することである。

北朝鮮の文献を理解するにおいて重要な点は、各級談論が内包している二重性格を見破り、その本質を把握することである。[81] 北朝鮮が置かれた対内外的環境と脈絡を理解しない場合、北朝鮮の談論に内在する教条に埋没するしかない。本研究は北朝鮮で発行された一次資料と数々の文献を引用・分析するにおいて、時期ごとに北朝鮮が理解した様々な状況を具体的に把握し、その延長線で国家戦略と幹部政策変化の脈絡を明らかにしようと思う。

第三に、文献分析と共に数々の証言内容を含ませる。本研究では私自身と、様々な階層の脱北者が北朝鮮で直接体験もしくは目撃した証言とインタビュー内容を最大限活用したい。もちろん、こうした証明資料は正確性と信憑性の確保のため検証インタビューと各種文献及び資料、私自身が北朝鮮生活過程で経験もしくは取得した内容などに基づいて確認・検証と前後の脈絡に対する把握を行う。これを通して研究過程で直面し得る不正確性と偏向性、仮想と歪曲など意図しない問題が発生し得る素地を最小化するために努力する。

この本は序論と結論を含め全8章で構成する。第1章の序論部分では、北朝鮮の国家戦略を権力エリートの研究を通して接近する理論的背景と概念的問題を含んでいる。これと共に旧ソ連と中国の改革と関連して提示された国家戦略と幹部政策を相互関係の中で調べ、これが北朝鮮に与えた影響を導き出そうと思う。とくにこれら国家から、行為主体としての指導者の政策を基

---

[81] 1990年代後半から北朝鮮が唱える「首領決死擁護精神」と「自爆精神」のような極端な形の体制守護スローガンは、逆説的に北朝鮮指導部の自信感弱体化を見せるもので、これは緩んだ住民たちの規律を掴み、社会的動揺を防ぐために教条的性格の扇動と見ることができる。前掲書、p.553

本とし、改革成否の原因を幹部政策の変化を通して明らかにすることに主眼点を置いた。

第2章から第7章までは、北朝鮮の時代的背景を国家戦略と幹部政策の行為主体の見地から、金日成政権期と金正日後継体制期、金正日政権期、金正恩政権期に区分し、各期の北朝鮮の国家戦略と幹部政策を相互関連の中で分析する。[82]

第2章では、1945年の光復後1970年代初までの金日成政権の時期に、北朝鮮で重点的に推進された金日成唯一支配体制構築と反帝反封建民主主義革命、社会主義革命、社会主義建設など段階別国家戦略を幹部政策の成立と強化過程との関連で考察することにより、この時期の北朝鮮の国家戦略がどのような過程を経て政権安保戦略に変化したのかについて考察する。[83]

第3章では、1970年代初から1994年の金日成死亡時点までの金正日後継体制期に核心戦略として推進された首領絶対主義体制確立と強化、そして北朝鮮の分野別国家戦略を継承性と変化の側面から集中的に分析する。[84]

第4章では、金正日後継体制期に確立された北朝鮮の幹部政策と人事制度を持続性と変化の側面から調べ、とくに金正日後継権力構図を反映して出現

---

[82] 北朝鮮の歴史区分と関連してイ・ジョンソクは①革命段階別区分によって反帝反封建民主主義革命段階(1945～1946)、社会主義革命段階(1947～1950)、社会主義建設段階(1960年代以後)の3段階に、②指導体系変化によって政治連合時期(1945～1950)、単一指導体系時期(1950～1967)、唯一指導体系時期(1967年以後)の3段階に、③経済発展段階による反封建要素の退治と半社会主義的経済形態への転換期(1945～1947.2)、計画経済体制導入時期(1947～1949)、戦時産業体制時期(1950～1953)、戦後復旧建設時期(1953～1960)、自律的民族経済路線追求期(1960～1980年代)、対外経済関係拡張追求期(1990年代以後)に、④労働党第4, 5, 6次大会を基準に3段階に区分している。また、こうした4種の基準と朝鮮戦争及び金日成死亡時点を総合的に考慮して①「反帝反封建革命」の展開(1945.8～1947)、②「プロレタリア独裁政権」の成立と朝鮮戦争(1947.2～1953.7)、③戦後復旧建設と「反分派闘争」(1953.7～1961.9)、④主体、自立の高唱と唯一体制台頭(1961.9～1970.11)、⑤金正日後継体制の登場(1970.11～1980)、⑥金正日後継体制の完成と新たな試練(1980.10～1994.7)、⑦危機の深化と金正日体制スタート(1994.7～現在)などに区分した。イ・ジョンソク『現代北朝鮮の理解』p. 61～87

[83] 金日成政権の時期を1945年光復時点から1970年代初までと区分することは、第一に北朝鮮政権が樹立されたのは1948年であるが、実質的な政治指導者としての金日成の地位と役割は、光復直後からすでに成立していたという歴史的な事実であり、第二に金正日が後継者として内定した後にも国家戦略と幹部政策の基調は維持されたといっても、国家戦略の実質的行為主体としての地位と役割は、金日成から金正日に移転したという点、第三に革命段階の性格から見れば社会主義建設が1960年代後半にすでに完成された条件から、あえて1970年代以後の時期を金日成政権のまた一つの新たな革命段階と区分することは大きな意味がないという判断のためである。

[84] この研究は、金正日後継体制時期を金正日が後継者として内定された1974年からでなく、国家戦略の見地から第5次党大会が開かれた1970年11月からと決めた。それは1970年代の国家戦略が、第5次大会で金日成によって提示された方向によって推進されたためである。

した側近政治が北朝鮮の国家戦略にどのような影響を及ぼしたかを事例中心に扱う。

　第5章は、金日成死後1990年代中盤の「苦難の行軍」期と1998年金正日政権スタートから2011年金正日死亡までの時期を背景にして、北朝鮮が強盛大国建設と先軍政治、実利主義を標榜して推進した多くの政策変化などを深層的に研究することで、金正日の国家戦略の性格と本質を明らかにすることに重点を置く。

　第6章では、金正日政権期の幹部政策に現れた主要な変化と、それが権力エリートの構成と役割に及ぼした影響を調べ、北朝鮮の国家戦略と政策決定過程で権力エリートが占める地位と役割を集中的に分析する。

　第7章では、北朝鮮の三代世襲に端緒を提供した2008年金正日の発病から2015年現在までの期間、金正恩の後継者内定及び後継修行過程と金正恩政権のスタート及び強固化過程、金正恩政権が推進してきた国家戦略と幹部政策、権力エリート構造などを調べることによって、今後の金正恩政権の変化を予測する手掛かりを模索する。

　最後に第8章の結論部分では、この研究の主要な主張と示唆を要約し、これが今後金正恩政権の国家戦略方向と体制変化の展望への含意を提示しようと思う。

第2章

金日成政権の国家戦略と権力エリート

　北朝鮮で党と政権、軍隊の創建と反帝反封建民主主義革命、武力赤化統一の試みと、戦後復旧及び社会主義革命、社会主義建設など近代歴史の全過程は、金日成の行跡を外して論じることはできない。金日成は光復直後ソ連軍政の積極的な後援の下、北朝鮮の権力者として登場した後1994年に死亡するまで内閣首相として、そして国家主席として50年近い間北朝鮮を支配した。彼の地位だけについて見るならば、金日成政権は半世紀にわたって持続されたと見ることができる。

　しかし、広く知られているように1970年代から北朝鮮の国家戦略は、金日成の世襲的後継者として選出された金正日によって基本的に推進された。金日成の地位は高度に神格化され、象徴的首領として格上げされたが、政策の決定権と人事権をはじめとする大部分の権力は後継者である金正日に移転されていた。たとえ公式的な権力承継は金日成死亡後に行われたと言っても、国家戦略の行為主体としての金日成政権の役割は、金正日後継体制樹立と共に意味を喪失したと見ることができる。

　したがって、この章では、金日成が北朝鮮の国家戦略で実質的な行為主体としての役割をした1960年代末までを金日成政権の時期として区分し、この時期金日成によって推進された唯一支配体系確立過程と各段階別国家戦略、そしてこうした国家権力実行のために追求された幹部政策に関して研究しようと思う。

Ⅰ. 金日成唯一支配体制確立

解放当時、北朝鮮地域では各種派閥が乱舞するなか、海外から金日成などのパルチザン勢力と延安派、ソ連派などが相次いで帰国し、政治的混乱が本格的な権力争奪戦に発展した。[1]

金日成は北朝鮮政治で絶対的影響力を持っていたソ連軍政の後援で政局主導権掌握に有利な位置にいたが[2]、国内政治的基盤は脆弱であり、各派閥との政治的提携を追求するほかなかった。これは共産党北朝鮮分局を組織する過程で、平南出身の金鎔範(キムヨンボム)が第1秘書に選出され、1946年8月共産党と新民党の合党の結果、初代北朝鮮労働党委員長に延安派の巨頭である金枓奉(キムドゥボン)が選出された事実を通しても知ることができる。[3] 現実に合党大会で選出された党中央委員会の構成を見れば、国内派14名(32.6%)、延安派12名(27.9%)、ソ連派8名(18.6%)に比して、パルチザン派は4名(9.3%)で最も劣勢であった。[4]

---

[1] ソ・デスク『現代北朝鮮の指導者：金日成と金正日』(ソウル：ウリュ文化社、2000) p.62〜63；カン・ナムシク『南労党研究』(ソウル：トルペゲ、1984) p.13〜19：解放後北朝鮮の政治状況に関した大部分の研究はパルチザン派と甲山派のような派閥を扱い、パルチザン出身者をみな金日成派と分類している。しかし厳密な意味で甲山派は国内の独立的共産主義組織である「韓人民族解放同盟」の一員であり、主に国内で活動した。彼らは自分たちの「業績」がパルチザンの陰に埋められることを常に正しいと思わず、このことが1960年代中盤に金日成の唯一支配体系確立過程で甲山派が粛清された背景であった。ソ・デスク『現代北朝鮮の指導者』p.183〜186：表2-1で甲山派をパルチザン派と区分したのは、こうした背景を考慮したからである。また、北朝鮮は、東北抗日連軍の様々な部隊の中で金日成が師長と軍長を歴任した第1路軍6師と第2方面軍を独立した「朝鮮人民革命軍」として前面に出し、この部隊出身者たちを「親卒部隊員」として、生前はもちろん死後も本人と家族まで「他の部隊」出身者たちと差別化した。代表的には金一、崔賢、呉振宇、朴成哲、徐哲、リュ・ギョンス(류경수)、林春秋、韓益洙、李乙雪、全文燮、カン・ウィリョン(강위룡)、金竜延、呉白龍、李斗益、崔光、黄順姫、金貞淑、金玉順、全昌哲、朴友淳、金佐赫、チ・ビョンハク(지병학)、白鶴林、太炳烈、金リョジュン(김리중)、朱道日、崔仁徳、金益鉉、趙明善、金ギョンソク(김경석)、趙貞哲、金光侠、金昌奉、金東奎、石山などが「親卒部隊員」である。金策、安吉、姜建、崔庸健などは、金日成と異なる地域で他の部隊を率いた指揮官たちであり、1940年代初ソ連極東地域で金日成と合流し、解放と共に帰国した。この中で金策、安吉、姜建など解放後もしくは朝鮮戦争時期に死亡した人たちは忠臣としているが、唯一支配体制確立以後まで生存した崔庸健、崔容鎮、金テフン(김대훈)、王玉煥などは、「根が違う」との理由で名前さえも言及されていない。

[2] キム・チャンスン『北朝鮮15年史』(ソウル：至文閣、1961) p.43〜61

[3] ソ・デスク著、ソ・ジュソク訳『北朝鮮の指導者金日成』(ソウル：清渓研究所、1989) p.61〜75

[4] チェ・ワンギュ『北朝鮮はどこへ』p.330

表2-1 解放後の北朝鮮地域内の主要政治分派

縁故	出身	主要人物
国内派	南韓出身	朴憲永、李承燁、李康國、許憲、李英、白南雲、洪命熹など
	咸鏡道	呉琪燮、李舜根、李周河、鄭達憲、朱寧河、金東龍、崔容達、장순명など
	平安道	金鎔範、金載甲、張時雨、白容龜、玄俊赫など
	甲山派	朴金喆、金道満、李孝淳、朴달、李松雲、許錫선、金완龍、許鶴松など
海外派	パルチザン派	金日成、崔庸健、金策、姜建、金一、安吉、朴成哲、崔賢、呉振宇、徐哲、林春秋、金東奎、韓益洙、呉白龍、李乙雪、全文燮、金竜延、李斗益、金昌奉、金貞淑、金玉順、柳京洙、강위룡、리봉수、김경석など
	延安派	金枓奉、金元鳳、武亭、金昌満、許貞淑、崔昌益、朴一禹、한빈など
	ソ連派	許哥誼、南日、朴昌玉、朴永彬、金烈、金재化、朴義玩、太成洙、方学世、朴정애、한일무など

参考：チェ・ワンギュ『北朝鮮はどこへ』(馬山：慶南大学校出版部、1996)p.326〜329；『現代北朝鮮の指導者』p.62〜63；イ・ジョンソク『朝鮮労働党研究』(ソウル：歴史批評社、1995)p.157〜168；キム・ナムシク『南労党研究』p.532〜552

　金日成はまず共産主義勢力内での主導権掌握のため、国内支持基盤を確保することに全力を傾けた。このため自身のパルチザン同僚を全国各地に派遣し、党の基層組織を通して労働者、農民、インテリ階層を網羅した大衆政党として拡大させる一方、民主青年同盟、職業同盟、女性同盟、農民同盟などの大衆団体を組織もしくは改編して党の支持基盤を広げた。[5] ソ連軍政が金日成とパルチザン勢力に北朝鮮の軍と保安及び治安組織などの武力を掌握させようとしたことも、金日成の権力掌握に大きな助けとなった。

　金日成はまた、信託統治の政局を利用して曺晩植を除去し、パルチザン同僚の崔庸健を民主党に移籍させ、党を掌握する方法で民族主義勢力を無力化して共産党の連合勢力に抱き込む統一戦線戦略も積極的に推進した。[6]

　民主主義人民共和国を建設するためには労働階級と農民だけでなく、民族資本家も含む総ての愛国的民主力量が参加する統一戦線を結成しなければなりません。…私たちは現段階で民族主義者たちの勢力を無視することができず、彼らを無原則に排撃して民族

---

[5] 『偉大なる首領金日成同志革命歴史』(平壌：朝鮮労働党出版社、1992)p.236〜239
[6] イ・ジョンソク『現代北朝鮮の理解』(ソウル：歴史批評社、2000)p.408

統一戦線の結成に支障を与えてはいけません。[7]

　こうした過程を通して金日成は1946年2月、「北朝鮮臨時人民委員会」を樹立して委員長に就任し、北朝鮮地域で実質的権力を掌握した。

　反帝反封建民主主義革命が遂行された後も、共産党は依然政治連合の性格を帯びていた。1948年3月、党第2次大会で選出された政治委員たちを見るとパルチザン派が2名、延安派3名、国内派とソ連派が各々1名、常任委員はパルチザン派3名、延安派4名、国内派4名、ソ連派4名であった。中央委員67名中パルチザン派は6名、延安派17名、ソ連派14名、国内派17名、甲山(カプサン)派2名などであった。[8]

　それでも、金日成はすでに党における実権者の地位を確固とし、それによって1948年9月朝鮮民主主義人民共和国樹立と共に初代内閣首相に就任できた。以後、1949年6月には南北労働党を合党し、党中央委員会委員長に推戴されることにより、党と国家権力を総て掌握した北朝鮮の最高指導者になった。この背景にはソ連の絶対的な後援、パルチザン勢力の強い凝集力と軍部掌握、そして各界各層を擁する広範囲な大衆的支持基盤の確保などがあったと見られる。[9]

　しかし、表2-2で見られるように政権樹立初期パルチザン派とソ連派は最高人民会議に加わることができず、とりわけソ連派は政府構成にも全く参与できなかった。代わりにパルチザン派とソ連派はほとんどが党と軍、保安機関に集中した。これは当時、北朝鮮の実質的権力が最高人民会議でなくソ連当局が操る党と軍、保安分野と内閣にあったことを示している。

　権力の掌握と共に、金日成はしだいに既存の統一戦線戦略から抜け出して他派閥を牽制し始めた。1948年3月、第2次全党大会で北朝鮮分局の決定に反対し、朴憲永(パクホニョン)のソウル中央を支持した呉琪燮(オギソプ)をはじめとする咸南派が「地方割拠主義」と「分派主義」などの理由で批判を受けたことが代表的事例である。[10] 1948年9月、党中央委員会第3次会議で許哥誼(ホガイ)が党副委員長に選出さ

---

[7] 金日成「各道党責任要員の前で行った演説」(1945年10月13日)『金日成全集(1)』(平壌：朝鮮労働党出版社、1963) p.4～5
[8] イ・ジュンソク『朝鮮労働党研究』p.203
[9] 『偉大なる首領金日成同志革命歴史』p.323～328
[10] ソ・デスク『北朝鮮の指導者金日成』p.75～80

れた後、中央と地方の相当数の高位職がソ連派で満たされた。これは内閣にソ連派が含まれなかったことに対する一種の補償であったと見られる。また、南北労働党の合党過程で朴憲永が党副委員長に追加され、南労党出身者が党指導部に大挙進出したのは、合党の当然な結果でもあった。これは党内で金日成の地位が弱化し、ソ連派と南労党派が主導権を掌握する結果を招いた。[11]

表2-2　北朝鮮樹立時の各派権力配分状況

派閥	名前	最高人民会議	内閣
パルチザン派	金日成　キム・イルソン		首相
	金策　キム・チェク		副首相兼産業相
	崔庸健　チェ・ヨンゴン		民族保衛相
南労党及びその他南韓出身	許憲　ホ・ホン	議長	
	李英　リ・ヨン	副議長	
	洪南杓　ホン・ナムピョ	常任副委員長	
	朴憲永　パク・ホニョン		副首相兼外務相
	洪命憙　ホン・ミョンフィ		副首相
	李承燁　リ・スンヨプ		司法相
	白南雲　ペク・ナムン		教育相
	朴文圭　パク・ムンギュ		農林相
	허성택　ホ・ソンテク		労働相
	李炳男　リ・ビョンナム		保健相
	李극로　リ・グンノ		無任所相
延安派	金枓奉　キム・ドゥボン	常任委員長	
	金元鳳　キム・ウォンボン		国家検閲相
	朴一禹　パク・イルウ		内務相
	崔昌益　チェ・チャンイク		財政相
	許貞淑　ホ・ジョンスク		文化宣伝相
北朝鮮地域国内派	張時雨　チャン・シウ		商業相
	朱寧河　チュ・ヨンハ		交通相
その他	金達鉉　キム・ダルヒョン	副議長	
	강령욱　カン・リョンウク	書記長	
	홍기주　ホン・キジュ	常任副委員長	
	정준택　チョン・ジュンテク		国家計画委員長
	김전주　キム・チョンジュ		逓信相
	리용　リ・ヨン		都市経営相

※ソ・デスク『北朝鮮の指導者金日成』p. 82〜89；イ・ジョンソク『朝鮮労働党研究』p. 206〜207；キム・ナムシク『南労党研究』p. 350〜552 参照。

---

[11] イ・ジョンソク『朝鮮労働党研究』p. 207〜212

朝鮮戦争は、金日成の政治的競争者であった許哥誼(ホガイ)、武亭(ムジョン)、朴憲永(パクホニョン)などソ連派と延安派、南労党派の巨頭たちが粛清されたことにより北朝鮮の権力構造が派閥政治連合からパルチザン派の単一支配体制に転換する契機となった。朝鮮戦争期間に招集された1950年12月、第3次全員会議では延安派の武亭(ムジョン)が、1951年11月第4次会議ではソ連派の許哥誼(ホガイ)が、1952年12月第5次会議では朴憲永(パクホニョン)など南労党系が粛清された。武亭は軍閥主義と命令不服従罪で処罰されたが、これは彼が中朝連合司令部司令官の彭徳懐と親密であったことに対する金日成の警戒心に由来したと見られる。また、許哥誼(ホガイ)は党内民主主義と集団的指導原則の蹂躙と官僚主義、形式主義、家族主義などで処罰された。以後、北朝鮮で許哥誼(ホガイ)の名は官僚主義と形式主義の代名詞になった。朴憲永(パクホニョン)と南労党出身者たちは総て政府転覆及びスパイ罪で処刑された。[12]

　戦後、北朝鮮ではスターリン死後、ソ連での修正主義路線と個人崇拝批判に力を得て、崔昌益(チェチャンイク)をはじめとする延安派が、朴昌玉(パクチャンオク)などソ連派と呉琪燮(オギソプ)など国内派と組んで金日成の戦後復旧及び経済発展路線と個人崇拝、パルチザンの「革命伝統」に正面から戦いを挑んだ。「8月分派」として知られたこの事件は、金日成のパルチザン勢力の単一支配体制が定着する決定的な名分を提供した。[13]

　1950年代の「反分派闘争」が、南労党とソ連派、延安派など異質な分派の粛清を通してパルチザン派の単一支配体制につながったとすれば、1967年5月第4期第15次全員会議で断行された朴金喆(パクムチョル)・李孝淳(リヒョスン)など甲山派の粛清は、パルチザン派内部の異質な要素を除去し、金日成の唯一支配体制を確立する契機になった。[14] また、1969年1月人民軍党委員会第4期第4次全員会議拡大会議を通して進められた軍閥主義者の粛清は、金日成の権威を毀損したり唯一支配体制に挑戦する行為には自派出身も例外とはならないと示した警告であった。[15] とくにこれは、1960年代後半から可視化した経済・国防並進建

---

12 ソ・デスク『北朝鮮の指導者金日成』p.97〜120；キム・ナムシク『南労党研究』p.477〜511
13 『朝鮮労働党歴史』(平壤：朝鮮労働党出版社、1979)p.439〜450
14 『偉大なる首領金日成同志革命歴史』p.556〜559
15 当時粛清された軍部官僚たちは民族保衛相金昌奉、対南秘書許鳳鶴、総参謀長崔光、社会安全相石山、偵察局長金ジョンテ(김정태)、総政治局組織部長金哲海など数十名に達した。これらの中で崔光は誤りを反省したとの理由で1980年代後半に復権されたが、ここには彼の妻金玉順と金正日の生母金正淑のパルチザン同僚関係が大きく作用した。金ジョンテは金日成のパルチザン同僚金策の二男であり、金国泰現労働党秘書の実弟である。彼は当時金昌奉の右腕である人民軍偵察

設と自主国防路線で社会の軍事化が加速する過程で軍部が勢力を伸ばし、唯一支配体制に挑戦する可能性を遮断するための予防措置の性格も帯びていたと見られる。こうした反対派の粛清と唯一思想体系の確立を通して、金日成はついに北朝鮮の唯一無二の絶対権力者の地位を確保した。北朝鮮の政権樹立以後1960年代末までの唯一支配体制確立過程は、表2-3のように整理できる。

表2-3 金日成の唯一支配体制確立過程

時期	契機	粛清された分派と主要人物	権力残余分派
1949.6	南北労働党合党		パルチザン派・甲山派・延安派・ソ連派・国内派・南労党派
1953.8	第6次党全員会議	南労党派：朴憲永、李承燁など ソ連派：許哥誼 延安派：武亭	パルチザン派・甲山派・延安派・ソ連派一部
1956.8	8月全員会議	延安派：崔昌益、尹公欽(ユンゴンフム)など ソ連派：朴昌玉など 国内派：呉琪燮など	パルチザン派・甲山派
1967.5	第4期第15次党全員会議	甲山派：朴金喆、李孝淳、金道満(キムドマン)など	パルチザン派
1969.1	人民軍党第4期第4次全員会議	パルチザン派：金昌奉、許鳳鶴(ホボンハク)、金光俠(キムグァンヒョプ)など	金日成直系

局長として1969年「1・21青瓦台襲撃事件」の実務総責任者であった。金ジョンテは粛清後、殷栗鉱山支配人など地方で革命化過程を経た後1980年代に復権し、金星トラクター工場支配人、大興管理総局副局長などを歴任して病死した。玄哲海は当時総政治局組織部長として金昌奉、許鳳鶴などの反党行為を党に報告せず、闘争しなかったとの理由で4軍団政治部長に左遷されたが後方軍官学校校長、人民武力部後方総局長などを経て1990年代初に総政治局に復帰した。

Ⅱ. 段階別国家戦略

1. 反帝反封建民主主義革命(1945.8〜1947.2)

　今日、北朝鮮は1945年10月「北朝鮮共産党中央組織委員会創立大会」(朝鮮共産党北朝鮮分局結成のための西北5道党員・熱誠者会議を意味する)で採択された党の政治路線を、この時期の北朝鮮の進路を明らかにした国家戦略として評価している。

　大会で採択された党の政治路線は、祖国光復会10大綱領を、解放後の新たな歴史的条件に合わせて発展させた最も正当な革命的路線であり、解放後の複雑な情勢下でも私たちの党と人民が初めから正しい道に従い前進できるようにした闘争綱領であった。[16]

　金日成は、この政治路線で民主主義人民共和国の創立を党の基本政治課題として提起し、民主主義民族統一戦線の形成、日帝残滓と「反動分子」の清算、人民委員会組織と民主改革実施及び経済再建、共産党の強化など4大当面課題と「北朝鮮民主基地路線」を提示した。[17] この政治路線は後に樹立された「北朝鮮臨時人民委員会」[18]の「20ヶ条政綱」の基礎になったという点から、北朝鮮で最初の国家戦略と同じ機能を果たしたという北朝鮮の主張にも一理あると評価できる。

　しかし、当時北朝鮮を総括する総ての権限がソ連軍政にあり、金日成の北朝鮮内での政治的立場が脆弱であった状況などを勘案すれば、この政治路線は、金日成独自の構想と見るよりもソ連の政策をそのまま反映したものと見るのがより正確であろう。なぜならば、この時期北朝鮮地域で推進された大

---

[16] 『朝鮮労働党歴史』(平壌：朝鮮労働党出版社、1991) p.178
[17] 金日成、「我国でのマルクス・レーニン主義党建設と党の当面任務について」(北朝鮮労働党中央組織委員会創立大会で行った報告、1945年10月10日)『金日成全集(1)』(平壌：朝鮮労働党出版社、1979) p.319〜320
[18] 金日成は、「北朝鮮臨時人民委員会は労働階級が領導する労働同盟に基づき、広範な反帝反封建的民主力量を網羅している民主主義民族統一戦線に依拠した人民政権として、人民民主主義独裁の機能を遂行しました」と言いながら、以後に樹立されたプロレタリア独裁機構としての共和国政権との差別性を強調した。『朝鮮労働党歴史』p.190

部分の民主改革は、金日成独自の構想ではなく、ソ連軍政が提示したものであり、ソ連が第2次大戦後、東欧占領地域で推進した政策と脈略を同じくしているからだ。[19]

金日成は、ソ連軍政の積極的な支援下で日帝残滓、とくに親日派粛清を核心とする反帝反封建主義革命と「諸般の民主改革」を推進した。1946年3月に実施した土地改革は「無償没収、無償分配」の原則に立脚して北朝鮮地域で地主勢力を清算し、北朝鮮の農村経済を自作農形態の小商品経済（訳注：小規模の生産手段を持つ農民が自らの労働で作物を生産し、その一部を商品として販売する経済）に変えた。北朝鮮の土地改革が、東欧でのような熾烈な階級争いなく、順調に20数日で完遂したのは、親日派清算と同時に進められたことで大多数の地主階級が、抵抗を放棄して南韓に逃げたことも関連する。[20]

1946年8月に断行された重要産業の国有化も、親日派粛清と脈を同じくすることで、日本人や親日企業人が所有していた大部分の産業施設が短期間に国有化された。当時北朝鮮では、全産業の90％以上に達する1,034ヶ所の産業施設が国家所有に転換された。[21] 産業国有化は、北朝鮮の経済を国営形態に変化させる決定的契機となり、以後の社会主義革命推進で阻害要素になり得た資本家階級の事前消滅を意味した。この他に一日8時間労働を制度化した労働法令と農業現物税制度、男女平等権法令、選挙法など一連の民主改革が「建国思想総動員運動」、「増産競争運動」、文盲退治運動など多くの大衆運動と合せて推進されたため半年にも満たない期間で成功裏に終えた。[22]

この時期、北朝鮮の対外戦略や安保戦略もまたソ連軍政の政策と切り離しては考えられない。金日成はソ連の協力で北朝鮮臨時人民委員会傘下に検察及び保安機関を組織し、パルチザン派を中心に正規軍創設準備に拍車をかけた。[23] 分断が米ソ両国軍の一時的「分割占領」と見なされていた当時の状況で、北朝鮮の対南戦略は党の政治路線に含まれた「北朝鮮民主基地路線」に止まっていた。

米帝が強制占領した南朝鮮で革命が遅れている条件で…北朝鮮を革命的民主基地と

---

[19] ソ・デスク『現代北朝鮮の指導者』p.59～64
[20] 『偉大なる首領金日成同志革命歴史』p.265～270
[21] 前掲書、p.271
[22] 前掲書、p.272, 289～297
[23] 『金日成同志略伝』(平壌：朝鮮労働党出版社、1972) p.402～406

して作ることは全般的朝鮮革命の勝利と祖国統一を早めるために決定的意義を持った。[24]

　北朝鮮で対南戦略としての「北朝鮮民主基地建設」は1946年1月、道、市、郡人民委員会選挙で法的に公式化され、以後1947年2月に樹立された北朝鮮人民会議で採択された11ヶ条政綱で、朝鮮半島全体の社会主義的統一の民主基地としての北朝鮮の役割と義務が強調された。[25]

2.　赤化統一の試み（1947.3～1953.7）

　金日成は、北朝鮮臨時人民委員会樹立後1年も経ずに反封建民主主義革命と民主改革が成功裏に完了できたことで、社会主義革命に移行できる条件が整ったとし、1947年2月に樹立された「北朝鮮人民委員会」は社会主義に移る過渡期の任務を遂行したと主張した。[26]

　社会主義に移行し得る条件が成熟したにもかかわらず、過渡期を別に設定した理由について北朝鮮は、人民の思想的未熟、社会経済的・物質的条件の未整備、経済復旧の緊急性などを挙げている。[27] 実際この時期、個人手工業の社会主義的改造のため「生産合作社」と国営農場の創設、1947年から毎年「人民経済計画」の実行など、社会主義的要素を緩やかに拡大したのも事実である。[28] しかし、資本主義経済形態と所有構造は朝鮮戦争以後の1950年代半ばまで続けられた。

　問題は北朝鮮の主張にもかかわらず、当時北朝鮮から出された公式文献のどこにも反帝反封建革命から社会主義革命への過渡期や、さらに社会主義そのものについて言及した資料を探すのが難しい点である。北朝鮮政権樹立と共に発表された「朝鮮民主主義人民共和国政府政綱」にも、社会主義革命や社会主義改造の内容には全く言及していない。[29]

---

[24] 『朝鮮労働党歴史』p.178
[25] ペク・ハクスン「対南戦略」；世宗研究所北韓研究センター『北朝鮮の国家戦略』（ソウル：図書出版ハンウル、2003）p.155～161
[26] 金日成「朝鮮民主主義人民共和国は私たち人民の自由と独立の基地であり、社会主義、共産主義建設の強力な武器である」（朝鮮民主主義人民共和国創建20周年記念祝賀大会で行った報告、1968年9月7日）『金日成著作集(22)』（平壌：朝鮮労働党出版社、1983）p.418
[27] 『朝鮮労働党歴史』p.224～225
[28] 前掲書、p.234～239
[29] 金日成「朝鮮民主主義人民共和国政府の政綱」(朝鮮民主主義人民共和国最高人民会議第1次会議

これから類推できる当時の北朝鮮の国家戦略は、北朝鮮地域で終了した反帝反封建民主主義革命を朝鮮半島全域に拡大し、共産化した統一政府の下で社会主義革命段階に移ることと要約できる。これは、この時期に公式発表された金日成の多くの発言から充分に確認されている。まず、金日成は1946年2月、北朝鮮臨時人民委員会の役割について、朝鮮半島に統一政府が樹立されるまで一時的に北朝鮮地域で中央主権機関の役割をすることだと、明らかにした。[30] また1948年3月、金日成が南韓での単独選挙の動きに対処して言及した次の発言にも、北朝鮮の意図が現れている。

　私たちは一般的、直接的、平等原則に基づき、秘密投票で全朝鮮最高立法機関を選挙することを主張します。こうして選挙された真の人民の最高立法機関で憲法を承認し、国を益々発展させ、人民を幸福に導く真の民主主義的な人民政府を組織しなければなりません。これらのことは、朝鮮から外国軍隊が同時に撤退する条件でのみ可能です。[31]

　金日成のこうした意図は、1949～1950年「2ヶ年人民経済計画」の目的が統一の準備にあることを語る次の発言から明確に確認できる。

　2ヶ年人民経済計画の重要な意義は、それが共和国北半部（訳注：北朝鮮を指す）経済の土台をしっかりとさせ、北半部人民たちの生活を一層向上させるだけでなく、祖国統一のための頼もしい物質的担保を造成することにあります。2ヶ年計画の成果裏の完遂は、飢餓と貧困に苦しむ南半部の人民を民族的独立と統一への闘争に一層力強く鼓舞するであろうし、祖国が統一された後に、破壊された南朝鮮経済を短期間に復旧して南半部同胞の生活を急速に安定向上させる物質的条件を作っておくことになるでしょう。[32]

　こうした金日成の一連の発言は、南北統一が最大の政治問題であった当時

　で発表した政綱、1948年9月10日）『金日成全集(2)』（平壌：朝鮮労働党出版社、1964) p. 269～274

[30] 金日成「目的造成政治情勢と北朝鮮臨時人民会議組織に関して」(北朝鮮民主主義政党、社会団体、行政局、人民委員会代表拡大協議会で行った報告、1946年2月8日)、『金日成全集(1)』p. 44

[31] 金日成「反動的南朝鮮単独政府選挙に反対し、朝鮮統一と自主独立を勝ち取るために」(北朝鮮民戦中央委員会第25次会議で行った演説、1948年3月9日)『金日成著作集(4)』(平壌：朝鮮労働党出版社、1979) p. 183

[32] 金日成「2ヶ年人民経済計画の遂行は祖国統一の物質的担保」(朝鮮民主主義人民共和国最高人民会議第2次会議で行った演説、1949年2月1日) 前掲書、p. 292～310

の状況で、北朝鮮にだけ社会主義国家を建てる場合、分断が長期化しかねないとの憂慮から、まず統一を成し遂げた後に朝鮮半島全域で社会主義革命を遂行するのが、この時期に金日成が追求した北朝鮮の国家戦略であったことを語っている。

当時金日成は、解放直後から推進してきた正規軍創設準備に基づき、政権樹立前の1948年2月に人民軍を創建し、人民自衛隊と祖国防衛後援会を結成することで有事の際に全国、全軍、全民が迅速に戦時体制に転換する準備をした。[33] また政権樹立と共に金日成が北朝鮮の最高権力者になることで、パルチザン出身者がいくらでも党と政権機関の要職を占めることができたのに、大部分が軍部に集中配置されたことにも安保と統一問題だけは金日成の戦略がどの分野よりも一糸乱れずに実行する条件が作られたことを示している。[34] こうした事実は南北朝鮮で単独政権が創出されることにより、平和統一の可能性が薄れたとの情勢判断によって、金日成が武力を統一の唯一の手段と見ていたことを実証している。こうした認識は、人民軍創設に関する次のような彼の発言からも明らかに確認されている。

我が民族を分裂させ、我が祖国を再び植民地にしようとする米帝国主義者たちとその走狗たちの凶悪な策動により、解放2年が経た今日に至るまで我が国の統一と自主独立が遅れている厳しい状態から、朝鮮人民が己の軍隊を創建することは極めて緊急で切実な問題となりました。…朝鮮人民は己の手で己の軍隊を組織し、統一され独立した民主祖国の創建を促進しなければなりません。[35]

朴憲永と李承燁(リスンヨプ)など南労党出身者たちが政権樹立と共に外交と対南分野に布陣したことも、統一戦略へのソ連と中国の協力を引き出し、有事の際に「南朝鮮解放」に有利な国際的環境を造成しようという意図から始まったと見られる。

---

[33] 『朝鮮労働党歴史』p. 232～234, 256
[34] 1948年人民軍創設当時、軍の指揮系統は崔庸健(総司令官、民族保衛相)、姜建(総参謀長)、金日(文化部司令官)、崔賢(第2師団長)など皆が金日成側近のパルチザン出身者が掌握し、他派閥の中では唯一延安派の武亭が砲兵司令官を勤めたに過ぎない。チェ・ワンギュ『北朝鮮はどこへ』p. 139～140
[35] 金日成「朝鮮人民軍創建に際して」(朝鮮人民軍閲兵式で行った演説、1948年2月8日)『金日成全集(2)』p. 75

政権樹立後、北朝鮮の対外政策もやはりソ連をはじめとした社会主義国家との修交を通して、政治・経済・軍事・外交的支援を引き出す一方、内戦中の中国共産党に対する兵力及び軍需支援で朝中間「血盟関係」の基礎を造ることに集中した。[36] 1948年と 1949年、米ソ両軍の撤退で南北韓間の軍事力均衡が崩れ[37]、1949年に中華人民共和国が創立したことによって、北朝鮮の攻勢的安保及び対外・対南戦略が武力赤化統一戦略につながる充分な条件と環境が造られた。中華人民共和国の発足で北朝鮮は大陸側に強力な二つの友邦を持つことになり、武力を 38度線地域に集中できた。また、中国内戦に参戦した朝鮮人兵力が大挙帰国したので軍事力が非常に増加した。[38] 中共軍の内戦勝利が北朝鮮の武力赤化統一戦略の遂行に有利な条件になったとの北朝鮮の認識は、金日成の次のような発言にも現れている。

　国際情勢も私たちに有利です。…とくに昨年、中国革命が勝利したことで世界の政治的力量関係には大きな変化が起きました。…中国革命の勝利は李承晩（イスンマン）傀儡徒党にも重大な打撃を与えました。今、蒋介石徒党は李承晩傀儡徒党を助けられない状態になりました。しかし、私たちはソ連と中国をはじめとする世界の多くの国の人民の積極的な支持と声援を受けています。私たちの党と共和国政権があり、強力な人民軍隊と強固な後方支援があり、国際的支持と声援がある以上、私たちは必ず勝利するでしょう。[39]

　朝鮮戦争は過渡期に北朝鮮が追求した「先統一、後社会主義革命」戦略の延長線でなされた武力赤化統一の企てと見ることができるが、解放後北朝鮮に用意した「民主基地」さえも廃墟とする結果を招いた。戦争により北朝鮮地域で 8,700余の工場と 70万戸の家屋、5,000余棟の学校が破壊され、工業総生産は戦争前に比べ 40％以上減少し、農業生産量も 25％以上減少した。[40]

---

[36] チョン・ギュソプ『北朝鮮外交の昨日と今日』（ソウル、1997）p. 27〜33
[37] 1948年 12月、ソ連軍が撤収したとき北朝鮮の兵力は 4万人に達しており、1949年には 3個師団 6万人に増加した。これは韓国兵力の 2倍を超える規模であった。ソ・デスク『現代北朝鮮の指導者』p. 71〜72, 77
[38] チョン・ソンジャン、イム・ジェヒョン「対外戦略」『北朝鮮の国家戦略』p. 234
[39] 金日成「決定的な反攻撃で武力侵犯者を掃討しよう」（朝鮮民主主義人民共和国内閣非常会議で行った演説、1950年 6月 25日）『金日成全集(6)』（平壌：朝鮮労働党出版社、1980）p. 6
[40] イ・ジョンソク『現代北朝鮮の理解』（ソウル：歴史批評社、2000）p. 73

3. 朝鮮戦争後の復旧建設と社会主義革命(1953.8～1961.9)

　朝鮮戦争後、北朝鮮は経済復旧と共に本格的な社会主義革命段階に進んだ。この時期、北朝鮮の経済発展戦略は、1953年8月第6次党全員会議決定に基づいて三段階で推進された。つまり、第一段階で1年間の準備を経て、第二段階では3ヶ年計画で経済を戦前の水準に回復し、第三段階では5ヶ年計画で工業化の基礎を積むという戦略であった。また、重工業の優先的発展を保障しつつ軽工業と農業を同時に発展させる戦後経済建設の基本路線と個人農民経営の社会主義的協同化方針も提示された。[41]

　社会主義への移行方針は1955年、「4月テーゼ」でより具体化された。金日成は、「社会主義へ進む過渡期の現段階において、我が党の前に提起された基本任務は、労働者、農民の同盟をより一層強化しながら、戦後人民経済復旧発展の闘争で勝ち取った成果に依拠し、社会主義の基礎を建設することにある」と言い、資本主義経済形態を社会主義的に改造し、社会主義経済形態の支配的地位を拡大することを強調した。[42]

　これに従って1954～1958年の期間に協同化による農村経営と資本主義的個人商工業の社会主義的改造が推進され、北朝鮮の都市と農村で社会主義の基礎建設が基本的に完遂された。[43] とくに社会主義建設の総路線として提示された千里馬(チョルリマ)運動が全社会的大衆革新運動として展開され、[44] 1956～1961年の5ヶ年計画は当初の目標よりも2年半前倒しで完遂され、工業総生産額は3.5倍、国民所得は2.1倍増加する成果を達成できた。[45] こうした過程を経て、1960年代初になって北朝鮮では完全な社会主義形態の経済体系が確立された。

　この時期、北朝鮮の経済発展戦略に現れた特徴は、ソ連の「修正主義」と対北朝鮮援助の減少、内部路線争いなどに対処して対ソ依存的経済構造からの

---

[41] 金日成「総てのことを戦後人民経済復旧発展のために」(朝鮮労働党中央委員会第6次全員会議で行った報告、1953年8月5日)『金日成全集(4)』(平壌:朝鮮労働党出版社、1960) p.4～6
[42] 金日成「総ての力を祖国の統一独立と共和国北半部での社会主義建設のために」(私たちの革命の性格と任務に関したテーゼ、1955年4月) 前掲書、p.205
[43] 『偉大なる首領金日成同志革命歴史』p.465～470
[44] 北朝鮮は、「社会主義建設の総路線としての千里馬運動の本質は、総ての勤労者を社会主義的に教育改造し、党と首領の周りにより一層固く結び付け、彼らの革命的熱意と創造的才能を高く発揚させて社会主義をより良く、より早く建設することにあった」と評価している。『朝鮮労働党歴史』p.357
[45] 『偉大なる首領金日成同志革命歴史』p.474～495

脱皮を意味する自立経済路線が登場したことである。とりわけ金日成の1955年12月の演説『思想事業で教条主義と形式主義を退治し主体を確立することについて』は、主体思想を北朝鮮の指導思想として位置付ける理論的背景になった。[46]

北朝鮮の対南赤化統一戦略は戦後も引き続き追求された。これは金日成が「私たちの革命は、一方では反帝国主義的民族解放の課題を遂行し、他方では南半部で未だに地主の圧迫と搾取を受けている広範な農民を解放する反封建的課題を遂行しなければならない」と主張したことにも現れた。[47]

この時期、北朝鮮の対外戦略は戦後復旧に必要な社会主義陣営の支援確保と、1958年中国軍撤収後の安保の空白を埋めるため、社会主義国家との友好関係維持に集中した。[48] とりわけ1961年6～7月の金日成のソ連及び中国訪問を通してこれら兄弟国家と「友好・協力及び相互援助に関する条約」を締結し、北方三角同盟関係を構築した。

4. 社会主義建設と自主路線(1961.10～1970.11)

1961年9月、第4次党大会で金日成は、社会主義革命段階から社会主義建設段階への移行のため、全面的技術改造と文化革命の遂行、社会主義工業化実現と人民生活の向上を基本内容とする7ヶ年計画を発表した。[49] これと共に経済に対する党の指導強化を核心とする新たな大衆指導方式である「青山里(チョンサンリ)精神」、「青山里方法」[50] と「大安(テアン)の事業体系」[51]「郡協同農場経営委員会中心の農

---

[46] チョン・ギュソプ『北朝鮮外交の昨日と今日』p.86
[47] 金日成「総ての力を祖国の統一独立と共和国北半部での社会主義建設のために」p.200
[48] 『偉大なる首領金日成同志革命歴史』p.592
[49] 金日成「朝鮮労働党第4次大会で行った中央委員会事業総括報告」(1961年9月11日)『金日成著作全集(3)』(平壌:朝鮮労働党出版社、1968) p.108
[50] 金日成が1960年2月、平安南道江西郡青山里現地指導を通して創造した「青山里精神」と「青山里方法」は「上の機関が下の機関を助け、上の人が下の人を助け、常に現地に出て実情を調べて問題解決の方法を建て、総ての事業で政治事業、人との事業を前面に出して大衆の自覚的熱意と創意性を動員して革命任務を遂行するようにする」ことである。『政治用語辞典』(平壌:社会科学出版社、1970)、pp.594～596。
[51] 「大安の事業体系」は金日成が1961年12月、大安電機工場現地指導を通して考え出した経済管理体系で、既存の支配人唯一管理制を党委員会集団の指導に変え、「工場、企業所などが党委員会の集団的指導下で総ての経済活動を進行し、政治事業を前面に出して生産者大衆を動かして提起された経済任務を遂行し、上が下を助けて経済を科学的に、合理的に管理運営する」ことを内容としている。前掲書、p.177～178

業指導体系」[52]など、新たな社会主義的経済管理体系を確立した。また、1964年2月の第4期第8次全員会議では『我が国の社会主義農村問題に関したテーゼ』を発表した。[53]

　社会主義建設が進歩するにつれ、1960年代中盤に北朝鮮の思想理論分野では、今後の国家発展の新たな段階の設定と、それに伴う国家戦略の性格をどう規定するかという問題が提起された。つまり、資本主義から社会主義への過渡期とプロレタリア独裁、社会主義完全勝利以後の共産主義への移行段階設定などの問題で論戦が提起されたのである。金日成は、「社会主義建設を前進させて中産層を我が方に完全に勝ち取ったとき、労働者階級と農民の差をなくして無階級社会を建設するとき、資本主義から社会主義への過渡期の任務が実現されたと言える」としてプロレタリア独裁が過渡期はもちろん、共産主義段階まで継続されなければならないと主張した。[54] これと共に社会主義完全勝利は国内で資本主義復旧の危険が消えたとき、社会主義の終局的勝利は外部からの資本主義復旧の危険まで完全に消えたときに実現されるとし、「完全に勝利した社会主義社会とは、全社会が労働者階級化され敵対階級の蠢動と古い思想の腐食作用がなく、都市と農村の差異、労働者階級と農民の階級的差異がない無階級社会であり、総ての社会成員の完全な社会政治的平等と豊かな物質文化生活が保障される発展した社会、共産主義の低い段階の社会である」と定義した。[55] こうした主張は以後北朝鮮が追求してきた思想、技術、文化の三大革命と「南朝鮮革命論」、世界革命戦略の理論的基礎になった。

　この時期、北朝鮮の国家戦略で最も重要な特徴は、対内外政策全般で自主路線を追求したことである。スターリン死後、フルシチョフの対西側平和共

---

[52] これは金日成が1961年12月、平安南道粛川郡の現地指導過程で開発した農業指導体系である。これに対して北朝鮮は、「郡人民委員会の農村経営に対する指導機能を専門農業指導機関である郡協同農場経営委員会に移すことにより、農村経営を行政的方法でなく先進的企業管理方法で指導し、全人民的所有と協同的所有を有機的に結合させ、工業と農業の生産的連携を強化できるようにする」ことだ、とその目的を説明している。『朝鮮労働党歴史』p. 400〜402

[53] テーゼに提示された三大原則は、第一に農村で技術革命と文化革命、思想革命の遂行、第二に農民に対する労働階級の指導と農業に対する工業の幇助、農村に対する都市の支援強化、第三に工業の先進的企業管理水準に近接した方式での農村経営に対する指導と管理保障、全人民的所有と協同的所有の連携強化、協同的所有と全人民的所有の絶え間ない接近などを内容としている。前掲書、p. 411〜412

[54] 金日成「資本主義から社会主義への過渡期とプロレタリア独裁問題について」(党思想事業部門活動家たちの前で行った演説、1967年5月25日)『金日成著作集(21)』(平壌：朝鮮労働党出版社、1983) p. 270〜271

[55] 『朝鮮労働党歴史』p. 440

存など修正主義路線と中ソ紛争勃発、朝ソ関係悪化によるソ連の対北朝鮮援助中断、1962年キューバミサイル危機、韓国での軍事政権出現と米韓日三角軍事同盟の形成、内部の政治的反対派の挑戦など内外情勢の変化は、北朝鮮の安保危機を増大させた。[56] これに対して北朝鮮は、一方では親中反ソ政策を追求しながら、1962年12月第4期第5次全員会議で経済と国防並進路線を採択するなど、独自な安保体制の構築を試みた。[57]

朝ソ葛藤は1964年フルシチョフ失脚後、雪解けの局面を迎えたが、中ソ紛争が熾烈な状況であり、これは自ずと朝中関係に副作用を招いた。とりわけ1960年代後半、中国の文化大革命を機に朝中関係は最悪の状況に置かれた。[58] こうした紛争は文化大革命の終息と、1970年周恩来の訪朝を契機に解決できたが、[59] 北朝鮮はソ連及び中国との紛争過程で両国との関係から政治的自主性を守る必要性を痛感した。[60]

北朝鮮の自主路線は1966年10月、党代表者会議で行った金日成の演説「現情勢と我が党の課題」で公式化された。[61] 以後1967年12月、政府政綱で金日成の次のような言及を通じ、政治での自主、経済での自立、国防での自衛の原則としてより具体化された。

共和国政府は、我が党の主体思想を総ての部門にわたり立派に具現することで国の政治的自主性を強固にし、我が民族の完全な統一独立と繁栄を保障できる自立的民族経済の基礎を一層固め、自力で祖国の安全を頼もしく保衛できるよう国の防衛力を強化するための自主、自立、自衛の路線を徹底して貫徹します。[62]

---

[56] 『偉大なる首領金日成同志革命歴史』p. 527～528
[57] 北朝鮮が自主性を実質的に模索し始めたのは1962年からと見ることができる。金日成は同年10月最高人民会議第3期第1次会議で行った演説「朝鮮民主主義人民共和国政府の当面課題について」を通し、社会主義国家間の関係で平等と自主、相互尊重と内政不干渉の原則を主張した。チョン・ギュソプ『北朝鮮外交の昨日と今日』p. 86～87
[58] 当時中国の対北朝鮮非難は、金日成に対する人身攻撃の性格を帯び、これは両国間に大使召喚事態にまで至った。ソ・デスク『現代北朝鮮の指導者』p. 106～109
[59] チョン・ギュソプ、前掲書、p. 98
[60] 北朝鮮は中ソ紛争が深化した1963～1964年の時期、中国を支持しながらもしだいに自主的立場を確立し、1965年中朝関係が冷え込むにつれ対外的にも自主路線を公式化した。前掲書、p. 97
[61] 金日成「現情勢と我が党の課題」(朝鮮労働党代表者会議で行った報告、1966年10月5日)『金日成全集(20)』(平壌：朝鮮労働党出版社、1983) p. 406
[62] 金日成「国家活動の総ての分野で自主、自立、自衛の革命精神をより徹底して実現しよう」(朝鮮民主主義人民共和国最高人民会議第4期第1次会議で発表した朝鮮民主主義人民共和国政府政綱、1967年12月16日)、『金日成著作全集(4)』(平壌：朝鮮労働党出版社、1968) p. 533

これは、北朝鮮がソ連と中国の影響から政治的自主性を確保するには、これら国家に経済と安保を依存する関係を清算し、経済的自立と国防の自立を国家戦略として選択しなければならないと明白に認識したことを示している。[63]

北朝鮮は1966年、党代表者会議で7ヶ年計画を3年延長してまでも自力で完遂することとし、経済・国防並進路線を再確認してその実践措置として全軍幹部化、全軍現代化、全民武装化、全国要塞化の4大軍事路線を提示した。[64] 北朝鮮のこうした戦略は、1968年1月「プエブロ号」拿捕事件と 1969年「EC-121機」撃墜事件などを契機に、確固とした自衛国防強化の意志として誇示された。[65]

対外関係でも北朝鮮は、中ソ中心の対社会主義圏外交から脱皮して第三世界国家と非同盟国家を対象とした非同盟中心の自主外交を標榜し始めた。とくに金日成が、1965年4月インドネシアで開かれた「バンドン会議」10周年行事に参加したことは、北朝鮮が国際関係における自主性の重要性を認識し、第三世界及び非同盟国家との外交に関心を持つ決定的な契機となった。北朝鮮の自主外交は、反帝民族解放闘争の支援と国際的反帝反米共同戦線形成を基本とする世界革命戦略として現実化された。自主外交を通して北朝鮮は、中国とソ連の衛星国というイメージを脱ぎ、国際舞台で自らの声を出すことができた。[66]

1970年代に入り北朝鮮の外交領域は多面化され、ついに米国をはじめとした西側国家との関係改善問題まで議論され始めた。北朝鮮が対米関係正常化に関心を持ち始めたのは、1970年代初に米中関係正常化の動きが可視化してからと見られる。北朝鮮の最大血盟国である中国が、米国との関係を正常化することは、北朝鮮の立場から朝中同盟と中国の対北朝鮮政策、そして北朝鮮の安保と直結した深刻な問題であった。これは金日成が1971年8月、ニクソン大統領の翌年の中国訪問について「勝者の行進でなく敗者の行脚」であり「中国人民の勝利」だと規定することで、米中関係正常化が北朝鮮に及ぼす安

---

[63] ソ・デスク『現代北朝鮮の指導者』p.113
[64] 金日成「現情勢と我が党の課題」『金日成著作全集(4)』p.320〜365
[65] チョン・ギュソプ『北朝鮮外交の昨日と今日』p.97〜99
[66] 『偉大なる首領金日成同志革命歴史』p.587〜594

保不安を払拭しようとした事実からも分かる。[67] 金日成はまた 1972 年 5 月、北朝鮮を訪問した『ニューヨークタイムズ』の記者たちに「米国政府が我が国に対する政策を変えるなら、私たちも米国に対する政策を変えるでしょう」と言い、「米国政府は大国とだけ関係改善するのでなく、当然小国とも関係改善しなければなりません」と対米関係改善の意思を表明した。[68] この時期、北朝鮮が対米関係改善問題を論じたのは、米中、米ソのデタント雰囲気を利用して駐韓米軍撤退と米朝平和協定締結などで赤化統一に有利な環境を作ろうとの意図からだと評価できる。実際北朝鮮は、対米関係に言及するたび、常に駐韓米軍撤収と米朝平和協定問題を定番メニューのように持ち出してきた。

この時期、北朝鮮の対南戦略も自主安保と 4 大軍事路線に力を得た軍部が勢力を伸ばし、好戦性が浮き彫りになった。金日成の「三大革命力量」強化路線と「南朝鮮革命論」[69] によって韓国内地下党建設と「人民民主主義革命」、親北容共政権樹立を目的とした対南赤化統一工作が日増しに露骨となった。1969 年 1 月 21 日、青瓦台襲撃事件と蔚珍・三陟(ウルチン・サムチョク)武装共産軍浸透事件、統一革命党事件などがその代表的事例である。

こうした金日成の自主路線は、北朝鮮の影響力を社会主義陣営から第三世界に拡大させ、自身の対内的権威と地位をより高める要因になった。しかし、韓国が米国と日本など西側先進国との経済及び安保協力関係を強化し、経済の高速成長を追求している間、北朝鮮は自衛的軍事力強化と低開発国に対する無分別な支援に没頭した結果、南北韓間の体制競争から決定的に遅れを取った。[70] 北朝鮮は 1967〜1969 年の間に、全予算の 30％以上を国防費として支出したが、これは国民総生産の 20〜30％に該当する。過大な軍事費支出は、北朝鮮の経済発展に一層大きな負担として作用し、結局、経済と国防の同時発展に失敗する他なかった。[71]

---

[67] チョン・ギュソプ、前掲書、p. 155〜160
[68] 金日成「米国、ニューヨークタイムズ紙記者たちとの談話」(1972 年 5 月 26 日)『金日成著作集(27)』(平壌：朝鮮労働党出版社、1984) p. 221〜224
[69] 金日成「祖国統一偉業を実現するために革命力量をあちこちで強化しよう」(朝鮮労働党中央委員会第 4 期第 8 次全員会議での結論)『金日成著作集(4)』p. 77〜96
[70] 朴ミョンギュ『金日成政権の安保政策：包括的安保概念の適用』(ソウル：統一研究院、2003) p. 19
[71] イ・ジョンソク『現代北朝鮮の理解』p. 81〜82

III. 幹部政策の定立と権力エリート

　体制形成期の共産主義政治体制で権力を掌握した革命エリートが直面する最も大きな問題は、新たな制度の樹立と国家の管理運営に必要な資質と能力、経験を備えた人材が絶対的に不足することである。これによって革命エリートは、一方では既存体制の残滓を清算しながら、他方では既存体制の受益者であるインテリをはじめとした技術専門エリートを選別的に利用せざるを得なくなる。こうして建国初期には革命エリートと労働階級出身の政治エリートが党と国家、軍隊と保安など権力機関を掌握し、経済、社会、文化などの専門分野は選別的に補充した技術専門エリートに依存する政策を追求することになる。これと共に、労働階級出身の新たな人材を養成することも体制形成期の社会主義国家にとって緊急の課題となった。つまり、幹部養成と補充、登用、管理など全般的な過程を合わせた幹部政策の樹立と体系化が、体制形成期の国家戦略遂行のための必然的な前提条件として提起されたのだ。

　こうした幹部政策で核心を成すものは、まさに出身成分と経歴、党性と理念といった政治的基準と、技術・実務水準のような専門性を意味する幹部養成及び補充原則である。これにより党・政・軍・保安などの権力機関に従事する政治エリートの補充では、学歴よりも政治的信任度と労働階級出身成分が優先的に考慮される。一方、専門技術や経営管理能力が要求される分野の補充では学歴が優先して重視されるが、出身成分が政治的基準に合わなければ、権力内部の専門官僚として登用されることは難しい。[72]

　体制形成期に国家建設と発展を主導した革命エリートと、これらに利用された既存体制出身の技術専門エリートは、体制強化期を経て体制管理期に入る過程で、政治的基準と専門性を兼備えるべく養成された新進エリートとの世代交代が不可避になった。この過程で幹部養成及び補充の原則と基準からも、政治的基準から専門性へと優先順位が自ずと移動した。

---

[72] チェ・ワンギュ『北朝鮮はどこへ』p. 335

表2-4 体制形成及び強化期の社会主義国家などの幹部政策

補 充 対 象	補充基準の優先順位	補 充 分 野
革命エリート、労働階級出身政治エリート	政治的基準	党、政、軍、保安、外交
技術専門エリート	専門性	経済、科学技術、社会、文化
新進エリート	政治的基準、専門性	総ての分野

1. 体制形成期

1) 幹部政策論理

　前述したように、体制形成期に北朝鮮も他の社会主義国家と同様に国家建設と経済再建、既存制度の改革に必要な幹部と人材が絶対的に不足した。

　長い日帝植民地統治の最もあくどい結果の一つは、私たちに民族幹部が準備できていない。祖国創建の道に立った我が党は、政治、経済、文化の各分野で幹部の不足を深刻に感じており、これは私たちの前進運動に厳しい難関となっています。[73]

　解放後、反帝反封建民主主義革命の当為性の下で、親日派と地主・資本家など「敵対階級」に対する広範囲な粛清が行われ、幹部の補充と登用にも専門性より政治的忠誠度と反日の経歴、出身成分など政治的基準が優先視された。しかも体制形成に参与した各分派は、自派勢力拡張のため幹部選抜と登用で互いに自分たちの持ち分を要求し、本来、経済再建と改革の推進に要求される各分野の専門家とインテリは幹部登用から排除された。[74]新たな幹部補充のための体系的原則や人事制度もまだ定着していなかった。国家戦略レベルの一貫性ある幹部政策を期待することは、当時としては時期尚早であった。

　それでも、当時ソ連軍政の積極的な後援の下で権力者として浮上した金日成の一連の発言から、その後樹立された北朝鮮政権の幹部政策を予測する端緒を発見できる。まず、幹部問題と関連した金日成の次の発言は、この時期北朝鮮の幹部政策が、全的にスターリンの幹部政策をそのまま踏襲していた

---

[73] 金日成「北朝鮮労働党第2次大会で行った中央委員会事業総括報告」(1948年3月28日)『金日成著作全集(1)』(平壌：朝鮮労働党出版社、1967) p. 236
[74] チョン・ヒュンジュン『金日成政権の権力エリート研究』(ソウル：民族統一研究院、1995) p. 12〜13

ことを示している。[75]

　私たちは、人材に対するスターリン同志の次のような言葉を常に記憶しなければなりません。「実践で検閲された正しい政治路線が樹立された次には、党の幹部が党的及び国家的指導の決定的な力となる。…正しい政治路線を実践しようとすれば、党の政治路線を理解し、それを自己自身の路線として受け入れ、それを実践する決意があり、それを実践する術を知り、またそれに対する責任を負ってそれを擁護し、そのために戦う能力があるそのような幹部、そのような人物が要求される。そうでなければ正しい政治路線も紙上の空文になってしまう恐れがある」と言いました。ですから私たちは幹部を養成し、彼らを正しく配置し、実地事業で彼らを教え、彼らの事業を検閲し、適時に助けを与えて幹部に対する正確な統計事業を進めなければなりません。[76]

　権力掌握と共に、金日成は幹部政策でしだいに独自の立場を確立していった。彼は、「我が党幹部政策の重要な原則の一つは、人民の中から出て人民に服務する新しい幹部を登用して彼らを絶えず教養訓練し、支配階級の中から出て支配階級に服務した古い幹部たちを改造し、彼らを祖国と人民のために服務するようにすることにあります」と指摘した。[77] 換言すれば、労働者階級出身者を政治エリートとして補充し、彼らの弱点である教育水準を補強し、既存体制の受益者である技術専門エリートを専門分野に補充し、彼らの弱点である思想を改造することを幹部政策の二つの方案として提示したものである。
　金日成はまた、「…総ての勤労大衆、すなわち労働者、農民、エリートの中で最も堅実で最も自覚的で最も先鋒的な人々が、我が党に入れるのは当然のことです」と言い、技術専門エリート、つまりインテリに対する包容政策を強調した。[78]
　しかし、これらインテリ出身幹部たちは、自身が新たな体制に利用されるだけで、いつかは捨てられるだろうという恐れを拭い去れなかった。これは

---

[75] キム・ソンチョル『北朝鮮幹部政策の持続と変化』(ソウル：民族統一研究院、1997) p. 6
[76] 金日成「北朝鮮共産党各級党団体の事業について」(朝鮮共産党北朝鮮組織委員会第 3 次拡大執行委員会で行った報告、1945 年 12 月 17 日)『金日成著作全集(1)』p. 18
[77] 金日成「北朝鮮労働党第 2 次大会で行った中央委員会事業総括報告」前掲書、p. 236～237
[78] 金日成「北朝鮮労働党創立大会の総括について」(平安南道党熱誠者会議で行った演説、1946 年 9 月 9 日)前掲書、p. 91

金日成の次の発言にもそのまま現れている。

　一部インテリの中には、「私たちは過渡期の人物で、今後、新しいインテリが出てくれば交替させられる」と考える人がいますが…誰彼を問わず、発展しなければ、皆交替させられるでしょう。…しかし、インテリが新たな社会が要求する方向に継続して発展するならば、誰が彼を排斥し交替させるでしょうか。私たちは今までのインテリが引き続き発展することを願っており、彼らを大胆に登用し、彼らが祖国と人民のため積極的に服務しているという自負心を持つようにしなければなりません。[79]

　インテリが党に忠実で祖国と革命のために服務している以上、彼らを当然愛して尊敬し正しく教養して彼らに常に温かい手を差し伸べなければならないでしょう。これがインテリに対する我が党の態度です。[80]

　金日成のインテリ包容政策は、労働党創党過程で党のマークに労働者と農民を象徴するハンマーと鎌と共に、インテリを象徴する筆を含めたことを通しても誇示された。換言すれば、知識人を労働者階級と共に党の構成成分、革命の動力と規定したのである。[81]
　こうした幹部政策により党中央委員会構成では、第1次大会に全くいなかった専門技術官僚が1956年の第3次大会からは16人に急増した。代表的人物としては정준택(チョンジュンテク)、강영창(カンヨンチャン)、李志燦(リジチャン)、정일룡(チョンイルリョン)、李鐘玉(リジョンオク)、문만욱(ムンマンウク)、金두삼(キムドゥサム)などを挙げられるが、彼らは合理的な専門性基準によって選抜された人物であった。しかし彼らは、出身成分や経歴を見ると解放前に抗日運動に参加したか左翼性向の人物であり、「敵対階級」出身者は徹底して排除された。[82]

　こうした専門性強調現象は、戦後の経済再建に必要な専門家不足と、とく

---

[79] 金日成「党組織事業を改善することについて」(朝鮮労働党中央委員会第4次全員会議での結論、1951年11月2日)前掲書、p.331
[80] 金日成「平安北道党団体の課題」(平安北道党代表会議で行った演説、1956年4月7日)前掲書、p.621
[81] リ・サンゴル『社会主義と知識人問題』(平壌:社会科学出版社、1995)p.117～125
[82] チェ・ワンギュ『北朝鮮はどこへ』p.334～336:政権樹立と共に初代国家計画委員長に任命されたチョン・ジュンテクは技術官僚として最高位職に昇った人物であった。金日成が本人の忠誠心を中心に幹部を選抜しなければならないと言い「反党分派分子」たちの謀略と「偏狭な幹部政策」から彼を保護してあげたとの逸話は、北朝鮮で多くの偶像化教育資料と文学作品に紹介されている。

に専門技術官僚の大部分が戦争の過程で党性と忠誠心が検証されたこと、[83] そしてパルチザン出身者だけでは経済発展を期待しがたかった現実が、主要背景として作用したと見られる。このように、体制形成期の北朝鮮の幹部政策は、革命エリートと労働階級出身者の新たな政治エリートが権力を、抱き込まれた技術専門エリートが経済などの専門分野を担当する方向で確立された。

2）新進幹部育成

　金日成は不足していた幹部問題解決のため、労働階級出身の新たな新進幹部育成にも多くの努力を傾けた。このため金日成は金策、安吉(アンギル)などパルチザン側近たちを前面に立てて軍事、政治幹部養成機関である平壌学院を設立し、これに基づいて保安幹部訓練所(後に保安幹部学校と改称)、中央党学校(現在の金日成高級党学校)など幹部養成機関を創設した。[84] また、1946年10月北朝鮮で初めての総合大学である金日成大学を創立し、[85] これを母体として北朝鮮各地に数々の大学と専門学校を設立した。[86]
　当時の民族幹部、すなわち新進幹部養成のため北朝鮮が追求した学生選抜の階級主義的原則は、金日成の次の発言からも確認できる。

　まず、専門学校と大学の学生選抜事業を正しくしなくてはなりません。専門学校と大学には必ず勤労人民の子女が入り、勉強するようにしなければなりません。そうすれば国と人民のために献身的に働く新たなエリートが出てきます。勤労人民の子女の中からインテリが出る前には、民族幹部問題を解決できません。私たちは中学校を卒業した労

---

[83] リ・サンゴル『社会主義と知識人問題』p. 166〜172
[84] 『金日成同志略伝』p. 402〜403
[85] 金日成総合大学の設立目的に対して金日成は、「この総合大学の目的は高い科学と技術で武装され、政治的に訓練された民主主義祖国建設と、我が民族の隆盛発展のため献身的に闘争する優秀な民族幹部を養成することにあります」と指摘した。金日成、「新たな朝鮮の優秀な民族幹部になるために学び、また学ばねばならない」(金日成総合大学創立1周年記念大会で行った演説、1947年10月1日)『金日成全集(1)』p. 367
[86] リ・サンゴル『社会主義と知識人問題』p. 180：金日成総合大学は設立当時法学部、文学部、理学部、工学部、農学部、医学部、鉄道工学部など7学部と24学科で開校された。以後、1948年9月に工学部と医学部、農学部が各々平壌工業大学(現金策工業総合大学)、平壌医学大学、平壌農業大学(現元山農業大学)に分離独立された。

働者、農民、事務員の子女を選抜して専門学校と大学に入学させなければなりません。[87]

　金日成はこのように労働者階級出身者を基本に選抜し、彼らの最も大きな障害である学費負担を減らすために、専門学校と大学で学生数の50%に対して国家奨学金制度を実施した。[88]

　こうして政権が樹立された1948年に至り、北朝鮮には15校の大学及び専門学校と幹部養成機関が創設され、1948～1949年の間に14,200人の行政幹部と28,500人の教育幹部、39,100人の技術幹部、数千人の保安及び軍事幹部が養成されて関連分野に配置され、500余人の留学生が先進科学と技術を学ぶためにソ連に派遣された。[89]

　この時期、北朝鮮が幹部養成のために取った措置の中で注目される部分は、「革命家遺児」をその後の体制の核心幹部として育成したことである。金日成は1946～1947年の間、林春秋(リムチュンジュ)(前副主席、死亡)をはじめとするパルチザン出身幹部を中国東北地方と国内縁故地に派遣し、自身と共にパルチザン闘争に参加して戦死もしくは抗日運動の過程で犠牲になった「革命烈士」の遺家族と遺児を探して連れて来る措置を取った。そして、1947年10月自身の故郷である万景台に「革命者遺児学院」を設立した。こうして日帝時期に中国と国内各地に散って生存していた少なくない遺児とその家族が帰国し、この学院に入ることになった。当時これら遺児は、平均年齢が10代の中・後半であった。東北地方に行って彼らを探して連れてきた林春秋は、遺児の中で「父親」のような存在として尊敬された。金日成は彼らが成長して権力層に入った後も、彼らの中で問題が起きると、林春秋に「子供たちをちゃんと教育しろ」とか「貴方が直接会って叱りなさい」と指示した。

　万景台革命学院は、初等学校から高級中学校までの全課程にわたり科学、政治、軍事など各分野の専門知識を教えた。金日成は朝鮮戦争の時期、彼らの大部分を政府護衛総局(現在の護衛司令部)軍官(将校)として入隊させ率いていたが、1951年頃ソ連、ハンガリー、チェコ、東ドイツ、ルーマニアなど

---

[87] 金日成「国家の法秩序を確立し、民族幹部養成事業を強化することについて」(北朝鮮人民委員会第40次会議での結論、1947年6月20日)『金日成著作集(3)』(平壌:朝鮮労働党出版社、1979) p.229

[88] 『朝鮮労働党歴史』p.231

[89] 金日成「朝鮮民主主義人民共和国創立1周年」(朝鮮民主主義人民共和国最高人民会議第4次会議での報告、1948年9月9日)『金日成全集(2)』(平壌:朝鮮労働党出版社、1964) p.340

の東欧国家に留学させた。1950年代後半に帰国し、主に党・政・軍の初級幹部として補充されたこれら遺児は、金日成への忠誠心と党性、出身成分だけでなく、経歴と学力など総ての面で最高のエリートコースを経ることにより、政治性と専門性を漏れなく備えた新進エリートとして急浮上し、その後、北朝鮮体制の強化に核心的役割を果たした。万景台革命学院出身の遺児たちの中で、1970年代の金正日後継体制確立以後から現在まで権力層に登用、もしくは残っている人物は姜成山（カンソンサン）、金国泰（キムグクテ）、金炳律（キムビョンニュル）、金時学（キムシハク）、金裕淳（キムユスン）、金渙（キムファン）、林洙万（リムスマン）、李吉松（リギルソン）、李東春（リドンチュン）、李勇益（リヨンイク）、李哲奉（リチョルボン）、朴松鳳（パクソンボン）、方鉄甲（パンチョルガプ）、方鉄昊（パンチョルホ）、沈昌完（シムチャンワン）、延亨黙（ヨンヒョンムク）、呉克烈（オグンニョル）、韓相圭（ハンサンギュ）、玄哲奎（ヒョンチョルギュ）、玄哲海（ヒョンチョルヘ）、崔昌煥（チェチャンファン）、崔英林（チェヨンリム）などを挙げることができる。[90] 万景台革命学院出身遺児たちだけでなく、朝鮮戦争の戦死者と被殺者（訳注：階級的敵によって犠牲になった愛国烈士）の子供と戦争孤児も、戦後に東欧留学を経て体制強化期に各分野の核心として浮上した。

　金日成はまた、戦争が長期化の局面に入った1951年から、戦線に出ていた各大学の学生を召喚し、後方に疎開させた大学で学業を終えさせるなど、戦後復旧と経済再建に備えた幹部養成を中断なく推進した。[91]

　戦後、北朝鮮の幹部政策は、経済再建の必要性から技術専門エリートの養成に集中した。[92] その結果、1957〜1961年の5ヶ年計画期間に大学は19から78校に増え、大学生数は5倍に増加して97,000人に達し、経済部門で働く技術者と専門家の数も2倍を超える133,000人になった。[93]

　1950年代末に至り、北朝鮮の幹部政策は基本的な枠組を備えた。この時期に完成した北朝鮮の幹部政策について、金日成は次のように説明した。

　私たちは、祖国解放闘争に積極的に参加した長い間の革命幹部と実践で検閲された労働階級出身幹部を核心として、解放後勤労者の中から早く育った新たな若い幹部を大胆に登用する原則を堅持しました。…党は労働者、農民の中から新たなインテリを大々的に幹部として登用し、彼らを教育して引き続き発展させ、労働者階級出身幹部とインテ

---

[90] 一部の北朝鮮研究を見ると徐允錫、崔泰福、玄峻極、金斗南など万景台革命学院と関係ない人物まで遺児と記述している。
[91] 『朝鮮労働党歴史』p.302
[92] 金日成は「高等教育では人民経済発展に必要な技術幹部を養成することに重点を置き、大学生総数の70％以上が工科系統と自然科学系統で学ぶようにすること」と強調した。金日成、「総てのことを戦後人民経済復旧発展のために」p.417
[93] 金日成「朝鮮労働党第4次大会で行った中央委員会事業総括報告」p.86〜88

リ幹部を正しく配合して幹部隊列の指導能力を一層高めました。[94]

　こうした幹部政策の結果、体制形成期に革命エリートが直面した専門家不足を克服でき、体制強化と経済再建及び発展という当初の目標を基本的に達成できた。

2. 体制強化期

　階級的基礎と出身成分が「優秀な」人物が権力を担当する政治エリート、出身成分と経歴に問題はあっても、現在の思想動向が良好な知識人が、経済をはじめ専門分野の技術専門エリートとして補充される幹部政策の基礎は、体制強化期にも維持された。しかし、この時期になって北朝鮮の幹部政策はより精巧に基準と原則が体系化され、制度的にも確固と定着した。

1）階級構成と成分制度

　北朝鮮は幹部の育成と補充の原則と基準を制度的に定着させるため、まず全住民の階級構成を把握し、これを基にした成分制度を確立した。金日成は、「革命隊列を強力に作り上げるには人民大衆の統一団結を強化する事業と、敵対分子の策動に反対する階級闘争を正しく結合させることが非常に重要な問題」と主張した。[95] ここで、人民大衆の統一団結強化は党の群衆路線を、敵対分子に反対する階級闘争は階級路線を意味する。この二つの路線を結合するということは、敵対勢力を最大限孤立・弱体化させ、できるだけ多くの群衆を党の周囲に結束させることである。階級路線を過度に強調すれば、党と大衆を離脱させ「敵対階級を量産する」左傾的誤謬を犯し得るし、反対に群衆路線のみを強調すると「不純分子と敵対勢力の潜入」を許し「革命隊列の純潔性」を毀損する右傾的誤謬を犯し得る。

　北朝鮮でこれが重要問題になった背景には、日帝植民地期と朝鮮戦争、たび重なった反分派闘争の過程で社会・階級的構成が複雑になったことと関連

---

[94] 前掲報告、p. 157～158
[95] 金日成「現情勢と私たちの党の課題」（朝鮮労働党代表者会議で行った報告、1966年10月5日）『金日成著作全集(4)』p. 368

がある。

　永い間、日帝植民地統治と米帝による国の分裂、祖国解放戦争時期にあった敵どもの離間策動などによって、我が国住民の社会政治的構成には多くの複雑性がもたらされました。こうした状態で私たちは、住民の異なった階層との事業を特別慎重に行わなければなりません。[96]

　北朝鮮は1957年5月、党常務委員会で「反革命分子との闘争を全党的、全人民的運動として展開することについて」という決定を採択し、それに基づいて1960年まで全住民の成分分類作業を進めた。これによって約300万人が不純分子と規定され、これらの大部分が他の地域に移住させられ、もしくは収容所に収監、処刑された。こうした住民浄化事業が社会に恐怖の雰囲気を造り、多くの群衆が体制を信じなくなる結果を招来すると、北朝鮮は1961年3月に再び常務委員会を招集し、「各界各層群衆との事業を改善することについて」という決定を採択し、階級路線で現れた左傾的偏向の是正を促した。[97] しかし、今度は戦争時期に「敵側」から被害を被った「核心階層」が反発してきた。これに北朝鮮は、1964年2月第4期第8次全員会議で「各界各層群衆との事業を強化することについて」という決定を採択し、『各界各層群衆との事業に対する概要』という指針を下した。これによって1964～1967年の期間、北朝鮮は全国的規模で住民再登録事業を実施し、これを土台にして、1971年末までに全住民を3階層51部類に分類した。ここで3階層というのは基本階層、動揺階層、敵対階層をいう。北朝鮮で階層は職業や身分、財産によって区別される意味ではなく、体制に対する立場を出身成分と経歴などによって規定した社会階層を意味する。したがって労働階級出身者が基本階層に属する場合もあり、敵対階層に含まれる場合もある。例えば、本人や父母が日帝時期に労働者であって北朝鮮政権樹立と強化に寄与した人は基本階層に属するが、過去、資本家や地主出身であって政権樹立過程で粛清され、現在労働者や農民に転落した人は体制に対する不満と抵抗意識を抱く可能性があるので敵対階層に属することになる。住民再登録の結果、北朝鮮の人口中391万余名が

---

[96] 前掲報告、p. 373
[97] ソ・ジェジン『もう一つの北朝鮮社会』（ソウル：ナナム出版、1955) p. 426～427

基本階層に、315万余名が動揺階層に、793万余名が敵対階層に分類された。これは北朝鮮人口の半数以上が動揺階層と敵対階層に属し、敵対階層だけでも人口の2分の1に該当することを意味した。[98]

　基本階層は体制維持と発展において中心になり得る階層、つまり「革命の動力」を成す階層である。基本階層はさらに核心群衆と基本群衆に区分される。核心群衆は金親子の親戚と縁故者、抗日パルチザン参加者及び家族、朝鮮戦争英雄と社会主義建設の労力英雄及び功労者、朝鮮戦争戦死者及び被殺者、「社会主義愛国烈士」遺族、南派工作員と「南朝鮮革命家」遺家族などが属する。これらは本人の努力に関係なく、大学入学と社会配置、昇進と権力層進入で優先権と恩恵が与えられる。核心群衆にはまた、日帝時期の愛国者、労働者、雇農、貧農、朝鮮戦争参戦者などが属し、これらにも社会的優遇と人事の優先権が与えられた。基本群衆は「敵対階級」や「反動団体」、分派などに加担もしくは協力の経歴がなく、政権樹立と強化に協力した熱誠分子たちであり、本人の能力や現在の動向に問題がない限り、人事上の恩恵を受けることができる。

　動揺階層は階級的土台や社会政治生活の経緯、家庭周囲環境に複雑な問題があるとか、自身が持っている知識と技術でどの体制にでも服務できる階層であり、警戒と教養（訳注：思想洗脳教育）、「革命化・労働階級化」の対象になる。日帝機関や「敵対階級」に服務したが、解放後政権樹立と強化に協力した公務員とインテリ、企業家、個人手工業者、中農、小資産階級と越北者及び義勇軍出身者、捕虜帰還兵、越南者家族の中で体制に協力した者、北送僑胞、親戚が外国にいるか行方不明になった者たちが属する。これらは党と軍、保安など権力機関への進入がほぼ不可能で、大部分は行政、経済、科学技術、社会などの分野で一定の職位まで人事上の恩恵が可能である。

　敵対階層は出身と家庭環境、経歴から見て北朝鮮体制で許されない「罪」を犯した階層を意味する。親日派、地主、富農、買弁資本家、隷属資本家、朝鮮戦争当時「敵側」に協力した「反動分子」、北朝鮮による処断者家族、軍忌避者、脱走兵、政権樹立と強化に挑戦した者、越南者及び脱北者の家族、「分派分子」とその家族、宗教人、この他に政治犯及び経済犯と前科者、そしてこれらの親戚と子孫たちである。これらは「罪質」と体制に対する態度によって、

---

[98] 前掲書、p.426〜434

再び教養対象(もしくは包容対象)と孤立対象(もしくは清算対象や独裁対象)に細分化された。[99]

教養対象は「軽犯罪」を犯した者で、「過誤」を心から悔いた場合、思想教養と労働鍛錬などを通じて改造されれば、人事で総ての特恵を剥奪されたまま、生涯最下層の身分を維持することになる。朝鮮戦争当時、代表的な国連軍占領地域であった黄海道出身者たちの中にこうした対象が多い。孤立対象は「罪質」と動向から見て許すことができない階層であり、社会的孤立と政治犯収容所収監もしくは処刑の対象になる。

北朝鮮はこのように全住民を多くの階層に分類し、各個人に一定の成分を付与することで入党と各種人事に活用している。北朝鮮は「成分」について、「社会階級的関係によって規定された人々の社会的区分、つまり人々の思想的構成成分としてどのような階級の思想的影響を多く受け、どのような階級の思想が彼の頭の中を支配しているかを知るために、出身と職業、社会生活の経緯によって社会成員を社会的部類に分けること」としつつ、「人々の成分は固定不変なものでなく、生活環境と条件が変わることによって変わる」と定義している。[100]

北朝鮮で総ての住民は、「出身成分」と「社会成分」の2種類の成分を付与される。「出身成分」は「生れたときに家庭が置かれた社会階級的関係によって区分される成分」[101]、つまり本人が出生した当時の父母の成分を意味する。したがって、出身成分は日帝時期や朝鮮戦争のような過去の身分と職業を反映したものが大部分である。

出身成分には「良い成分」順に革命家、軍人、労働者、雇農、貧農、農民、事務員、学生、手工業者、小市民、中農、富裕中農、中小企業家、小商人、民族資本家、商人、富農、地主、人夫頭、隷属資本家、宗教人、親日派などがある。この中でも革命家、労働者、雇農、貧農などは当然に基本階層に属し、中農、手工業者、小市民、企業家、小商人などは動揺階層に属する。そして地主、富農、隷属資本家、親日派、宗教人などは敵対階層である。

---

[99] 金日成は、「党組織活動家は、孤立対象と教養改造対象を明確に分け、ごく少数の敵対分子に反対する闘争と広範な群衆を教養改造する事業に集めて出すようにしなければなりません」と語った。金日成「党事業を一層強化することについて」(党組織活動家講習参加者に送る書簡、1974年7月31日)『金日成著作全集(7)』(平壌:朝鮮労働党出版社、1978) p. 86
[100] 『朝鮮語大辞典(1)』(平壌:社会科学出版社、1992) p. 1762
[101] 『朝鮮語大辞典(2)』(平壌:社会科学出版社、1992) p. 597

「社会成分」は主に現在の身分と関連したもので、「本人が直接社会生活を始めた後の職業及び社会階級的関係によって規定される成分」[102]を意味する。しかし、現実には入党時点での本人の身分、すなわち職業を基準としている。つまり、軍服務中に入党した人には「軍人」成分が、労働者や農民の身分で入党した人には「労働者」もしくは「農民」成分が、公務員や教育者、科学者などの職位を持って入党した人には「事務員」成分が、学生に身分で入党した人には「学生」身分が付与される。

北朝鮮で労働党入党は非常に重要であるが、どのような身分で入党したかも重要な問題である。上に列挙した5種の社会成分中「最も良い成分」は「軍人」次に「労働者」である。したがって、同じ党員でも「軍人」や「労働者」成分所有者には、「事務員」や「学生」の身分よりも大きな人事上の恩恵が与えられ得る。[103]

2）幹部補充原則

今まで北朝鮮が対内外に公開した金日成と金正日の著作をはじめとする数々の公式資料から幹部政策と関し、政治エリートと技術専門エリートを差別する基準を適用したと明らかにした部分は探しづらい。なぜならば党・軍・政など各部門の幹部補充に適用された多様な細部事項と原則は、人事担当者にだけ下される「幹部事業指導書」など対内非公開指針にだけ明示されているからである。[104] それでも、北朝鮮の数々の公式資料と証言及び研究者の経験などを土台に、この時期の北朝鮮の幹部補充原則と基準がどのように確立さ

---

[102] 『朝鮮語大辞典(1)』p. 1646
[103] 1983年頃、金正日が高位層幹部子女の軍入隊を指示し、これを「配慮」と宣伝したことや、青年が高等中学校を卒業して大学に進む能力が劣る場合、むやみに軍入隊を志願するのもこうした理由だと見られる。また、公務員や知識人など「事務員」成分に該当するが、特出した功労を建てたなどで金父子の特別な「配慮」によって例外的に「労働者」成分が付与される場合もある。これはすなわち、今後の昇進と権力層への進入を意味するもので「大きな政治的信任と配慮」の表示と見なされる。
[104] 幹部事業指導書についてはチョン・チャンヒョン『側で見た金日成』（ソウル：図書出版土地、1999) p. 144～147, 154 とチェ・ジンウク『北朝鮮の人事行政』（ソウル：統一研究院、1999) などで簡単に言及されているが、これもまた金正日後継体制時期に関したことである。こうした内部指針には外部に公開できない具体的な幹部選抜原則と、とくに人事対象者が党幹部なのか行政幹部なのかなどによって出身成分と家族親戚関係、経歴及び学歴などの身元確認水準が異なって定められているという。北朝鮮が内部指針を公開しない理由は、もちろん住民の不満と反発を招き得るとの憂慮のためである。

れ具体化されたかを追跡できる。

ア）政治性中心の原則

　金日成は1961年の第4次党大会報告で、古参の革命幹部と労働階級出身幹部を中心に幹部を選抜し、労働階級出身幹部とインテリ出身幹部を正しく配置する原則を強調した。1960年代後半の「党の唯一思想体系」確立と共に、北朝鮮の幹部政策では、出身成分と共に思想性が一層強調された。これは金日成の次の発言にも見出せる。

　何よりもまず、幹部の思想がどうなのかを知らなければならず、とくに党の唯一思想体系がしっかり立てられているかを知らなければなりません。これが一番重要です。その次は幹部の事業作風と事業能力、知識水準、経歴を知らなければならず、周囲の環境も知らなければなりません。[105]

　しかし、思想性が強調されたといって出身成分を疎かにすることを意味しなかった。思想性の強調は出身成分の強調を意味し、思想性中心の幹部選抜は、結局、労働階級出身中心の選抜を意味することは、次のような金日成の様々な発言にもそのまま現れている。

　我が党は政治思想的に堅実な人、すなわち如何なる逆境の中でも少しも動ぜず、最後まで革命的節操を守りながら一途な心で党の呼び掛けを受け入れ、屈せずに進むそのような人が幹部になれる資質を持つ人だと認めます。一般的にこうした資質は階級的に良い家庭環境で正しい政治的影響を受け、社会政治的試練を通して労働階級の革命偉業のため、身を捧げて戦う世界観がしっかりとした人々が持っています。…我が党が規定した幹部の資質に合う対象は、祖国解放戦争（訳注：朝鮮戦争）時に勇敢に戦って犠牲になった党、政権機関従事者と軍事幹部たちの息子娘たちであり、かつて地主、資本家たちのあくどい搾取と抑圧を受けながら苦しく生きてきた労働者、雇農、貧農出身たちです。[106]

---

[105] 金日成「党事業を改善し、党代表者会決定を貫徹することについて」（道、市、郡及び工場党責任秘書協議会で行った演説、1967年3月17〜24日）『金日成著作集(21)』p.147
[106] 金日成「党員に対する党生活指導を強化し、私たちの党幹部政策を正しく貫徹することについて」（道党組織部長、幹部部長の前で行った演説、1968年5月27日）『金日成著作全集(5)』（平壌：朝鮮労働党出版社、1972）p.88〜89

幹部選抜事業で人々の政治的資格を中心としつつ、その実務的資格を正しく配合するとの党の一貫した原則を徹底して堅持しながら、実践闘争の中で検閲された労働者をはじめとして、かつての雇農、貧農のような基本出身者を幹部として選抜しなければなりません。[107]

　幹部を登用するにおいて、階級的土台を見なければならないだけでなく、本人の成分も重要視しなければなりません。私たちは、祖国解放戦争時とその後の革命闘争で犠牲になった戦死者家族、被殺者家族、かつての労働者、雇農、貧農の息子と娘、そして本人が直接労働過程で鍛錬され、もしくは搾取を受けた人々、除隊軍人と栄誉軍人の中で思想が堅実な同志たちを体系的に育て、幹部として登用配置することを幹部事業で重要な原則としなくてはなりません。[108]

　こうした政治性中心の原則は、結局一般的な幹部補充よりも政治エリート補充に目的を置いていることが分かる。たとえば、北朝鮮で父母が「革命家」や労働者出身だとしても、息子が「事務員」や「学生」成分ならば事実上政治エリート補充は難しい。現実的に労働党中央委員会など党機関に、軍服務や現場経歴がない幹部の子供が入った事例は見出しがたい。一般住民の子供が大部分、高等中学卒業後に軍隊や労働現場に進むのとは異なり、幹部の子供はすぐに大学へ進学する場合が多いので、成分ではむしろ引けをとる現象が現れている。1980年代初、金正日が幹部の子供たちの軍入隊を指示し、これを「配慮」と宣伝したこともこうした理由からであった。
　唯一思想体系の確立と共に、政治的基準は一層強化された反面、専門性はかえって退歩する現象も現れた。この時期、金日成は幹部選抜に関して次のように指摘した。

　幹部事業では従事者の実務能力だけを見ずに党性、階級性、人民性がどれだけ高いかを重視しなければなりません。…私たちは経済機関、科学文化機関をはじめとする総ての部門の幹部隊列を整えるうえで実務水準も見なければなりませんが、それよりも政治

---

[107] 金日成「朝鮮労働党第5次大会で行った中央委員会事業総括報告、1970年11月2日」『金日成著作集(25)』(平壌:朝鮮労働党出版社、1983) p. 339
[108] 金日成「党員に対する党生活指導を強化し、私たちの党の幹部政策を正しく貫徹することについて」p. 88

的資格、換言すれば、党と労働階級と人民に対する忠実性をより重視しなければなりません。党組織はこうした原則で幹部を選抜し、登用配置しなくてはなりません。[109]

　実際に1970年、第5次党大会で選出された政治委員会の構成を見ると、崔庸健(チェヨンゴン)、金一(キムイル)、朴成哲(パクソンチョル)、崔賢(チェヒョン)、金英柱(キムヨンジュ)、呉振宇(オジンウ)、金東奎(キムドンギュ)、金仲麟(キムチュンリン)、徐哲(ソチョル)、韓益洙(ハンイクス)などの正委員と玄武光(ヒョンムグァン)、정준택(チョンジュンテク)、楊亨燮(ヤンヒョンソプ)、金萬金(キムマングム)、李根模(リグンモ)など候補委員の中でインテリ出身は정준택(チョンジュンテク)1人だけで、他の人物は皆パルチザン出身革命エリートや労働階級出身政治エリートであった。

　政治性中心の原則は、幹部の補充だけでなく現職の幹部とインテリに対する「革命化・労働階級化」原則を強調することに集中的に現れた。[110]ことに金日成は、この時期になって既存のインテリ包容政策から抜け出し、インテリの「革命化・労働階級化」問題を積極的に強調しながら、これらに対する思想教育と統制強化を要求した。[111]その結果、第4期第15次全員会議後、全党的に進められた「分派毒素清算」と唯一思想体系確立過程で、過去に党の「インテリ包容政策」で出身成分と経歴に大きく束縛されずに登用された多くのエリートが思想闘争と思想教養(訳注：思想洗脳教育)の主要対象にされた。

　インテリ政策だけでなく教育政策にも、政治性中心の原則がそのまま適用された。北朝鮮の代表的理工系総合大学である金策工業大学を訪問した席で、金日成は次のように強調した。

　金策工業大学が技術大学だからといって学生たちに技術だけ教え、政治思想教養事業を疎かにしてはなりません。大学での総ての生活が学生たちに高い技術知識を与えることと共に、学生の思想鍛錬を強化し、彼らの革命的世界観を打ち立てることに助けになるよう、一層完成しなければなりません。…私たちには労働階級化し、革命化された共産主義的赤いインテリが要求されます。[112]

---

[109] 金日成「党代表者会決定を徹底貫徹することについて」(咸鏡南道党及び咸興市党烈誠者大会で行った演説、1967年6月20日)『金日成著作集(21)』p. 323
[110] 『朝鮮労働党略史』p. 606～610
[111] 金日成「私たちの党のインテリ政策は正確に貫徹することについて」(咸鏡北道インテリの前で行った演説、1968年6月14日)『金日成著作集(22)』p. 356～392
[112] 金日成「社会主義建設の新たな要求に合うよう、技術人材養成事業を強化しよう」(金策工業大学教職員、学生の前で行った演説、1968年10月2日)前掲書、p. 6

教育でのこうした政治性強調は、大学をはじめとする総ての教育機関で即時に現実化された。たとえば、外国語教育で外国の出版物教材を総て回収し、代わりに北朝鮮で出版された『抗日パルチザン参加者たちの回想記』の外国語翻訳版を教材としたほどの極端な措置が取られた。教育機関だけでなく総ての国家機関と個人が所持していた外国語書籍が、この時期に総て回収された。今でも北朝鮮のエリートの中には、この時期を「経済と科学技術を 10 年後退させた暗黒期」と言い、「この時期に大学教育を受けた人々は政治・思想分野では必要なのかもしらないが、経済や科学技術分野では使える人がいない」とまで言われている。

　唯一支配体制の確立と共に強化された幹部補充基準の最大受益者は、万景台革命学院出身の遺児たちをはじめとした、いわゆる「革命第 2 世代」たちであった。東欧留学後、1950 年代後半に権力機関に入った孤児出身幹部たちにとって、1967 年の甲山派粛清と 1969 年の「軍閥粛清」、そして以後の「分派毒素清算」過程は、忠誠心と業務推進能力の検証を受けて、短期間に権力核心に進入できる絶好の契機になった。かくして 1970 年第 5 次党大会では姜成山、金国泰、金炳律、金時学、金允善、金義淳、李建日、李吉松、李東春、林壽萬、沈昌完、延亨黙、呉克烈、崔창권、崔昌煥、崔永林、玄哲奎などの万景台革命学院出身者たちが大挙中央委員もしくは候補委員として抜擢された。これらは大部分 1960 年代後半の「反分派闘争」で能力を認められ、中央党副部長以上の高位層に昇進した人物たちであった。このように遺児出身者が父母世代に続いて新たな革命エリートに成長したことに、金日成は満足を示しながら次のように語った。

　この 20 年間、万景台革命学院はその任務を立派に遂行してきており、党及び政権機関と人民軍隊に良い幹部をたくさん養成して送りました。革命学院は将来も引き続き革命家の遺児を立派な幹部として育て、様々な分野に送らなければなりません。[113]

　すでに権力エリートとして浮上したこれら「革命第 2 世代」の他にも、朝鮮戦争時期の戦死者及び被殺者、「犠牲になった」南派工作員、社会主義建設過

---

[113] 金日成、「革命家の遺児たちは、父母の意思を受け継ぎ、革命の花を継続して咲かせなければならない」(創立 20 周年を迎えて万景台革命学院教職員、学生及び卒業生の前で行った演説、1967 年 10 月 11 日)『金日成著作集(21)』p. 421

程の「殉職者」など「愛国烈士」の子供たちが万景台革命学院をはじめ、康盤石(カンバンソク)遺児革命学院、セナル革命学院、平壌外国語革命学院などの学院を経て各分野の核心エリートとして輩出した。[114] とくに金日成は出身成分が優秀な遺児を経済や科学技術分野よりも党と勤労団体を始めとした政治分野に補充することを奨励した。

　党組織は革命学院を出た遺児を掌握し、体系的に教養して立派な革命幹部として育てなければなりません。そのためには遺児を党機関や社労青(訳注：朝鮮社会主義労働青年同盟)、職盟(訳注：職業同盟)、農勤盟(訳注：農業勤労者同盟)、女盟(訳注：女性同盟)のような勤労団体に配置し、展望があるように育てなければなりません。[115]

イ）本人中心の評価原則

　北朝鮮が政治エリートの補充でこうした厳格な基準を設けたことは、権力層を「精粋分子」で構成することで幹部隊列の精鋭化を実現し、「不純分子の潜入」を防ぐことにその目的があるのは言うまでもない。実際に階級的土台と成分中心の幹部政策の結果、幹部構成で労働者出身幹部の比重は1956年の第3次党大会の24％から、1961年の第4次党大会では31％に高まった。[116]

　しかしこうした原則は、社会を少数の「精鋭集団」と多数の不満勢力に両分させる可能性もある。これは金日成が「人々の成分は、社会が発展して思想意識が変わるのに伴い再び評価しなければなりません。…変化した現実に合うように、人々の成分を正しく評価しなければ私たちを支持して付いてくる人々をなくします」と憂慮したことでも分かる。[117]

　日帝統治と朝鮮戦争、繰り返された反分派闘争と唯一支配体制確立の過程で、北朝鮮の各階層住民たちの社会政治的及び階級的構成は、「族譜を調べれば問題にならない人がいない」ほど複雑になった。とりわけ数百万名の「動揺

---

114 「革命第2世」が総て卒業した後、万景台革命学院は主に軍事幹部を、海州革命学院と南浦革命学院は党政治活動家を養成するように教育体系が分担されていた。金日成、「革命家遺児たちを職業的革命家として育てよう」(海州、南浦革命学院教職員、学生の前で行った演説、1968年9月5日)『金日成著作集(22)』p. 395
115 前掲演説、p. 394
116 金日成「朝鮮労働党第4次大会で行った中央委員会事業総括報告」p. 158
117 金日成「党事業を一層強化することについて」(党組織活動家講習参加者たちに送った書簡、1974年7月31日)『金日成著作全集(7)』p. 85

階層」と「敵対階層」にはこうした出身成分中心の政策が封建的身分制度と認識され、これらの階層をより一層体制から遠ざけ、日が経つに連れて体制不満勢力を量産する結果を生んだ。住民たちの中では、能力や努力よりも成分によって人事上の恩恵を受ける人々を指して「先祖のお陰で出世した人」と嘲笑い、もしくは「万景台筋」(金日成の親戚)、「白頭山筋」(パルチザン出身)などと称して間接的に不満を表す事例が続出した。政治性中心原則の画一的適用は、また経済と科学技術、教育など専門分野に必要な技術専門エリートの補充にも大きな障害となった。

これから北朝鮮は体制結束と経済発展のため、専門分野の補充ではより広範囲な階層に門戸を開放する意味から、本人中心の原則を強調し始めた。本人中心原則の内容と背景について金日成は次のように強調した。

社会政治生活の経緯が複雑な人々との事業で、我が党が堅持している一貫した原則は、どこまでも本人の現在の動向を基本として評価し、敵対分子を最大限孤立させ、一人でもより多く革命の側に勝ち取るようにすることです。人々の成分や思想は固定不変のものではありません。かつて人民の前に罪を負った人でも、今日はそれを悔いて良い人に改造され得るのであり、成分が複雑な人でも社会が発展し環境が変わるにつれて進歩的な思想を持ち得るのです。[118]

本人中心の評価原則は、過去の経歴よりも現在の思想動向を基本とする原則と、家庭環境や親戚関係よりも人物中心にする原則など二つの内容を含んでいる。

古くからのインテリに対しては、過去の成分よりも現在の本人の思想動向を中心に見なければなりません。…幹部事業ではどこまでも本人を中心に見なければならず、親戚関係では実質的な影響関係を重視しなくてはなりません。[119]

つまり、出身成分や家庭や周囲の環境、過去の経歴よりも本人の現在の思想動向にさえ問題がなければ、少なくとも専門分野の一定の職位までの幹部

---

[118] 金日成「現情勢と私たち党の課題」p. 373
[119] 金日成「党員たちに対する党生活指導を強化し、私たちの党幹部政策を正しく貫徹することについて」p. 92〜93

として補充するということである。本人中心の原則は、実際に幹部選抜過程で現地確認と評価方法で厳格に実施するように制度化された。

しかし、本人中心の評価原則が提示されたといっても、先に言及したように出身成分や経歴に問題があるインテリを、党機関をはじめとする権力機関に補充し、もしくは経済や行政などの専門分野に何の検討や考慮もなく、むやみに補充されることを意味しない。かえって、唯一支配体制下で強化された思想性の基準は、本人の現在の思想動向という原則に一層厳格に適用された。結局これは、技術専門エリートに限って補充基準が出身と経歴から思想性に転換されたことを意味するのだ。この時期にインテリの「革命化・労働階級化」が強調され始めたことも、結局は出身成分緩和の空白を埋めようとする意図から行われたものと見られる。

このように本人中心の原則が強調されたにもかかわらず、現実にはこれがまともに執行されなかった。インテリの幹部補充では未だに過去の経歴と出身成分を問題にする現象が続いている。これは人事を担当する実務者の立場から、自身が人事問題で処理した対象者が後日間違いを犯し、「履歴詐称」(経歴偽造)や経歴隠蔽が露見した場合に責任を免れないためである。したがって、彼らは経歴や家庭環境が複雑もしくは、曖昧か確認不可能な場合、たとえ本人の現在の動向と能力に問題がなくても、人事に手を付けない傾向を持つようになる。

3. 人事制度確立

これまで、1970年代以後の金正日時代の人事制度については数々の研究を通して知られているが、[120] それ以前の金日成政権での人事制度、つまり幹部事業機構体系や幹部事業手続及び過程などに関する研究は見出しがたい。その理由は、北朝鮮では人事制度に関わる問題は外部はもちろん、内部の住民にさえ厳格な機密事項になっているからだ。

しかしこの時期の北朝鮮の人事制度を窺わせるおよその輪郭は金日成の次の発言を通じて把握できる。

---

[120] チェ・ジンウク『北朝鮮の人事行政』；チェ・ジンウク『現代北朝鮮行政論』(ソウル：図書出版人間愛、2002)；玄成日「北朝鮮の人事制度研究」『北朝鮮調査研究』第2巻1号(1998)など参照。

幹部事業を党中央委員会幹部部がほとんど担当しているが、そうする必要はありません。幹部育成事業の総ての計画を作成し、幹部登用配置状況を監督し、政治委員会や組織委員会承認対象幹部を選抜することのような事業は幹部部で直接行わなければなりませんが、それ以外の幹部は各部門で自ら解決させるのが良いです。これは単に幹部承認に必要とされる時間を短縮するだけでなく、各部署が自らの事業を一層研究するようにして幹部育成事業に日常的に注意を配るようになるでしょう。幹部事業規定を再び審議して適切に直すようにしなければなりません。[121]

金日成のこうした発言は、1970年代に金正日によって再整備された北朝鮮の人事制度と金日成政権の人事制度に関する数々の証言と結び付けて調べると、次のような結論を導ける。

第一に、中央党組織指導部が総ての党幹部と政府の局長級以上の高位幹部の人事を、中央党幹部部が中・下位職幹部と一般公務員の人事を分担している金正日政権の人事制度とは異なり、金日成政権下では中央党幹部部が党と政府を問わず、総ての幹部の人事を主管したということである。つまり、当時は組織指導部に人事権がなかったということである。

第二に、総ての高位層幹部の人事に対する最終決定が、金正日の批准（決裁形式の裁可）で行われていたのとは異なり、当時は幹部部が実務的に作成した幹部選抜に関する草案が党政治局と秘書局に提出され、集団的合議を通じて最終決定が行われたということである。こうした合議制度は、一般的に社会主義国家で人事権者の専横と独断を防止し、人事の公正性と透明性を期するために導入された普遍的な制度的装置と見られる。

第三に、中央と地方、上層と下層に関係なく総ての人事が、党によって唯一的になされている人事制度と異なり、当時は中央党幹部部が中央（中央党と政府機関）の人事のみ専門に担当し、その他の分野では、各部門の人事に対し独自の裁量権を行使したという事実である。

こうした相違点を除外した大部分の細部的な段階別人事手続と人事過程、人事機構と体系、人事書類のような制度的問題は、金日成時代に基本的に樹立された後、現在まで大きな変化なく続いていると見られる。したがって、

---

[121] 金日成「党組織事業を改善することについて」（朝鮮労働党中央委員会第4次全員会議での結論、1951年11月2日）『金日成著作選集(1)』p.329

北朝鮮の具体的人事制度に対しては、第4章の金正日政権下での人事制度に関した部分で、より具体的に調べる。

第3章
金正日後継体制と国家戦略

　金正日は、1973年9月第5期第7次党全員会議で党中央委員会組織及び宣伝書記に、翌1974年2月第5期第8次党全員会議で政治委員会（現政治局）委員に選出されて対内的に金日成の正式な後継者として内定した。しかし金正日は、この時から23年が過ぎた1997年に労働党総書記に推戴され、翌1998年に初めて金正日を国防委員長とする金正日政権が公式スタートした。北朝鮮で金日成から金正日への政権交替は、このように24年という長い過渡期を経て、漸進的かつ段階的な方法で行われた。

　北朝鮮の国家戦略研究の見地からすれば、数十年にわたるこうした長期間の権力継承過程は、それ自体が一つの歴史的段階に区分できる。なぜならば、こうした過渡期的権力継承期間に金正日は、単に後継者の地位に留まっていたのでなく、国家戦略とそれによる幹部政策の実質的な行為主体としての地位と役割を明確に行使したからである。すなわち、1994年金日成の死亡まで国家戦略の行為主体が、金日成と金正日に二元化されていたということである。つまり、国家戦略の行為主体の側面から見るならば、金正日の権力継承は事実上金日成の死亡と共に終了したといえる。

　したがって本章では、金正日の後継者内定から金日成死亡時までの20年間を金正日後継体制期と規定し、この時期に金正日がどのように自身の後継体制を構築して強化し、北朝鮮の国家戦略にどのような影響力を及ぼしたかひもといてみたい。

I．金正日唯一指導体制の確立

1．権力世襲の背景と課題

　金正日の権力世襲の背景と継承過程については、この間多くの研究が進められた。[1]これを通じて金正日の権力世襲が、北朝鮮が宣伝するような生まれつきの資質と人民の推戴によるのではなく[2]、外部世界でいうような無能な「王子」の封建的世襲でもない、金正日自身の権力確保の意志と努力の結果だった、という事実も明らかになった。[3]

　社会主義国家を自認する北朝鮮で、封建的な権力世襲が可能になり得た秘訣に関して、まずは北朝鮮の対外環境を指摘せざるを得ない。ソ連でスターリンの後継者として登場したフルシチョフのスターリン格下げと個人崇拝批判、中国で毛沢東の後継者と目された林彪の反乱など、兄弟国家の対内政治状況は北朝鮮をして「革命偉業の継承」において後継者問題が持つ重要性に特別な意味を与えた。[4]また、対内的にも歴代「分派分子」がソ連と中国をバックにして金日成の権力に挑戦した事実、さらに「甲山派事件」（訳注：1967年の金正日による粛清）と「金昌奉事件」（訳注：1964年の金日成による粛清）に見られるように、パルチザン派出身者さえ信じられないという認識は、世襲の必要性をより一層浮上させた。

　しかしいくら世襲に誘惑を感じても、世襲が可能な政治的・倫理的環境と制度的条件が備わらなければ単なる希望事項に過ぎない。こうした見地から、1960年代後半の金日成唯一支配体制確立は、北朝鮮で世襲が根をおろせる政治的土壌を用意したと見られる。金日成の権威と地位は、絶対君主の水準に格上げされた。また、金日成の弟である金英柱が党組織書記として権力ナンバー2の地位を占め、金日成の後妻である金聖愛勢力が勢力を伸ばすなど、典型的な族閥政治構造が形成されたことも、世襲が当然視される政治風土の

---

[1] 代表的にソ・デスク『現代北朝鮮の指導者：金日成と金正日』（ソウル：乙酉文化社、2000）p.169〜195；イ・ジョンソク『現代北朝鮮の理解』（ソウル：歴史批評社、2000）p.490〜503；キム・ソンチョル他『金正日研究：リーダーシップと思想(1)』（ソウル：統一研究院、2001）p.26〜49 などを挙げることができる。
[2] タク・チン他『金正日指導者(第1部)』（平壌：平壌出版社、1994）
[3] 黄長燁『私は歴史の真理を見た』（ソウル：図書出版ハンウル、1999）p.172
[4] リ・サンコル『思想理論の英才』（平壌：社会科学出版社、1984）p.22〜24

醸成に一助となった。[5]

　北朝鮮での権力世襲は、このように対内外の政治環境に起因する必要性と諸条件が結合された産物であった。しかし、複数の世襲候補者をはね除け、金正日が最終的に後継者になれたのは、彼自身の意志と努力なくしては考えられない。

　広く知られているように、金正日は1964年金日成総合大学経済学部政治経済学科を卒業し、労働党中央委員会から政治の世界に入った。以後、1974年後継者に内定するまでの10年間は、金正日にとって権力継承の経験蓄積と資質向上、金日成の認証を確保するための重要な時期であった。とりわけ1960年代後半の「反分派闘争」と分派害悪清算過程、宣伝扇動、文化芸術、出版報道部門に対する実務指導の過程で誇示された金正日の忠誠心と思想・理論的資質、リーダーシップは、金日成が権力を委ねるに足る信頼を持つのに充分なものだった。これと共に反分派闘争過程で、宣伝書記金道満(キムドマン)と国際書記朴容国(パクヨングク)など金英柱(キムヨンジュ)の側近が去勢されたことも、金正日が後継者の地位により接近できた契機であった。

　金正日の生母、金正淑(キムジョンスク)のパルチザン同僚である元老幹部の後援も、後継者内定の無視できない背景になった。金正日は唯一支配体制確立と共に、権力の核心を成したパルチザン出身「革命第1世代」と遺児出身幹部との親密な情誼関係を深める一方、宣伝扇動部門と文化芸術部門で抗日パルチザンの業績と革命伝統を積極的に掲げさせた。これが1974年2月、党第5期第8次全員会議で、金一(キムイル)、崔賢(チェヒョン)、呉振宇(オジヌ)、林春秋(リムチュンジュ)、韓益洙(ハンイクス)、黄順姫(ファンスニ)などの元老が金正日を政治委員会委員として推薦し、金日成がこれを受諾する形で後継者内定を終えることができた主要な背景であった。[6]

　しかし、「権力は占めるより守るのが一層難しい」という諺は、金正日の権力継承過程でも決して例外でなかった。世襲に有利な政治環境は用意されたものの、社会主義理念を重視する一部正統マルクス主義者の視点からすれば、

---

[5] 金聖愛は、軍閥主義の理由で粛正された総参謀長崔光の夫人金玉順の後任として1971年女盟中央委員会委員長に選出された後、公式媒体物で「尊敬する金聖愛女史」と呼敬されるなど金日成に次いで偶像化の対象になった。

[6] イ・ジョンソク『現代北朝鮮の理解』p. 501〜502；チョン・ジャンヒョン『側で見た金正日』(ソウル:図書出版土地 1999) p. 104〜112；タク・チン他『金正日指導者(第2部)』(平壌:平壌出版社、1994) p. 10〜16 など参照。

金正日の世襲は簡単には受け入れがたい問題であった。[7] さらに権力上層部で電撃的かつ「隠密に」行われた後継者選定方式は、金正日に世襲者のイメージを解消すべき重い課題を残した。また、叔父金英柱と異母兄弟である金平一(キムピョンイル)などの競争者とこれに追従する勢力、そしてこれら異母兄弟に対する金日成の変わりない父性愛も、金正日には大きな負担として作用したとみられる。[8] これら政治的競争相手と追従勢力が存在する限り、後継体制構築過程で発生し得る政策的失敗やリーダーシップの弱点などが金日成と権力層の不信につながれば、いつでも挑戦に直面する可能性があった。当時、金日成の年齢は還暦を過ぎていたが、直ちに権力を譲らなければならないほど健康状態が悪くなかった点も、後継体制の長期化に備えなければならない必要性を語っていた。

こうした政治状況は、権力を継承した金正日に後継者としての資質と能力を最大限発揮することで世襲の否定的イメージを解消し、確固とした後継権力基盤を構築し、強化する方向に国家戦略と幹部政策を推進せしめた。

2. 首領絶対主義体制の確立

金正日は、党政治委員会委員に任命された直後の1974年2月19日、党思想事業部門幹部の前で「総ての社会を金日成主義化するための党思想事業の当面するいくつかの問題について」という演説を通じ、主体思想を金日成主義

---

[7] 黄長燁「統一政策研究所研究委員との懇談会でした証言」1997. 12. 26
[8] 金正日の腹違いの弟金平一は、幼いときから容貌と性分、カリスマ、リーダーシップなどの様々な面で父親に最も非常に似ているという評価を受けた。彼の周辺には常に追従勢力が存在し、さらに金日成の護衛司令官だった全文燮の長男チョン・フィをはじめとする同窓らは、金正日の継母金聖愛が勢力を伸ばした1970年代初めから露骨に金平一を後継者として擁護しようとする動きを見せた。当時金日成は金平一を将軍の器と言いながら「党は金正日、軍は金平一、経済は金英一」式の分割継承構図を構想しているという説まで出回った。実際に1976年8月、「板門店事件」が発生するとすぐに金平一は、金日成の承認下に金日成総合大学経済学部を1年操り上げて卒業し、同窓生らをはじめとする側近たちと共に護衛司令部に入隊し、まもなく旅団長に任命された。少し後、彼は少将に昇進しつつ金日成軍事総合大学砲兵科長課程に入学した。このように金平一勢力が拡大して軍掌握の可能性が大きくなると、すぐに金正日は、彼が軍事大学在学中の機会を利用してこの旅団を解散し、部隊員全員を地方に追放した。そして1979年にはついに金平一をユーゴスラビア駐在付武官に任命し、海外に島流しさせた。この時から金平一は弟金英一、妹婿金光燮などいわゆる脇枝と共に、今も様々な海外公館を転々としている。金英一も当時人民武力部長だった呉振宇の次男呉イルスとともに東独留学後1980年金日成総合大学物理学部を卒業するやいなや直ちにそのまま東独駐在科学技術参事官に任命されるなど「島流し生活」をし、ついに帰国できずに海外で病死した。

として定式化し、「全社会の金日成主義化」を党思想事業の総体的任務として提示した。[9]

　全社会を金日成主義化するということは、首領様の偉大な革命思想、金日成主義を唯一の指導理念にして私たちの革命を前進させ、金日成主義に基づいて共産主義社会を建設し完成させるということです。

　これは、当時まで北朝鮮の指導理念だったマルクス・レーニン主義と差別化された新たな指導思想としての「金日成主義」の独自な地位確立を意味した。[10]

　金正日時代になり、北朝鮮の指導思想がマルクス・レーニン主義から金日成主義に転換された背景は、既存の指導思想と理念が、金日成の絶対的権威と金正日の後継体制構築に障害になるという判断によると見られる。過去、権力層で金日成の権威と路線に挑戦した権力エリートは、ほとんどマルクス・レーニン主義理念と党性で武装した理論家であった。唯一支配体制確立と共にこれらの勢力は清算されたとしても、相変わらず北朝鮮でマルクス・レーニン主義は、総ての幹部と党員、住民の思考と意識を支配する党の指導思想であった。こうした伝統的な社会主義・共産主義思想と理念から見ると、首領に対する個人崇拝と独裁、権力の世襲は、明らかに封建的で儒教的な思想の残滓であった。したがって北朝鮮を支配する指導思想の根本を変えなければ、首領絶対主義体制と金正日の唯一指導体制確立は、砂上の楼閣となる。主体思想に立脚した金日成主義が党の指導思想として格上げされたのは、首領に対する無条件の崇拝意識と服従心が北朝鮮社会全般を支配するための洗脳を目的として始まった。

　金日成主義の定式化と共に金正日は、「首領は人民大衆の統一団結の中心、革命の最高頭脳であり、首領がいなければ党も、労働階級もない」という「革命的首領観」とそれに基づく首領論を提示した。[11]こうした思想・理論の開発と共に、金正日はこれを実践に移すための措置も電撃的に断行した。まず総

---

[9] タク・チン他『金正日指導者(第2部)』p. 23
[10] アン・チャンイル『北朝鮮の統治理念に関する研究』(建国大学校大学院博士学位論文、1997)p. 73～74
[11] アン・チャンイル『主体思想の証言』(ソウル:吟遊文化社、1997)p. 138～154

ての職場と家庭、出版機関と教育機関などで所蔵していた『資本論』と『共産党宣言』などマルクス、エンゲルス、レーニンなどの古典的理論家の著書と関連書籍、教材が全部回収され、関連科目が廃止された。その空白に金日成と金正日の「革命歴史」と思想理論関連書籍と科目が当てられた。こうして、1970年代中盤以後に教育を受けた新世代は、一部専門家を除きマルクス・レーニン主義思想や理論に接する機会が完全に消えた。

金正日は、金日成の偶像化を神格化水準に引き上げる作業も同時に推進した。金正日の直接の発起と指導の下、北朝鮮の随所で金日成の「革命史跡」と「革命戦跡地」、「革命史跡館」、「革命思想研究室」、金日成の銅像と史跡碑などが大々的に建設され、抗日武装闘争期にパルチザンが金日成とその家系を慕って残したという数多くの「スローガン木」が全国各地で発掘された。これと共に、金日成個人崇拝目的の回想記と「徳性実記」など各種伝記と首領を形象化した文学芸術作品が次々と創作・出版、普及され、平壌には金日成の執務室兼官邸として使われる錦繡山議事堂(クムスサン)(主席宮)が世界最高の水準で建設された。

莫大な国家的投資と資源で推進されたこうした作業は、金日成と「革命第1世代」に後継者としての金正日の忠誠心と思想・理論的資質、統治能力を認めて信頼する充分な動機を与えたが、その後、北朝鮮の経済と住民生活を本格的な下降局面に追い込む一つの原因になった。

思想理論の開発、偶像化作業と共に、金正日は首領絶対主義体制を制度的に支える措置も取った。最も代表的なものが、1974年4月14日に発表された『党の唯一思想体系確立10大原則』であった。[12] 全10条、64項目で構成されたこの原則は、「神格化、絶対化、信条化、無条件性」の忠実性の「4大原則」と主体思想の一色化、金日成を中心にした党の統一団結保障、金日成の唯一指導体系確立など金日成に忠誠を尽くすために幹部と党員、勤労者が堅持すべき行動指針と規範を明示した北朝鮮社会の実質的な「最高至上法」として君臨した。[13]

---

[12] 「10大原則」は1960年代の唯一思想体系確立過程に金日成の指示で金英柱が初めに作ったのを、金正日が自身の後継体制確立に有利に改作したものだった。黄長燁『私は歴史の真理を見た』p. 173

[13] ヒョン・ソンイル『北朝鮮労働党の組織構造と社会統制体系に関する研究』(韓国外国語大学校政策科学大学院修士学位論文, 1999) p. 17〜23：10大原則の、より具体的な内容については金正日『政党とすべての社会に唯一思想体系をより一層固く立てよう』(中央党、国家、経済機関、勤

10大原則発表後、金正日は1974〜1976年の間、全党的な「10大原則再接受、再討議事業」を実施して首領絶対主義体制を現実に具現する作業に突入した。[14] ここで「再接受、再討議」とは、1960年代に出された「10大原則」の改訂版を全党的に新たに受け入れ、その執行方法を再討議することであった。しかしその実行過程では、総ての幹部と党員の入党以後からの党生活と業務現況、私生活に至るまで「10大原則」を基準として検討・総括し、それに背く現象を根絶する大規模浄化事業の性格を曝け出した。この過程で数多くの幹部と党員、とりわけインテリが10大原則の条項に背いたという理由で警告措置、党除名、罷免、追放など多様な処罰を受けた。

　当時、平壌の各機関と大学から一度に非常に多くの幹部とインテリが地方に左遷、もしくは追放され、現地ではこれらを受け入れる職場と住宅が大量に不足した。そのため彼らの大部分は家族を平壌に残したまま、現地で単身生活を余儀なくされた。しかしこれら「別居家族」は、1976年8月の板門店事件発生後に実施された平壌市民疎開の過程で、全員「世帯主」がいる所に追放された。これだけでなく、当時まで平壌に残っていた成分不良者と障害者及びその家族までも含む数十万人が地方に移住させられた。当時、疎開事業がいかに殺伐とした雰囲気の中で進められたのか、後日、金正日自身も「党の群衆路線を10年も後退させた事件だった」と述懐したという。[15]

　「全社会の金日成主義化」を定式化した「2・19文献」と唯一思想体系確立10大原則を提示した「4・14文献」は、北朝鮮で首領絶対主義体制確立の思想・理論的及び制度的手段として機能した。この二つの文献は総ての幹部と党員、住民の思考と生活方式、行動様式を規制する確固とした指針となり、思想学習と思想教育、思想闘争で正しいか否かを分ける基準になった。

　　労団体、人民武力、社会安全、科学、教育、文化芸術、出版報道部門活動家前でした演説。1974年4月14日）『主体革命偉業の完成のために(3)』（平壌：朝鮮労働党出版社、1987）及び付録参照。
[14] 『朝鮮労働党歴史』（平壌：朝鮮労働党出版社.1991) p.478 ; チェ・ジンウク『金正日の党権掌握過程研究』（ソウル：統一研究院) p.86
[15] チョン・ジャンヒョン『側で見た金正日』p.82〜85

3．唯一指導体制構築と権力掌握

1）唯一指導体制構築

　首領絶対主義体制と唯一思想体系の確立は、事実上、金日成の権威と地位の神格化・絶対化を通じて金正日の唯一指導体制構築を目的としていた。これは「党の唯一思想体系確立10大原則」で金日成の唯一の指導は、金正日の唯一的指導体制確立を前提とするという論理を展開しているところに明確に現れた。

　偉大な首領金日成同志が切り開かれた革命偉業を、代を継いで最後まで継承し完成していかなければならない。党の唯一的指導体制を確固として立てることは、首領様の革命偉業を守り継承発展させ私たちの革命偉業の終局的勝利を成し遂げるための決定的担保である。(10条)

　全党と全社会に唯一思想体系を徹底的に立て、首領様が切り開かれた革命偉業を、代を継いで輝かしく完遂するために首領様の領導の下に党中央の唯一的指導体制を確固として立てなければならない。(10条1項)

　党中央の唯一的指導体制に反する些細な現象や要素に対しても見過ごさず非妥協的に闘争しなければならない。(10条3項)

　自身だけでなく全家族と後代も偉大な首領様を仰ぎ仕え、首領様に忠誠を尽くして党中央の唯一的指導に限りなく忠実にあらしめねばならない。(10条4項)

　党中央の権威をあらゆる方法で保障し、党中央を命懸けで死守しなければならない。(10条5項)

　総ての事業を首領様の唯一的領導体系に基づいて組織進行し、政策的問題は首領様の教示と党中央の結論によってのみ処理する、強い革命的秩序と規律を立てなければならない。(9条2項)

党の唯一思想体系と党の唯一的指導体制に外れる非組織的で無規律な現象に対しては、大きい問題であれ小さい問題であれ適時党中央委員会に至るまで党組織に報告しなければならない。(9条9項)

　党の唯一思想体系確立が、金正日の唯一指導体制確立を意味するより明らかな解釈は、1974年10月の第5期第9次全員会議で金正日が党・軍・政の総ての問題を自身に集中させ、自身の指示により処理し、自身に無条件服従する体系と規律を確立することを強調して提起された。[16]実際に唯一思想体系確立10大原則は、党と軍、政権機関など各分野を早期に掌握せしめた「万能の宝剣」の役割を果たした。。

2) 党権力の掌握

　金正日の後継者内定を控えた1972年12月、最高人民会議第5期第1次会議では主席制を核心とする憲法改正と国家機構改編が断行された。以前の北朝鮮権力構造は、旧ソ連体制を模倣し、党総書記が内閣首相を兼任し、最高人民会議常任委員長が名目上の国家首班を担うものとされていた。主席制の新設で、金日成はついに党と国家の名実共にトップの地位を占めることになったのである。[17]

　国家機構の改編と共に、党においても各分野に対する政策的指導機能のみを有していた中央党書記局に幹部問題(人事問題)と対内問題などを決定できる権限が付与されるなど一連の改編作業がなされた。こうした措置は結局金日成が主席として国政に専念する代わり、金正日が組織及び宣伝書記として党を完全に掌握する布石の機能を果たした。[18]

　金正日は後継者に内定すると直ちに党組織体系と党生活指導体系、幹部事業体系、指導検閲体系、宣伝扇動事業体系など全般的な党事業体系と党機構体系の改編と整備に着手した。北朝鮮で労働党の領導的役割は党生活指導と党政策指導に区分される。党生活指導は、さらに組織生活指導と思想生活指導に細分化される。ここで党組織指導部は前者を、宣伝扇動部は後者を担当

---

[16] 前掲書、p.143～144
[17] 『偉大な首領金日成同志革命歴史』(平壌:朝鮮労働党出版社、1992) p.610～611
[18] ソ・デスク『現代北朝鮮の指導者』p.197

し、その他の部署は各分野に対する政策指導を担当する。

図3-1 労働党中央委員会の指導体系

金正日は、組織指導部と宣伝扇動部の関係を医師と薬剤師の関係に例えて、組織部が党生活を掌握して明らかになった欠陥と原因を科学的に分析判断したら、宣伝扇動部はこれに基づいて欠陥を正すのに必要な思想教育をしなければなければならないと指摘した。[19]

後継者としての金正日の職位が党組織及び宣伝書記ということは、結局党の核心機能である党生活指導権を掌握したことを意味した。金正日の直轄部署になった組織指導部と宣伝扇動部は、以後金正日後継体制の下で北朝鮮の核心権力機構として急成長した。

金正日は、全党と全社会に対する唯一思想体系と唯一指導体系を確立するには組織指導部と宣伝扇動部の機能と役割を高めることが最も重要だと考え、この2部署を拡大改編する方向で党の核心部署に作り上げた。

金正日はまず、組織指導部の基本機能である党員と勤労者の組織生活に対する指導を強化するため、組織指導部の党生活指導課を拡大改編し、役割を高めた。[20]党生活指導課は社会各分野に対する指導を細分化する方向で中央機関党生活指導課、人民武力部門党生活指導課、司法検察部門党生活指導課、在外党生活指導課などいくつかに分割改編し、権限が著しく強化された。党生活指導課は北朝鮮全域で既存の月例生活総括制度を2回にし、さらに週次

---

[19] 金正日「党事業を根本的に改善強化して全社会の金日成主義化を力強く促そう」(全国組織活動家講習会でした結論、1974年8月2日)『主体革命偉業の完成のために(3)』p.220
[20] 金正日「党事業で古い形式を捨て、新たな転換を起こすことについて」(1974.2.28)『主体革命偉業の完成のために(3)』p.72

の生活総括制度に転換し、党員と勤労者に対する組織的統制を強化し、[21]幹部と党員たちが業務と私生活で提起される総ての問題を党組織に基づいて処理する強い規律を確立した。

また、金正日は組織指導部に検閲課を新設し、社会各分野での唯一思想体系と唯一指導体制確立の現況を検閲できる全権を付与した。[22]このことから検閲課もまた分野別検閲対象によって、検閲1課、検閲2課、検閲3課などの様々な課で構成されることになった。当時、中央党にはすでに検閲委員会という専門部署があった。しかし金正日は、組織指導部の権限を強化するために検閲委員会は党内部だけを対象に唯一思想体系確立の如何、反党行為、無規律行為などを調査して処理させ、組織指導部検閲課は党機関を除く国家機関と社会のあらゆる分野を対象に、こうした機能をするよう業務を分担させた。しかし金正日の党権力掌握と後継体制強化の過程で組織指導部検閲課の権限は党内にまで拡大され、したがって検閲委員会の機能は組織指導部検閲課が調査した問題を形式的に最終処理する役割のみとなった。

金正日はまた、組織指導部に通知課を新たに設置し、総ての部門と単位で唯一指導体制確立と関連して提起される総ての状況を自身に報告して処理する体系を樹立した。[23]通知課の新設で金正日は組織指導部に二重の報告ラインを確保した。全国の総ての党細胞組織が、一方では党生活指導課を通じて党員と住民の日常を定期的に報告し、他方では通知課の直接報告体系を通じて住民の中で任意に発生する特異事項を直ちに報告することである。これら党内の報告ラインの他にも、金正日は国家保衛部と三大革命小組など数多くのラインを通じて社会全般の総ての動向を掌握していた。

組織指導部の権限強化での核心要素は人事権の掌握であった。金正日の党権力掌握以前は幹部事業、すなわち人事問題は総て党幹部部の所管であった。それだけでなく、党内各部署と政府の様々な機関は、幹部部の指導下で自分の部門の人事に対する裁量権を有していた。当時まで北朝鮮には他の社会主義国と同じように、人事権者の専横と独断を防ぐ制度、つまり党政治局と書

---

[21] 金正日「全党に新しい党生活総括制度を立てることについて」(党組織指導部責任活動家協議会でした演説、1973年8月21日)『主体革命偉業の完成のために(2)』(平壌：朝鮮労働党出版社、1987) p. 450

[22] ヒョン・ソンイル『北朝鮮労働党の組織構造と社会統制体系に関する研究』 p. 54〜55

[23] 金正日「政務院委員会、副党組織の事業を改善強化することについて」(1974.6.10)『北朝鮮労働党の組織構造と社会統制体系に関する研究』p. 154

記局のような人事合議制度が働いていた。幹部部が提出した人事問題を書記局の合議を経て政治局で最終決定することが規定の人事手続であった。

　金正日の後継体制構築のためには、何よりも人事権を掌握すると共に唯一指導体制に合うように人事制度を改編しなければならなかった。[24]このため金正日は、まず各単位が持っていた人事裁量権を組織指導部と幹部部に集中させ、書記局がこれを総合・指導するようにした。このため組織指導部に幹部課を新設し、幹部部が専門に担当した人事対象の中から党書記局合議対象（総ての党幹部と国家及び政府機関の局長級以上の幹部）に対する人事業務を組織指導部幹部課に移管させた。代わりに幹部部は、中下位職の行政幹部と公務員の人事、大学卒業生の社会配置人事だけを専門に担当するようにした。結局、高位層の人事は組織指導部幹部課が、中下位層の人事は幹部部が分担する二元化体系が樹立されたのである。これと共に、この2部署が作成した人事草案の中で書記局合議対象の人事は、自身に提出して裁可を受けさせることで、書記局の人事合議機能を自身の決裁システムに転換させた。[25]

　こうして、1978年頃から金正日は党政治局候補委員と党書記、部長に対する独自の推薦権を行使できることになり、政治局委員など最高位級の人事推薦についてのみ金日成と相談するなど、大部分の人事権を完全に掌握した。これは金正日後継体制に合うように権力構造を改編できる制度的条件の整備を意味した。

　人事制度の改編と共に、金正日は幹部選抜と任命、昇進、解任などの基準と合議及び批准の手続き、幹部養成体系などに関する指針と規定を盛り込んだ幹部事業指導書を作成し、全党に下達することで、幹部の人事裁量権を厳格に制限し、人事分野での自身の唯一指導体制を確立した。[26]これは総ての人事問題を金正日に集中させ、金正日の他に誰も人事権を恣意的に乱用できないよう厳格な秩序と規律の確立を意味した。

---

[24] 1976年6月、党政治委員会会議で副主席金東奎など一部元老幹部が、幹部政策での金正日の独断を批判して出たのも、後継体制構築のための人事制度改編の必要性を語ってくれた。鐸木昌之著、ユ・ヨング訳『金正日と首領制社会主義』（ソウル：中央日報社、1994）p.133～135

[25] 金正日の後継体制時期に樹立された、北朝鮮の人事制度についての、より具体的な内容は4章で調べることにする。

[26] 唯一思想体系確立10大原則9条7項は、「…個別幹部が、自分勝手に幹部を外して登用する行為に対して、黙過せず強く闘争して幹部事業で制定された秩序と党的規律を徹底的に守らなければならない」と強調している。

このように金正日は、中央と高位層の人事問題は徹底的に自身に集中させて処理するようにした反面、地方と下部党組織の人事権を相当部分弱めて上級党に委譲、もしくは党委員会執行委員会と書記処の集団的合議を必ず経るように制度化した。これは結局、自身の管轄範囲から外れる地方と下部の人事問題を個別幹部が独断で処理できなくする方策であった。

　組織指導部と共に宣伝扇動部も、金正日後継体制下でその機能と役割が大きく増大した。金正日は後継者に内定する前の1967年から、宣伝扇動部で課長、副部長を歴任し、「分派分子」が思想分野に及ぼした「害悪」の清算を先導し、また主に文学芸術作品創作の指導を通じて金日成の個人崇拝と偶像化作業を主導した。[27]後継者内定後、金正日は宣伝扇動部を「全社会の金日成主義化」を基本使命に、党員と住民に対する思想教育と偶像化宣伝、党政策の浸透と経済扇動、各種政治行事の主管などを担当する核心部署とした。[28]

　組織指導部と宣伝扇動部が権力核心部署として急成長した反面、重工業部と軽工業部、貿易財政部のような経済部門の政策的指導を担当した残りの部署は、機能が縮小もしくは統廃合された。こうした措置は、金正日の党権力掌握過程で党の地位強化に便乗してこれら部署に現れた派閥勢力と官僚主義、行政代行などの否定的現象を根絶するために取られたものであった。

　金正日の党権力掌握で組織・思想的統制権、人事権と共に財政権の掌握も重要な三大要素の一つであった。当時、労働党の財政源は他の社会主義国家と同じように、主に国家予算と党員の党費で充当し、こうして造成された財政は主に党の運営と管理に支出され、規模も今より遥かに小さかった。それゆえ党財政を担当した中央党経理部の地位も取るに足りなかった。[29]こうした党財政確保及び管理体系は、金正日の党権力掌握過程で高まった党の地位と役割、規模に到底見合わなかった。金正日後継体制下で本格化した首領絶対主義体制確立のための各種偶像化施設と記念碑、建築物などの建設にも途方

---

[27] 金正日「反党反革命分子の思想害悪を根絶し、党の唯一思想体系を立てることについて」(朝鮮労働党中央委員会宣伝扇動部活動家とした談話、1967年6月15日)『金正日選集(1)』(平壌;朝鮮労働党出版社、1992) p. 230～240

[28] 金正日「党思想事業を改善強化することについて」(党宣伝扇動部地方指導課責任活動家協議会でした演説、1973年11月8日)『主体革命偉業の完成のために(2)』p. 468

[29] 当時中央党にあった商業財政部や貿易財政部は、党財政とは関係ない政府の貿易省や財政省、商業省などに対する政策指導部を担当した部署であり、それさえ1972年頃経済関連部署の統廃合過程で廃止された。

もない資金が要求された。

　金正日はまず中央党経理部を財政経理部に拡大改編し、部署の管轄領域も中央党の範囲を越え、全党的に拡大した。これと共に財政源を国家予算と党費にだけに依存した限界から脱し、独自の財政源を確保することにした。このため貿易省傘下に「平壌商社」を設置し、この機関が貿易取引で稼いだ収益を財政経理部に入金させることにした。また、全国の主要協同農場と有色金属鉱山、精錬所、水産事業所などに財政経理部に所属する職長や作業班を置いて党資金確保に従事させた。この時から、北朝鮮に国家経済（人民経済）と軍需経済（第２経済委員会）と共に第三の経済、すなわち「党経済」が形成され始めた。[30]

　金正日は1978年、財政経理部の外貨稼ぎ機能を別に分離して「39号室」を組織し、貿易省傘下の平壌商社を「朝鮮大成連合商社」に改編して39号室に所属させた。これと共に香港、マカオ、北京、ウィーンなどに大成商社の支社を設置する一方、傘下に大成銀行を新設して自らの決裁手段を持つ完全な貿易及び外貨稼ぎ体系を備えるようにした。大成商社は以後、大成総局に拡大された。こうして財政経理部は党運営と党勢拡張に必要な党資金を、39号室は全面的に金正日の後継体制構築と首領絶対主義体制確立に必要な「秘密資金」を作る構造が樹立された。

　財政経理部と39号室が拡大し、国家経済に属していた主要工場と企業体が丸ごとこれらの機関に吸収・編入される事例が増えた。さらに松茸、アワビ、イカのような高価な外貨稼ぎ品目も総て39号室の独占的輸出品目に登録され、一般企業や団体、個人は扱いが禁止された。[31]また、平壌祥原（サンウォン）セメント工場など先端施設を備えた工場を外国から一式導入し、党経済を現代的に拡張する措置を取った。輸出源泉と輸出基地の確保と共に、金正日は1970年代末から平壌と各道人民委員会所在地（訳注：北朝鮮に道庁はない）に39号室所属の外貨商店を設置し、海外旅行者と訪朝外国人、海外僑胞から稼いだ外貨を党で吸収するようにした。この過程で党財政は途方もない規模に増え、党経済は首領絶対主義体制の確立と金正日の後継体制構築及び強化に全面的に仕える完全に独立した経済分野として成長した。

---

[30] 黄長燁『闇の側になった陽光は闇を照らせない』（ソウル：月刊朝鮮社、2001）p. 58～62
[31] 康明道『平壌は亡命を夢見る』（ソウル：中央日報社、1995）p. 181～182

3）軍権掌握

　党権力掌握と共に、金正日は軍と公安、経済と外交など全般的な国家権力の掌握も体系的に推進した。しかし党権力掌握が党内ナンバー2としての金正日の職権に属する問題であったのと異なり、国家権力、なかんずく軍権掌握は、まかり間違えば軍統帥権者である金日成の職権を侵す権力乱用行為になりかねない微妙な問題であった。そのため金正日は、初期には軍権をはじめとする国家権力を直接掌握するよりも、各分野に布陣している党組織を通じて、これらの分野で唯一指導体制を確立する方法で自身の影響力を拡大していった。

　1969年、人民軍党第4期第4次全員会議を契機に断行された軍閥粛清作業は、軍と公安機関など武力部門に対する党の指導強化と党の唯一思想体系確立の決定的契機になった。とくに1970年の第5次党大会では、党規約改正を通じて党中央委員会軍事委員会が総ての武力を指導すると明示し、職業軍人の独断的軍事行動や軍指揮官の単独指揮権行使を許さなかった。金正日の後継者内定後、金日成が軍隊内での唯一思想体系確立問題をにわかに強調し出したことも、金正日の軍権掌握に有利な条件として作用した。[32]また、金日成は1973年5月社会安全部（現人民保安省）内の秘密査察機関だった政治保衛局を分離して国家政治保衛部（現国家安全保衛部）を新設した。国家政治保衛部は以後、首領絶対主義体制と唯一指導体制確立に反対・抵抗する人物や勢力を摘発・除去する使命を遂行し、労働党組織指導部と共に金正日の後継体制確立に決定的に寄与した。

　金正日は後継者内定に前後して醸成されたこうした状況の結果、軍隊内党組織の地位が高まり、軍に対する党の統制体系が確立された点を積極的に活用した。まず、人民軍総政治局に対する党の指導体系を一層強化し、軍の人事権を党組織指導部に移管した。これと共に、1974年末から「10大原則再討議事業クルパ（訳注：ロシア語でグループの意）」を人民軍党委員会と総政治局、各軍種・兵種司令部と軍団、師団、連隊、大隊の党委員会、さらに中隊の党細胞にまで派遣して、唯一思想体系確立に対する集中検閲を実施した。また、軍から金日成に報告

---

[32] 金日成「人民軍の中隊を強化しよう」『金日成著作集(28)』p. 536;『労働新聞』1974. 4. 25;『労働新聞』1975. 11. 19 参照。

する文書を必ず自身を経るようにし、総政治局と連隊級以上の部隊に通報課を新設して、軍部の総ての動向を、組織指導部通報課を経て自身に直接報告させるようにした。[33] 金正日の軍権掌握は、このように唯一思想体系と唯一指導体制確立という飛び石を利用して一糸乱れずに実現されていった。その結果、1975年頃からは軍隊兵営と事務室に金正日の肖像画が掛かり始めた。

軍権掌握が完成段階に入った1970年代末から、金正日は軍に対する政策的指導にも影響力を行使し始めた。金正日は1979年2月と5月に「全軍主体思想化方針」を貫徹し、「三大革命赤旗争奪運動」を深化させる課題を提示し、同年12月にはパルチザン期に金日成の「忠臣」として知られた呉仲洽（オジュンフプ）、金赫（キムヒョク）を見習う運動を全軍で展開させた。[34]

1980年、第6次党大会で金正日が党政治局常務委員昇進と共に、党中央軍事委員会委員に任命されたことは、金正日の軍権掌握を制度的に保障する決定的な契機になった。当時、金日成を除く18人の軍事委員の中で「非軍人」は金正日だけであった。これは金正日の後継者の地位が軍事分野でも公認されたことを公式化したものだった、と見ることができる。実際に1980年代初めから軍に対する金正日の直接的指導が行われ、1982年からは軍事問題だけでなく、政治・保衛・軍事外交など軍部の総ての問題が金正日の指示と結論によって処理される、唯一的指導体系が確立された。

4）対南分野の掌握

金正日後継体制確立以前まで、対南分野は業務の特殊性から他の分野に比べて党の直接的指導が喰い込みがたい、非常に閉鎖的で独立的性格が強い分野であった。こうした特性から、金正日は対南分野の掌握で唯一思想体系確立という同じ手法を講じながらも、組織書記の資格ではなく党政治委員会と書記局の名を掲げた。

金正日は1975年6月から6ヶ月間、党連絡部と調査部などの対南部署と傘下の政治学校と「南朝鮮問題研究所」、各地域連絡所、海外工作拠点などに対する組織指導部の検閲を実施させた。検閲は、対南分野での唯一思想体系確

---
[33] チェ・ジュファル『北朝鮮体制での党-軍関係研究』(慶熙大学校行政大学院修士学位論文、2002) p.79～82
[34] 前掲書、p.83～84

立の有無と幹部及び工作員選抜、解放後 30 年間の対南工作実態に至るまで総合的に進められた。引き続いて進められた思想闘争会議で、金正日は朝鮮戦争当時に朴憲永、李承燁など南労党派が犯した「犯罪行為」と「曺奉岩（チョボンアム）事件」と「統一革命党」事件などと関連して金仲麟（キムチュンリン）、柳章植（リュチャンシク）たち対南分野の幹部が犯した誤りを批判し、彼らに対する処罰措置を取った。これと共に対南書記の職制を廃止して、対南分野を自身の直属機関にした。また、対南機関が管轄していた朝鮮総連及び海外僑胞業務を党国際部に、南北対話業務を外交部（現外務省）に、対南工作業務を連絡部に移管するなど機構改編を断行した。

結局、対南分野は既存の文化部、連絡部、調査部の 3 部体制から連絡部と調査部の 2 部体制に改編された。しかし廃止された文化部は、1977 年に再び統一戦線工作部という名前で復活した。そして連絡部は南朝鮮革命を、調査部は対南情報収集を、統戦部は統一問題を専門に担当する分担体系を樹立した。このように対南分野は、規模は小さいが機関の特殊性から数十年間、党の統制から外れていた間に引き起こしたあらゆる恥部ゆえに、「一息に呑まれる」方式で金正日の唯一指導体制に編入された。[35]

5）政権機関の掌握

政務院（内閣）をはじめとする政権機関に対する金正日の掌握も、党的指導強化の方式で行われた。北朝鮮がどの社会主義国家よりも党国家体制の性格が強いという見地からすると、該当分野の党組織掌握は、その分野全般の掌握を意味する。とりわけ軍の場合は党の指導が少しでも弱まると、軍幹部の権限が急激に強化される軍閥主義的傾向が強かった。一方、政府機関や経済部門は党の指導が少しでも強化されると、直ちに党活動家が行政官僚の業務にまで横からしゃしゃり出て居座る「行政代行」現象と官僚主義に取って代わられ、党の権勢が日常化するほど行政・経済部門幹部の影響力は弱体化していた。したがって、政権機関と行政・経済分野に対する金正日の権力掌握は、この分野に組織されている党組織を掌握することだけでも充分だと見られた。1974 年 6 月に発表された『政務院委員会、部党組織の事業を改善強化することについて』という題の金正日の談話は、政権機関掌握の直接的契機

---

[35] シン・ミョンギル「金正日と対南工作」（ソウル：北朝鮮研究所、1996）p. 145～162

になった。その後、1975年中盤に政務院とその他政府機関に対する「10大原則再討議事業」が展開され、政権機関で唯一指導体制確立が本格化し、政務院内党組織の地位と役割が引き上げられ、とくに政務院党委員会が傘下の部、委員会の初級党委員会を指導できるように権限が強化された。それまで政務院党委員会は政務院傘下の省・機関党委員会を直接指導できなかったが、この時からは市や区域党委員会のように責任書記制に昇格し、省・機関党委員会はその傘下の初級党委員会になった。

　他の分野と同じように、政権機関に対する党の指導もやはり党組織生活指導と思想生活指導、党政策指導に区分された。つまり、中央党の組織指導部は、政務院党委員会組織部を通じて組織生活指導を、宣伝扇動部は政務院党委員会宣伝部を通じて思想生活指導を、その他中央党経済部署は政務院党委員会の経済部署を通じて政策的指導を分担するように体系化された。外交部の場合にも、組織指導部と宣伝扇動部が党生活指導を、国際部が対外政策指導をそれぞれ分担する体系が確立されたが、1990年代に入り金正日の指示で国際部の政策指導は廃止された。[36]

6）政治的障害要素の除去

　金正日は、後継体制構築過程で党と国家権力の掌握と共に、自身の権力に障害となり得る政治的要素を除去する作業も同時に推進した。

　1950～1960年代の「反分派闘争」過程で、金日成の唯一支配体制に障害になった総ての政治的異端勢力は完全に除去された。しかし、金正日の後継体制を脅かす要素は依然として残っていた。金正日の後継者内定前まで権力ナンバー2であった叔父金英柱(キムヨンジュ)と継母金聖愛(キムソンエ)、異母兄弟である金平一など、いわゆる「脇枝勢力」と金正日の世襲に不満を抱いていた権力層の一部元老が存在する限り、金正日の後継体制は常に政治的挑戦に直面する可能性が存在していた。しかし金英柱はすでに、1960年代後半の「甲山派(カプサン)」粛清過程で側近が除去されて権力基盤が著しく弱まり、健康状態までも悪化して、1973年金正日に組織書記職を譲り渡し、政務院副総理に退いていた。その後、彼は慈江道江界(カンゲ)(チャガンド)に移り、1990年代初めに副主席として戻されるまで、十数年間を外部と

---

[36] 黄長燁『私は歴史の真理を見た』p. 251

隔離された事実上の流刑生活を送った。[37]

金英柱が権力から退いた後、金正日は金聖愛とその子供を「脇枝」として罵倒し、彼らが権力に挑戦できる可能性を徹底的に除去した。金正日の指示によって1975年から全党的に進められた「脇枝去勢」作業は四種の方法で実施された。第一は、党組織責任者が自分の部門の幹部と党員、住民に脇枝の危険性と「害毒性」を認識させる思想教育であり、第二は、脇枝と関係していた総ての人物を徹底的に調査し、出身と経歴、功労に関係なく左遷、または地方に追放することであった。[38]第三に、脇枝本人を皆海外公館に送り出して国内に新たな追従勢力が形成され、または結集する可能性を基から封じることであった。第四に、これら脇枝に対するロイヤルファミリーとしての礼遇は保障したが、彼らと共に仕事をする幹部と公務員、さらに彼らに使える運転手と警護員、看護師までも、彼らの一挙手一投足を漏れなく党組織と国家保衛部などを通して報告させる体系を立てた。

4．後継体制の強化

北朝鮮で党大会は、前の大会で提示された人民経済計画が完遂された時点で開催され、その結果を「総括」して次期発展戦略と新たな経済計画を発表するのが慣例であった。[39]実例として、1961年第4次党大会で提示された7ヶ年人民経済計画が、情勢変化によって未達成になると、すぐに北朝鮮は期限を3年も延長してまで計画を完遂した後、1970年に第5次大会を開催した。しかし第6次党大会は、第5次党大会で提示された6ヶ年計画が完遂された1976年でなく1980年に、それも1977年第5期第15次全員会議で提示された第2次7ヶ年計画(1978～1984年)が、盛んに実行中だった時点で開催された。唯一、第6次党大会だけが人民経済計画と関係なく開催されたのである。

---

[37] 前掲書、p. 172～173
[38] 金平一の最側近だった全フィは南山高中時期に「父が一生首領様を護衛したように、私も永遠に金平一同志を護衛する忠臣になる」と語ったという。金正日後継体制に入るや、彼は黄海北道沙里院農機械工場労働者に追放され、彼の父親である全文燮も金日成の信任で生前に席は保全したが、金正日と常に不快な関係にあった。イ・ハング『金正日とその参謀たち』（ソウル：図書出版新太陽社、1995) p. 306～314
[39] 1956年の第3次党大会では5ヶ年経済計画が、1961年第4次党大会では7ヶ年経済計画が、そして1970年の第5次党大会では6ヶ年経済計画が発表された。

こうした事実は、第6次党大会が金正日の後継者地位を対内外に宣言することに焦点があったことを語っている。北朝鮮が第5次党大会で提示した6ヶ年計画が完了した1976年に金正日の後継者地位を公式化する次期大会を招集しなかった理由について疑問が残る。この時期の、北朝鮮の対内外情勢を調べざるを得ない。

まず、1976年に発生した「板門店斧事件」が挙げられる。前述した通り、北朝鮮は板門店事件が発生するや疎開の名目で、平壌だけで数十万人の成分不良者と「別居家族」を地方に追放した。こうした状況のため、党大会を開催できる祝祭の雰囲気とはあまりにも距離が遠かった。こうした理由から党大会開催を翌年に先送りした可能性もあるが、北朝鮮は1977年に党大会でなく全員会議を招集して、新しい人民経済計画を電撃発表した。これは、北朝鮮がすでに次期党大会を金正日の後継者宣布の契機にしていたことと、1977年当時にはまだ後継体制を固められなかったことを物語っている。

金正日後継体制が本格的な構築段階にあった1976～1977年頃、北朝鮮の権力層内部では、金正日の権力掌握に一部の反発があったとの観測もある。いくつかの事例として、1976年6月、党政治委員会会議で副主席金東奎(キムトンギュ)をはじめとする一部元老幹部が、金正日の独断的で無規律な行動と幹部事業での誤謬を批判したという主張と、[40]生産現場で金正日が指導する若い三大革命小組員と既存幹部の間に少なくない摩擦が生じたという主張、[41]1976年の板門店事件と関連した平壌市住民疎開事業を強引に処理して、金日成から党の「群衆路線」を大きく毀損したという批判を受けたという主張[42]などが挙げられる。こうした理由ゆえなのか分からないが、1976～1977年に金正日の公式活動が暫く途絶え、北朝鮮の宣伝媒体が金正日を指し示して使った「栄えある党中央」という表現も急減したという。[43]こうした様々な主張は、この時期金正日の後継体制構築作業に一定の「ブレーキ」が掛かったという仮説を支えている。つまり、当時の国内政治状況下で金日成は、後継体制の公式化がまだ熟していないと判断した可能性がある。

---

[40] 鐸木昌之『金正日と首領制社会主義』p.133～135：当時までも権力層と軍部将軍たちの脳裏には金正日のイメージが単純に「首領様の息子」という程度で刻み込まれており、指導者として急浮上した金正日の地位を、相変わらず皮膚で感じられずにいた。
[41] イ・ジョンソク『現代北朝鮮の理解』p.506
[42] チョン・チャンヒョン『側で見た金正日』p.79～85
[43] イ・ジョンソク、前掲書、p.506

以後、金東奎など後継体制に批判的だった人物が粛清され、金正日の異母兄弟をはじめとする「脇枝」が除去されるなど、後継体制確立の障害要素が除去されるや、金正日の活動が再び本格化した。1978年1月、党第5期第16次全員会議で第2次7ヶ年計画の完遂のために決起することを訴える党中央委員会書簡を採択させ、政権創立30周年を契機に経済的成果創出と政治行事の準備を前面で指揮した。中国の改革開放着手に対処して≪われわれ式で生きて行こう≫、≪自力更正の革命精神を一層高く発揮しよう≫などのスローガンを提示し、「隠れた英雄たちを模範として学ぶ運動」を発起したのもこの時期に展開された。

　こうした過程を経て金正日は権力層の範囲を越えて、北朝鮮社会全般に自身の後継者イメージを確実に構築していった。1970年代末に至り、金正日の地位は金日成と同格の水準で絶対化され、実質的権力の見地からはむしろ金日成を遥かに凌駕した。党と軍など核心権力のエリートは、自分たちの将来の運命を託す人は金正日だ、という事実を疑わなかった。これが、第6次党大会が招集された当時の北朝鮮の政治環境であった。

　第6次党大会が1980年10月10日、すなわち労働党創建35周年に合わせて開催されたのは、いわゆる「節目の年」という北朝鮮の慣例により、後継者推戴を最大限の祝祭の雰囲気の中で行おうとする意図による。大会では金正日の後継体制に合うよう党機構を改編した。党政治委員会を政治局に改編し、その中に金日成、金一、呉振宇、金正日、李鍾玉の5人で構成された政治局常務委員会を持ってきた。これらの中で、副主席の金一は健康上の理由で半ば引退状態であり、李鍾玉は経済を専門に担当した総理で政治的影響力は微小であり、呉振宇は金正日を後継者として擁護することに主導的役割をした人物だった。さらに、この中で政治局と書記局、軍事委員会などの党内三大権力機構に総て選出されたのは、金日成と金正日の2人だけであった。結局、政治局常務委員会の新設は金日成と金正日2人の共同統治を公式に制度化することに目的があったと見られる。[44]

　このように、第6次党大会はすでに構築された金正日後継体制に適合するように、権力機構の装いを整えて金正日の後継者の地位を対外的に公式化する形式的な手続きに過ぎなかった。

---

[44] イ・ジョンソク『朝鮮労働党研究』(ソウル：歴史批評社、1995)p.335～336

表3-1 労働党第6次党大会直後の政治局常務委員の兼職

	党政治局	党書記局	党軍事委員会	中央人民委員会	政務院
金日成	委員	総書記	委員長	主席	
金一	委員			副主席	
呉振宇	委員		委員	委員	人民武力部長
金正日	委員	書記	委員		
李鍾玉	委員			委員	総理

参考:『北朝鮮の主要人物』(統一部情報分析部、2005)

　第6次党大会後から金正日に対する本格的な偶像化が始まった。金正日を称賛する各種伝記と文学芸術作品が創作され、金正日の「革命歴史」が新たな教科目として追加され、『主体革命偉業の完成のために』、『金正日選集』、『親愛なる指導者金正日同志の文献集』などの図書が大々的に出版・普及された。金正日の出生と成長に関する各種神話が創造され、1982年には金正日の誕生日が正式な公休日に指定された。1986年からは公休日が2日に増え、1995年には金日成の誕生日と共に「民族最大の祝日」に格上げされた。[45]

　1987年2月、金正日の生誕45周年を契機に白頭山一帯には故郷の家が新築され、金日成の万景台故郷の家と共に「革命の聖地」として崇められた。金正日が青少年期を送った平壌三石(サムソク)人民学校と金日成総合大学、御恩洞(オウンドン)軍事訓練所、さらに大学同窓生と会食をした古びた食堂の建物まで「革命史跡地」に変貌し、偶像化教育の場として保存・利用された。[46]

　金正日の偶像化と共に、金日成と生母金正淑を白頭山の「3大将軍」としてまとめた家系偶像化も始まった。抗日武装闘争期にパルチザンが密林の木の皮を剥がし、彼ら3人を称賛して各種スローガンを書いたという「スローガン木」が北朝鮮の全国津々浦々、さらには平壌の郊外地域でまで「発見」された。[47]

　金日成は1986年5月、金日成高級党学校創立40周年を迎えて発表した講

---

[45] 『聯合ニュース』2003.2.13
[46] 金正日が中学時代を送った平壌南山高中だけが唯一史跡地から除外された。理由は、この学校が高位幹部子弟の学校として、金正日だけでなく、腹違いの兄弟である金平一と金英一など、脇枝の足跡も染みている所であるためである。事実上、南山高中は金正日の史跡というよりも、脇枝勢力が結集した揺り籠という意味がより強い所だった。こうした理由で、金正日は、1983年頃中央党庁舎改築・拡張過程で、すぐ近くにあったこの学校を撤去し、公園化して中央党領域内に吸収した。
[47] 黄長燁『私は歴史の真理を見た』p.174

義録で、「わが党では革命偉業の継承問題が満足に解決されました」と言及することで金正日後継体制の完成を公式宣言した。[48]金正日自身も「革命を開拓した首領の偉業を、代を継いでいく党の領導の継承問題は我が国では輝かしく解決されました」と自ら評した。[49]金正日は1990年5月国防委員会第1副委員長に、1991年12月人民軍最高司令官に、そして1992年共和国元帥に推戴されたのに続き、1993年4月には金日成から国防委員長職を公式に継承して、権力継承に備えた総ての手続上の準備を基本的に終了した。

---

[48] 金日成「朝鮮労働党建設の歴史的経験」(金日成高級党学校創立40周期に際して執筆した講義録 1986年5月31日)『金日成著作選集(9)』(平壌:朝鮮労働党出版社、1987) p. 416

[49] 金正日「人民大衆中心の我らの方法の社会主義は必勝不敗だ」(朝鮮労働党中央委員会責任活動家とした談話、1991年5月5日)『金正日選集(11)』(平壌:朝鮮労働党出版社、1997) p. 75

II. 国家戦略の継承と検証（1970年代）

　金正日の後継者内定は、国家戦略の行為主体が設計者としての金日成と執行者としての金正日に二元化されたことを意味した。つまり、北朝鮮の国家戦略は、最高権力者の金日成によって目標と方向が提示され、後継者の金正日によって実行される構造になった。これは結局、権力継承が完了しておらず、過渡期的性格を帯びていた金正日後継体制の下では、北朝鮮の国家戦略もやはり、変化より継承性に重きが置かれたことを物語っている。

　それにもかかわらず、この時期に至って権力層の世代交代が次第に可視化し、後継体制が強化されるにつれて、金日成から金正日への権力移動は不可避だった。これは国家戦略の行為主体として金正日が占める地位と役割が、単なる執行者から設計者に格上げされることを意味し、したがって国家戦略で継承性から変化に重心が移動しない訳にはいかなかった。

　こうした見地から、金正日後継体制時期の北朝鮮の国家戦略も、やはり継承性が強調された後継体制構築期と、変化の可視化段階といえる強化期、そして社会主義圏の崩壊など国際情勢の変化に対処した生存戦略の模索期に、区分できる。

　ここでは、まず後継体制の構築期と見られる1970年代の北朝鮮の国家戦略について調べる。

1. 対内戦略

　金正日後継体制の構築期と見られる1970年代の北朝鮮の国家戦略は、第5次党大会で行った金日成の報告で、その目標と基本方向が提示された。金日成は報告で、社会主義の完全勝利のために共産主義建設の思想的要塞と物質的要塞を占領することを国家戦略の基本目標として提示した。また、「思想、技術、文化の三大革命」と「総ての社会の革命化、労働階級化」、主体思想を指導理念とする党の唯一思想体系確立を総体的課題として提起した。[50]これと共に6ヶ年人民経済計画と、この期間に実現しなければならない経済発展戦略として三大技術革命方針を出した。

---

[50] 『朝鮮労働党略史』（平壌：朝鮮労働党出版社、1979）p.648～661

私たちは、工業と農村経済をはじめとする人民経済の総ての部門で技術革新運動を広く展開し、重労働と軽労働の差、農業労働と工業労働の差を大幅に減らして、女性たちを家事の重い負担から抜け出るようにしなければなりません。まさに、これが、今後数年の間に私たちが遂行しなければならない、三大技術革命課題です。[51]

この他にも大会報告で金日成は対南、対外、安保など分野別の国家戦略も提示した。[52]

金正日後継体制は、まさに金日成が提示したこうした国家戦略が、本格的に着手された時点でスタートした。したがって金日成が提示した国家戦略を金正日がどのように実践するかは、後継者としての資質と能力の検証を受け認められる上で重要な契機にならざるを得なかった。これは今後、金正日によって推進される国家戦略の性格が単純な継承でなく、後継体制の正当性と名分の確保、権力基盤の構築とも密接に関すると示唆していた。また、早期に目に見える成果を創出しようとする誇示的性格が、その推進方式でも広範囲に具現されることを予告していた。

第5次党大会で提示された社会主義の完全勝利と6ヶ年人民経済計画、10大経済展望目標などは、当時北朝鮮が置かれた環境からすれば、手に余るものであった。1960年代の経済・国防並進路線によって、北朝鮮の経済は7ヶ年経済計画が3年も延長されるほどの沈滞に陥っており、こうした状況は1970年に入っても続いていた。6ヶ年計画は毎年、当初の目標に達せず、総体的経済目標の完遂にも大きな蹉跌が予想されていた。

しかし、こうした経済沈滞状況は金正日にとって、かえって後継者としての資質と能力を誇示できる、禍を転じて福となす機会になった。金正日は自身の職分が経済とは距離があったにもかかわらず、1974年10月その年の経済計画未達問題を議論する党政治委員会会議で経済計画の完遂を自任した。彼は党権力を掌握した有利な立場を利用し、全党的大衆運動と「70日戦闘」を発起して「思想戦」「電撃戦」「速度戦」の方式を導入し、ついにその年の計画を超過達成する成功を収めた。これに対し金日成は、1975年2月金正日の誕生日を契機に、彼に中央人民委員会政令で共和国英雄称号を授け、後継者として

---

[51] 金日成「朝鮮労働党第15次大会でした中央委員会事業総和報告」『金日成著作集(25)』(平壌：朝鮮労働党出版社、1983) p. 273
[52] 『朝鮮労働党歴史』p. 457～461

の彼のリーダーシップと組織的手腕にひとまず合格点を与えた。[53]

この時期、金正日の直接的発起と指導の下に推進された殷栗(ウンニュル)鉱山大型長距離ベルトコンベヤー輸送線と茂山(ムサン)鉱山大型長距離精鉱輸送管建設、黄海製鉄所自動化システム導入、剣徳(コムドク)鉱山設備現代化など産業施設建設と平壌の蒼光(チャングァン)通り、琵琶(ピパ)通り、楽園(ラグォン)通りなどの建設は、金正日の能力誇示の典型的な展示行政の事例であった。[54]また「三大革命小組運動」と「三大革命赤旗争奪運動」、「隠れた英雄の模範を学ぶ運動」などの大衆運動も金正日の指導力誇示と社会全般に対する権力掌握に大きく寄与した。[55]

しかしこうした展示行政的キャンペーン方式の経済運営は、短期の成果達成で金正日の後継者地位認定と強固化に肯定的作用をしたと見られるが、長期的には北朝鮮経済に非常に重い後遺症をもたらした。経済的考慮が徹底的に無視された政治論理の無理な大衆動員方式は、設備の酷使と原価無視、資材と労力の浪費のような多くの副作用を招いた。[56]

さらに北朝鮮は、1970年代初めから国際的な緊張緩和の流れに乗って西側先進国との貿易と投資拡大を積極的に試みたが、第1次オイルショックによる輸出の減少と価格暴落などで、1974年だけで6億6,700万ドルの貿易赤字を記録し、1976年に至っては、対西側債務不履行事態に置かれた。[57]

2. 対南・対外戦略

この時期、北朝鮮の対南・対外戦略でも後継体制の誇示的な性格がそのまま現れた。1970年代の南北関係は、世界的な緊張緩和の雰囲気に便乗し、「7・4南北共同声明」の採択など対話局面に入った。1960年代後半の冒険主義的赤化統一の試みが失敗した後、北朝鮮は一方では南北対話に積極性を見せて「高麗連邦共和国」という単一国号による国連加入を掲げ、他方では国連議決によって多数を確保して駐韓米軍を撤収させ、祖国統一に有利な国際的環境を作るために全方位外交に拍車をかけた。

---

53 タク・チン他『金正日指導者(第2部)』p.102〜120
54 『朝鮮労働党歴史』p.494
55 イ・ジョンソク『現代北朝鮮の理解』p.506
56 黄長燁『私は歴史の真理を見た』p.230〜231
57 イ・ヨンフン「経済発展戦略」『北朝鮮の国家戦略』(ソウル:図書出版ハンウル、2003) p.292

この時期、金正日は対南分野の掌握に力を得て、独自の対南赤化統一理論を提示した。彼は対南戦略を「南朝鮮革命」戦略と祖国統一戦略に区分し、「南朝鮮革命」は、駐韓米軍撤収と人民政権樹立を通した民族解放人民民主主義革命を遂行する問題であり、祖国統一問題は、主体思想の旗の下に国土を統一する問題だと規定した。こうした性格から、南朝鮮革命では韓国の革命力量が、祖国統一では北朝鮮が主体にならなければならないとした。その上で、駐韓米軍撤収と「南朝鮮軍事ファッショ統治」の終息を通じて、反統一勢力を除去して南北が統一を達成するという「先南朝鮮革命、後祖国統一」戦略を対南赤化統一の基本戦略として提示した。[58]

　金正日は「南朝鮮革命」と関連して地下革命党建設と精鋭化・主体化・核心化・合法化による統一戦線の構築、主体思想と民族自主思想による韓国民衆の意識化、合法的な大衆的基盤構築を通した各階層大衆の組織化、国際的連帯性強化、青年・学生たちの先鋒的役割強化と労働運動との結合、革命隊列の武装化などを主張した。

　また、祖国統一については、平和的方法と武力による方法に区分し、前者に対しては選挙を通じた民族自主勢力の執権、革命による人民政権の樹立、国民の圧力による韓国執権層の連邦制受入など三つのシナリオを、後者については、米国の北朝鮮侵攻⇒米国の世界的戦力分散と国際的反米反戦気運の高揚⇒韓国での革命勃発と対北支援要請など、段階別シナリオを提示した。[59] こうした対南戦略により、北朝鮮は南北対話と対南工作の二つを並進させ、もしくは配合する戦術を積極的に追求した。

　1970年代に入って北朝鮮は、回復期に入った中国及びソ連など社会主義国家との関係をより強化する一方、1960年代から追求してきた自主外交路線を一層強調して非同盟国家と第三世界国家、さらには米国など資本主義国家と国連をはじめとする国際機構との外交を全方位的に多角化していった。[60]

　とくにこの時期、北朝鮮は国際舞台での地位向上と主体思想の伝播、祖国

---

[58] シン・ピョンギル『金正日と対南工作』p.163〜165

[59] 前掲書、p.163〜182

[60] チョン・キュソプ『北朝鮮外交の昨日と今日』(ソウル：一新社、1997) p.121〜164：北朝鮮の全方位外交政策は、1972年9月金日成の日本『毎日新聞』記者の質問に対する返事「私たちの党の主体思想と共和国政府の対内外政策のいくつかの問題について」と、同年12月最高人民会議第5期第1次会議演説「我が国社会主義制度をより一層強化しよう」、1975年10月党創建30年記念報告「朝鮮労働党創建30年に際して」など様々な契機に明言された。

統一に有利な国際環境の醸成などを主要目標にして、攻勢的な非同盟外交を推進した。1970年代初めに金日成は当時の外相許錟(ホダム)に、駐韓米軍から国連軍の帽子を剥いで撤去させる国際的環境を作ることが外交の最大目標だとし、国連では人口2億の米国、人口10万にもならないセイシェル(Seychelles)も皆一票を行使するので、アフリカを完全に掌握してアジアと南米の一部の国々の支持を勝ち取り、社会主義の国々を上手く動員すれば充分に勝算があると言った。[61]

こうした攻勢的非同盟外交の結果、北朝鮮は1975年にこの運動の正会員として加入でき、同年の国連総会第30次総会では非同盟国内の親北朝鮮国家を押し立てて、韓国の国連韓国統一復興委員団の解体に関する決議案を通過させるなど一連の外交的成果を収めた。[62]

---

[61] 高英煥「北朝鮮の対中東及びアフリカ外交」『北朝鮮調査研究(2)』2000、p. 3
[62] 北朝鮮の自主外交の結果、1970年代末に至り、北朝鮮との外交関係を結んだ国家は合計99ヶ国に増加した。ソ・デスク『現代北朝鮮の指導者』p. 112

III. 国家戦略の持続と変化（1980年代）

1. 対内戦略

　1980年、第6次党大会での金正日の後継者地位の公式化は、この時期から後継体制が強化段階に入ったことを示した。金正日の指導領域は、党の範囲を越えて経済・軍事・外交など国政の全般に拡大し、それだけ国家戦略の行為主体としての金正日の役割も、単なる執行から戦略の設計と樹立へと格上げされた。

　1980年代の北朝鮮の国家戦略も、1970年代と同じように第6次党大会で金日成が提示した目標と方向に沿って推進された。しかし、第6次党大会で提示された国家戦略は、事実上その内容は第5次党大会で提示された主要課題を再確認するに止まった。「革命の総的任務」としての「全社会の主体思想化」と当面目標としての「社会主義の完全勝利を達成」、そして実現方法としての「思想・技術・文化の三大革命」と「全社会の革命化・労働階級化・インテリ化」などはすでに第5次党大会で出た課題であった。この他に「人民経済の主体化・現代化・科学化」、「社会主義経済建設の10大展望目標」[63]などの課題が新たに示された。[64]

　このように、第6次党大会が1970年代と差別化される新たな発展段階と、それに伴う国家戦略を提示できなかったのは、1977年からすでに第2次7ヶ年計画が実行されていた点と、第5次党大会で提示された「社会主義完全勝利」などの目標が、あまりにも長期性を帯びていた点、全般的な経済状況が相変わらず沈滞から抜け出せなかった点、そして第6次党大会自体が新たな国

---

[63] タク・チン他『金正日指導者』p.272：社会主義経済建設の10大展望目標は、近い将来に年間1,000億Kwhの電力、1億2,000千万tの石炭、1,500万tの鋼鉄、150万tの有色金属、2,000万tのセメント、700万tの化学肥料、15億m²の布、500万tの水産物、1,500万tの穀類を生産し、今後10年間に30万町歩の干拓地を開墾することを骨子としていた。北朝鮮は、こうした目標が達成されれば、社会主義完全勝利に相応する確固たる物質的土台が用意される、と大々的に宣伝した。しかし10大展望目標は、科学的根拠や正確な統計的資料、経済的可能性に対する綿密な計画もなく、単に住民たちに体制に対する希望と楽観を植え付けるために急造されたバラ色の公約に過ぎなかった、ということが以後の北朝鮮の現実を通して立証された。

[64] 金日成「朝鮮労働党第6次党大会で行った中央委員会事業総和報告」(1980年10月10日)『金日成著作集(35)』(平壌：朝鮮労働党出版社、1987) p.290～387

家戦略の提示よりも金正日後継体制の公式化に焦点を合わせていた点などにその原因を見出すことができる。こうした事実は、1980年代の国家戦略が、1970年代と大差なく推進されることを物語っていた。

現実に、この時期、金正日によって推進された「80年代速度創造運動」と「速度戦青年突撃隊運動」、「三大革命小組運動」と「三大革命赤旗争奪運動」などは、1970年代に活用された大衆動員方式と戦時行政方式を経済分野だけでなく政治・軍事・教育・文化など社会全般に拡大・適用したものと見られる。1980年代は、北朝鮮の総ての人的及び物的資源が、首領絶対主義体制と金正日後継体制の強化に集中投資された時代だった、と言っても過言ではない。平壌の金日成競技場と凱旋門、主体思想塔(チュチェササン)、人民大学習堂、氷上館、蒼光院(チャングァンウォン)、平壌産院、紋繡(ムンス)通りなど数多くの記念碑と建築物は、総て1982年の金日成生誕70周年を控えて一挙に建設されたものである。また、1989年に第13次世界青年学生祝典を契機に建設された105階建ての柳京(リュギョン)ホテルと15万席の「5・1競技場」、光復通りと統一通りなど大規模建築物はもちろん、西海閘門と金剛山ダム、順天ビナロン工場など経済的目的の建築物も、多分に政治目的から始まった無分別な展示行政の産物であった。この総ては、韓国の飛躍的な経済成長と1988年ソウルオリンピック開催などに対抗した、北朝鮮の体制競争意識の産物だったとも見られる。

しかし、こうした国家運営は、膨大な国家財源の浪費と枯渇、国家計画の混乱と対外債務の累積、総体的な国力の消耗につながり、金正日の党権力掌握過程で形成された「党経済」と経済・国防並進路線、1980年代に一層悪化した対外経済環境などと共に、北朝鮮経済の慢性的な沈滞局面を招いた複合要因として作用した。ついに北朝鮮は、第2次7ヶ年計画(1978〜1984)の満了後、2年間の「調整期」を設定せざるを得なくなった。

> 党は1985年と1986年を調節期と定め、この期間に人民経済発展を一部調節して社会主義経済建設のさらに高い目標を成功裏に占領する準備をしっかり備えることにした。これは、第2次7ヶ年計画期間に社会主義経済建設で収めた成果を強化し、すでに用意した経済土台の威力で全面的に進め、社会主義経済建設の新しい展望目標を結果的に実現する賢明な措置であった。[65]

---

[65] 『朝鮮労働党歴史』p.536

北朝鮮は既存の経済政策を全般的に検討した後、連合企業所制度と[66]行政・経済指導委員会体系の新設、独立採算制と[67]「作業班優待制」、[68]分組管理制などの拡大といった、企業の自律性とインセンティブの保障に力点を置いた一連の部分的政策変化を試みた。こうした政策変化に基づいて、北朝鮮は1986年12月、最高人民会議第8期第1次会議で第3次7ヶ年計画(1987〜1993)を発表した。

　だが、こうした措置も、1980年代末の旧ソ連と東欧社会主義圏崩壊による友好的対外経済及び貿易環境の消滅で、失敗を免れなかった。経済と人民生活の疲弊が深刻化するや、北朝鮮は1989年に既存の重工業優先戦略の変化を意味する「農業第一主義」、「軽工業第一主義」、「貿易第一主義」などの措置を連発したが、結局1993年12月の第6期第21次全員会議で、初めて経済計画の未達成を公式に認めざるを得なかった。[69]

2. 対南・対外戦略

　1980年代に入り、北朝鮮は第6次党大会で金日成が提示した『高麗民主連邦共和国創立方案』と統一国家の10大施政方針によって南北連席会議と高位級政治軍事会談、赤十字会談、非核化会談、経済会談など各種対話に積極性を示し、南北間の段階的武力削減など様々な攻勢的な方案を打ち出した。[70] とりわけ1985年8・15光復40周年を契機に、南北間で初めて芸術団と故郷訪問団の交歓が実現された。

　こうした平和攻勢の裏面で北朝鮮は、1980年の光州事件と1980年代中盤の

---

[66] 金正日「党と革命隊伍の強化発展と社会主義経済建設の新しい高揚のために」(朝鮮労働党中央委員会責任活動家の前でした演説、1986年1月3日)『金正日選集(8)』(平壌:朝鮮労働党出版社、1998) p. 349
[67] 金正日は「独立採算制は、国家の中央集権的な指導と統制の下に、企業所が相対的独自性を持って経営活動をしながら、生産に支出される費用を自体で補い、国家に利益を与える合理的な経済管理運営方法です。独立採算制は、過渡的社会である社会主義社会の性格と要求を正確に反映しています」とした。前掲書、p. 348
[68] 作業班優待制は、作業班別に生産計画を与えて計画の超過分を全量作業班に分け与える賞金制度であり、分組管理制は、適当な規模で組織された作業単位の分組に労力と生産手段を固着させ、作業実績により評価された努力に応じて分配される生産組織形態である。タク・チン他『金正日指導者(第3部)』p. 261
[69] 「第3次7ヶ年(1987〜1993)計画実行情況に対する朝鮮労働党中央委員会全員会議報道」『労働新聞』1993. 12. 9.
[70] 『朝鮮労働党歴史』p. 592〜595

韓国民主化運動を契機に、韓国社会の反米自主化と親北朝鮮化を目的とした対南工作をより一層強化した。韓国の経済成長による国際的地位の上昇を防ぎ、体制競争で優位を確保しようと、ミャンマーでのアウンサン廟爆発事件(訳注：1983年にラングーンで全斗煥大統領暗殺を狙った事件)のような各種テロと拉致行為を行った。[71] こうした攻勢的対南工作とテロは、かえって北朝鮮にテロ支援国という汚名、国際的孤立と圧迫を加速する結果を招いた。

1980年代北朝鮮の対外戦略は、第6次党大会で提示された「自主、親善、平和」理念によって、1970年代から推進してきた非同盟外交、中国とソ連など社会主義圏との同盟外交、経済実利確保目的の対西側経済外交へと多角化した。[72] これは当時、韓・米・日三角軍事同盟関係の強化に対処した、北方三角同盟の強化と対外経済関係の拡大を通じて、北朝鮮が直面した安全保障上の不安を解消し、経済蘇生の出口を模索する意図によるものであった。

中国の改革開放と東欧圏の体制変化は、北朝鮮をして国際的孤立からの脱却のために、非同盟運動をはじめとする第三世界の国々との関係発展を一層重視させた。非同盟外交は1970年代に続き、1980年代にも北朝鮮の対外戦略で重要な部分を占めた。[73] 韓国が参加しない非同盟運動は、北朝鮮にとって自分の声を出せる唯一の国際的空間であった。

非同盟外交で北朝鮮が追求した目的は、第一に、この運動の主導権掌握を通じて大多数の第三世界諸国を北朝鮮の支持勢力にすることで、国連をはじめとする国際舞台で駐韓米軍の撤収と赤化統一に有利な環境を準備し、第二に、この運動内で金日成と金正日の国際的「権威と地位」を高め、第三に、南南協力の実現を通した対外経済窓口の多角化を実現し、経済の出路を確保することなどであった。

こうした目的のために北朝鮮は、非同盟会員国を親北朝鮮、中立、反北朝鮮などに区分し、国際舞台で突撃隊として前に立たせる国と支持勢力に引き入れる国、最小限中立を守らせる国、質の悪い振舞いをさせない国などに「成

---

[71] パク・ヨンギュ『金正日政権の安保政策：包括的安保概念の適用』(ソウル：統一研究院、2003) p.18
[72] チョン・キュソプ『北朝鮮外交の昨日及び今日』p.166〜170
[73] この時期、非同盟外交を主管した人物が以後北朝鮮外交の核心的地位を占めたことを通じてみても、当時、北朝鮮が非同盟外交にいかに大きな重要性を付与していたか知ることができる。代表的には外交部副部長の金桂寛、崔守憲、ソン・ウォンホ(1993年死亡)、金忠一(前外交部1副部長、党宣伝扇動部1副部長、金正日書記室副部長歴任)、国連駐在大使朴吉淵、許錘などが外交部非同盟局局長あるいはこの部署出身である。

分分類」をした後、各部類に適した多様な形態の二国間、及び多国間外交を追求した。北朝鮮はこのため、1970～1980年の間アフリカと東南アジア、中東など多くの開発途上国に農業、軍事、建設、集団体操などの分野に無償援助と無利子長期借款、技術を提供して北朝鮮の主体思想と自立経済建設の経験と理論などを伝授した。[74]

　北朝鮮は、一方では非同盟首脳会議と外相会議など総ての会議に漏れなく参加して発言権を高めつつ、非同盟首脳会議や外相会議の開催を最も重要な外交目標として推進した。しかし、こうした努力は会員国の満場一致（consensus）の原則を突破できず、ついに失敗した。代表事例として、1980年代中盤にジンバブエで開かれた非同盟外相会議で、北朝鮮は次期会議の主催をめぐってリビアと競合したが、アラブ国家の勢いに押されて脱落した。当時、代表団団長だった金永南外交部長は「首領様にどの面(つら)を下げて報告できようか」という言葉を残して卒倒した。

　以後、金日成は非同盟首脳会議や外相会議主催をあきらめ、その代わり少なくとも5～6人ほどの首脳が参加する「南南首脳者会議」開催の課題を命じた。南南首脳者会議は、地球の南側に位置する開発途上国が相互協力と有無相通（訳注：有る方から無い方へ物を回して、互いに上手くいくようにする）、「集団的自力更生」の原則で南南協力を実現し、西側先進国が提示する政治的付帯条件付きの援助に依存せずともやっていけることを示す目的から始まった金日成のアイディアであった。

　これに伴い、李鍾玉(リジョンオク)副主席を責任者にして外交部と対外経済委員会、貿易部、農業委員会などの関係機関で構成された「南南首脳者会議主催グループ」が組織された。この「グループ」は、非同盟国とその他開発途上国の中から親北朝鮮的で一定の経済力を備えた国家を選別して招請活動を行う一方、工業分科会、農業分科会、水産分科会などの分野別分科会まで組織して本格的な開催準備に入った。しかし、1989年ユーゴスラビアで開かれた第9次非同盟首脳会議期間にマレーシアとジンバブエ、シンガポール、ベネズエラなど比較的経済力ある国々が別に集まり、「15ヶ国グループ」を結成することで電撃合意したため、北朝鮮の南南首脳者会議開催は水泡に帰した。結果報告を受けた金日成は、当分の間、南南首脳者会議開催活動を保留しろ、との指示を下したが、結局この活動は再開できなかった。

---

[74] これに対する詳細な内容は、高英煥『北朝鮮の対中東及びアフリカ外交』参照。

代わりに1981年「食糧及び農業増産に関するブロック不参加及びその他発展途上国の討論会」、1983年「第1次ブロック不参加及びその他発展途上国の教育文化部長会議」、1987年「南南協力に関するブロック不参加国上級特別会議」、1993年第3次「ブロック不参加国公報相会議」など比重が軽い会議と行事の開催で満足せざるを得なかった。[75]

　1980年代末の冷戦終息によって、非同盟運動の存立名分と反帝・反植民主義という理念は大きく色あせた。大多数の会員国が政治的民主化と市場経済、親西側実利外交に方向転換し、運動内に残っていた親北朝鮮国家さえ先を争って韓国との修交を進んで望み、北朝鮮は非同盟運動内でさえ孤立した。1983年の国際議員連盟ソウル総会と1988年のソウルオリンピックなど、韓国での主要国際会議や行事主催問題が討議されるたびに、北朝鮮は非同盟国内の親北朝鮮国家を突撃隊にしてこれを阻止しようとしたが、できなかった。国連総会とIAEA総会などの国際会議で朝鮮半島問題が討議されるたびに、非同盟国を前に立てて北朝鮮に有利な決議が採択されるように試みたが、やはり失敗を繰り返した。

　とくに1980年代末に至り、北朝鮮経済がもはや、開発途上国に対する援助と協力を維持できないほどの危機状況に陥ったことも、こうした孤立を深めさせた。非同盟運動の「背信」に対して、金日成は1990年代初め金永南外交部長に「今後、第三世界の国にただで与える遊びを止めろ」と指示した。これに伴い、北朝鮮は第三世界の国家に提供していた各種支援を中断し、派遣していた代表団を総て撤収させる措置を取った。しかし、北朝鮮のこうした支援中断と交流・協力の萎縮は、非同盟運動内で北朝鮮の立場を一層弱体化させ、国際舞台で孤立を深める結果を招いた。

　それにもかかわらず、北朝鮮は旧ソ連と東欧社会主義圏の崩壊以後、国際社会で充分ではないが、寄るべき場所は非同盟運動しかないという判断で、この運動への未練を捨てられなかった。1990年代に入り、北朝鮮は「冷戦が終息した後、唯一超大国になった米国の専横を防いで発展途上国の権益を守るためには、非同盟運動の反帝自主的性格を固守して運動の統一と団結を強化しなければならない」と力説した。

　このために北朝鮮が掲げた論理が、「南朝鮮のような親米国家の非同盟運動

---

[75] 『朝鮮労働党歴史』p. 607〜608

加入を許容してはならない」というものだった。韓国の非同盟運動加入阻止は、北朝鮮が非同盟運動加入以前から始終一貫して追求してきた最も重要な目標の一つであった。北朝鮮は首脳会議と外相会議をはじめとする非同盟内の総ての会議、国連内の非同盟代表の会議でも新たな会員国加入問題が討議されるたびに韓国加入の動きに神経を尖らせ、韓国の正会員加入はもちろん「客」(guest)やオブザーバー(observer)資格での参加も絶対に許容できないという立場を取った。

　しかし1990年代以後、大多数の会員国は北朝鮮のこうした立場に対して「韓国のような先進国が非同盟運動に何の理由で入ってくるだろうか」と反問したり、「韓国が非同盟運動に入ってくると言えば、それは歓迎されることであり、反対する名分がない」としたりして北朝鮮外交官たちを困惑させた。

　このように自主外交の旗印の下にアジアとアフリカの広大な大陸に途方もない資源と国力を注ぎ、一時代を風靡した北朝鮮の非同盟外交は、冷戦の終焉という世界史的流れに押され、これら第三世界の国々からも見捨てられる運命をたどった。こうした背信感は北朝鮮をして、遅ればせながら外交の舵を西側世界に回さざるを得なくさせたもう一つの動機になった。

IV. 体制防衛戦略への転換
　　（1980年代末～1990年代初）

1. 対内戦略

　北朝鮮の経済沈滞は1986年代後半に入って加速し、1950～1960年代の『千里馬運動』など大衆の自発的参加と熱意は、首領絶対主義体制の確立と共に「強要された」忠誠と服従に変質し、北朝鮮社会の活力も大いに低下した。[76]社会主義圏の崩壊に続く東欧国家と中国の対韓修交と社会主義市場の消滅、集団安保体制の瓦解は、北朝鮮の国際的孤立と安保不安を最大化し、[77]南北朝鮮間の経済力格差をより一層深化させ、よって社会主義理念と体制に対する住民の批判と敗北主義を拡散させた。

　こうした状況にもかかわらず、金日成は1986年12月の最高人民会議第8期第1次会議で第3次7ヶ年計画を発表し、社会主義完全勝利を再び強調した。彼は、完全に勝利した社会主義社会は「全社会が労働階級化されて、全人民が国家と社会の平等な主人として、自主的で、創造的生活を享受する完成された社会主義社会」だとし、北朝鮮はすでに「社会主義完全勝利の転換的境界線」に近接していると宣言した。[78]当時、中国が果敢に自らの発展段階を社会主義初級段階だと規定したことに比較すると、これは金日成の状況判断能力がどれほど非現実的で安易だったかを示す代表的事例といえる。[79]

　後継体制の強化と共に政策指導の領域を安保、対南、対外など全般に拡大していた金正日にとって、こうした情勢の変化は、金日成が提示した社会主義完全勝利の達成という目標をいったん引っ込め、体制の生存保障を国家戦略の最優先目標に設定せざるを得なくさせた。[80]

---

[76] 1980年代後半、中央党文書整理室から金正日に報告した統計によれば、北朝鮮の経済は金正日の後継者内定直後である1975年から下降線を描き、金正日が実権を完全に掌握した1985年から急激に悪化した。黄長燁『私は歴史の真理を見た』p.229～230

[77] パク・ヨンホ『韓半島平和体制構築過程での韓国の安保政策方向』（ソウル：民族統一研究院、1996）p.35

[78] 金日成「社会主義の完全な勝利のために」（朝鮮民主主義人民共和国最高人民会議第8期第1次会議でした施政演説、1986年12月30日）『金日成著作選集(9)』p.470～475

[79] イ・ジョンソク『現代北朝鮮の理解』p.344～345

[80] クァク・スンジ「安保戦略」；世宗研究所北朝鮮研究センター『北朝鮮の国家戦略』（ソウル：図書出版ハンウル、2003）p.109

金正日は、中国と東欧の変化が北朝鮮に及ぼす否定的影響を遮断することに注力し、1980年代後半から改革開放の危険性と体制守護の必要性を強調する多くの論文を発表した。こうした論文などで金正日は、社会主義崩壊の原因は社会主義の理念自体にあるのではなく、自主性と社会主義原則の放棄、思想事業の無視などにあると分析した。[81] これは東欧圏の崩壊が、北朝鮮にはかえって社会主義原則固守の重要性と改革開放の危険性に気づかせた「教訓」として作用したことを語っている。

　改革開放に対する金正日の拒否感を表した代表的な事例が、1986年に発生した「朴チョル(パクチョル)事件」だった。当時、自然科学院研究士の朴チョルは農業生産力向上のために、改革過程で中国の農村に導入された家族請負制の長所を受け入れることを主張する論文を発表した。前述した通り、北朝鮮は1980年代中盤から、各地域と企業体の権限と自律性の強化を意味する連合企業所制度と独立採算制の拡大、国家の統制下で家内協同組合の独自生産と生産物の私的取引を許容する一種の市場形態である「8・3人民消費品創造運動」の奨励など、経済分野で部分的な改革を試みた。

　朴チョルの論文は、こうした政策変化を背景にして書かれたものであった。当時、彼の論文を検討、審査した金日成総合大学経済学部教授はもちろん、国家学位審査委員会委員と、さらに最終承認を担当した中央党宣伝扇動部の一部幹部まで論文に対して肯定的な評価を下した。

　しかし、党宣伝扇動部を通じてこの論文について報告を受けた金正日は、直ちに「反動論文」だと規定して著者を粛清し、論文の「反動的性格」を看破できなかったとの理由で、党経済担当書記であった金煥(キムファン)を政務院部長に降格し、宣伝扇動部副部長など一部幹部も解任した。[82] これと共に組織指導部検閲グループを科学院と金日成総合大学、国家学位審査委員会などに派遣して集中検閲を行った後、思想闘争会議を通じて論文に同調した幹部と学者に多様な処罰を加えた。この事件以後、金正日体制の下で改革開放は不可能だとい

---

[81] 代表例に「反帝闘争の旗じるしをより一層高く上げて社会主義、共産主義の道に力強く出よう」(1987年)『金正日選集(9)』p. 22~47;「朝鮮民族第一主義精神を高く発揚させよう」(1989年)前掲書 p. 443~468;「朝鮮労働党は私たちの人民のすべての勝利の組織者であり指導者だ」(1990年)『金正日選集(10)』p. 236~259;「人民大衆中心の我らの方法の社会主義は必勝不敗だ」(1991年)『金正日選集(11)』p. 40~80;「社会主義建設の歴史的教訓と私たちの党の総路線」(1992年)『金正日選集(12)』p. 275~310 などが挙げられる。

[82] 黄長燁『私は歴史の真理を見た』p. 232

う認識が形成され、インテリを中心に体制に対する批判と不満が暗黙裡に拡散した。[83]

金正日はこのように内部統制と結束を強化しながら、一方では金日成の路線と権威を毀損しない範囲内で「用心深い」変化を追求しなければならなかった。重要なのは、変化の主導権を社会底辺の大衆に委ねて、統制不能の結果を招くよりも、指導部が直接握って変化の幅と速度、方向を調節していくことである。

1980年代後半から表面化した部分的な変化は、金正日のこうした認識をよく示していた。北朝鮮は既存の自立経済路線と経済・国防並進路線を固守しながらも[84]、国際的孤立からの脱却と経済活性化のために西側先進国から資本と技術、投資誘致を目的とした対外経済及び貿易関係拡大、経済特区開発戦略など一部変化の動きを現し始めた。このために北朝鮮が追求した戦略が、次のように金正日が言及した、いわゆる「蚊帳(かや)」戦略(防虫網式開放戦略)であった。

党員と勤労者が外部から入ってくる不健全な思想要素に汚染されないようにする唯一の方法は、彼らの中で思想教養事業を強化することです。…党員と勤労者に対する思想教養事業を強化することは蚊帳を張ることと同じです。…蚊と金蠅が入れないように蚊帳を張っておけば、戸を開けても問題になることがありません。…私たちは一部の国が改革、改編政策に深く陥って、帝国主義者が社会主義をより一層悪辣に貶めれば貶めるほど党員と勤労者に対する思想教養事業を進攻的に広げ、修正主義、ブルジョア思想をはじめとするいかなる不健全な思想要素も、私たちの内部に浸透できないように防御陣を徹底的に敷いておくべきです。[85]

---

[83] 代表例に、1988年に発生した大学生の反体制事件を挙げることができる。主に幹部層の子女で金日成総合大学と金策工業総合大学、理科大学などに籍を置いていた彼らは、反体制結社を組織し、大学内の金日成銅像と校舎周辺、平壌の通りなどに改革開放を扇動するビラを散布、大字報を貼る一方、金正日宛てに送る無記名投書を組織指導部申訴課に発送した。しかし彼らは、金正日の指示による国家保衛部と軍保衛司令部、社会安全部の合同捜査で全員逮捕されて処刑され、主謀者として手配された金日成総合大学地理学部の学生は、大学屋上で首を括って自殺した。後日、彼の変死体が発見されて事件の全貌が社会に知られた。

[84] イ・ヨンフン『経済発展戦略』p.292〜294

[85] 金正日「党を強化し、その領導的役割をより一層高めよう」(朝鮮労働党中央委員会責任活動家及び道党責任秘書とした談話、1989年6月9日、12日)『金正日選集(9)』(平壌:朝鮮労働党出版社、1997)p.355

金正日が主張した蚊帳戦略は、その目的が思想や理念よりも体制守護にあり、したがって体制守護のためには何でもできることを意味した。これは北朝鮮が追求してきた既存の国家発展戦略とは明確に区別される「実用主義的」性格の体制防衛戦略への転換を暗示するものと評価できる。

　しかし、体制守護のために開放と資本主義の「黄色い風」の遮断という二つの目標を同時に達成するのがいかに難しいかということは、羅津・先鋒経済特区をはじめとする多くの対外開放措置が失敗したことでも反証された。北朝鮮が1991年に発表した羅津・先鋒自由経済貿易地帯創設計画（ラジン ソンボン）(訳注：特別経済開発区)は、1993～2010年の期間に国際貨物中継及び輸出・加工基地と金融・観光特区、総合的で現代的な国際都市を建設し、このためにインフラ建設に約8億ドル、工業部門に約60億ドルの外資を誘致するというものだった。また「外国人投資法」と「自由経済貿易地帯法」など50余の法規を通じて、企業管理と経営方式の自由な選択権を保障し、広告活動を制限的に許容するなどの市場経済原理を部分的に導入し、出入国手続きの簡素化と自由貿易港での自由な入・出港保障、各種免税及び減税などの特恵措置を明示した。[86]

　こうした「破格の」措置にもかかわらず、北朝鮮が意欲を持って推進した経済特区戦略は所期の目的達成に失敗した。その主要原因としては、もちろん劣悪な産業インフラ基盤と市場アクセスの不便、とりわけ1990年代初めに発生した北核危機に伴う投資危険度などを挙げることができる。しかし、より重要な原因は、中国の特区戦略が本格的な改革開放のための実験的な性格を帯びていた反面、北朝鮮は単に「地理的危険度」が少ないと判断される領土の一部を資本主義市場に貸して、その代価だけを受け取ろうという極めて消極的な態度で一貫したところにあったと見られる。このように北朝鮮が追求した「蚊帳」戦略は、対内的体質改善なくして対外的実利を得るには限界があると明確に示した。

---

[86] http://home.cein.or.kr/~kupk1ka/6-1-21.htm

2. 対外戦略

1) 対西側外交での転換

　1980年代後半に入り、北朝鮮の対外戦略でも体制防衛中心の性格が見え始めた。前述したように、金日成は対外政策で始終一貫して理念を重視する自主路線を追求し、非同盟外交に多大な関心を向けた。反面、対日・対米関係改善は韓国、北朝鮮の「クロス承認」に繋がりかねず、朝鮮半島分断を固着させ得るので望ましくないとして、日本との国交正常化を願わない立場を公式に明らかにしたりした。[87]

　しかし1980年代後半から、東欧社会主義国家と非同盟国家、さらに中国まで韓国との国交正常化をなした状況で、これ以上「クロス承認」を拒否するのは、北朝鮮の国際的孤立を自ら招くことを意味した。結局、北朝鮮は、「クロス承認」拒否の立場からしだいに脱却し、対米、対日、対西側関係正常化外交に積極的な態度を見せ始めた。まず北朝鮮は、対米関係を赤化統一の障害を除去する次元からではなく、体制の生存が掛かった死活的問題と認識し始めた。こうした認識は、次のような様々な論調を通じても現れた。

　今の朝米関係は、米国が私たち共和国に対し引き続き敵対視政策を実施している不平等な関係であり、米国の対朝鮮政策は歴史の流れにも合わず、情勢の変遷にも符合しない完全に古いものである。[88]

　もし米国が、不当な前提条件を押し立てずに、自主性を指向する現時代の流れに合うように誠実な立場で朝米関係を改善する道に進むならば、私たちも過去を振り返らずに前を見つめて進むであろうし、過ぎし日と同様に今後も朝米関係改善のために努力するでしょう。[89]

　1980年代後半から、北朝鮮の外交が対西側中心に方向を転換したもう一つ

---

[87] パク・ジェギュ『北朝鮮の新外交と生存戦略』(ソウル:ナナム出版、1997) p.85
[88] 『労働新聞』1992.8.25
[89] 政権樹立44周年記念中央報告大会で行った延亨黙政務院総理の報告。1992年9月8日『労働新聞』1992.9.9

の要因は、外交分野に対する金正日の政策的指導にある。対外戦略を変化した現実に適応させなければならないという金正日の「現実主義的見解」が、北朝鮮の外交に具体化され始めたのである。

1990年代初め、金正日は自身の側近である姜錫柱外交部第1副部長に「冷戦が終息してブロック対決もなくなり変化した国際情勢下で、今やブロック不加入（非同盟）運動の存在価値もなくなった」、「今までブロック不加入国家はソ連と米国の間で漁夫の利を得て生きてきたが、これからは全部米国に付くであろうから、私たちもこれから米国と日本、欧州の国々との外交に主に力を注がなければならない」と強調した。金正日のこうした指示を伝達された北朝鮮外交官は、非同盟外交に対する金日成と金正日のあまりの見解の違いに驚きを禁じ得なかった。

金正日はまた、1991年頃、姜錫柱(カンソクジュ)に理念と原則を問い糺し、敵と味方を区分した時代は過ぎ去り、永遠の敵も永遠の同志もないことが、変化した今日の世界だと言い、こんな時であるほど外交を「猪八戒式」(訳注：「西遊記」に登場する豚)に行わなければならないと強調した。換言すれば、友好国といっても絶対に心を総て許してはならず、また敵にも必要ならば色目を送ることもしなければならないというのであった。そしてこれからは、「虎穴に入らずんば虎子を得ず」の心情で米国と日本をはじめとする西側諸国との外交に集中しなければならない、さりとて敵にズボンまで脱ぐ行動は絶対にしてはならない、外交官は常に党性と階級的原則を胸の奥深くに秘め、うわべでは徹底して英国紳士のように振る舞わなければならないことなどを内容とする、対西側外交の方向と原則を提示した。

こうした北朝鮮外交の方向転換は、東欧社会主義圏崩壊と非同盟外交の失敗に伴う教訓、国際的孤立から早く抜け出さなければならないという切迫感からの不可避の選択であった。また1988年、盧泰愚(ノテウ)大統領が「7・7特別宣言」で「北方政策」を標榜し、友好国の対北朝鮮関係改善を容認するという立場を明らかにしたことも北朝鮮の外交路線変化で重要な背景として作用した。[90]

韓国の北方政策に助けられ、米国政府は貿易と人的交流、外交的接触の3分野で対北政策を変化させる立場を明らかにし、日本も対北敵対政策の緩和と過去の反省及び関係改善の意志を表明した。米国と日本のこうした対北宥

---

[90] パク・ジェギュ『北朝鮮の新外交と生存戦略』p. 50, 86

和政策は、以後東欧圏国家の対韓修交とかみ合って「クロス承認」の次元に進展し、南北朝鮮の国連同時加盟に有利な国際環境醸成の一助となった。

　まず朝米両国は、1988年12月から北京で参事官級接触を始め、関係正常化交渉を開始した。交渉では関係改善の条件として南北対話の進展とIAEA安全協定の履行及び核査察、テロ根絶、米軍兵士遺骨送還問題などが議論された。交渉の結果、1991年9月に米国は韓国での戦術核兵器撤収の措置を執り、北朝鮮も1992年1月、金容淳党国際書記とアーノルド・カンター米国務次官との高位級会談の直後、IAEA安全協定に署名した。

　しかし朝米間のこうした交渉の進展は、1993年2月に、IAEAが北朝鮮のプルトニウム核廃棄物の隠蔽疑惑を提起、米国が特別査察を要求し、一気に停滞した。北朝鮮はIAEAの「不公平な態度」とチームスピリット韓米軍事演習の再開に反発して、1993年3月NPT脱退と準戦時体制布告など強硬戦略で対応した。以後、朝米両国は幾度もの会談を通して、北朝鮮のNPT脱退の暫定留保と米国の核不使用及び内政不干渉、主権尊重に合意したが、IAEAとの葛藤の増幅と国連安保理制裁決議に反発した北朝鮮が1994年6月にIAEA脱退と査察不許可を宣言、両国間の緊張は一層高まった。こうした朝米の対決状況は、1994年カーター前大統領の北朝鮮訪問後、米国の対北朝鮮軽水炉及び重油提供と朝米関係正常化、北朝鮮の核プログラム凍結などを内容とするジュネーブ合意が採択され、ひとまず取り繕われた。しかし、これは両国間の信頼を土台とする未来指向的関係の樹立を意味したものではなく、それ以上の状況悪化を防ぐ一時的な弥縫策に過ぎなかった。

　ジュネーブ合意は、北朝鮮に強硬対応だけが対米交渉で米国の譲歩を引き出せることを確認させる契機になった。ジュネーブ合意が採択される前まで、北朝鮮は核問題が対米交渉で威力ある交渉カードとしての効果をもたらすとは考えなかったと見られる。当時、核問題による米国と国際社会の対北圧迫が北朝鮮にいかに大きな負担になっていたかは、核危機が高まった1993年頃、金正日が姜錫柱外交部第1副部長に「今、私たちは核問題にガチガチに縛られて、できることが何もない」と苦しさを吐露し、何とかして核問題を一日も早く叩き壊さなければならない、と強調した事実を通じても知ることができる。

　北朝鮮が米国と国際社会の圧迫に対し強硬対応したのは、交渉戦略というよりも、対米交渉自体を「一度押されたら終わり」という「砲声なき」戦争とする認識によるものと見られる。こうした考え方は、朝鮮戦争後これまで北朝

鮮体制の維持と強化を可能にした政権の正統性とも関わる。北朝鮮住民にとって朝鮮戦争はもちろん、1968年の「プエブロ号」拉致事件と1969年の「EC-121機」撃墜事件、そして1976年の「板門店事件」など、米国との対決状況は指導部の権威とカリスマ確保の重要な源泉として作用した。とくに「プエブロ号」事件の過程で金日成が「報復には報復で、全面戦争には全面戦争で」との強硬姿勢を固守して米政府の「謝罪文」を受け取った事例は、対米関係で北朝鮮が体得した不文律のごとき教訓となった。

　北朝鮮は、IAEAによる特別査察を米国が要求することで、米国が北朝鮮の軍事基地を思う存分撹乱するのは到底容認できなかった。これは軍事・安保的見地からだけでなく、住民たちに叩き込んだ対米原則の毀損を意味する屈辱的な敗北と認識され、体制結束の見地からもとんでもない副作用を招きかねない問題であった。こうした理由から、当時北朝鮮の軍部と権力層はもちろん住民の中でも、米国の圧力に屈服するくらいなら、いっそ戦争を覚悟しなければならない、という雰囲気が広まった。[91] それだけ北朝鮮は、米国が北朝鮮の強硬姿勢で簡単に退くとは考えられなかったのである。しかし今回も米国は、「プエブロ号」事件の時と同じように、北朝鮮が強硬に出ると、「寧辺核施設爆撃」まで考慮した既存の立場から退いて、協議に出ざるを得なかった。

　ジュネーブ合意は、「強者には弱く、弱者には強いのが米国」という北朝鮮の認識を再び「立証」する根拠になった。金正日はジュネーブ合意直後、首席代表であった姜錫柱に共和国英雄称号を授け、代表団員にも各種勲章と名誉称号を授ける一方、クリントン大統領が合意履行を保障して彼に送った書簡を、対内にだけでなく海外公館にまで配布し、体制の優越性と自身の「偉大性」宣伝に広く活用した。こうした宣伝は、対内的に金正日のイメージを「世界唯一の超強大国も左右する将軍」として浮上させ、東欧圏崩壊後、北朝鮮社会に蔓延した敗北主義を一掃するのに寄与した。1990年代初めの第1次北核危機は、北朝鮮では体制の安全保障と物質的補償という途方もない対価と体制結束という二重三重の効果を勝ち取った「禍を転じて福と成す」代表的な外交的成果に数えられている。

　朝日関係もまた、韓国政府の「7・7特別宣言」発表後、1990年に両国間で3

---

[91] 黄長燁『私は歴史の真理を見た』p. 259

党共同宣言(訳注：自民党の金丸と社会党の田辺代表団は、1990年9月28日、朝鮮労働党との間で、早期国交樹立とそのための政府間交渉を11月中に開始する内容の共同宣言に署名した。)が採択されるなど、急速な雪解けムードを迎えた。当時、北朝鮮には朝日国交正常化がすぐになされるという期待感と、日本から受け取る莫大な賠償金で経済と人民生活に根本的な変化が起きるという楽観が支配していた。3党共同宣言発表後、朝日国交正常化会談が本格化すると、北朝鮮はすぐに外交部東北アジア担当局（当時1局）の日本課を分離させ、独立的な日本局（14局）を新設した。これと共に田仁徹（チョンインチョル）外交部副部長を責任者とする「朝日会談常務組（サンムジョ）」を構成し、本格的な交渉準備に入った。

　北朝鮮のこうした期待は、日本政治制度の属性と日本の対北政策の決定に及ぼす米国と韓国の影響力を見過ごした安易な判断であった。8回にわたる朝日修交交渉は、日本の対北補償の概念と規模に対する両国の根本的な見方の違いと、その後噴出した「李恩恵（リウネ）（田口八重子）」問題、核査察問題、日本人妻問題、従軍慰安婦問題など各種懸案によって、ついに決裂してしまった。[92]

　朝日国交正常化交渉が決裂するや、金正日は「今回の会談は朝米関係が解決する前には、朝日関係は絶対に解決できないという教訓を残した」として、今後、対日外交で徹底的に高姿勢を取ること、会談のドアは常に開けて置くが、日本が先に叩くまでは絶対に先に日本に会談を乞わないことを強く要請した。それと共に、朝米関係が解決すれば日本は自ら頭を下げて会談を乞うことになると言って、今後、対米外交も日本という目的地まで行く道に横たわる障害を除去するという観点で接近することを強調した。これは北朝鮮対外戦略の最大目標が朝日修交による補償金確保であり、このためにはまず朝日交渉の最大障害である朝米関係から整理しなければならない、という意味と解釈された。[93]

　1990年代初めの核問題の発生は、北朝鮮が意欲的に推進した朝米関係正常化と朝日国交正常化交渉、西側諸国の投資誘致など全般的な対外関係活性化戦略においての大きな難関となった。

---

[92] パク・ジェギュ『北朝鮮の新外交と生存戦略』p. 87〜94
[93] 黄長燁『私は歴史の真理を見た』p. 314

2）対中国関係変化

　北朝鮮と中国の関係を普通「血盟」とか「唇歯」の関係と呼ぶ。これは過去の抗日闘争期と朝鮮戦争の過程で、両国の共産主義者と革命エリートの間に構築された相互協力と支援が両国関係の基礎になった歴史的事実と伝統に起因する。

　しかし両国間のこうした兄弟的友誼の裏面には、永年の不信も存在した。第2章でも言及した通り、北朝鮮の体制形成と強化の全過程は、金日成の唯一支配体制構築と脈を同じくしている。この過程で、金日成の権力と路線に挑戦した数多くの政治派閥が、分派分子の濡れ衣を着せられ粛清の悲運に遭った。その中には中国革命と建国に直接参加して多くの功労を立てた人物もいた。中国指導者と革命エリートにとって、自分たちと親交が篤かった親中派が除去されたことは、北朝鮮に対する政治的影響力の弱体化を意味した。これは北朝鮮の内政に対する中国の干渉と介入を引き起こさざるを得ず、自ずと両国指導部間の不信と警戒心を醸成した。なかんずく1960年代の中国の文化大革命と反金日成運動、そして北朝鮮の政治的自主性の堅持は、両国間のこうした不信を一層深刻化させた。

　金日成はたびたび幹部との非公開協議会で「中国人は、商売人の気質を持っている。彼らは服に財布をいくつか持っているが、どの財布に何が入っているか誰も知らない。中国人をあまりにも信じていると、まかり間違えば背中から刃物で刺される恐れがある」という話をした。金日成のこうした発言は、中国はいつでも自国の利害関係に適合した人物を押し立てて、金日成の唯一独裁の脅威をもたらし得るという意味に解釈された。

　中国に対する北朝鮮の不信は、1970年代の中米関係正常化と中国の改革開放を契機により深まった。とくに1970年代末から始まった中国の改革開放と、革命エリートから実用主義的改革エリートへの指導部の世代交代は、朝中両国間の血盟や密接な関係にも質的変化を予告した。北朝鮮との理念的紐帯と両国革命エリート間の親密な情誼関係を重視してきた毛沢東や周恩来とは違い、鄧小平、胡耀邦、李鵬、江沢民など次世代の改革指導者は、北朝鮮に対しても自国の利益を中心にする実利中心の対外政策で接近した。

　中国の対朝鮮半島政策の変化は、1980年代の改革開放政策の加速化と韓国との経済協力・社会文化交流活性化につながった。とりわけ1980年代後半、

旧ソ連と東欧圏の体制転換と韓国との全面的な国交正常化を背景に、中国の対韓国接近もしだいに政治的な性格を帯びることになった。その代表的事例が、北朝鮮のたび重なる引き止めにもかかわらず、中国が1988年ソウルオリンピックに参加したことであった。

中国改革指導部の立場の変化は、北朝鮮に大きな背信感を抱かせたが、それでも中国との友好関係を主導的に毀損することもできなかった。北朝鮮は一方では、中国の改革が北朝鮮内部に及ぼす政治的副作用を遮断することに力を注ぎ、他方では伝統的な朝中血盟関係を維持する対中外交に拍車を加えた。1989年の天安門学生デモに対する中国当局の流血の鎮圧に国際的非難が高まった時も、北朝鮮だけがこれを公式に支持した。中国の改革路線に対しても公式的非難を自制し、中国の特色ある社会主義だと称えるなど、朝中関係の毀損を最大限避ける立場を堅持した。

こうして、中国の対朝鮮半島政策の変化にもかかわらず、両国間の友好協力関係は引き続き維持された。代表例には、1989年趙紫陽総理の訪朝と1990年の江沢民党総書記の訪朝、そして金日成の1989年と1990年、1991年の相次ぐ訪中が挙げられる。とくに北朝鮮は、1991年10月金日成の訪中結果について両国指導者は「どんな条件と環境の中でも社会主義偉業を堅固に固守し、引き続き発展させ、最後まで完成することに対する確固不動の共同の意志を表明した」と評価した。[94]

北朝鮮は公式的には、朝中友好関係発展の必要性を強調する方法で中国の対韓接近を牽制すると同時に、両国間の外交チャネルを通した非公開の方法で中国を激しく圧迫した。当時、北朝鮮外交部で対中外交に参加した外交官によれば、北朝鮮は主に北京駐在の自国大使館と平壌の中国大使館を通じて中韓修交に反対する公式立場を伝達し、さらに台湾との関係をカードとして利用する案まで内部では言及していたという。

北朝鮮のこうした対中外交努力にもかかわらず、中国政府は1990年10月に韓国と正式な貿易事務所を開設し、1991年には南北の国連同時加入を支持する公式的立場を表明、韓国を国家的実体として認定する意志を明確にした。また、中韓修交を控えて中国は、1992年初めに国際価格の半分以下で物品を供給する友好価格制と物々交換で行われてきた北朝鮮とのバーター貿易を、

---

[94] 『労働新聞』1991.10.25

貨幣決裁方式に転換することで北朝鮮経済に実質的な関門を作った。そしてついに1992年4月、金日成の生誕80年の誕生日を契機に楊尚昆主席を北朝鮮に送り、韓国との国交正常化に関する中国政府内部の立場を伝えたのに続き、7月には銭其琛外交部長の訪朝を通じて中韓修交に関した江沢民総書記の口頭メッセージを金日成に伝達した。その1ヶ月後の1992年8月、中国は韓国と外交関係を公式に樹立した。

中韓修交は、朝中間で「血で結ばれた」血盟関係が事実上終息したことを意味した。当時、北朝鮮の権力層と住民の中では、中国に対する極度の背信感と共に、中韓修交が北朝鮮の安保と経済、体制維持に及ぼす影響への憂慮と孤立感、そして「朝鮮戦争が再び起きた場合、かつてのような中国の物心両面の支援は期待できなくなった」とか「中国はもう私たちの後ろ盾でなく敵陣」という認識が広まった。こうした北朝鮮の背信感は、金正日が当時の金永南(キムヨンナム)外交部長に、当分の間、中国との人的交流と往来を中断し、海外に派遣される代表団と外交官も中国を経由せず、できるだけモスクワや新設されたバンコク路線を利用し、高位級人物がやむを得ず中国を経由しても絶対に中国側に事前通報しないよう強力に要請したことにも表れていた。

しかし北朝鮮は、中国の対韓修交と関連して旧ソ連や東欧国家に取ったような公式対応は自制した。1989年ハンガリーが東欧圏で最初に韓国と修交した時、北朝鮮はハンガリー駐在大使を召還して両国関係を代理大使級に下げる措置で強力に対応し、1990年の韓ソ修交に対して「ドルで売買する外交」だと罵倒し、ソ連政府を露骨に非難した。[95]これと異なり、北朝鮮は中国に対してだけは公開の非難や外交的反発を自制し、朝中関係がこれ以上悪化することを願わない立場を堅持した。これは金日成が銭其琛外交部長から中国政府の対韓修交の立場を公式通告され、「中国が南朝鮮との関係に対してすでに決定したならそうしなさい。私たちは引き続き社会主義建設を進めるだろうし、何か困難にあえば自ら克服するだろう」と語ったことからも分かる。[96]

北朝鮮がこのように中韓修交を既定事実として受け入れざるを得なかったのは、社会主義陣営が消えた状況で、それなりに北朝鮮が依存できる唯一の社会主義国家は中国しかない、という現実認識ゆえだった。これから北朝鮮

---

[95] 『労働新聞』1990.9.5
[96] 張庭延『出使韓国』(山東大学校、2004)

は、中韓修交後一時的に小康状態に入った対中関係の復元にかじり付いた。こうした対中関係復元の意志は、中韓修交直後の 1992 年 10 月、中国共産党第 14 次全国代表大会に送った祝電を通じて「朝鮮労働党と朝鮮人民は、これまでのように今後も社会主義、共産主義のための共同偉業遂行で中国共産党、中国人民といつも共に進むであろうし、反帝共闘において血で結ばれた伝統的な朝中親善を貴重に思い、これを引き続き強化発展させていくでありましょう」と言及し、両国関係を伝統的な「血盟関係」と規定した事実を通じても現れた。[97]

中国もやはり、自国の経済発展と北東アジアの影響力拡大という利害関係と共に、北朝鮮の国際的孤立による体制不安定が朝鮮半島と東北アジア地域に及ぼす副作用への憂慮から、北朝鮮との伝統的友好協力関係を持続的に発展させるとの立場を堅持し、1994 年から北朝鮮に対する経済援助を再開した。

しかし、朝中両国はもはや過去のような理念的同質性と、革命エリート間の親密な関係に基づいた同盟関係の復元を期待できなかった。両国はもはや、共有すべき理念的目標や共通の利害関係を探しがたい状況にあった。国際舞台でも、中国は徹底的に自国の利益中心に北朝鮮問題を扱い、これは 1990 年代初めの第 1 次北核危機時に中国が取った中立的立場にも現れた。北朝鮮が国際舞台で享受できた中国をはじめとする社会主義陣営の無条件な支援と協力は、もはやどこにも期待できなくなったのだ。

朝中両国間の政治、経済、安全保障上の同盟関係弱化は、旧ソ連と東欧圏の崩壊と共に北朝鮮の安全保障に対する不安と被害意識を極大化し、核とミサイルなどの大量破壊兵器開発によって自衛的軍事力の確保と軍事第一主義路線の標榜、対内結束強化と改革指向的な政策変化の拒否など、体制防衛を最優先にする国家戦略に本格的に邁進させた決定的な要因になった。

3）経済外交強化

1980 年代後半から、北朝鮮は経済危機の加速を抑えようと外国人投資誘致活動の積極化と外国先進科学技術の収集と導入、対外経済関係の拡大などを目的とした経済外交に力を注ぎ始めた。こうした経済外交はまず、伝統的に

---

[97]『朝鮮中央放送』1992. 10. 12

職業外交官の領域と見なされた海外公館長に経済専門家を登用することに現れた。[98]しかし外国語の実力がなく、外交活動経験もほとんどないこれら経済専門家出身の大使は、海外に出ている間に経済外交は言うまでもなく儀典慣例のような初歩的対外活動さえまともにできず、国に恥をかかせるなど、多くの問題点を露出した。結局1997年頃、外交部からの実態報告を受けた金正日の指示によって、こうした現象が収拾され、外交部の職業外交官に再度海外公館長に派遣される機会が訪れた。それにもかかわらず、専門外交官に課された主要任務は相変わらず金父子の「偉大性」と体制優越性、統一方案など対外宣伝、次に「隆盛資料」の収集と投資家募集などの経済外交であった。

「隆盛資料」収集とは駐在国とその周辺国、そして駐在国と経済関係が密接な国で開発、または現実に応用されている各種先端技術や新製品、原材料、設計図面、カタログ、農産物及び植物の種子、医薬品、菌株など「祖国の隆盛繁栄のために」必要な資料と現物を合法・非合法、手段と方法を問わず収集して送る活動をいう。こうした隆盛資料収集活動は、海外公務員だけでなく、海外に派遣される総ての短期及び中長期出張者と留学生、研修生の必須の義務事項になり、また、帰国後の業務結果「総括」でも最も重要な評価項目になった。

資料収集活動に必要な人脈や金銭的支払能力もなく、「手ぶら」で国家機密事項といえる重要な資料を引き抜けという向こう見ずな任務は、海外駐在員や出張者に途方もないストレスを与えた。海外旅行者の中には新聞に掲載された商品広告やビラのような物まで持ち帰り、批判を免れようという雰囲気が日常化した。もちろん海外公務員などの長期海外滞留者の場合、価値ある

---

[98] 大使を経済専門家に交代させる措置は1992年4月金日成誕生日80年を契機に取られた。当時、北朝鮮外交部は金日成の誕生行事を国際的祝祭として進めろという金正日の指示により、大々的な外国首脳招請活動を行った。そしてカンボジアのノロドム・シアヌーク国王をはじめとする何人かの第三世界国家首脳が全費用を北朝鮮が負担する条件で行事に参加した。これらの中で、アフリカのギニアとシエラレオネ大統領は金日成との面談で農業及び軍事援助を要請し、これに対し金日成は同席したギニア駐在北朝鮮大使(ギニアとシエラレオネを兼任)にこれらの国の農業実態と軍事懸案を問い合わせた。しかし、一度に両首脳を連れてきたという自負心で浮わついていた大使は、本来最も重要な面談準備を疎かにし、金日成の質問に上手く返事できなかった。金日成は傍らにいた金永南当時外交部長に、現地の実態もうまく把握できず、経済も知らない人がどうして大使に出されているのか分からないと言い、今後外交専門家より経済専門家を大使に送り出し、経済外交を積極的に行って国家経済発展に寄与できるようにしろ、との指示を下した。以後、ロシアと中国、ニューヨークをはじめ主要拠点公館を除く大部分の公館長には政務院(現内閣)の長や副相ら経済専門家が大挙抜擢された。

隆盛資料を収集して本来の業務と関係なく、帰国後に英雄称号や表彰を受けたりすることも起きた。このように隆盛資料収集は、事実上、経済外交よりも産業スパイ活動の性格をさらけ出し、この過程で少なくない外交官と海外旅行者などが駐在国で摘発され、追放もしくは法的処罰を受けた。

1990年代に入り、北朝鮮が推進した羅津・先鋒自由経済貿易地帯創設と関連して、外国人投資誘致活動が海外公館と貿易代表部、そして海外出張者などの重要な課題として浮上した。例えば外交部の場合、公館別に投資誘致活動の結果を定期的に評価し、表彰と批判の方法で競争を促した。そのため、一部海外公館では旅費と滞在費を公館自らの費用で充当してまで投資家をかき集め、北朝鮮に送ることも一度や二度ではなかった。こうした努力にもかかわらず、北朝鮮の経済外交は経済路線、政策の変化と結び付かず、失敗せざるを得なかった。

3. 対南戦略

東欧圏の崩壊と社会主義国家と第三世界国家の相次ぐ対韓修交など急変する情勢は、外部世界はもちろん北朝鮮内部でさえも、北朝鮮の赤化統一の可能性より韓国による「吸収統一」の可能性を想起させた。「相手方の理念と体制を容認する基礎の上で、誰かが誰かを喰ったり喰われたりはしない方式」で連邦制統一を果たそうという北朝鮮の方案も、もはや赤化統一に対する韓国の憂慮を解消させる宣伝的スローガンではなく、反対に吸収統一に対する北朝鮮の憂慮を反映した防御論理と認識された。

当時、北朝鮮の官営報道は、国際社会が持続的に論じる、吸収統一の可能性に対して反論する論理の開発展開に汲々としていた。しかし公式報道がこの問題を取り上げて論じるほど、北朝鮮住民は吸収統一をより既定事実として受け入れる雰囲気であった。これに対し金正日は1994年頃に、宣伝及び対外部門に下達した指示で、北朝鮮が吸収統一に拒否感を示すほど敵に弱点を見せる行動になると言って、今後国際社会が吸収統一について何を言おうが一切答えずに黙殺しろ、と強調した。

吸収統一に対する北朝鮮の被害意識は、北朝鮮の対南戦略にも反映されざるを得なかった。1990年代に入り、北朝鮮の対南戦略では既存の攻勢的赤化統一戦略の性格が弱まり、体制存続のための守勢的「平和共存」戦略の性格が

際立ち始めた。[99]こうした性格は、金日成が1990年の施政演説で明らかにした「祖国統一5大方針」と1991年新年辞など様々な契機を通じて公式に現れた。金日成は「高麗民主連邦共和国創立方案に対する民族的合意をより容易に成し遂げるため、暫定的に連邦共和国の地域自治政府により多くの権限を付与し、将来は中央政府の機能を一層高めていく方向で連邦制統一を少しずつ完成する問題も協議する用意がある」と言って、単一議席の条件で南北国連同時加入も許容できるという多少変化した立場を示した。[100]

1991年9月の南北国連同時加入と同年12月の「南北間の和解と不可侵及び交流、協力に関する合意書」の締結などは、南北共存を受容することで体制の存続を図ろうとする不可避の選択だったといえる。[101]とくに韓国政府の北方政策で対韓修交国が急増し、韓国の国連単独加入は成功する可能性があるとの憂慮が、北朝鮮の孤立感と危機感をさらに増幅した。当時北朝鮮との関係正常化交渉に乗り出した米国と日本など西側諸国が、南北関係の改善を交渉の前提として掲げ、中国、ソ連など韓国と国交樹立した友好国が北朝鮮に韓国との関係改善を強く勧めたことも、北朝鮮の態度変化に影響を及ぼした。

しかし、北朝鮮が南北関係の改善と平和共存を受け入れたからといって、対南赤化統一戦略の放棄を意味しなかった。北朝鮮は一方で南北当局間の対話に応じながら、他方では統一戦線構築による赤化統一戦略を持続的に追求した。これは金日成が1993年4月、最高人民会議第9期第5次会議で発表した「祖国統一のための全民族大団結10大綱領」をはじめとする数多くの提案を通じて確認された。[102]合意書採択で改善の兆しを見せた南北関係は、その後、核問題発生と北朝鮮の非核化合意違反で最大の危機を迎えた。こうした危機は、カーター前大統領の訪朝を機に南北首脳会談開催に合意し、劇的な反転の契機を迎えもしたが、1994年7月金日成の死亡に伴う弔問騒動によって、南北関係はその後の金泳三政権期間中は、対決状況から抜け出せなかった。

---

[99] パク・ヨンギュ『金正日政権の安保政策』p. 24
[100] 金日成「我が国社会主義の優越性をより一層高く発揚させよう」(朝鮮民主主義人民共和国最高人民会議第9期第1次会議でした施政演説、1990年5月24日)『金日成著作集(42)』(平壌:朝鮮労働党出版社、1995) p. 311〜317;金日成「新年辞」(1991.1.1)『金日成著作集(43)』(平壌:朝鮮労働党出版社、1996) p. 13
[101] チョン・キュソプ『北朝鮮外交の昨日と今日』p. 237
[102] パク・ヨンギュ『金正日政権の安保政策』p. 24〜25

第4章
金正日後継体制と権力エリート

　金正日後継体制の時期は、中国の改革開放と東欧圏の体制転換がなし遂げられた大変革の時期であった。これら先行した改革国家の前例は、幹部政策が国家戦略の成否にどんな影響を及ぼすかを明確に示してくれた。こうした見地から、同じ時期に北朝鮮が政策変化と体制崩壊が総て避けられた背景と関連して、金正日後継体制の下で追求された北朝鮮の幹部政策研究は重要な意味を持つといえる。

　第3章で調べた通り、金正日は後継者内定と共に人事権を掌握することにより、国家戦略だけでなく権力構造と幹部政策全般を後継体制に合うように改編できる権限を確保した。しかし、金正日は金日成の総ての路線と政策の継承を名分とする首領絶対主義体制の確立と強化を後継体制の最大課題として前面に押し出した。また、幹部政策と人事の最終決定権も相変わらず金日成にあった。こうした点は、金日成によって確立された幹部政策の基調が、後継体制下でも持続されることを示した。

　それにもかかわらず、この時期に表面化した権力層の世代交代とそれに伴う権力構造変化、金正日唯一指導体制確立と対内外情勢変化などの要因が、幹部政策に影響を及ぼさざるを得なかった。これは後継体制時期の幹部政策も国家戦略と同様に、持続性と変化の二面から接近する必要性を物語っている。

　したがって本章では、金正日後継体制時期に北朝鮮の幹部政策と金正日によって再確立された人事制度、そして国家戦略の行為主体が、金日成と金正日に二元化された権力構造から始まった金正日の側近政治を国家戦略との関連性の中で調べる。

I. 幹部政策の持続と変化

1. 首領絶対主義体制確立と忠実性原則

　幹部補充、とくに政治エリートの補充で、階級的土台と出身成分を重視する原則は、金正日後継体制の下でもそのまま維持された。これは金日成と金正日の次のような言及を通じても現れている。

　わたしたちの党は、幹部の源泉を労働階級の中に置かなければならず、労働で鍛練され、検閲された労働者など、とくに基幹工業部門の核心労働者などを幹部として多く登用しなければなりません。[1]

　基本群衆（訳注：労働階級の党が依拠している、階級的地盤）は、わたしたちの党が依拠している最も重要な階級的地盤です。基本群衆との事業が上手くいってこそ、党の階級的陣地を強力に作り上げることができ、どんな逆境の中でも動揺と躊躇を知らずに革命と建設を、確信性を持って押し進めることができます。群衆との事業において、基本はあくまでも基本群衆との事業です。党組織は、革命家遺家族、戦死者、被殺者家族をはじめとする核心群衆との事業に優先的に注意を払い、労働者、農民をはじめとする基本階級群衆との事業に力を入れなければなりません。[2]

　第2章で調べた通り、1960年代後半の唯一思想体系確立と同時に、幹部政策では階級的原則と党性、思想性がことさら強調された。重ねて言えば、幹部の補充では、まず出身成分を中心に幹部候補を選抜した後、思想性を基準として彼らの中から精粋分子を再び選び出すという意味であった。結局、出身成分がいくら良くても思想が透徹できなければ幹部として補充されないのである。

---

[1] 金日成「朝鮮労働党建設の歴史的経験」(金日成高級党学校創立40周年に際して執筆した講義録、1986年5月31日)『金日成著作選集(9)』(平壌：朝鮮労働党出版社、1987) p. 359
[2] 金正日「党を強化してその領尊的役割を一層高めよう」(朝鮮労働党中央委員会責任活動家及び道党責任書記たちとした談話、1989年6月9日, 12日)『金正日選集(9)』(平壌：朝鮮労働党出版社、1997) p. 352

こうした思想性中心の原則は、金正日後継体制構築と同時に本格的に推進された首領絶対主義体制下で、再び忠実性中心の原則として一層アップグレードされた。

党と首領に対する無条件で絶対的な忠誠心は、私たちの幹部の最初の条件です。これなしでは金日成主義精粋分子になれず、私たちの党の幹部にもなれません。私たちは、幹部事業で偉大な首領様に対する忠実性を絶対的条件と見て、階級的土台と家庭周囲環境は、それと密接に結び付いて、肯定・否定を正反比例で評価して適材適所に選抜配置する原則を徹底して守らなければなりません。[3]

幹部の最初の条件は、党と革命に対する忠実性です。幹部は主体の革命的世界観でしっかり武装して党と運命を共にする高い思想的覚悟を持たなければならず、党を堅固に擁護保衛して主体偉業の完成のために総てのものをみな捧げて闘争しなければなりません。幹部はまた豊富な知識と高い技術、実務的資質、巧みな組織的手腕と革命的展開力がなければならず、人民的事業作風を持たなければなりません。党と革命に対する限りない忠実性、高い実務能力、高尚な人民的品性、これが私たちの党が要求する幹部の条件です。[4]

首領に対する忠実性が幹部政策の最高原則として提示された背景は、徹底的に首領絶対主義体制と金正日の唯一指導体制確立にあった。前にも言及したように、いくら透徹した共産主義思想で武装したといっても、金日成と金正日に対する忠誠心が欠如するならば、これは首領絶対主義体制と唯一指導体制確立に助けとならず、かえって障害となり得るためであった。首領という個人でなく、理念とイデオロギーに対する忠実性だけを絶対化する人々が権力層に存在する限り、いつかは彼らが金日成と金正日の唯一独裁に反旗を翻す可能性を排除できなかったのである。首領に対する忠実性を幹部政策の一番の原則として制度化されたのが、「党の唯一思想体系確立10大原則」であった。

---

[3] 金正日「党事業を根本的に改善強化し、全社会の金日成主義化を力強く促そう」(全国党組織活動家講習会でした結論、1974年8月2日)『主体革命偉業の完成のために(3)』(平壌:朝鮮労働党出版社、1987) p. 185〜186
[4] 金日成「朝鮮労働党建設の歴史的経験」『金日成著作選集(9)』p. 358

偉大な首領金日成同志に対する忠実性を基本尺度にして幹部を評価し、選抜配置しなければならない。(9条7項)

　偉大な首領金日成同志に対する忠実性を尺度にして総ての人々を評価し、原則的に対し、首領様に不忠実で党の唯一思想体系と外れるように行動する人々に対しては、職位と功労に関係なく厳しい闘争を行わなければならない。(6条3項)

　これに伴い、金日成と金正日に対する崇拝程度、金父子の思想と教示及び唯一思想体系確立10大原則の習得程度、教示執行における無条件性の態度の有無などが、幹部補充と登用、管理で一番の基準になった。いくらマルクス・レーニン主義理論に精通して能力を備えたといっても、忠誠心に問題があると判断された者は、幹部はおろか北朝鮮社会で生きていくことさえ困難になったのである。
　1970年代中盤に実施された「10大原則再討議事業」過程で、数多くの能力ある幹部と党員、インテリが思想批判を受けて党除名、罷免などの処罰を受け、もしくは地方に追放された事実は、忠実性中心の幹部政策が、北朝鮮の経済と社会発展にいかなる結果をもたらしたかを示す代表的な事例だと見られる。

2. 唯一指導体制の確立と派閥形成遮断の原則

　金正日後継体制下で強化された幹部政策のもう一つの重要な原則は、派閥形成遮断の原則である。「反分派闘争」で汚された北朝鮮の近代政治史は、党内に派閥はもちろん、些細な分派的要素が存在しても、首領の唯一支配体制と後継者の唯一指導体制の確立が不可能だということを「教訓」として残した。
　これから金正日は、派閥形成遮断の原則を幹部政策で重要な原則として打ち出した。そしてこうした原則は「党の唯一思想体系確立10大原則」9条7項で≪…親戚、親友、同郷、同窓、師弟関係のような情実、顔見知り関係によって幹部問題を処理する行為に対し、見過ごさずに強く闘争しなければならない≫と明示することで制度的に現実化された。換言すれば、幹部の補充と総ての人事過程で、人事担当者などが血縁と地縁、学縁、人縁などによって人事問題を処理できないように、厳格な禁止条項を作っておいたのである。

金正日はまず、幹部登用と配置で家族・親戚関係など血縁で連結された人物が、同じ機関や部署、さらに同じ分野で一緒に勤務できないように制度化した。それゆえ、北朝鮮の党と政府機関には兄弟や夫婦、父子が権力層に勤務する場合はあっても、同じ機関や分野で一緒に仕事をする事例は、金正日の特別な措置など、例外を除いては見当たらない。[5]

金正日は、幹部が姻戚関係で繋がることも非常に警戒した。北朝鮮で高位級幹部は、還暦や子供の結婚など家庭で生ずる総ての出来事を事前に金正日に報告し、結論を受けて処理する制度が立てられている。万一、中央党幹部の子供同士が結婚する時には、どちらか一方の幹部を中央党から外す措置まで取る。[6]

金正日は幹部補充で、地方主義(地域主義)のような地縁による人事も警戒した。政権樹立後、1960年代中盤「甲山派(カプサン)」粛清までの期間、北朝鮮の権力層には咸鏡道(ハムギョンド)出身者が多数布陣していた。それは咸鏡道地域が、日帝時期に抗日活動家を多く輩出し、出身成分が他の地域より「きれいな」地域ということと、過去、党で人事権を掌握した少なくない幹部が咸鏡道出身者だったことが主な背景だった。これらの咸鏡道出身幹部は、たび重なった反分派闘争と「分派毒素」清算過程で大部分が粛清されたが、以後も金日成には、咸鏡道出身者を「地方割拠主義」と「分派主義」に関連させて見る傾向が長期間、根深く残っていた。

これまで咸鏡道の人々が幹部として多く登用されましたが、それは幹部事業を党のレベルでしたことでなく、活動家自身が知人に誰それはどうなのかと尋ねて、大丈夫だと言えば、彼を登用配置する形で幹部事業をしたためです。[7]

---

[5] 兄弟が皆権力層にいた事例は、代表的に金永南(最高人民会議常任委員長)と金斗南(前金日成軍事務官)、康錫崇(前党歴史研究所長)と姜錫柱(外務省第1副相)、張成沢(青年及び首都建設部第1副部長)、張成禹(民間防衛司令官)、方哲昊(前5軍団長)と方鉄甲(前海軍司令官)、玄哲奎(前咸鏡南道党責任書記)と玄哲海(人民軍総政治局副局長)などを挙げられる。しかし、夫婦が高位層に共にいたのは、金正日の妹金敬姫(党軽工業部長)と張成沢くらいである。父子が高位層に共にいたのも、金一(前副主席、本名朴ドクサン)と朴勇石(前党検閲委員長、父親生存時、党建設輸送部長、鉄道部長等歴任)など一部に過ぎない。しかし高位層子女の場合には、金正日の特別配慮によって同じ機関で勤務する事例がある。例えば呉振宇の娘呉ソンファ夫婦(外務省)と呉克烈の次女呉ヨンエ夫婦(外務省)、金国泰の娘金ムンギョン夫婦(過去外務省勤務)などが挙げられる。
[6] 黃長燁『闇の側になった陽光は闇を照らせない』(ソウル:月刊朝鮮社、2001) p. 138
[7] 金日成「党事業を改善強化するために立ち向かういくつかの問題について」(朝鮮労働党中央委員会指導員理事活動家たちとした談話、1956年12月17日)『金日成著作集(10)』(平壌:朝鮮労働党

咸鏡道出身者に対する金日成のこうした警戒意識は、金正日もそのまま引き継いだ。[8] 金正日後継体制下では、咸鏡道出身者が過去のような「良い成分」を掲げて人事問題で他地域出身者よりも「特恵」を受けた慣例は完全になくなった。したがって1970年代以後に権力に参入した新進エリートの中で、咸鏡道出身者の比率は、過去に比べて顕著に減ったというのが、北朝鮮内部の一般的な評であった。

　朝鮮戦争当時、代表的な国連軍占領地域だった黄海道出身者も、人事で多くの不利益を受けている。北朝鮮では、黄海道出身者に対して「出身成分と経歴を問い詰めて問題にならない人がほとんどいない」という認識が広まっている。このために黄海道、中でも黄海南道地域には、当初、金日成総合大学をはじめとする主要大学の入学定員が非常に制限的に割り当てられ、[9] 大学に進学した学生たちも、卒業後の社会配置、とくに党機関のような権力機関への参入で多くの制限を受けている。

　反面、金正日後継体制確立以後、平壌出身者は多くの恩恵を受けている。しかしこれは、地域主義というよりは、北朝鮮当局によって持続的に実施された平壌市の人口浄化の過程で成分と経歴に問題がある人はもちろん、障害者とその家族まで地方に移住させた結果、平壌出身者は人事で「問題がない」という等式が形成されたためである。

　このように北朝鮮の幹部政策で地域主義は徹底的に排除され、したがって地域主義に基づいて権力層内に派閥が形成される恐れがある政治的基盤や可能性は完全に除去された。

　幹部政策として学縁や学閥による補充も原則的に排除された。もちろん金正日の出身学校である金日成総合大学が、金正日時代に様々な人事上の恩恵を受けていたのは事実だが、彼らが権力層で派閥を形成する可能性は全くない。

　学縁による派閥形成遮断の原則の代表的な被害集団は、過去、金日成の幹部政策の最大受恵者だった万景台革命学院出身の遺児幹部だった。彼らの

出版社、1980) p.418
[8] 金正日「党政策貫徹で革命的気風をたてることについて」(朝鮮労働党中央委員会組織指導部、宣伝煽動部副部長協議会でした演説、1977年11月8日)『主体革命偉業の完成のために(3)』p.489
[9] 休みには、平壌の大学で勉強する地方出身学生の組織的な帰郷のため、一時的に特別列車を編成した。この時、他の地域へ向かう列車は常に満員だったが、黄海道側へ行く列車はいつも閑散としており、列車編成を別にしない場合も多かった。

うち多くの者が、1960年代に党で金正日と親密な情誼を結び、金正日の後継体制確立にも寄与した。しかし、彼らは孤児という出身背景上の同質感と長い間、万景台革命学院と東欧留学過程で同じ釜の飯を食べて結ばれた友情から、相互間に強い紐帯と凝集力を形成していた。

金日成は、これらの遺児が犠牲になった戦友の血縁だという心情から、幼時期から甘やかし、かなりの欠陥は、覆ったり軽微な処罰で済ませたりした。金日成のこうした態度は、自然と彼らを野放図にさせ、非遺児出身幹部には相対的疎外感と劣等感を招いた。中でも、これらのうち少なくない幹部は、金正日の後継者内定以前から中央党組織指導部と宣伝扇動部、幹部部をはじめとする核心部署の副部長以上の高位層に勤務する過程で、同郷、同窓、親戚など情実・顔見知り関係による人事事業を行い、権力層内の無視できない権力核心人物として通っていた。

金正日は、遺児幹部の中に現れたこうした現象を放置した場合、後継体制構築に負担になり、もしくは進んで政治的挑戦集団を形成し得る、と憂慮したものと見られる。これは1974～1976年の間に全党的に実施された「10大原則再討議事業過程」で少なくない遺児出身が「家族主義」などの罪名で処罰され、もしくは解任されたことから知ることができる。[10] この時から、遺児出身者の中では「散れば生き、まとまれば死ぬ」という言葉が金科玉条になった。金正日後継体制確立以後も、一部の遺児出身幹部が今まで権力に残っていることができたのは、こうした教訓に伴う相互間の意図的「外面」と「分裂」のお陰だったと見られる。

派閥形成遮断の原則と関連して省けない重要な問題は、いわゆる「脇枝」勢力に対する牽制の原則だった。すでに言及した通り、権力層から分派の「温床」が徹底的に除去された土台の上にスタートした金正日後継体制で、潜在的に最も危険な政治的挑戦要素は、金平一をはじめとする異母兄弟である脇枝であった。金正日は後継体制構築の過程で、これら脇枝とその追従勢力を徹底的に去勢することによって、将来、後継体制に挑戦し得る潜在的可能性を除去した。

しかし権力継承と関連して、金正日がこれら脇枝をいかに警戒したかは、

---

[10] この時期に、党中央委員級だけで金ユンソン、崔チャンファン、崔チャングォン、李コンイルなど数人が処罰または革命化措置を受け、下級の幹部まで合わせれば数十人が権力から消えた。

これらの勢力が除去された後も、幹部政策で脇枝とわずかな関連性がある人々に対して、徹底した人事上の不利益を加えたことからも、知ることができる。過去、金平一(キムピョンイル)と金英一(キムヨンイル)、金敬進(キムギョンジン)など異母兄弟はもちろん、継母金聖愛(キムソンエ)と彼女の弟である金聖甲(キムソンガプ)などの親戚と少しでも関わっていたことが分かれば容赦なく現職から解任され、または閑職に追いやられ、もしくは最小限、昇進が停滞するなどの不利益を甘受しなければならなかった。例えば、金日成総合大学のある教授は、単に金平一と写真を1回撮ったという理由で他の大学に転職させられた。北朝鮮外務省副相である金桂寛(キムケガン)も優れた実力にもかかわらず、夫人が過去、女性同盟中央委員会で金聖愛と一緒に働いた経歴のために永らく研究員と参事職に留め置かれ、北の核問題が浮上してやっと能力を認められて昇進した。

　出身成分と思想性、能力など総ての面で「きれい」であっても、脇枝との縁一つだけで被害を受けた人々は、自身の悔しさをどこにも嘆願、懇願できない。それだけ北朝鮮で脇枝問題は、誰もあえて駆け引き、もしくは接近できない政治的に非常にデリケートな問題である。

3. 国家戦略継承と元老優待政策

　金正日後継体制下の幹部政策でもう一つ注目される点は、元老幹部に対する優待政策を追求したことである。多くの体制転換国家で、路線と政策の変化は、権力層の世代交代と共に起きたという共通点がある。理念的に保守的な革命エリートと進取的な新進エリート間には、現実を見る観点と情勢判断能力で差があるはずである。だから中国の鄧小平は、改革に反対したり、改革意志が不足した保守的な元老を引退させ、教育水準が高くて改革性向が強い新世代幹部を権力に大挙補充した。

　しかし金正日は、後継体制構築の過程で、元老を「革命の先輩」として丁重に敬い、手本として示して自身の後継体制に反旗を翻さない限り、公式序列の上位に「迎え」、元老にふさわしい最上の待遇を提供し、他の幹部にも元老に対する優遇を守ることを注文した。こうした事例は、1982年頃金正日が中央人民委員会の側近幹部にした次のような発言からも確認される。

　中央人民委員会には、副主席をはじめとする高齢の元老が多いです。これらの元老を

常に尊敬し、礼儀もよく守らなければなりません。何か問題が提起されれば、彼らと先に協議して彼らの意見も聞き入れなければなりません。とはいえ、彼らが唯一思想体系と外れた行動をし、もしくは話をしても聞こえなかった振りをしろ、ということではありません。革命の先輩に丁寧な態度で接しながらも、原則的に対することが後輩の道理です。

　1985年頃、政務院総理であった姜成山が政務院会議を主管しながら、参席者の前で元老幹部を批判し、面と向かって非難したという報告を受けた金正日は、「傍若無人」な行動だと言って、同じ遺児出身幹部が立ち上がって「同志的批判」を行えと指示したこともあった。
　元老幹部に対する金正日のこうした優待政策は、幹部補充で年齢制限を設けないことに対して次のように発言した。

　革命家にあっては、歳をとって老衰現象が出るのではありません。生理的に老いても精神的に覇気があれば決して老衰することがないのです。偉大な首領様の革命思想でしっかり武装し、その実現のために旺盛な精力を持って仕事する人は、たとえ歳をとっても決して老衰した人だと言えません。反対に、齢は若くても思想が確かでなければ老衰し、そうなると革命隊列から淘汰されてしまいます。党の活動家を20代や30代の若い人で整えても、必ずしも生気溌剌な党になるのではありません。[11]

　金正日がこのように元老優待政策を追求したことは、まず鄧小平と同じ改革でなく、金日成の総ての路線と政策の完全な継承を、国家戦略の最優先課題として提示したことと関連する。すなわち、元老優待は金正日にとって「革命偉業継承」の象徴的意味を有していた。[12] したがって「保守的」な元老を、あえて「改革的」新進エリートに交替すべき必要性を全く感じなかったのである。たとえ彼に改革の意志があったといっても、鄧小平のような最高権力者の地位でなく、後継者の地位に留まっていた金正日の立場で、元老問題は職権を

---

[11] 金正日「党事業で古い枠を壊し、新しい転換を起こすことについて」（朝鮮労働党中央委員会組織指導部、宣伝扇動部活動家の前でした演説、1974年2月28日）『主体革命偉業の完成のために(3)』p. 63
[12] 金正日「革命の先輩を尊大することは、革命家の崇高な道徳義理だ」（朝鮮労働党中央委員会機関誌＜労働新聞＞に発表した談話）『労働新聞』1995. 12. 25

離れて道徳的にも金日成の権限に属する問題であった。

　金正日が元老を立てたのは「革命第1世代」が権力に残って、政治的後援者の役割をしてくれるだろう、という期待感から始まった可能性が大きい。同じように元老は、金正日の後継者内定はもちろん、後継体制の構築過程でも支え棒の役割をすることで、後継体制下で自分たちの安全と危機回避を引き続き保証されたかったのだろう。金正日と元老は、互いに障害物でなく共生関係にあった。

　しかし元老が高齢化して、権力層の世代交代は不可避だった。金正日後継体制も結局、こうした世代交代を反映したものだった。北朝鮮がこの時期に至り、幹部政策で老・中・青配合の原則をにわかに強調させた背景も、これと無関係ではなかったと見られる。

　幹部隊列を、老幹部と若い幹部を適切に配合して整えるのは、党建設と革命発展の継承性を保障するためにも切実に必要です。私たちは、長い間、党と革命のために忠実に服務してきた老幹部が、自分の能力を発揮して引き続き仕事を良く行うように積極的に助ける一方、主体教育を受けて実践闘争の中で鍛練された若い活動家を大胆に幹部として登用しなければなりません。[13]

　このように、金正日後継体制の時期に、幹部政策で元老優待政策と老・中・青配合の原則を強調したのは、権力層の世代交代に対処して国家戦略の継承性を保障することに、その目的があったと見られる。

4. 国家発展戦略と専門性

　金正日後継体制下で幹部政策の基準が、忠実性中心に一層強化されたからといって、専門性が排除されたことを意味するものでは決してない。前述した通り、1960年代後半の唯一支配体制確立を機に、北朝鮮社会に造成された極左的な雰囲気は、この時期に至って北朝鮮経済の沈滞をもたらした様々な原因の中の一つであった。1970年代に入って攻勢的な国家戦略を追求していた北朝鮮にあって、経済と科学技術だけでなく、外交と軍事など各分野で専

---

[13] 金日成『朝鮮労働党建設の歴史的経験』p. 359

門家の需要の急増は、幹部政策としての専門性の向上を切実に要求した。[14]

　金正日後継体制期に、幹部政策での専門性の強調は、まず各分野での専門家の養成と資質向上を通じて現れた。1970年代後半から北朝鮮は、先進科学技術の導入と主体思想伝播、対外関係拡大などの目的で、数多くの留学生と実習生(研修生)を社会主義国家と第三世界諸国に派遣し、外国の科学者、技術者、教育者、留学生を招請するなど交流と協力を拡大した。併せて電子・自動化分野をはじめとする先進科学技術の発展のために、1976年金日成総合大学にオートメーション学部を新設したのに続き、全国各地に単科大学と高等専門学校を設立した。1980年代初めには、平壌と道所在地に秀才専門学校である「第1高等中学校」を新設した。とくに金正日は、高等中学校教育の質を高めるには平壌第1高等中学校を秀才養成基地として整備し、全国に一般化しなければならないと言って、第1高等中学校を卒業すれば誰でも、金日成総合大学と金策工業総合大学、理科大学などに推薦されるようにしなければならないと強調した。[15]

　後継体制が強化段階に入った1980年代から、金正日の政策指導領域が社会全般に拡大して、専門性強調現象はより顕著に現れた。当時、北朝鮮で経済と科学技術発展のために、技術者と専門家養成問題がいかに緊急な課題として提起されたかは、金正日の次のような発言を通じても知ることができる。

　今日の時代は科学と技術の時代です。現代科学と技術の急速な発展は、それに合うように技術者、専門家養成事業を改善することを切実に要求しています。現代科学技術発展の傾向に合うように技術者、専門家養成事業を改善してこそ、国の科学と技術を速く発展させて技術革命を力強く押し進めることができ、社会主義経済建設を高い速度で促していくことができます。[16]

　外国の科学技術書籍を、思いのままに見ることができるようにならなければなりませ

---

[14] 実例として、この時期に北朝鮮が非同盟外交に力を入れ、第三世界国家との交流と協力が急激に拡大して英語専門家の需要が急増した。この時から北朝鮮では、英語がロシア語を退けて第1外国語に昇格された。

[15] 金正日「平壌第1高等中学校を手本学校としてよく設けることについて」(教育部門責任活動家協議会でした演説、1984年4月28日)『金正日選集(8)』(平壌:朝鮮労働党出版社、1998) p.50〜59

[16] 金正日「教育事業を一層発展させることについて」(全国教育活動家熱誠者会議参加者に送った書簡、1984年7月22日)『主体革命偉業の完成のために(5)』(平壌:朝鮮労働党出版社、1988) p.183

ん。科学者、技術者の中で外国語学習を強化するために、彼らに外国技術書を分け与えて翻訳させることもでき、外国語講習所のようなものを組織して運営させることもできます。…科学者、技術者を外国に見学団や参加団員として送り、最新科学技術で装備された工場、企業所も見て来させなければなりません。科学者、技術者を外国で行われる科学技術発表会や学術討論会、科学技術展覧会、国際市場のようなところに送って、彼らが科学技術発展の世界的傾向を知るようにすべきです。…科学者、技術者を外国に留学と実習にも送らなければなりません。展望性ある人々を選抜して外国に送れば、彼らが先進科学技術を多く学んでくることができます。[17]

　金正日の指示により、1960年代後半に禁止された外国書籍が科学者、技術者、外国語専門家たちに限り選別的に許され始めた。また、中国とソ連などの社会主義国家はもちろん、フランスなど資本主義国家の科学者、技術者、専門家、教育者が北朝鮮に招請され、金日成総合大学をはじめとする教育、科学、出版機関などで外国語教育と科学技術の伝授、翻訳業務などに従事した。
　こうした交流は、北朝鮮エリートと住民たちの中に資本主義的価値観の流入など様々な副作用も招いたが、先進科学技術導入と専門家たちの視野拡大、資質向上など肯定的成果ももたらした。
　金正日は、専門分野に対する党の政策的指導の効率性を高めるため、党の活動家も担当分野に対する専門知識と技術を兼ね備えることを要求した。とりわけ金正日は、三大革命小組運動を思想性と専門性を兼ね備えた幹部育成の重要な機会として活用した。

　小組活動期間は、三大革命小組員が生産者大衆の中で学び、現実を体験して自身を革命的に鍛える貴重な期間です。三大革命小組員は、学習と組織生活を強化して自身を修養して鍛えるだけでなく、実践を通して労働階級の燃える忠誠心と高い階級意識、強い組織性と規律性、不屈の革命精神を学び、自身の思想精神的風格を絶えず完成していくようにしなければなりません。…三大革命小組の隊列を主体の革命的世界観が確固として立ち、党と首領に限りなく忠実で、政治理論的に、技術実務的に準備され、闘争力が

---

[17] 金正日「科学技術を一層発展させることについて」(朝鮮労働党中央委員会責任活動家の前でした演説、1985年8月3日)前掲書、p.254～255

強い活動家と斬新な新世代の青年インテリで引き続き補充しなければなりません。[18]

　主に専門党活動家を責任者にして、大学卒業生で構成された三大革命小組は、工場と協同農場など生産現場での体験を通じて、大学で学んだ知識と技術を練磨し、現場で指導経験を積むことで、その後各分野で幹部に成長するために必要な政治的リーダーシップと専門性を蓄積することができた。

　幹部政策での専門性の強調は、幹部補充と登用などの人事で最も集中的に実現された。幹部と公務員を一分野に長期間勤務させることで、豊富な実務経験と専門性を積ませることは、北朝鮮の幹部政策に現れている重要な特徴である。北朝鮮には、他の国々でよく見られる循環補職制度（訳注：他の部署や機関に出向させ、経験を積ませた後に、元の部署に戻す制度）が存在しない。大学を卒業して社会に配置されれば、特別な理由がない限り、その配置先が生涯の職場になる。結局、大学で学んだ専攻分野が人の進路と一生を左右するのである。

　さらに、同じ分野内でさえも専攻を変えることは容易でない。例えば外務省の場合、韓国のように外交官が様々な大陸と国に戻って勤務する制度はなく、大部分が一国またはある地域、もしくはある問題を専門的に担当する形である。姜錫柱外務省第1副相が1988年から今までの20年間、対米核外交だけを専門に担当してきたことや、朴吉淵(パクキルヨン)国連駐在代表が1985年から引き続き現職を歴任していること、崔守憲(チェスホン)副相が1980年代から今まで国連と非同盟など国際機関外交だけを専門にしてきていることなど、一分野や一つの問題に専門化されている事例は数多く探すことができる。

　こうした専門化現象は、外交部門だけでなく党と軍、保安、経済、社会文化など総ての部門にわたって普遍的に現れている。長期間「一つの井戸だけ掘る」こうした専門化政策は幹部や公務員たちに、自分の分野に完全に精通して業務の持続性と継承性、専門性を確保できるようにする長所がある。南北対話や朝米会談など外交交渉で北側代表が見せている老練さと交渉力も、こうした専門化政策から始まった豊富な経験とノウハウに原因を探すことができる。しかし、一分野だけに専門化すれば、多角的な知識と経験を蓄積できる機会が制限され、業務に倦怠感と要領主義をもたらしかねないという短所も

---

[18] 金正日「革命隊伍を強力に作り上げて社会主義建設を一層力強く促すことについて」（朝鮮労働党中央委員会責任活動家の前でした演説、1984年3月10日）『金正日選集(8)』p. 44

ある。

　金正日時代に専門性が再び強調されたといって、忠実性と思想性、出身成分中心の幹部政策の基調が変化したことを意味しない。専門性の強調が何を意味するかは、唯一思想体系確立10大原則の次の条項を調べれば明確に知ることができる。

**　最も高貴な政治的生命を抱かせて下さった首領様のこの上なく大きな政治的信任と配慮に忠誠で報いるために、高い政治的情熱を発揮し、政治理論水準と技術実務水準を高め、いつも首領様が任せて下さった革命任務を立派に遂行しなければならない。（8条7項）**

　結局、北朝鮮が強調する専門性は、忠実性の別の表現であり、忠実性が欠如した専門性、金日成と金正日の路線に反する専門性は、幹部政策で絶対に許されないことを意味する。1970年代の「10大原則再討議事業」過程で、金日成総合大学だけで数百人のインテリ出身学者が、出身成分と経歴に問題があるとの理由で地方大学に転勤させられた事例が、幹部政策での専門性強調の本質的な意味をよく現している。
　1980年代に入り、政権樹立に参加した革命エリートから専門性を備えた新進エリートへの世代交代がより一層表面化した。[19] しかし、世代交替は革命第1世代たちの老化に伴う自然的現象であり、これら新進幹部も忠誠心と思想性では革命第1世代たちに全く遅れをとらない第2、第3の「革命エリート」であった。北朝鮮で幹部の実力を引き上げることは、金正日後継体制時期から持続的に強調されたが、[20] ここでいう実力はあくまでも忠実性を前提としたものである。すなわち忠実性と専門性は互いに反比例でなく正比例関係にあり、実力と結び付かない忠誠心は、その真正性を認められなかった。

---

[19] 1980年第6次党大会では、金永南、金渙、延亨黙、尹基福、黄長燁など専門エリートたちが大挙党書記局に選出された。1989年には、政治局委員中パルチザン出身は呉振宇と徐哲の2人だけが残った。チョン・ヒョンジュン『金正日政権の権力エリート研究』（ソウル：民族統一研究院、1995）p. 42
[20] 金正日は、「革命と建設が進捗すればするほど、幹部隊列を実力中心に整えることは一層重要な問題として現れる」と強調した。金正日「主体の党建設偉業を、代を引き継いで輝かせてゆく真の党の人材を育てよう」（創立45周年を迎え金日成高級党学校教職員、学生に送った書簡、1991年6月1日）『金正日選集(11)』（平壌：朝鮮労働党出版社、1997）p. 315

5. インテリ政策と広幅政治

　インテリの「革命化、労働階級化」問題は、後継体制時期にも引き続き強調された。政治エリートが党と軍、国家権力を担当し、技術専門エリートが経済と行政、科学、教育、文化などの非権力分野に補充される幹部政策の基調は、当然に知識人階層の不満を引き起こした。思想教育と組織的統制を担当する政治エリートに対し、技術専門エリートは、完全な従属関係に置かれた。教え子が党の活動家になって現れれば、その前で先に頭を下げなければならないのが北朝鮮教育者の境遇である。また、党国家体制の性格上、北朝鮮では権力と物質的富が同じ意味と認識された。大学を卒業しても権力機関や外交、貿易、芸術などの分野に配置されたエリートと経済、行政、科学・教育機関に配置されたエリートの間には、生活水準で顕著な差が発生した。[21]

　とくに中国での改革開放の成功事例が知られ、北朝鮮も変化しなければならないと考える技術専門エリートと、改革開放はすなわち体制崩壊と自分たちの没落をもたらすと見る政治エリート間の認識差は、より一層大きくなった。これは自然にインテリに対する統制と監視、思想教育の強化につながった。さらに1980年代後半、東欧圏の体制変化を契機にインテリに対する金正日の警戒心は、より一層深刻化した。これは金正日の次の発言に現れた。

　インテリは他の階級、階層よりもあれこれと思潮の影響を受けやすいので、彼らとの事業に注意を払わなければ、一部の準備できていないインテリは、帝国主義者たちが騒ぐ自由化の風に染まり、革命と建設に厳重な後日の禍を及ぼすおそれがあります。今、一部の社会主義国ではインテリが、帝国主義者の反共宣伝と反社会主義的策動を越えて、労働階級の党と国家に反対して資本主義を引き込む先頭に立っています。…私たちは、インテリは科学と技術を持っている人材でありますが、労働階級の党が彼らとの事業を上手くできなければ、彼らが革命と建設で宝物になるのではなく、憂の種になり得るこ

---

[21] 1992年4月15日の金日成誕生80周年を契機に、平壌では金正日の指示で5,000人の芸術家を動員した大公演が催された。公演後、金正日は首領様に喜びを差し上げたという理由で党資金を入れて日本から輸入したカラーTVを参加者全員に下賜した。すると一部の家庭では父母及び子供まで合わせて3台貰う事例まで現れた。これは当時、北朝鮮の知識人に大きな衝撃と疎外感をもたらした。北朝鮮のこうした風潮は、幹部はもちろん一般住民までも息子たちを科学者や教育者でなく党活動家や外貨稼ぎ活動家、そうでなければ芸術家に育てるという考えを持たせた。

とを明確に知らなければなりません。[22]

　こうした認識から金正日は、インテリに対する思想教育と統制をより一層強化する一方、科学・教育分野に対する投資の拡大と科学技術の成果に見合う名誉とインセンティブ提供など、インテリ優待政策も並行した。[23] これと同時にインテリ階層に対する政治的信任を誇示する方法で、彼らの忠誠心を引き出すことに力を注いだ。
　東欧圏が崩壊した1991年初、朝鮮中央通信社5局2細胞の党員インテリと朝鮮文学創作社の詩人たちが、「どんな峻厳な時期が差し迫っても、ただ党を信じて従う」という内容の忠誠の手紙を金正日に送ったことがあった。これに対し金正日は、「総てのインテリは党が望む通り、私たちの党の建設と活動において、永遠の同行者、忠実な幇助者、立派な助言者にならなければなりません」という親筆答電を送った。

　東欧国のインテリが党に反対して反革命の道に進んでいる時、私たちのインテリは党を積極的に支持しており、党と首領に忠誠と孝行の思いを尽くしています。私は国際情勢が複雑な時に、党だけを信じて従う、そのような立派なインテリを有していることに対して、大きな誇りだと考えています。[24]

　金正日はインテリだけでなく、出身成分と家庭の周囲環境、過去経歴などの理由でそれまで疎外されてきた階層に対しても、包容政策を積極的に追求した。これが金正日時代になって強調され始めた、いわゆる「広幅政治（訳注：包容力のある寛大な政治）」あるいは「人徳政治」であった。金正日の広幅政治に対して北朝鮮はこのように解説している。

---

[22] 金正日「革命と建設でインテリの役割を一層高めよう」（朝鮮労働党中央委員会責任活動家の前でした演説、1990年9月20日）『金正日選集(10)』（平壌；朝鮮労働党出版社、1997) p.197～198
[23] 北朝鮮で教育者、科学者などの生活費は国家公務員に比べて20～30%程度高く策定された。また、教授、博士等学位・学識所有者に新しく建設された住宅団地の一定部分を優先配定し、2～3名当たり1台ずつ出退勤用乗用車を供給した。そして科学技術的発明や研究成果で国家発展に大きく寄与したインテリを社会的に積極的に押し立て、各種保障を提供するなどの措置を取った。
[24] 金正日「党事業をより一層強化して社会主義建設を力強く促そう」（朝鮮労働党中央委員会、政務院責任活動家の前でした演説、1991年1月5日）『金正日選集(11)』p.9～10

私たちの党の人徳政治は人民を尊重し、人民に総ての恩恵を施す政治であり、総ての人々の社会政治的生命を、責任を持って導く愛と信頼の政治であり、各界各層の人民に差別なく愛と信頼を抱かせる広幅政治です。…広幅政治は労働者、農民、知識人をはじめとする基本群衆だけでなく、家庭の周囲環境と社会政治生活の経緯が複雑な群衆も革命の永遠の同行者として、温かく手を握って導いてあげる偉大で慈愛深い政治です。…昨日の反共分子や民族の前に大きな罪を犯した人であっても、今日、社会主義を支持して人民のために誠実に服務すれば、寛容に懐へ抱いて下さることが、その方（金正日）の広幅政治です。[25]

　「広幅政治」は、出身と経歴に問題があっても、忠誠心と能力さえ認められれば大胆に幹部として登用するという、既存の本人中心主義幹部補充の原則を「群衆路線」全般に拡大したものだと見ることができる。

　北朝鮮が金正日後継体制の時期にきて、このように本人中心の原則を広幅政治に拡大適用しだしたのは、出身成分中心の幹部政策が体制の結束と経済発展に障害になるという判断と共に、それほど現実にはこうした要求がまともに執行されなかったためである。

　最も代表的な事例が、まさに1985年に金日成の労働新聞社の現地指導の過程で起きた事件であった。当時、新聞社の党書記と保衛員は、金日成の接見者及び記念写真撮影者名簿を作成し、新聞社に長期間勤務して博士学位まで受けたインテリ出身論説員を、ただ出身成分と過去の経歴に問題があるという理由だけで名簿から除外させた。後日この事実の報告を受けた金正日は、本人の現在の思想動向と実力に問題がないにもかかわらず、彼を締め出したことは党の群衆路線に背反する、党と群衆を分離させる反党的行為だと叱責し、関係者を厳重に問責させる一方、そのインテリには別に金日成の表彰と贈り物を送るように措置を取った。この事件は、北朝鮮で金正日の「人徳政治」と「広幅政治」を内外に誇示する代表的な偶像化の事例として、今でも宣伝されている。[26]

　北朝鮮が、幹部政策で本人主義の原則を持続的に強調しているにもかかわ

---

[25]「金正日革命歴史講座」(163回)《平壌放送》1995.1.16
[26] 金正日「党と革命隊列の強化発展と社会主義経済建設の新しい昂揚のために」(朝鮮労働党中央委員会責任活動家の前でした演説、1986年1月3日)『金正日選集(8)』p.326 参照。

らず、こうした原則がうまく執行されないのは、幹部政策の二重性のためだと見られる。すなわち人事担当者に下される内部指針では、相変わらず党・軍・保安など権力に補充される政治エリートの人事と関連して、本人の現在の動向と共に出身成分と階級的土台が厳格な基準として提示されているからである。こうした二重基準の適用は、人事権者に幹部政策での階級路線と群衆路線をしばしば混同させている。結局、広幅政治は基本階級が政治権力を掌握する中で、政策執行を担当する以外の分野では、より広範囲な階層に門戸を開放するという意味に解釈される。

　金正日は政治的信任とインセンティブの提供を通じてインテリが体制に忠誠を尽くすよう融和政策を追求したが、決して鄧小平のように、インテリに政治権力まで任せるほどの果敢な信念と改革意志は毛頭なかったのである。

II. 人事制度

　第３章で言及した通り、金正日は後継者の内定直後に人事権の掌握と同時に全般的な幹部事業体系、すなわち人事制度を後継体制の構築と強化の方向で改編した。後継体制構築の時期に確立されたこうした人事制度の基本的枠組は、以後、金正日政権下でも大きく変わっていない。したがって金正日後継体制下で確立された人事制度に関する研究は、北朝鮮でエリートがどのような過程と手順を踏んで養成され、補充され、登用・管理されたかを把握するのに役立つだろう。

1. 人事体系と手続き

　北朝鮮で人事制度を意味する幹部事業体系は、大きく分けて幹部選抜体系と合議及び批准体系で構成される。幹部選抜体系は、さらに人事書類作成と身元確認、談話(面接)に細分化され、合議及び批准体系は、党委員会の集団的合議と上級党の批准体系に細分化される。

図4-1　北朝鮮の幹部事業体系

幹部選抜体系			⇒	合議及び批准体系	
書類作成	身元確認	談話		党委員会集団合議	上級党の批准・発令

1) 幹部選抜体系

　幹部選抜体系とは、幹部候補者を選抜して身元確認過程を経て上部に推薦し、もしくは上部で指名した候補者の身元を検討・確認する体系をいう。こうした選抜体系は、人事対象がどの分野のどの級に該当するかによって担当する機関が変わる。

ア）幹部選抜担当機関

　幹部の選抜、すなわち確認と推薦を担当する機関は、中央の場合は党中央委員会組織指導部と幹部部、地方と下部の場合は党委員会組織部、各機関と単位体の人事担当部署を挙げることができる。

　中央党組織指導部幹部課は、党・軍・政の高位幹部に対する人事を担当している。これを具体的に見ると、第一に、党中央委員会の総ての幹部と道党副部長以上の幹部、郡党の書記以上の幹部、連合企業所党責任書記などの高位級党幹部である。第二に、党中央委員会委員及び候補委員以上の肩書を持つ国家及び政府機関の委員長、副委員長、相、副相、道(直轄市)、市(区域)人民委員会委員長及び副委員長、一部連合企業所支配人など高位の行政・経済幹部である。第三に、軍及び保安機関の将軍級高位幹部と前線部隊の連隊長、連隊政治委員以上の高位幹部、司法・検察機関の高位幹部、そして海外公館の大使及び党書記、武官など高位幹部である。最後に、金正日の警護と業務及び私生活保障など至近距離で補佐する総ての人物である。これらの幹部は金日成、あるいは金正日によって直接任命され、もしくは委任によって組織指導部が選抜、確認、推薦する方式で任命される。

　組織指導部幹部課は、その他にも党幹部の養成と再教育を担当している。組織指導部が専門に担当する人事対象が、このように広範囲なものであり、幹部課も幹部1課、幹部2課、幹部3課などいくつかの課で構成され、組織指導部第1副部長中1名の指導下に3〜4人の副部長が、分野別に2〜3個の課を担当している。組織指導部幹部課は、1980年代初めから2007年現在まで引き続き李済剛第1副部長が引き受けてきた。

　中央党幹部部は、組織指導部の人事対象を除いた中央行政機関(政府)の局長級以下の中・下層幹部と公務員、海外派遣外交官、貿易従事者、各級代表団、海外出張者、留学及び研修生などの人事を担当する。また、金日成総合大学をはじめとする中央級大学の卒業生の中から、中央行政機関に配置する対象の人事を担当する。この他に行政及び経済部門幹部と公務員の養成と再教育を担当している。幹部部も人事分野によっていくつかの課で構成されており、1980年代初めから金国泰書記が担当している。

　道(直轄市)、市(区域)、郡党委員会組織部は、自分の党組織の副部長以上の幹部を除いた総ての幹部と、人民委員会など地方行政機関の部長以上の幹部を除いた幹部と地方公務員の人事を担当する。また、各大学卒業生のうち

自分の地域の地方行政・経済機関に配置される対象の人事と自分の地域幹部と公務員たちに対する養成と再教育問題も専門に担当する。

北朝鮮の総ての機関と部門と単位には、自前の人事担当部署がある。代表的には人民武力部幹部局、外務省幹部処、金日成総合大学幹部課などである。これらの部署は形式上、党委員会に属せずに独立的な行政部署となっており、中央党組織指導部幹部課や幹部部の唯一の徹底した監督・統制下で自己部門の人事を実行する。

例えば、軍人事の場合、将令(将軍)級と前線部隊の連隊長及び連隊政治委員までは党中央委員会組織指導部幹部課が、領官級(大佐から少佐)の者は人民武力部幹部局の人事対象である。大尉から少尉までは軍団自体で人事を行う。外務省の場合にも相や、第1副相、副相、局長は組織指導部幹部課が、それ以下の公務員は中央党幹部部が、外務省の幹部処を通じて人事を実行する。金日成総合大学など大学の場合には、人事担当部署が二つ存在する。大学幹部課は大学生の入学と卒業配置を担当し、大学党委員会幹部課は大学の総ての幹部と教職員に対する人事を担当する。しかし、これら部署の人事業務に対する指導は、やはり中央党組織指導部幹部課と中央党幹部部の所管である。

表4-1 北朝鮮の人事担当機関と人事対象

人事機関	人事対象
中央党組織指導部幹部課	中央党の総ての幹部、道党副部長以上幹部、郡党書記以上幹部、中央行政機関(政府)局長以上幹部、道(市)人民委員長及び副委員長、連合企業所の支配人と党責任書記、軍・保安機関将令(前線部隊の場合連隊長と連隊政治委員以上)、海外公館大使、党書記、武官、金正日の警護及び補佐要員などの人事及び党幹部の養成及び再教育
中央党幹部部	組織指導部人事対象を除く中央行政機関局長以下幹部と公務員、海外派遣外交官、貿易従事者、留学・研修生、海外出張者人事、中央級大学卒業生の中央機関配置、行政・経済幹部と公務員の養成及び再教育
道、市、郡党組織部	自分の党組織の副部長以上幹部を除いた総ての幹部、地方行政機関部長以上幹部を除外した総ての幹部
各機関人事部署	中央党組織指導部と幹部部の人事対象を除いた自分の部門の残りの人員に対する人事

イ) 幹部選抜手続き

幹部選抜は、人事書類作成と確認過程、対象者に対する談話(面接)の順に

行われる。

　第一に、人事書類の作成である。北朝鮮で幹部の補充と登用など人事に使われる代表的な書類は「幹部履歴文書」である。幹部履歴文書には人事対象者が直接作成して提出する「自叙伝」と「履歴書」、「家系表」と人事担当者が作成する身元確認資料、人事対象者の政治組織責任者が提出する「評定書」、人事対象者の周辺人物や縁故者などから受ける身元保証資料などが含まれる。

　自叙伝は人事対象者が2ページ程度分量の作文形式で、自身の出生背景と成長過程を記述することで、人事担当者が彼の思想と世界観形成に影響を及ぼした時代的・家庭的・教育的・社会経済的背景と意識水準、性格、政治・理論的資質などを評価できるようにした文書である。そのため人事対象者は、党と首領に対する感謝の気持ちと信任と配慮に忠誠で報いるという覚悟が充分に反映されるように表現と単語に至るまで慎重に「感動的に」書かなければならない。

　履歴書には、名前と別名、出生地と年度、政党関係と所属機関、団体、出身成分と社会成分、学歴と経歴、賞罰関係などを記述し、「解放前に日帝機関や団体などに加担または協力したことがあるか。祖国解放戦争(訳注:朝鮮戦争)時期に敵機関、団体に加担または協力したことがあるか。分派に加担、もしくは協力したことがあるか。」などの質問に、あればその時点と場所、具体的な状況と理由まで正確に明らかにしなければならない。

　家系表は家族・親戚関係に関する書類で、人事対象者がどの分野とどの級に登用されるのかによって記載範囲が異なる。党、軍、保安、外交などの分野に対する人事の場合、直系は祖父母から6～8親等と姑母(訳注:父方のおば)4親等と母方4親等まで、配偶者は直系の4～5親等と姑母4親等、母方4親等までを、解放前から朝鮮戦争時期と現在までの行跡と身分などと共に、具体的かつ正確に記述する。行政及び経済、社会、文化分野などの場合は、親戚記載範囲の基準がこれより緩和される。

　人事対象者本人が直接作成する書類は、総て自身が知っている事実を正確に書いて出さなければならず、不正確もしくは故意に脱落・歪曲した場合、「履歴詐称」という理由で人事が取り消されるのはもちろん、処罰の対象となる。実際に北朝鮮では、兄が朝鮮戦争当時に南側に殺害されたと人事書類に記載して核心群衆に分類されて党幹部に昇進した人が、死んだと思っていた兄が在米同胞の資格で北朝鮮を訪問し、履歴詐称者として党除名・解任された事

例もある。この場合、本人はもちろん、これを正確に確認できなかった当時の人事担当者と、これを「保証」した周辺人物も皆、連帯責任を負う。

人事対象者が直接作成・提出するこうした文書と共に、幹部履歴文書には人事担当者が人民保安省(警察)の「住民登録台帳」と現地身元確認を通じて収集した総ての確認資料、人事対象者が属した政治組織の責任者が提出した評定書、[27] 周辺人物の「身元保証」資料などが含まれる。

ここでいう評定書は、党あるいは勤労団体責任者が自分の組織に属する党員や盟員が職場や職位を移す時、彼の思想動向と組織生活記録、業務能力と態度はもちろん、性格と趣味、嗜好、人間関係、さらに発言と行動での特異事項まで総合評価して資料化した機密文書である。評定書は人事があるたびに作成されるので、現在はもちろん過去の動向までそっくり記録される。評定書だけ見ても、その人の思想動向がどのように変化してきたかを確認することができる。

人事担当者は、人事対象者が人事のたびに出す履歴書と自叙伝、家系表と身元照会資料、評定書などを括って「幹部履歴書」を作り、機要文書室(機密資料保管室)に備え置き、人事のたびに参考もしくは修正・補完し、人事対象者が他の所に移れば、上級人事担当機関を経て新しい勤務地の人事担当部署に発送する。この過程で人事対象者は、自身の幹部履歴文書に接することはできない。

人民保安省と道(市)保安局、郡(区域)保安署の住民登録課で作成・保管する「住民登録台帳」は、平常時には管轄地域住民たちの動向を管理する機能を持ち、人事が提起されれば幹部履歴文書作成と確認のための基礎資料となる。

住民登録台帳には管轄地域住民たちの出生、死亡、経歴と親戚関係、過去行跡、思想動向などが具体的に整理されており、一定の周期で着実に修正、補完される。住民登録文書も本人には徹底した秘密になっており、ただ人事担当者と当局の公式承認を受けた者に限り閲覧が許される。だから本人自身は、人事上の不利益にあっても、それが住民登録文書に記載されている内容のためであるか否か知ることはできない。たとえ住民登録文書の内容が間違って記載され、今後を左右する被害を受けた事実を知っても、上訴できない。

---

[27] 評定とは、「思想状態、文化水準、能力、品性等に対し評価して人を規定すること」である。『朝鮮語大辞典(2)』(平壌:社会科学出版社、1992) p. 800

上訴すれば、それを知った経緯が問題として提起され、機密を漏洩した担当者や本人も皆、法的責任を免れないためである。住民登録台帳は、住民が他の地域に移転する場合にも1部は保管しておき、人事担当者が訪ねてきて現地確認を要求すれば見せることになっている。こうした不便のために北朝鮮は、1980年代序盤から住民登録体系の電算化を推進したが、コンピューターと技術人材不足で全国的な電算網はまだ完成していないと分かった。

　第二に、身元確認手続きである。身元確認は「身元照会」と「身元保証」で成り立つ。身元照会は、人事担当者が人事対象者の過去及び現在の居住地と前・現職勤務地、学校などを直接訪問し、もしくは書類や電話の方法で幹部履歴文書の内容を確認することをいう。この過程で住民登録文書との対照確認作業も同時に行われる。

　「身元保証」は、人事対象者の過去及び現在の勤務地と居住地の党及び行政組織責任者と人民班長（統長）、親戚、同僚など周辺人物をはじめとする「証人」が、人事対象者の適格性に対して責任を持って保証するということを書類と指紋捺印の方法で確認することである。これは後日、身元確認が誤っていた、もしくは人事対象者が不適格者だったという事実が判明した場合、連帯責任を負わせることで、身元確認を客観的に正確にしようという目的で始まった。

　このように、身元確認は時間と労力が多く掛かり、重大な責任も後に伴う業務であるため、親戚関係と経歴が複雑だったり、親戚の中に行方不明者がいたりする人々は、当初の人事で忌避対象になる。

　第三に、人事対象者に対する「談話」あるいは「人物審査」である。談話は面接と似たものであり、人事担当者が人事対象者に直接会って、思想的準備程度と知的水準、業務能力、家族関係と生活状態、健康状態、性格と趣向、容貌と弁舌などに至るまで、総ての面で適格者であるかを直接把握する。この過程で人事文書の内容を再確認して総合評価する。談話は、人事担当者などが書類にだけ依存せず、本人に直接会って了解（把握）しなければならない、という金日成の教示により作られた重要な人事手続きになっている。[28]

---

[28] 金日成「党員たちに対する党生活指導を強化し、私たちの党幹部政策を正しく貫徹することについて」（道党組織部長、幹部部長の前でした演説、1968、5.27）『金日成著作選集(5)』（平壌：朝鮮労働党出版社、1972) p. 84～87

2) 合議及び批准体系

　幹部選抜が終わると、機関の人事担当部署は人事草案を機関の党委員会組織書記の決裁を経て党委員会執行委員会の合議に提出する。こうした合議手続きは特定幹部や人事権者の独断と権力乱用、偏見、不正などを防止し、人事の正確性と公正性、客観性と透明性を確保するためである。とりわけ金正日は「党中央委員会から出した幹部の任免、批准及び合議手続きに関する規定を正確に守らなければならず、偶然分子（訳注：思想状態や階級的位置から見て革命隊列内に入れない者にもかかわらず、偶然の機会に正体を巧妙に隠して革命隊列に紛れ込んだ不純分子）が幹部隊列に割り込めないように様々な系統に罠を掛けておいて幹部事業をしなければならない」とし、この制度の主要目的が幹部隊列の「純潔性」を保障することにあることを示した。[29]

　人事合議体系には中央の党政治局と書記局、地方と下部の党委員会執行委員会と書記処がある。自分の単位の党委員会合議を通過した人事は、上級単位の合議と批准へ移る。最終決定がある段階まで上がって行われるかということは、人事対象の職級により左右される。これから書記局批准対象、組織指導部合議対象、幹部部合議対象、地方と下級党委員会合議対象に区分される。

　書記局批准対象（一般的に書記局対象という）には、組織指導部幹部課が選抜した総ての対象と、幹部部が選抜した対象のうち、海外に派遣される外交官及び代表団などが該当する。過去には彼らに対する人事決定が書記局合議で行われたが、現在は金正日に書類で報告し、決裁を受ける方式に代替された。結局、北朝鮮がいう書記局対象は金正日の批准対象を意味する。それにもかかわらず、今でも北朝鮮では、党幹部と政府の局長級以上の幹部を慣例通り書記局対象だと称している。

　書記局対象に対する金正日の決裁が出れば、高位幹部の人事は最高人民会議や党政治局あるいは、書記局決定や政令、最高司令官命令（現在は国防委員長命令）などの形式で公式発表される。その他の人事は組織指導部副部長や第1副部長、幹部部部長や副部長が人事対象者を直接中央党に呼び入れ、金正日の「親筆指示」伝達形式で任命もしくは発令する。

---

[29] 金正日「党事業を根本的に改善強化し、全社会の金日成主義化を力強く促すことについて」（1974年8月2日）『主体革命偉業の完成のために(3)』p.188

書記局対象を除くその他の対象は、組織指導部第１副部長（もしくは副部長）や幹部部長（幹部担当書記）の批准で人事発令が出る。地方党委員会は自分の組織の高位職に対する人事権がなく、上級組織が人事権を持つか最小限合議を受けなければならない。地方公務員人事は、該当党委員会書記処や執行委員会の合議で決定される。

　以上のように、北朝鮮の人事合議及び批准体系を見れば、中央の高位幹部人事に対しては、書記局批准体系が金正日の批准体系に転換されて集団的合議機能が有名無実になった反面、中・下位級幹部と公務員の人事に対しては徹底した集団的合議と上級党の牽制システムが構築されている。これは結局、高位層の人事権は金正日に集中させながらも、金正日の手が及ばない下位単位の人事に対しては、特定幹部の独断や不正、派閥形成の可能性などを遮断しようとする意図から始まったものだと見られる。

2．種類別人事過程

1）大学生卒業配置

　北朝鮮では大学を卒業すれば、本人の希望や能力により職業を選択するのではなく、党が需要と供給の原理と専攻によって卒業生を社会の各分野に配置する。そのため北朝鮮では採用や雇用、就職などの用語が使われない。こうした配置制度は職業選択の自由が排除されるという否定的側面もあるが、思想性と能力、道徳性などに問題がない限り、大学卒業生の就職に対する不安がほとんどないという肯定的側面もある。

　大学卒業生の中からの党活動家の選抜は、組織指導部幹部課が担当する。組織指導部幹部課は、毎年、中央と地方の各級党機関の需要を総合して補充計画を立てた後、大学に補充人員を割り当てる。大学ではこれに従って、党員であり、入学前に軍服務や労働経歴があり、学業成績と思想動向、大学生活が優秀な学生の中から身元確認を経て選抜された人事対象者の名簿を幹部履歴文書と一緒に組織指導部幹部課に送付する。

　組織指導部は、これに基づいて現地確認など独自の身元確認過程を繰り返して、最終選抜した対象を地方と下級党機関に配置し、３年ほど「現場体験」させる。実践で鍛練され、検証されて経験を積んだ候補者は、党委員会の推

薦形式で金日成高級党学校などの各級党活動家養成機関に送り、専門教育を受けさせる。党学校を優秀な成績で卒業した学生は、金正日の批准を経て中央党や各級党機関の幹部として登用される。

党活動家選抜から脱落し、もしくは組織指導部の人事対象でない卒業生は、中央党幹部部の人事対象になって、政府機関や傘下単位に配置される。幹部部人事も組織指導部と類似の手順を踏み、身元確認水準は緩いが、厳格なだけである。この過程中、本人の希望はほとんど考慮されないので、卒業生は好む分野に配置を受けるために多様なロビー活動をすることになる。卒業後の配置は、幹部部副部長や課長などの幹部が大学に来て、卒業生全員を集めて公開発表し、配置先が記入された幹部部の「派遣状」と卒業証書を与える。

卒業生は配置先が気に入らなくても、無条件に派遣状に記入された所に行かなければならない。なぜなら、卒業に合わせて大学から幹部履歴文書と評定書を配置先の人事担当部署にあらかじめ発送し、党員移動証と青年同盟移動証、軍事移動証など各種身分確認証明書は、配置先以外では効力を喪失するためである。とくに、大学で発行した食糧停止証明書を配置先で再登録しなければ、直ちに食糧配給が中断される。配置された機関では党から「派遣」した人物を受ける義務しかない。なぜなら、すでに人事過程で中央党幹部部と配置される機関の間で、どんな人物が配置されてくるのか充分な合議が行われているからである。入社試験や面接などの手続きはない。

卒業生の中で出身成分、思想動向、学業成績、大学生活などに問題があると評価された者は、幹部部の人事対象から除外されて、地方党の人事対象として地方機関や単位体に配置される。

党対外連絡部、作戦部、35号室、統一戦線部などの対南機関で必要とする工作員候補と、人民武力部、護衛司令部、国家安全保衛部、人民保安省など軍・保安機関から除隊しないまま「委託教育」を受ける学生、そして組織指導部幹部5課が金正日の側近奉仕要員として選抜した対象者は、入学と同様に卒業も別に試験を受け、もしくは卒業論文の発表過程を経ずに卒業証明書だけ与える。しかし、彼らはどの対象者よりも忠誠心と出身成分など政治的基準が厳格に適用される。

2）昇進及び他の人事

　北朝鮮の官僚制度には韓国のような階級制度が存在せず、職位だけがある。序列順位に従う職位は中央党の場合、総書記、書記、部長、第1副部長、副部長、課長、副課長、責任部員、部員、地方党は責任書記、書記、部長、副部長、課長、部員、初級党は初級党書記と副書記、部員などで構成される。内閣の場合、総理、副総理、委員長、副委員長、相、第1副相、副相、総局長、副総局長、局長、副局長、処長、部署長、課長、室長、責任部員、部員などがある。機関により総局長、処長、室長の職制がない場合もある。

　内閣と外務省などの一部機関には、副部長級の責任参事と、副部長と局長級間の参事がいる。大学卒業後に配置され、最初に受ける職位は補助指導員である。この他にも、一部機関には階層組織外の職責である研究員職制がある。外務省の場合、各部署（局）には1級研究員（局長級）、2級研究員（副局長級）、3級研究員（課長級）職制がある。研究員職制は進級する席が限定された場合に、昇進停滞を解消することに目的がある。例えば、外務省で局長をしていた人が大使として派遣されて帰国後に相応の空席がなければ、局長級待遇を受ける1級研究員に配置する。人民武力部、人民保安省、護衛司令部、国家安全保衛部など軍・保安機関と鉄道省、民用航空総局など「制服機関」は、社会機関と違い階級（軍事称号）と職位が並存する。しかし韓国の警察組織で使う警衛（訳注：日本の警部補に該当。）や警長（訳注：日本の巡査長に該当。）と同じ意味の階級はない。

　昇進人事では勤務年限と学歴、経歴、業務実績、道徳性などが重要な基準とされる。しかし、先に述べた通り、思想学習と政治組織生活参加を通じて現れる忠実性と、出身成分、家庭の周囲環境、社会政治生活の経緯などが最優先基準として作用する。

　業務評価は業務実績と専門資格を区分し、各々違う方法で実施する。すなわち業務実績は成果物を中心にして、上司や周辺の評価と党組織の評定書を通じて行われる。したがって実績評価で人間関係による情実と感情が介入し、客観性と公正性が低下する恐れがある。反面、専門資格は大学卒業時に受けた資格を、毎年国家資格審査委員会が実施する試験でアップグレードする。大学卒業時に与えられる資格は普通6級であり、社会配置以後に等級試験を通じて5級、4級、3級などにアップグレードされる。国家資格審査委員会が、平壌の人民大学習堂で毎年実施する等級試験には、主に政府機関などで

勤務する公務員が自発的に受験する。科学教育部門従事者は、自らの試験制度が別々にあるのでこの試験から除外される。

　昇進人事は、部員など下位職は3〜4年の周期で、課長級以上は周期なく行われる。したがって超高速昇進と段階を飛び越える破格的昇進、長期間昇進が成されない現象などが茶飯事で現れる。階級定年制や勤続定年制はなく、男は60歳、女は55歳を基準とする年齢定年制だけがある。しかし次官級以上の幹部は年齢制限がない。幹部や公務員は、ひとまず公職から退いた後、自動的に社会保障制の恩恵を受ける。

　昇進人事は、機関の人事担当部署が昇進対象を選抜して、党委員会合議を通過した後に行われる。中央機関の場合、局長級以上は組織指導部が、それ以下は中央党幹部部が、地方幹部は地方党委員会組織部が再確認を経て、書記局対象は金正日の決裁を通じて、その他は中央党組織指導部や幹部部の批准で決定される。人事発令は、主に金日成、金正日の誕生日をはじめとする主要な記念日に行うことで記念日の意義を浮上させ、昇進者などの忠誠心も育成させる効果を追求する。

　転職、転補、転勤など職位と職種、勤務地を変えることも徹底して幹部政策次元で行われ、職業や職種選択の自由は厳格に制限される。思いのままに辞表を出して他所に移ったり、上司が思いのままに部下職員を罷免させたりすることも不可能である。こうした「鉄の職場」制度は、過去の金日成時代から定着された制度である。

　党組織は幹部をむやみに担ぐのでなく、できるだけ固着させるために努力しなければなりません。幹部に少し欠陥があるといって、その場に他の新しい人々を乗せることで仕事が上手くいくと考えるならば、それは大きな誤りです。我が国の諺でも「二番目の嫁を迎えなければ、長男の嫁の心が広いことが分からない」という話があります。…幹部が自分の席で5年、10年は事業するようにするべきです。…そして、活動家が心置きなく落ち着いて自分の事業を深く研究できるようにしなければなりません。[30]

　北朝鮮の幹部と公務員人事では、前にも言及した通り循環職務制が存在し

---

[30] 金日成「両江道党組織の前に現れた課題」(1963年8月16日)『金日成著作集(17)』(平壌朝鮮労働党出版社、1982) p. 363〜364

ない。多くの場合、いったん勤務地に配置されれば、引退する時までその職場で一生働くことが普通であり、職場内で専門分野が違う職種への転換もほとんど不可能である。

外交官と貿易従事者、代表団、留学及び研修生、労働者などの派遣は、大使と党書記、武官など高位職を除いて中央党幹部部の所管である。外交官の場合、外務省幹部処が選抜した派遣対象者を中央党幹部部が再確認して最終選抜する。この過程で中央党国際部が、対象者の外国語能力と政策的能力を試験で確認する過程を経る。海外公務員は、最下位職級である補助書記官さえ金正日の批准で発令される。外交官を除く他の海外派遣対象は、先に外務省派遣局の適合判定を経て、幹部部の審議と金正日の批准を受けて発令される。海外派遣は、海外での「変質と逃走」などの憂慮から身元確認が厳格に実施される。金正日は1980年代後半から、海外派遣者の中から韓国への亡命などの政治的事件と不法行為が続出するや、派遣対象選抜と審議をより一層強化することを促した。これと同時に、中央党書記局に代表団派遣審議委員会を設置し、週1回審議会議を開いて総ての海外旅行を掌握する措置を取った。

海外に派遣される人は、職種や職級に関係なく誰でも、発令を受けた後、思想武装と海外生活適応のために、外務省派遣局が運営する1ヶ月間の「派遣講習」過程を経なければならない。[31] 同じように帰国後にも、やはり新しい職務に配置される前まで「総和組(チョンファチョ)」という臨時組織の所属となり、思想・精神的「浄化過程」を経る。

3）賞罰制度

北朝鮮では勲章とメダル、賞、称号など各種叙勲制度が非常に発達している。勲章は「手柄を立てた人に与える国家表彰の一つ」であり「主体思想で武装し、主体革命偉業実現の闘争で手柄を立てた個人と集団に授与」される。[32] 北朝鮮の勲章には金日成勲章、国旗勲章、自由独立勲章、労力勲章、戦士の栄

---

[31] 海外に派遣される者は、誰でも「反スパイ闘争展覧館」という教育展示館を経なければならない。ここには、米国と韓国など「敵対国家」の対北「スパイ活動」と「瓦解・謀略策動」に対する証拠資料と、北朝鮮人が海外で犯した不正と非理、「民族反逆行為」に対する事例が展示され、警戒心を鼓吹している。
[32] 『朝鮮語大辞典(2)』p. 1013

誉勲章、朝鮮民主主義人民共和国創建記念勲章などがある。[33]

　金日成勲章は1972年、金日成生誕60周年を機に制定され、主に「革命第1世代」と高位幹部、功労を立てた集団に授与された。金正日は、1979年4月に初めてこの勲章を受けた。金日成勲章は、主に金日成生誕60周年、70周年、80周年など節目の年に授与されたので、幹部の中には2個以上受けた人々も多い。金日成勲章受勲者は、過誤がない限り、退職後にも月給を100％提供されるなど、死ぬまで従来の生活水準をそのまま保証される。

　1948年10月に制定された国旗勲章（1～3級）は、金日成勲章が出る前まで北朝鮮の最高勲章だった。国旗勲章は主に党創建記念日と政権創立日などに授与され、受勲者が退職後に受ける待遇の水準は、国旗勲章の級数により、そして労力勲章と功労メダルなど、他の勲章及びメダルの数と合算して決定される。

　金日成勲章と国旗勲章が、特出した功労を立てた個人や団体に授与されるのと異なり、自由独立勲章（1～2級）と戦士の栄誉勲章、共和国創建記念勲章などは、朝鮮戦争参加者と政権創立と強化に寄与した幹部と兵士、住民に政権創立日などに授与する。

　英雄称号は、「主体思想で武装し、党と首領に忠誠を尽くして祖国の統一独立と防衛で特出した手柄を立てた者に授与される最高の栄誉称号」である。[34] 英雄称号には、朝鮮戦争とその後の軍服務過程と対南工作で功労を立てた者に授与する「共和国英雄」称号と、社会主義建設過程で功労を立てた人に授与する「労力英雄」称号がある。英雄称号は金日成勲章と共に最高名誉称号と見なされ、英雄メダルと国旗勲章第1級が併せて授与される。英雄には他の勲章やメダル受賞の有無に関係なく、退職後あるいは遺族に月給の100％と各種国家的補償が提供される。

　北朝鮮では金日成の「名刺時計」も重要な表彰と見なされる。1972年、金日成生誕60周年を機に初めて制定された時計表彰は、主にスイス製であり、注文時に金日成の親筆署名を刻み込む。名刺時計は授与対象により時計の種類と質が異なる。授与された時計は他人に勝手に与えたり売ったりできない。

　賞にも金日成賞、金日成青年栄誉賞、金日成少年栄誉賞、人民賞など様々

---

[33] 北朝鮮の表彰（叙勲）制度に関する具体的な内容に対しては、リ・ミョンイル「共和国表彰制度の本質と発生発展」『金日成総合大学学報（歴史法学）』第52巻第4号（2006年）参照。
[34] 『朝鮮語大辞典(2)』p. 1517

なものがある。金日成賞は科学者、技術者、作家、芸術家などに、金日成青年栄誉賞と少年栄誉賞は各分野で功労を立てた青少年に授与する。この他に「三大革命赤旗」、「千里馬作業班」などの団体に授与する名誉称号と、人民俳優、手柄俳優、人民記者など個人に授与する名誉称号があり、受勲者には賞状と勲章、メダルが併せて授与される。

メダルには軍人に与える軍功メダルと、民間人に与える功労メダルなどがある。功労メダルは、一つの職場で過誤なく長期間勤務すれば、機関創立日などに与える級数が最も低いメダルである。そのため北朝鮮では、社会に何の寄与もできない人を指して「功労メダルもない人」だと卑下したりもする。

北朝鮮で行われる処罰と懲戒は、大きく行政処罰と法的処罰、政治的処罰などに区分される。行政処罰は、業務上の過誤など比較的軽微な誤りに対して警告、厳重警告、降職、「革命化」[35]などの措置に処する処罰で、大論争(思想闘争)に続き、誤りの重大性と自己批判、反省の結果により程度が決定される。法的処罰は、国家と社会に経済的、道徳・倫理的損失を負わせた行為に対して、公式裁判によって一定の刑に処する処罰であり、ほとんど罷免と名誉称号剥奪、党除名、家族追放措置が同時に行われる。政治的処罰は、唯一思想体系確立10大原則に背く行為、反体制行為などに該当するものであり、重大な場合は総ての職位と各種名誉称号の剥奪、党除名・罷免などに処され、最悪の場合は家族と共に特別独裁対象区域(政治犯収容所)に収監される。

資格剥奪措置が伴う重大な処罰の場合、党員証は組織指導部党員登録課に、党政治局委員(候補委員)あるいは中央委員(候補委員)の身分証は中央党総務部に、代議員証は最高人民会議に返納する。労働教化所や政治犯収容所収監者は、こうした総ての身分証の返納はもちろん、公民証(住民登録証)まで人民保安省に回収される。つまり、公民の基本的な権利は完全に剥奪される。

4)幹部養成と再教育

北朝鮮で幹部の養成と再教育の概念は、金日成の次の言葉を通じて集約的に説明される。

---

[35] 北朝鮮は、「革命化」の概念について「人々を、革命的世界観に立つ熱烈な革命家に、真の共産主義者に作ること」と説明している。前掲書、p.949。しかし現実に革命化は、幹部が一定期間現職を離れ、生産現場等で思想改造をする処罰の意味を持つ。

第4章　金正日後継体制と権力エリート

　私たちの党は、後備幹部(訳注：今後、一定の部門や位置で活動できるように準備された幹部活動家)養成体系と共に現職幹部を教養し、彼らの水準を絶えず高めるための正常な学習体系も正しく立たせて(訳注：制度化して)おきました。[36]

　幹部養成と再教育は、一般教育部門と専門幹部養成部門の２種類から成る。一般教育部門は、金日成総合大学をはじめとする一般大学と専門学校などが属し、これら教育機関は党科学教育部の政策指導と内閣教育省の行政指導を受ける。一般教育機関の幹部養成に対しては、大学卒業生の社会配置を通じて詳しく見たので、ここでは専門幹部養成機関に対してだけ言及する。
　専門党幹部養成機関には、金日成高級党学校と道(市)共産大学、郡(区域)党学校がある。金日成高級党学校は、中央党の総ての幹部と地方及び下部党高位幹部の養成と再教育を担当する。金日成高級党学校の幹部養成に対して、金正日はこのように強調した。

　金日成高級党学校は、今後金日成総合大学をはじめとする一般大学や共産大学を卒業して数年間、現職でよく仕事をする展望性ある活動家を選抜し、勉強させる体系を制度化しなければなりません。高級党学校学生選抜事業は、幹部選抜事業です。[37]

　経済及び行政部門の幹部養成機関では人民経済大学が代表的である。この大学は、中央と地方の各級行政及び経済機関と工場、企業所の経済及び行政要員養成を目的としている。外交及び貿易部門要員養成は、国際関係大学が担当したが、1990年代後半に人民経済大学に吸収・統合された。軍事部門は、金日成軍事総合大学が高位軍幹部の養成を、金日成政治大学が軍政治要員養成を担当する。この他に、金策(キムチェク)空軍大学と姜健(カンゴン)軍官学校など軍種及び兵種による中・下位級軍幹部を養成する機関がある。
　保安機関の場合は、朝鮮民主主義人民共和国政治大学と分校が、それぞれ人民保安省と国家安全保衛部の幹部養成を分担している。対南分野では、金正日政治軍事大学が対南工作員とこの分野の幹部を養成している。この他に

---

[36] 金日成「党幹部養成事業を改善強化することについて」(党幹部養成機関教員たちの前でした演説、1971年12月2日)『金日成著作選集(6)』(平壌：朝鮮労働党出版社、1974) p. 136
[37] 金正日「主体の党建設偉業を、代を継いで輝かせていく真の党活動家を育てよう」(創立45年を迎える金日成高級党学校教職員、学生たちに送った書簡、1991年6月1日)『金正日選集(11)』p. 327

青年同盟活動家を養成する金星(クムソン)政治大学、鉄道部門政治要員を養成する鉄道共産大学など多くの分野別政治・行政要員養成機関がある。しかし、韓国のような個別的機関や会社自体が運営する研修院制度はない。

　これら専門幹部養成機関で実施する教育過程は、概して三つに区分される。第一は、一般教育過程を終了後、社会で一定期間末端幹部や公務員として「現実の体験」を積んだ人々の中から選抜した幹部候補者を4～5年間教育し、その分野の幹部として輩出する正規過程である。第二は、現職にある幹部や公務員の思想的再武装と資質向上、再充電などの目的で1ヶ月、6ヶ月、1年、3年など多様な過程で実施する非正規過程である。なかんずく、局長級以上の高位党及び行政幹部は、1年に一度は必ず「一月(ひとつき)講習」と呼ばれる再教育過程に参加しなければならない。第三は、過誤を犯した幹部を対象にした「革命化」教育過程である。この過程は、主に高位幹部を対象に実施し、現職に籍を置いて数ヶ月間教育を受け、または現職から解任された状態で教育を受ける。

　党及び行政幹部養成機関は、中央党が直接管理する。例えば、金日成高級党学校は組織指導部が、人民経済大学は幹部部が、金星(クムソン)政治大学は勤労団体及び首都建設部が担当する。

III. 側近政治と権力エリート

1. 側近政治の出現

　どの社会や国家でも集団を統率する権力者の周辺には、その信任を受ける側近が存在するはずである。こうした側近は権力者の近くで、あるいは権力者が重要だと判断する位置で、その統治と政策に大きな影響力を発揮する。したがって指導者がどんな人物を自身の側近として抜擢し、どんな分野に登用して、どのような政策を樹立・推進していくかという問題と、側近がどんな政治的性向と社会経済的背景を有しているかに対する研究は、その国家や集団の政策方向と今後の展望を診断するのに重要な意味を持つと思われる。

　前述したように、金正日後継体制は、革命第1世代をはじめとする元老幹部が、公式序列上位を総て先行して獲得している権力構造を土台にしてスタートした。年齢から見ても政治経歴から見ても、彼ら既存の権力エリートは、金正日の政治の先輩だと見られた。

　金正日は、後継体制の基盤構築のために既存権力エリートを側近として抱き込むと同時に、後継者内定以前から懇意にしていた人物を大挙権力に迎え入れたり、核心的要職に登用したりした。北朝鮮の権力構造は、革命第1世代が代表する公式序列とは関係なく、金正日の側近が実権を掌握する構造で急速に再編された。そして、非公式側近集団を通じて、後継体制の構築と強化を目的とした金正日特有の側近政治が出現した。

　側近政治の意味に対しては、《最高政治権力者の私的な信任を受けている側近によって行われる政治》という見解もあるが、[38] 政策の樹立と実行で権力者の意図とリーダーシップが絶対的地位を占める北朝鮮の場合には、《権力者が公式的統治機構や政策決定機構よりも非公式的側近集団によって実施する政治》と定義することがより現実的な解釈だと見られる。

---

[38] インターネット「ネイバー」『百科事典』http://100.naver.com/100.nhn・docId= 149116

金日成時代には多くの国家政策が、党政治局など公式政策決定機構を通じて行われ、こうした席には必ず関連部門の首長を出席させるのが慣例であった。また、金日成は現地指導や外国訪問時にも関連部門の幹部を同行し、言論を通じて公開される同席あるいは同行幹部を調べれば、北朝鮮がどんな政策を追求するかを難なく判断することができた。それだけでなく、この時期には誰が金日成と最も近く、したがって国家戦略の樹立に大きな影響力を及ぼすことができるかは、党政治局序列を見ればすぐに確認できた。同じように党中央委員会委員の序列順位も、概して金日成の政治的信任度をそのまま反映していた。

しかし金正日後継体制確立につれて、公式序列と公式政策決定過程はしだいに無力化され、側近による密室政治が実質的な主要政治形態として浮上し始めた。密室政治の代表的な事例が、側近のための非公式宴会であった。

側近宴会は本来、後継者内定以前には金正日が、幹部を自分側に確保する目的で考案した方法であった。後継者内定後からは、主に側近を管理して密室政治を実現することに利用された。そして金正日の後継体制強化につれて宴会に参加する人員も増加し、参席者構成も一層多様化した。これはそれだけ金正日の側近隊列が、各分野で急速に拡大されたことを意味した。[39]

後継体制時期に側近宴会の参席は、すなわち金正日の政治的信任の表示として、側近の条件として見なされた。側近宴会は単純な披露宴や団結大会、親睦会、懇親会でなく、実質的な政策決定機構の役割をする密室政治の性格を帯びた。[40] こうした宴会や行事は、各分野を代表する側近が1ヶ所に集まる

---

[39] 1970年代初めに20名未満だった宴会出席人員は、1977年に40人ほどに倍以上増加し、1980年代には行事の契機と性格により100人を超えることもあった。宴会の規模は、1980年代に絶頂を遂げた後、1990年代からしだいに減少していると伝えられた。参席者の構成も1970～1980年代には組織指導部、宣伝扇動部等党幹部が基本だったが、1980年代後半から軍部の比率が急激に増加した。宴会場所も1970年代までは主に外交部長許錟が提供した「大同江招待所」が多く利用された。以後1970年代中盤、金正日の最側近に浮上した張成沢の発起で平壌の普通江辺（現平壌第1中学の場所）に宴会場スポーツ施設、水族館などを備えた現代的な総合レジャー施設が建設されたが、1977年頃竣工を控えて発生した大火災で完全に消失した。以後1980年代初めに中央党新庁舎近隣に建設された「木蘭館」が代表的な側近宴会場所として利用され、1989年世界青年学生祝典を機に外部に開放され、2000年の南北首脳会談時に宴会場所として利用された。この他にも平壌と元山、咸興、昌星、金剛山、妙香山など全国各地に建設された数多くの特閣が側近政治の場になった。側近宴会の実態については、藤本健二『金正日の料理人』; 李韓永『大同江ロイヤルファミリーソウル潜行14年』(ソウル：東亜日報社、1996); 黄長燁『私は歴史の真理を見た』(ソウル：図書出版ハンウル、1999) p.216～217 など証明資料を参照。
[40] 黄長燁『闇の側になった陽光は闇を照らせない』p.97.

という点で過去の政治局会議や全員会議と比較された。

　普通は酒と余興、公演などが伴うこうした席では、全般的な対内外情勢と動向から主要政策と人事問題などに至るまで各種懸案が主題として提起された。公式席上で出がたい、比較的率直な本音の反映された見解が、個別単独面談や意見交換形式で提起されたという。例えば金正日の側近だった許錟(ホダム)は、宴会に参加するたびに金正日に業務と関連した政策懸案を提起して承認を受けたりしたそうである。[41]

　こうした方式で、金正日が側近から意見を糾合して下した結論や自身の意志を表明した発言は、直ちに「党中央委員会責任者とした談話」や「×××になされたお言葉」などとして、論理的にも語彙・文法的にも「上品に」整理され、該当分野に公式指示として通達される。側近宴会でした発言だけでなく、金正日が個別的幹部に電話でする発言と現地視察過程で側近幹部にする発言も総て録音され、公式文書として整理された後に指示として下され、もしくは『金正日選集』のような労作として発表される。[42]

　密室政治を通じて側近は、金正日に自身の見解を表明できる空間が与えられ、北朝鮮の政治に実質的影響力を確保することができることになった。反面、側近政治から疎外された非側近幹部は、たとえ公式序列最上位層でも途方もない違和感を持たざるを得ない。例えば外交部門の場合、金正日が側近宴会や電話で姜錫柱(カンソクジュ)第1副相に下した指示を、外相が一歩遅れて伝達されることが一度や二度ではなかった。とくに1990年代から、金正日は核外交と対米交渉などと関連した問題を姜錫柱第1副相とだけ討議・決定した。そのため外務省内では、姜錫柱を核及び対米外交担当外相というほど、事実上2名の首長が存在した。

　側近と非側近幹部間のこうした心理的葛藤は、権力エリートの中に相互不信と競争心を誘発させ、派閥形成の可能性を源泉的に遮断して相互監視と牽制、側近隊列に上がるための忠誠競争の雰囲気が日常化される効果を持った。

---

[41] 黄長燁『私は歴史の真理を見た』p. 223, 262

[42] 黄長燁『北朝鮮の真実と虚偽』(ソウル:統一政策研究所、1998) p. 56; 黄長燁『私は歴史の真理を見た』p. 262 : 側近には事務室と自宅に金正日との直通電話が設置される。この電話には電話のベルが鳴らされた時に他の電話と混同しないように、アンテナ形の赤い信号灯が設置されていて金正日とのすべての通話内容がテープに自動で録音されるようになっている。また、金正日の現地指導や現地視察にしばしば同行する幹部には、最高級小型録音機が支給され、金正日の総ての発言を義務的に録音させる。

宴会参席者中にとりわけ次官級が多いことも、首席と次席を分離統治することで上下幹部間の私的連帯と組織化の可能性を遮断し、相互牽制と忠誠競争を誘導しようとする意図から始まったと見られる。

2. 側近抜擢と登用

1）側近抜擢

　金正日後継体制下で側近に抜擢された人物は、金正日との親密な情誼関係形成の時期と背景により二つの部類に分けられる。

　第一に、後継者に内定以前から金正日と懇意にしていた人物である。換言すれば親戚関係や、同窓・師弟関係、職場の上司や同僚関係、その他業務上あるいは個人的に親密な情誼関係を基に、後継体制の構築と共に権力の核心に登用された人物である。つまり、一部は権力の中で、一部は権力の外で親密な情誼を結んだということである。

　金正日は一般的に、金日成の親戚を高位職に登用しても、組織指導部などの権力核心や側近には抜擢しなかった。自身の家系と関連した問題を専門に担当する組織指導部10号室で家系人物の人事関連文書の報告を受けると、いくら家系だといっても、実力中心に登用せよとの指示を下したという。

　金日成の親戚の中で、前・現職高位幹部では弟の金英柱（現最高人民会議常任委員会名誉副委員長）、いとこの金昌柱（キムチャンジュ）（前農業担当副総理）と金善柱（キムソンジュ）（万景台革命学院政治部長）、いとこの夫である許錟（ホダム）（前外相、対南書記）と楊亨燮（ヤンヒョンソプ）（最高人民会議常任副委員長）、姑母（訳注:父の姉妹）のいとこである朴基西（パクギソ）（前平壌防御司令官）などが挙げられる。また、母方の伯父康徳洙（カンドクス）（人民武力部革命史跡館管掌）と康賢洙（カンヒョンス）（前平壌市党責任書記）、いとこの婿である李勇武（リヨンム）（現国防委員会副委員長）といとこの婿金達玄（キムダルヒョン）（前副総理兼国家計画委員長）なども挙げることができる。しかし、彼らの中で金正日を後継者として積極的に推して従い、後継体制下で権力実力者として登板した人物は許錟と、李勇武程度であった。金正日は幼い頃から許錟の夫人である金貞淑（キムジョンスク）（政府機関紙『民主朝鮮』責任主筆）を姑母と呼び、彼ら夫婦と親密な関係を維持した反面、金貞淑の姉である金信淑（キムシンスク）（1980年代中盤死亡）・楊亨燮夫婦とは、関係が疎遠だったと分かった。これは楊亨燮の長男楊수일（ヤンスイル）が、金正日の異母弟金平一（キムピョンイル）と

誠実な同窓関係にあったことと関係があったと見られる。金正日の妹金 敬姫と夫 張 成沢、その兄である 張 成禹(民間防衛司令官)(訳注：2009年8月に病死)などは後継体制確立後に権力に起用された。

　金正日の後継者の地位確保に実質的助けになったのは、これら親戚よりも生母金 正 淑のパルチザン同僚である金一、崔 賢、呉振宇、林 春 秋、呉白竜、朴成哲、李乙雪、韓益洙など革命第1世代たちとの濃密な情誼だった。1973年頃に金一が重病で入院するや、金正日が直接に治療対策を立て、見舞いはもちろん手術の立会いまでした事実は、北朝鮮で広く知られたエピソードである。金正日とのこうした厚い親密な情誼関係は、結局、1974年党政治委員会会議で核心元老が、金正日を後継者として積極的に擁護し、後継体制構築過程でも持続して金正日の防壁盾になった主な背景になった。

　金正日の権力継承に寄与をした功労で、彼らは後継体制の下で最高の名誉と物質的補償を享有し、死後も各種文学作品で忠臣のモデルとして崇められ、追慕大会まで開催され、死んでも「永久に生きる人生」を享受している。それだけでなく、彼らの後代も後継体制の下で明るい未来を保証された。金一の息子朴勇石は、1990年代末まで党検閲委員長などの重責を引き受けた。崔賢の次男崔 竜 海は、金日成社会主義青年同盟第1書記として活動し、1990年代後半に青年同盟不正事件に関わってしばらく左遷され、再起して2006年には黄海北道党責任書記に任命された。呉白竜の長男呉琴 鉄は長い間、空軍司令官職を担っている。

　元老幹部の中で金正日時代の最大受恵者は呉振宇であった。パルチザン出身の中で若い側に属した彼は、他の元老が死亡した後も長い間、権力の座に残って公式序列3位にまで上がることができ、革命第1世代の中では唯一金正日の側近になった。これは金正日時代の代表的な側近会といえる側近パーティーに、パルチザン出身では唯一呉振宇だけが持続的に参加した事実を通じても分かる。

　革命第1世代たちだけでなく、遺児出身革命第2世代をはじめとする新進権力エリートとの親密な情誼関係も、金正日の権力継承に大きな力になった。親密な情誼は、金正日が1964年に金日成総合大学を卒業した後、組織指導部と宣伝扇動部で彼らと共に勤務する過程で自然に形成された。代表的な例として金国泰、金到九、李関 弼、李済剛、李賛善、李華善、李화영、閻基淳、崔益奎、玄 哲 奎などが挙げられる。金正日の組織及び宣伝書記任命で、

彼らは自然に彼の直属部下になり、側近の地位を保証された。

この時期、党・政・軍の要職にあって金正日と親交を結んだ金時学、金仲麟、盧明根、李鎮洙、徐允錫、申仁夏、沈昌完、延亨黙、呉克烈などの権力エリートも、やはり後継体制になっても側近としての地位を維持した。彼らは大部分が反分派闘争と分派毒素清算過程で忠誠心と能力が検証され、金正日を後継者として擁護する意向を明確にした。

しかし金正日の後継者擁護に消極的、もしくは金英柱や金平一など脇枝にコネを作った人々は、疎遠な運命に至る他なかった。代表的には、金日成総合大学党委員長出身である朴守東は、党組織書記であった金英柱が1960年代末から健康悪化で業務に支障をきたすとすぐに、組織指導部第1副部長に抜擢された金英柱の側近だった。彼は1970年代に入って党政治局候補委員と勤労団体書記まで昇進したが、脇枝粛清作業が本格化した1970年代末から、特別な過誤もなく朝鮮農業勤労者同盟(農民勤労者同盟)委員長に追いやられるなど徐々に権力から遠ざかった。

1960年代後半から、金正日が宣伝扇動部で文化芸術及び出版報道部門を担当していた時、仕事の過程で金正日と親密な情誼を結んだ金己男、李명제、李成福、李賛善などの人物も金正日の後継者内定と共に権力核心に進入することができた。

金正日の大学同窓生も、後継体制の登場と共に権力の核心に大挙起用された。代表的人物としては、大学時代に金正日の学級細胞書記であった洪순호と民青委員長だった金동이をはじめとして、李동호と姜寛周、강상춘などが挙げられる。彼らは金正日の大学時代を美化する各種伝記を執筆する方法で金正日の偶像化に寄与した功労として、1970年代中盤に党核心部署に登用された。

しかし洪순호をはじめとする一部同窓生は、急激な身分上昇に陶酔したあげく、一般に公開できない金正日の過去の秘事を漏洩した罪で、1980年代中盤に粛清された。李동호は、後継体制の下で統一戦線部第1副部長にまで昇進し、障害者である長男の結婚式に金正日が直接参加するほど信任を受けたが、1982年2月金正日の誕生パーティーで「首領を冒瀆した罪」で処刑された。
[43]この他に林相鍾、申相均、尹承寛、盧明根など、過去に金日成の官邸

---

[43] 康明道『平壌は亡命を夢見る』(ソウル:中央日報社、1995) p. 77〜81

で仕事をし、または警護員として勤務し、金正日と幼年期から結ばれた親密な情誼を基に側近に抜擢された場合もある。

　第二に、金正日の後継者内定以後、党・軍・政の各分野で金正日の権力掌握と唯一指導体制確立過程で忠誠心と業務能力、資質などが検証され、もしくは党資金稼ぎに寄与した功労を認められて権力に進入し、側近隊列に合流した人物である。

　しかし後継体制前の時期とは違い、後からは側近抜擢で公式な人事制度を通した厳格な把握と検証手続が適用された。こうした過程を経て姜錫柱、権民準、権成麟、権熙京、吉在京、金東雲、金永竜、金永春、金容淳、金鎰喆、金昌善、金忠一、李明秀、李秀鏞、李容哲、李鍾木、李源範、林東玉、林鎬群、文聖述、朴松鳳、朴在京、方承雲、元応熙、尹致浩、全秉鎬、趙明録、崔奉満、崔竜海、崔貞根、崔熙碧、玄俊極などの人物が1990年代初めまでの金正日後継体制時期を代表する側近に浮上した。

表4-2　親密な関係形成時期による出身別金正日の側近人物

出身	後継者内定以前時期	後継者内定以後時期
党	金国泰、金時学、金到九、李グァンピル、李済剛、李賛善、李ファヨン、徐允錫、延亨黙、閻基淳、崔益奎、玄哲奎	権民準、金容淳、文聖述、朴松鳳、方承雲、張成沢、全秉鎬、崔竜海、玄俊極
軍	李勇武、呉克烈、呉振宇	カン・サンチュン、権成麟、金光鎮、金永春、金昌善、金河奎、李容哲、朴在京、元応熙、尹致浩、張成禹、趙明録
保安	李鎮洙、李哲奉、沈昌完	金永竜
対南	金仲麟	姜寛周、林東玉、林鎬群、李ドンホ
文化	李賛善	
出版・報道	金己男、李ミョンジェ、李成福、尹承寛	
外交	李華善、申仁夏、許錟	姜錫柱、権熙京、吉在京、金忠一、李スヨン、李鍾木、李源範
財政	盧明根、申相均、林相鍾	金東雲、崔福万、崔貞根、崔熙碧

参考：統一部情報分析局『北朝鮮の主要人物』(2005)。聯合ニュース『北朝鮮人名・資料編』(2003)。
アンダーラインをひいた人物は2007年5月現在まで側近の地位を維持している人物である

2）側近登用

　側近たちの出身分野と抜擢背景と共に、このように抜擢された人物がどの分野に登用されたかということも、後継体制時期に金正日がどの分野を重視し、したがってこの時期に北朝鮮が追求した国家戦略が、何を指向したかを見せるバロメーターになり得るだろう。

ア）金正日書記室

　金正日の後継者内定に合わせて新設された金正日書記室は、側近の結晶体といえる所である。金正日書記室は、各分野から金正日に集中する報告文書と資料を受理・分類して金正日に報告し、決裁された文書を命令するなど、文書処理機能と金正日の日程と警護、儀式、側近行事の組織、金正日の私生活と便宜保障、秘密資金管理などの業務を担当している。しかし韓国の大統領府秘書室のような政策補佐の役割はしないという。これは金正日が「党中央委員会に書記局があるだけに、私に政策書記は必要ない」と言及した事実を通じても分かる。[44]

　金正日書記室は、書記室長と何人かの副部長、課長、指導員などで構成されている。室長と副部長は皆、組織指導部副部長の公式肩書を有している。歴代の書記室長は李明済(リミョンジェ)と李成福を挙げることができる。李明済(リミョンジェ)は、金正日の後継者内定前の時期に宣伝部門で勤務し、金正日と結んだ親密な情誼を背景に、後継体制確立に合わせて組織指導部と宣伝扇動部に登用された。彼は1982年末から1992年まで10年間書記室長を過ごし、金正日の配慮で病気治療を兼ねて、約2年間フランス駐在大使館党書記として勤務した後、書記室に復帰して1990年代後半に引退し、2007年2月に死亡した。[45]

　李明済(リミョンジェ)の後任として1992年に書記室長に任命された李成福は、過去労働新聞社に勤務し、金正日と親密な情誼を結んだ背景で党宣伝扇動部などを経て書記室に抜擢された人物である。李成福が2001年5月に肝臓癌で死亡した

---

[44] 黄長燁「統一政策研究所研究委員との懇談会でした証言」1998年1月
[45] 李ミョンジェの長男李容浩は1990年代初め、外交部国際機構局副局長として在職し、第1次北核危機妥結で核心的な役割をし、以後、駐英大使に任命された。李ミョンジェの妻は、側近パーティーの「猥らな」実態を金日成に知らせようとしたという理由で、夫によって処刑されたという説がある。黄長燁『闇の側になった陽光は闇を照らせない』p.136～137

後、書記室長職は現在まで空席として残っている。

　今まで書記室副部長には、강상춘、吉在京、金昌善、金忠一、李수용などが起用された。⁴⁶ 강상춘は護衛司令部警護軍官出身で、1980 年代初めから書記室で主に金正日の儀式と警護を担当し、1990 年代後半からは、マカオ駐在朝光貿易代表を歴任するなど、海外秘密資金管理を専門に担当した。

　吉在京は、1976 年スウェーデン大使在職中、麻薬密売疑惑で追放された後にも外交部(現外務省)副部長、党国際部副部長、書記室副部長を歴任するほど金正日の厚い信任を受けた人物である。彼は 1998 年 4 月ロシア、ウラジオストックで、再び 3 万ドルの偽造紙幣を両替しようとして、ロシア当局に摘発されたが、2000 年 6 月に死亡する時まで信任を失わず、書記室副部長職を維持した。⁴⁷

　金忠一は、洗練されたマナーと社交性、高い外国語実力を備えた外交官の典型として知られた人物である。しかし彼が金正日の信任を得ることができたより根本的な背景は、外交部第 1 副部長の時期に金正日が外交問題で彼を探すたびに、深夜でも家でなく事務室で電話を受けるほど、専門家らしい根性と誠実さ、明晰な情勢判断力を備えたことであった。このため、金正日は当時の外交部長金永南に、金忠一を自身が直接使うと言って、宣伝扇動部対外宣伝担当第 1 副部長に起用し、以後書記室副部長に抜擢した。⁴⁸

　人民武力部対外事業局出身である金昌善が、書記室に抜擢された背景は特異である。彼の夫人柳春玉は、金日成と金正淑のパルチザン同僚である前 105 戦車旅団長柳京洙と朝鮮革命博物館館長黄順姫の娘である。柳春玉自身も党国際部課長であり、金正日の妹金敬姫と最も近い友達だった。こうした背景で、彼は結婚後、中央党行政部と書記室課長に電撃抜擢されるなど高速昇進を繰り返した。金正日は彼の夫人柳春玉がアルコール中毒で死亡すると、すぐに黄順姫の反対にもかかわらず、自身の専属看護師を金昌善の後妻に紹介するほど彼を信任した。⁴⁹

　書記室副部長とスイス駐在大使を兼任している李수용(仮名李徹)は、過去

---

⁴⁶ 書記室幹部たちに対する詳細な面面に関しては、藤本健二『金正日の料理人』(ソウル：月刊朝鮮社、2003)でもおもしろく紹介されている。
⁴⁷『聯合ニュース』2003. 5. 17
⁴⁸ 高英煥・前コンゴ駐在北朝鮮大使館参事官の証言。
⁴⁹ これについては、藤本健二『金正日の料理人』にも詳細に紹介されている。

金容淳と国際関係大学同窓であり、許錟外交部長下で儀式を担当する儀礼局長(訳注：日本の儀典長に該当)であった。また、1970年代中盤、組織指導部在外党生活指導課長だった張成沢とも懇意な関係であった。金正日最側近とのこうした厚い関係は結局、李秀墉(リスヨン)を金正日が最も信任する海外「金庫番」にした。彼は党経済が本格化した1970年代後半、スイス駐在公使に任命された後、数十年の間、金正日の海外秘密資金を管理してきた。[50]

書記室にはこの他にも、金国泰党幹部担当書記の娘金文炅(キムムンギョン)をはじめとする課長級側近人物もいる。[51] これらの中で一部はスイス、オーストリア、イタリア、フランス、ドイツ、ロシアなど様々な国に常駐して金正日に必要な商品購入と映画収集、海外に滞留する金正日家系の人物の生活保障などに従事しているという。[52]

書記室は組織指導部をはじめとする他の権力機関と異なり、政策的な影響力は発揮しなかったが、金正日の政治的信任度と親密度では充分に最側近だと見ることができる。とくにこれらは側近の条件だと言える非公式宴会など側近行事を直接組織するという点で、こうした行事に招請されることだけでも「光栄」と考える「一般の側近」とは次元が異なる特権階層と見なせる。

イ）組織指導部と本部党

金正日後継体制に入り、組織指導部は4～5人の第1副部長と10人余りの副部長、300人余りの職員で構成された巨大な組織に拡大した。組織指導部の体制がこのように膨張したのは、この機構が金正日の直属部署として唯一指導体制確立の核心道具になったからである。組織指導部第1副部長は、党生活指導担当、検閲担当、人事担当、本部党担当などに役割が分担されたが、1990年代に軍事担当と行政(司法・検察)担当職制が追加された。

今まで第1副部長に起用された人物としては、金到九(キムチグ)、李관필(リグァンビル)、李容哲(リョンチョル)、李済剛(リチャンソン)、李賛善(ムンソンスル)、文聖述(スユンソク)、徐允錫(ヨムギスン)、閻基淳(ユンスングァン)、尹承寛、張成沢、玄哲奎(ヒョンチョルギュ)などを挙げることができる。彼らのうち、李관필(リグァンビル)、閻基淳、玄哲奎などの

---

[50] 李スヨンは、金正日と中学校同窓という証言もある。黄長燁『闇の側になった陽光は闇を照らせない』p. 112
[51] 外交部出身である金ムンギョンは、金正日の妹金敬姫との親密な情誼で1990年代初め党国際部課長を経て書記室に抜擢された。吉在京と金忠一等の場合にも見られるように、書記室職員は書記室に入る前に、中央党で一定期間党事業経験を積むのが慣例だと見られる。
[52] 『聯合ニュース』2001. 5. 21

人物は1960年代から組織指導部で仕事をして、金正日と親密な情誼が形成された唯一指導体制確立の一等功労者といえる。

金到九と徐允錫は、1970年代中盤唯一指導体制が本格化した時期に、組織指導部第1副部長に起用された。徐允錫は、この時期「10大原則再討議事業」の実務総責任者として中央機関に検閲グループを導いていき、多くの幹部とインテリを粛清した張本人である。とりわけこの時期に数多くの遺児出身幹部が除去され、彼は「遺児の共通の敵」という非難まで受けた。以後、平壌市党責任書記と党政治局候補委員、平南道党責任書記などを歴任して1990年代後半彼自身が結局、粛清の悲運を迎えることになった。金到九もやはり唯一指導体制確立過程に数多くの政敵を作り出し、「粛清の鬼才」として名声を轟かせた人物だったが、1980年代中盤、側近パーティーに出席後、帰宅中に飲酒運転事故で死亡した。

尹承寛は、解放後に金日成の邸宅警護軍官を勤めた経歴で、金正日と長い親密な情誼を維持してきた人物として知られている。こうした縁で、彼は北朝鮮の言論管制の役割をする出版指導局長を経て組織指導部第1副部長に抜擢されたが、1990年代初めに党派閥勢力と官僚主義などの過誤を犯して解任された。李済剛は、1980年代から何と20年余りの間、組織指導部幹部担当副部長として高位層人事だけを専門に担当してきたが、2000年代初め第1副部長に昇進した。

李関弼(リグァンピル)、李賛善、文聖述などは、組織指導部第1副部長と本部党責任書記を兼任した人物である。本部党とは、中央党本部内で仕事をする幹部と党員たちの党生活を指導する組織である。つまり、中央党が北朝鮮全域の党生活を指導するならば、本部党は中央党内部の党生活を指導する。そのため本部党責任書記は、金正日の信任度や権力の見地で他の追従を許さない職責だと見ることができる。

本部党委員会は、中央党活動家の党生活指導と同時に彼らと家族に対する監視と情報収集などの役割もするという。中央党幹部の中で過誤が発生すれば本部党総会で思想闘争会議が進行され、金正日は自分の執務室に設置されたCCTVを通じて会議の過程を見守り、本部党責任書記を通じて結論を下すという。[53]

---

[53] 黄長燁『闇の側になった陽光は闇を照らせない』p.93〜95

李관필は、1970年代から1980年代後半に病死するまで、最も長い間、本部党責任書記を過ごした金正日の最側近だった。[54] 彼の後任として本部党責任書記に上がった李賛善も、やはり組織指導部副部長出身として他の側近と異なり、金正日の側近パーティーにほとんどもれなく夫婦同伴で参加するほど大きな信任を得た人物だったが、1990年代初めに病死した。[55]

　李賛善の後任である文聖述は、主に地方党と組織指導部で忠誠心と能力、とくに強い原則性を認められて側近に抜擢された人物だった。こうした原則性のために、彼は本部党責任書記在任期間に多くの政敵を作り出し、結局、彼らの恨みを買って1990年代末、北朝鮮全域を覆ったいわゆる「深化組事件」の過程で、朝鮮戦争当時の経歴が問題になり、「反革命分子」の汚名を被って処刑された。[56]

　組織指導部第1副部長だけでなく、副部長もやはり金正日が最も信任する側近だった。高학겸、羅정빈、李源範、李華善、李화영などが後継体制時期に副部長をした代表的な人物である。副部長の中にはこの他にも金正日書記室副部長と、長官級以上の幹部専用病院である烽火診療所所長、スイス駐在大使李수용など組織指導部の業務と関連ない人物もいる。これはそれだけ金正日が組織指導部という名称自体を信任の表示として、側近であることを示す証票として活用していることを示している。

ウ）宣伝扇動部

　金正日の組織及び宣伝書記任命で宣伝扇動部も組織指導部も彼の直轄部署になり、典型的な側近集団として浮上したのは自然なことだった。とくに宣伝扇動部は、金正日にとって後継者としての政治経歴を積んだ揺りかごであったことと、後継体制確立過程で「総ての社会の金日成主義化」の道具として機能したことなどから、早くから側近「棲息地」の役割をした。

　宣伝扇動部に勤務したか勤務している代表的な側近としては、金国泰、金己男、金忠一、李명제、李成福、崔益奎などを挙げられる。金国泰は、金

---

[54] 李クァンピルの次男である李チャンは、金日成社会主義青年同盟書記兼朝鮮学生委員会副委員長として1989年世界青年学生祝典当時、韓国全大協代表林秀卿の北朝鮮在留を専門に担当したりもしたが、1990年代後半に青年同盟不正事件に関わって処刑された。

[55] 李賛善と金正日の格別の因縁については、北朝鮮月刊雑誌『千里馬』2005年第12号 p.28〜29にも詳しく紹介されている。

[56] 藤本健二『金正日の料理人』p.239

日成のパルチザン同僚である金策の長男として、1960年代から金日成によって党幹部として育成された人物である。彼は1968年に党宣伝扇動部長に登用され、当時課長だった金正日の直属上司になった。しかし金正日が1970年副部長を経て1973年に書記に昇進した後、金日成高級党学校校長、科学教育部長、幹部担当書記などを歴任した。彼の弟金정태は民族保衛省(現人民武力部)偵察局長在職中の1969年、軍閥主義粛清過程で左遷されたが、金正日の信任で復権した渦中の1980年代中盤に病死した。

崔益奎は、1950年代後半から朝鮮芸術映画撮影所で演出家として勤務し、金正日と映画を媒介に親密な情誼を積んだ長い間の側近である。金正日は幼い時から映画を非常に好み、崔益奎は金正日の欲求を満たしてくれた。とりわけ彼は『遊撃隊五兄弟』と『私が探した道』など大作と評価された映画を創作して金正日の高い信任を受け、1960年代後半、金正日と宣伝扇動部課長として一緒に勤務し、文化芸術分野での「分派毒素」清算化と唯一思想体系の確立、抗日パルチザンの革命伝統の実現などに積極的に協力した。こうして後継体制の下でも宣伝扇動分野で金正日の右腕の役割をしたが、1980年代中盤に申相玉、崔銀姫脱出事件を契機に、しばらく革命化過程を体験した。以後再び宣伝扇動部副部長に復帰し、1990年代にはシリーズ作映画である『民族と運命』を製作し、金正日の高い評価を受けた。彼は1990年代末、党から出て内閣の文化相を務めたが2000年代初めに引退した。

李成福と金己男は、1960～1970年代に出版報道部門で仕事をし、忠誠心と能力を認められて1980年代に宣伝扇動部に起用された人物である。特異な点は、宣伝扇動部幹部の中から、李명제、李成福、金忠一など3人も金正日書記室に引き抜かれたことである。これは、それだけ宣伝扇動部が金正日の絶対的な信任を受ける側近集団だったことを示す代表的事例だと言える。

エ）党内その他の部署

中央党幹部部、国際部、青年及び三大革命小組事業部などその他の部署と財政経理部、39号室などの資金作りと管理を担当した部署も代表的な側近集団だったと言える。

金時学は、張成沢と共に三大革命小組運動と青年事業分野で、後継体制確立の礎石を積んだ人物である。遺児出身である金時学は、1970～1980年代に中央党幹部部長と青年事業部長、三大革命小組事業部長、行政部長などを歴

任した金正日の側近だったが、1980年代末、司法・検察部門に対する検閲過程で、行政部と組織指導部の間に発生した摩擦のために、謹慎処罰を受けたりした。以後、行政部が組織指導部に編入され、組織指導部行政担当(司法・検察部門担当)第1副部長に起用され、1990年代後半から開城市党責任書記などを経て、現在、金日成高級党学校校長である。

延亨黙は、姜成山、呉克烈などと共に遺児出身で、権力の最上層にまで上がった人物である。とくに、後継体制時期に経済専門家が金正日の側近に抜擢された事例は、延亨黙がほとんど唯一だと見られる。彼は1960年代後半から中央党重工業部長と経済担当書記、政務院総理、党政治局委員などを歴任した経済通だった。

しかし、同じ遺児出身で経済専門家であるにもかかわらず、金正日が唯一延亨黙を偏愛したのは、姜成山と異なり彼の高い忠誠心と業務能力、主に北朝鮮の軍需産業、とくに核とミサイル開発で占めた彼の独歩的価値のためだと見られる。

中央党幹部部も、人事を専門とする業務の重要性から側近たちの占めるところになった。金国泰、金時学、金栄彩(キムヨンチェ)、玄哲奎などが歴代幹部部長を歴任し、金裕善、方承雲をはじめとする副部長もやはり、金正日が寵愛する側近たちである。しかし、幹部部の重要な機能の一つである海外派遣人事のため、この部署では海外で亡命事件が発生するたびに、大変な苦労をすることで有名である。

中央党国際部もやはり多くの側近を輩出した部署である。1970年代に第28次国連総会と南北対話などで首席代表として外部にも知られた権民準は、外交部副部長から1980年代初めに国際部副部長に起用され、側近隊列に合流した人物だったが、1994年頃に病死した。この他にも姜錫柱、金永南、金容淳、玄俊極などが国際部出身である。

1980年代後半から全秉鎬、朴松鳳など中央党機械工業部(現軍需工業部)幹部が、新たな側近人物として急浮上した。これは金正日がこの時期から核開発に本格的な関心を表し始めたことを示すもう一つの証拠ともいえる。

すでに言及した通り、金正日は党権掌握過程で財政経理部を拡大・改編し、1970年代末には39号室を新設する方法で党の財政権を掌握し、後継体制構築に必要な資金確保基地を拡大していった。この過程で財政経理部と39号室は、自然に金正日の信任を受ける側近で構成される他なかった。盧明根、崔熙碧

などの人物が、この時期に財政経理部長を過ごした代表的な側近だった。

　金正日の「金庫番」とも見られる 39 号室室長は、崔奉満、金東雲などの人物が歴任した。とくに崔奉満は党経済の全盛期だと見られる 1980 年代に 39 号室室長に任命され、長く金正日の最大の信任を受けたが、1990 年代初めに、二重帳簿を作っていた事実が発覚して処刑された。[57]

オ）対南分野

　前述した通り、1975 年に金正日は、対南分野に対する組織指導部集中検閲を通じてこの分野に対する唯一指導体制を確立した。以後、1977 年頃に既存の文化部の後身として統一戦線部を新設し、金仲麟を対南書記兼統一戦線部長に任命した。そして対南書記金仲麟と連絡部長鄭敬熙（チョンギョンヒ）、調査部長李完基（リワンギ）を通じて統一戦部と連絡部、調査部を直接掌握・管理する体系を樹立した。[58]

　これら対南部署の幹部は、この分野で長期間経歴を積んだ専門家だったが、金仲麟、李完基などを除いた鄭敬熙（チョンギョンヒ）や李善実（リソンシル）たち南派工作員出身幹部は側近の隊列に上がれなかった。これら工作員出身幹部は、長い間韓国に潜入して功労を認められて英雄称号も授与され、党政治局委員と最高人民会議代議員に選出されるなど充分な補償は受けたが、権力者の近くに近づくほどの政治的信任は受けられなかった。

　後継体制が強化段階に入った 1980 年代初めから、対南分野も金正日の側近によって掌握され始めた。金正日は連絡部を韓国での地下党建設と親北朝鮮化を専門に担当する社会文化部と、対南テロ及び工作員の確実な浸透を専門に担当する作戦部に分け、対南分野を 4 部体制に再編した。この過程で鄭敬熙は、連絡部長から社会文化部副部長に降職され、李善実も副部長程度に留まり、静かに引退した。これらの席には、対南事業経験が全くない金正日の側近たちが大挙起用され始めた。

　1983 年、金正日は金仲麟の代わりに外交部長許錟を対南書記に任命し、彼に統戦部、社会文化部、調査部、作戦部などすべての工作部署に対する全権を委任した。こうした措置は、この時期金正日の対南戦略において、統一戦線業務より対南工作業務の比重が、遥かに大きかった事情に関連すると見ら

---

[57] 藤本健二『金正日の料理人』p. 185〜186
[58] シン・ピョンギル『金正日と対南工作』（ソウル：北朝鮮研究所、1996）p. 160

れる。以後、1980年代後半の情勢変化に伴い、地下工作より南北対話と交流などの統一戦線業務が重視され、1988年に尹基福(ユンギボク)を、1992年には金容淳を対南書記に起用し、再び統一戦線部だけを専門に担当させた。

1980年代に入って、各対南部署の責任者も総て金正日の側近に交替させられた。1960～1970年代に文化芸術分野で働きながら金正日と親密な情誼を結んだ李賛善文化芸術部長が、1980年代初期に社会文化部副部長に続き部長に抜擢昇進された。

統戦部も金仲麟が退いた後、金正日の大学同窓である李동호(リドンホ)が第1副部長としてバトンを受け継ぎ、李동호(リドンホ)が粛清された後には、また他の同窓である姜寛周が統戦部第1副部長に任命された。姜寛周は金正日と同窓という背景で、1970年代初めに北朝鮮の名門芸術団体である万寿台芸術団交渉部副部長として俳優を管理し、金正日と特別な縁を結んだ。彼は統戦部副部長と第1副部長の時期に、主に日本の朝鮮総連関連業務を専門に担当し、1997年対外連絡部(社会文化部の後身)部長に任命され、朝鮮総連業務を引っ張っていったという。

1980年代中盤、調査部(現35号室)部長には、人民軍作戦局長出身である李容哲(2007年当時、組織指導部第1副部長)と前ソ連駐在大使権熙京(クォンヒギョン)が順に登用された。権熙京は、外交官出身として1970年代と1980年代の二度にわたりソ連駐在大使であり、ロシアから核技術導入に寄与した功労で英雄称号まで授与され、金正日に多くの外貨資金と物資を調達して信任を厚くした。しかし1997年頃、過去ソ連駐在大使時代に公金を横領した事実と、外国情報機関に買収されたという疑惑を受け、粛清されたという。[59]

1980年代中盤、作戦部長には1960年代から連絡部と調査部などで専門家経歴を積んだ林鎬郡(リムホグン)がしばらく起用されていたが、少し後に金正日の側近である呉克烈に席を渡し、副部長に退かなければならなかった。呉克烈は抗日パルチザン時期、金日成の忠臣モデルとして知られた「呉(オ)氏」家門出身として万景台革命学院卒業後、ソ連留学を経て人民軍総参謀長にまで上った遺児の代表走者であった。彼は後継体制前の時期から金正日と親密な情誼を積んできた長い間の側近だったが、1980年代後半に主要軍事政策問題と関連して、金正日の側近である呉振宇と争いを生じた後、作戦部長として転職させられた。

---

[59] 藤本健二『金正日の料理人』p.240

このように後継体制下で、対南分野は金正日の側近が上層部を掌握し、その下で工作員出身幹部と専門家が実務を担当する構造に変化した。既存の権力エリートが側近に変身した組織指導部や宣伝扇動部とは違い、対南分野は既存エリートが側近に交替させられた代表的事例になった。こうした現象は結局、韓国出身者と韓国で長期間活動した工作員出身者に対する信頼の限界から始まった結果だとしか評価できない。換言すれば、対南分野に対する唯一指導体制を確立すると同時に、専門性を保障するため、避けられない措置だったのである。

カ）軍、保安、外交分野

党機関だけでなく軍と保安、外交などの分野も唯一指導体制の確立と共に急速に金正日の側近集団に転換された。先述したように、権力上層部の大多数のパルチザン出身元老幹部は、すでに後継者内定前の時期から金正日と厚い親密な情誼関係を維持していた。代表的には人民武力部長崔賢（チェヒョン）、総参謀長呉振宇（オジヌ）、総政治局長李勇武（リヨンム）など軍部核心3人衆が全員、後継者内定時点ですでに金正日の側近として「抱き込まれた」人物であった。

崔賢の死亡によって1976年人民武力部長に登用された呉振宇は、その後、後継体制の全期間、金正日の最も強固な後援者となった。反面、総政治局長李勇武は、金正日の強大な信任を口実に「極度に高慢で傲慢放縦になった」との理由で呉振宇の牽制を受け、1977年頃、両江道の林山事業所に左遷されるなど曲折を経験した。[60] その後呉振宇は、人民武力部長と総政治局長を総て兼任した軍部の最高権力者として登板した。呉振宇が人民武力部長に抜擢され、彼の後任に革命第2世代である呉克烈が総参謀長に昇進・起用された。その後呉克烈は、呉振宇との摩擦で党作戦部長へ席を移したりしたが、彼に対する金正日の信任には変わりがなかった。

この他にも、後継体制時期に金正日の軍部掌握に決定的寄与をしたことで側近隊列に上った人物としては、1970～1980年代には総政治局宣伝部局長尹致浩（ユンチホ）、偵察局長張成禹（チャンソンウ）、作戦局長金永春（キムヨンチュン）、武力部副部長金光鎮（キムグァンジン）、砲兵司令官金河奎（キムハギュ）などを挙げることができる。尹致浩は軍隊内で唯一指導体制の

---

[60] チェ・ジュファル『北朝鮮体制における党－軍関係研究』（慶熙大学校行政大学院修士学位論文、2002）pp. 85～86

確立と金正日の偶像化に大きな貢献をしたことで、軍部で金正日が最も信任する側近に浮上したが、1980年代初めに病死した。[61]

1990年代初めに、金正日が最高司令官と国防委員長に推戴されたのは、側近隊列が党中心から軍中心に再編される予告であった。実際この後、軍部の核心人物が大挙して側近行事に姿を現し、軍部側近だけの別途行事が開かれる回数が増加した。金正日が彼らを同行して様々な軍部隊を視察する事例も急激に増え始めた。この時期に新たに側近として登場した人物は、空軍司令官趙明録（チョミョンノク）、作戦局長金明国（キムミョングク）、保衛局長元応熙（ウォヌンニ）、総政治局組織副局長玄哲海（ヒョンチョルヘ）、宣伝部局長朴在京（パクジェギョン）などだった。

護衛司令部政治委員だった権成麟（クォンソンリン）も、後継体制時期の代表的な軍部側近人物に挙げられる。彼は当時、護衛司令部内に組織されていた芸術団を通じて金正日の家系偶像化を積極的に推進して大きな信任を得た。だが、1980年代中盤に、唯一思想体系確立10大原則に背く行動をした、という理由で政治犯収容所に収監された。

金正日の後継体制確立過程で、国家保衛部と社会安全部（現人民保安省）などの保安機関にも金正日の側近が充てられた。代表的人物として李鎮洙（リジンス）国家保衛部長と沈昌完（シムチャンワン）前社会安全部政治局長を挙げることができる。李鎮洙は、1980年代初めに金炳夏（キムビョンハ）初代国家保衛部長が「反党分子」として粛清された後、その後任に抜擢された側近だったが、1987年黄海道視察中に煉炭ガス中毒事故で死亡した。以後20年間、金正日は保衛部長を別に任命せずに第1副部長を通じてこの機関を掌握した。李鎮洙が死亡した後、第1副部長に起用された金英龍（キムヨンリョン）は、事実上保衛部長の役割をしたが、1990年代末に不正疑惑で粛清の危機に追い込まれて自殺した。

沈昌完は保安分野で金正日の唯一指導体制を確立し、社会安全部所属の人民警備隊建設総局を動員し、1970～1980年代に平壌地下鉄と中央党新庁舎、その他偶像化宣伝物と記念碑を建設して、金正日から「忠臣中の忠臣」という評価を受けた人物である。彼の死後、金正日は沈昌完を革命家遺児の「手本」として押し立て、彼に関した記録映画を製作し、彼の子供を金日成総合大学に送るなど遺族に特別な恩恵を施した。[62]

---

[61] 前掲書, p. 85～88
[62] 沈昌完と金正日の親密な情誼関係については、北朝鮮月刊雑誌『千里馬』2005年第12号 p. 29～30 にも紹介されている。

後継体制時期に、外交部などの対外部門から側近が輩出された背景と関連しては、当時外交部長だった許鋑の役割がしばしば議論されている。金正日は1965年、金日成のインドネシア訪問に随行して外交に大きな関心を持つようになった。これには許鋑の影響が大きかったという。この過程で許鋑は、自身が寵愛した数人の外交部門幹部を金正日に紹介した。これらのうち李鍾木外交部第1副部長と田仁徹副部長、申仁夏などの人物が、後継体制時期に外交分野を代表する金正日の側近として浮上した。

李鍾木は、許鋑と共に外交分野で金正日が最も大事にした人物だったが、1980年代中盤に、金正日と多くの側近と一緒に金剛山に行った後、交通事故で死亡した。李鍾木の後任として順に第1副部長に登用された金忠一と姜錫柱も1980年代を代表する外交部門の側近である。党国際部ヨーロッパ担当課長だった姜錫柱は、1983年に許鋑の後任に外交部長に起用された金永南国際書記が、外交部に一緒に連れてくるほど信任した人物だった。彼は外交部に来てヨーロッパ担当副部長を経て1988年金忠一の後任として、第1副部長に抜擢された後、約20年の間その席を守ってきた。

姜錫柱が長期間現職を維持してきた理由は、1980年代後半から表面化した北朝鮮の対米・対西側外交と無関係ではないと見られる。この時期、北朝鮮の外交は、金永南を軸にする非同盟外交と姜錫柱を軸にする対米・対西側外交に明確に区分された。非同盟外交を重視した金日成は金永南を寵愛し、対米・対西側外交に関心が高かった金正日は、自身の意中を正確に読める姜錫柱を信任することになった。

とくに姜錫柱は1990年代初め、第1次核危機と関連した朝米交渉を金正日の意図に合うよう成功裏に解決して、金正日から英雄称号の授与を受け、今まで北朝鮮外交界の最長寿側近という記録を立てることができた。

1990年代初め、朝日交渉首席代表として外部世界に良く知られた田仁徹外交部副部長も金正日が大事にした側近の一人だった。日朝交渉当時、田仁徹の家を訪問したいという日本側首席代表の提案を金正日が異例にも受諾し、接待用の金酒（訳注：金糸を混ぜた酒）まで送った事実は、彼に対する金正日の信任を示す代表的な事例であった。

3）側近抜擢と登用の特徴

　金正日側近幹部の出身と側近抜擢の背景、そして側近が登用された主要分野を調べる過程で、次のような一連の特徴を発見できる。

　第一に、多くの側近が党と軍部、対南、外交などの分野から輩出され、もしくはこれらの分野に集中布陣された反面、経済と行政、科学技術などの分野から側近が輩出され、もしくはこの分野に側近が布陣した事例をほとんど探し出せないことである。とくに、代表的な側近集団といえる金正日書記室と組織指導部、宣伝扇動部に経済や科学技術分野から抽出された技術専門エリートが登用された事例は知らない。金正日の側近だった延亨黙（ヨンヒョンムク）が党経済担当書記と政務院総理、道党責任書記などを歴任したという理由で経済エリートだと見られるが、それはやはり側近抜擢時に党官僚であり、民需経済よりは軍需経済専門家という点で、内閣と同じ一般行政・経済部門幹部とは次元が違うと見られる。

　北朝鮮で代表的な技術専門エリートだと見られる金達玄（キムダルヒョン）と金正宇（キムジョンウ）は、金日成によって経済部門に起用された人物である。なかんずく金達玄は金日成の親戚という理由が大きく作用した。だが、彼らはみな改革開放的思考方式が問題にされ、金正日によって粛清されたと伝えられている。

　このように後継体制時期、金正日の側近に抜擢された人物は、全員改革的政策変化とは距離が遠い政治エリートであり、ただ金正日の後継権力構築と強化に適合した性格の所有者であった。

　第二に、後継者内定時点を基準として、以前は主に個人的に親密な情誼関係と権力層内での影響力によって側近として「抱き込まれた」とすれば、以後は主に能力中心で抜擢が行われたことである。つまり、自分の分野に対する専門知識と業務推進力、責任性と道徳性などで高い評価を受けた人物が側近に抜擢された。金正日は自身に対する忠実性は、必ず業務成果として現れなければならないと強調し、実力不足だと判断される人物は側近として使わず、または側近から排除した。例えば1970年代、金正日は許錟が紹介した外交部幹部の中で、李成熙（リソンヒ）副部長と高成淳（コソンジュン）責任参事などの一部幹部は、情勢分析能力と報告書作成能力が期待以下という理由で、彼らを二度と側近行事の場所に呼ばなかった。

　実力中心で側近を抜擢する用人術は、自然に幹部の中に資質向上と成果達

成努力をもたらした。後継者内定後に各分野に起用された側近の面々を調べると、己の分野で充分に最高の実力を備えた人々だと評価できる。実例として金忠一、姜錫柱のような側近は粘り強い資質向上と努力で、金正日がいつどんな問題を問い合わせても、即座に理路整然と回答できる専門性と実力を備えた人物だと定評があった。

金正日は、側近に自分の業務に対する高い責任性を発揮し、事実をありのまま報告することを常に注文した。とくに金正日は「首領様の心配と負担を取り除いて差し上げる」という名分で、金日成には否定的資料を報告できないようにしながらも、自身には否定的資料も漏れなく報告することと虚偽、誇張、歪曲報告を禁じることを強く要求した。金正日は、自身にへつらう人々は多いが、心より信じるに足りる人がいない、という話を時々したという。彼が側近たちとの非公式宴会をしばしば招集する目的の一つも、側近から率直な見解を聞こうとすることにあると見られた。[63] それでも、金正日の路線と意図に相反する意見まで気兼ねなく提起することを許容したという意味ではない。金正日の意図を事前に充分に把握し、それに合うように自己啓発をし、建議できる人だけが金正日の信任を受ける資格、換言すれば側近の資格を備えた人といえる。実力中心の側近の抜擢は、鄧小平のような政策変化のための幹部政策の改革とは何の関連性もなかった。

第三に、金日成の側近人物は近づけなかったことである。金正日は常に幹部に金日成に対する忠実性を強調しながらも、本来、金日成を至近距離で補佐する者、公式序列上位の金日成の側近元老幹部は、近くに置かなかった。

崔永林(チェヨンリム)は、万景台革命学院出身幹部の中で、金日成の寵愛を最も受けた人物中の一人である。彼は物静かな性格と非常な記憶力、豊富な経済知識で1970年代から金日成の責任書記と政務院第1副総理、政治局委員などを歴任した。彼は金日成の責任書記の時期、金日成に上がる報告文書を金正日にも報告して信任を得、金父子間に問題が発生すれば、これを上手に調整もした。それにもかかわらず、金正日は彼を側近に起用しなかった。これは金正日が、側近政治の内幕が金日成に知らされるのを警戒したことにも原因があるが、多くの経歴を経済部門や金日成の側近として送り、崔永林が金正日と親密な情誼を形成する機会がなかったことも一つの原因だと見られる。

---

[63] 黄長燁『私は歴史の真理を見た』p. 223, 262

姜成山と金渙も遺児出身として金日成によって党政治局委員と政務院総理、中央党書記など最高位職に上がった金日成の側近であった。彼らもやはり、経済を専門とした技術専門エリートであり、経歴からみて金正日と親密な情誼関係を形成する特別な機会や名分がないのは同じだった。とくに姜成山は1960年代末〜1970年代初めに、平壌市党責任書記在職時に金聖愛の弟である市党組織書記金聖甲などの脇枝勢力と闘争しなかったという理由で、金正日と疎遠な関係にあったことが分かった。この他にも金永南、李根模、尹基福、玄武光など、この時期の代表的な公式序列上位の人物も、金正日は個人的に近づけなかった。

　第四に、個人的な人柄も側近抜擢で主要な基準として考慮された。側近になるには飲酒と歌唱力、ユーモア感覚のようなパーティー文化に必要な資質や、最小限その雰囲気に適応できる融通性が要求された。宴会に招待されて酒をほとんど飲まなかったり、眉をひそめたりなど「奇想天外な」状況に適応できない、生真面目で「剛直な」性格の人物は、二度と招待されないという。[64]

　先に述べた序列上位の元老を、金正日が個人的に好まないことも、金日成の側近という理由と共に、このように原則性が強くて生真面目な性格も一つの原因だったと見られる。反面、金己男のような元老が高齢にもかかわらず側近の地位を維持することができたのは、普段は「ソンビ」（訳注：高尚な人）や「両班」と評されながらも、側近パーティーでは「若者」まで驚くほどのイメージ変身術を発揮したお陰だったという。

　しかし、こうしたパーティー文化は、少なくない側近の寿命を短縮させる結果を招いた。側近行事の性格上、総ての参席者は保安維持のために金正日書記室の専用車を利用するか、直接自分の官用車を運転しなければならない。こうした決まりのために、少なくない側近が宴会出席後、飲酒運転をして交通事故で命を失ったり身体障害者になったりした。金到九、李화영、李鍾木などがこうした交通事故の代表的な犠牲者であり、呉振宇と盧明根などは事故の後遺症で長期間苦労しなければならなかった。

　権民準、吉在京、金光鎮、李慶善、李관필、李명제、李成福、李源範、李

---

[64] これについては、黄長燁『私は歴史の真理を見た』p. 211〜212, 215；康明道『平壌は亡命を夢見る』p. 120；ソン・グァンジュ『金正日リポート』（ソウル：パダ出版社、2003）p. 383〜387を参照。

賛善、李昌善、李華善、林東玉、申仁夏、沈昌完、延亨黙、元応熙、尹致浩、田仁徹、許錟など多くの側近が、各種癌や不治の病で死亡した。これらのうち、少なくない人物は、たび重なるパーティーと過度な飲酒が病気の原因だったと伝えられている。

次に、対人関係が円満でない者、人を謀略するのが好きな性格の者も側近隊列から除外された。金正日は1980年代末、組織指導部が政府機関のある党の活動家を忠誠心と実力を備えた人だと評価し、組織指導部に登用したらよいという報告を受け、「自己の上司を謀略する悪い習慣がある人を組織指導部に受け入れることはできない」として反対したという。1990年代初めに、人民軍総政治局組織副局長李奉遠が、金正日の絶対的信任を受けた金明国(キムミョングク)作戦局長を陥れる報告を上げて、逆に追求されたことは北朝鮮で広く知られたエピソードである。[65] 黄長燁(ファンジャンヨプ)氏は、金正日の側近だった許錟は他人を謀略したり、けなしたりする人ではなかったとし、そのような人が金正日の側近であったのは幸いだったと言及した。[66] 金正日の専属料理人として北朝鮮に入り込み、権力層の生活を直接体験して目撃した藤本氏は、側近たちの内部争いについて、このように証言した。

北朝鮮の最高位層は、確実な職責を持っていても安心できません。下から上司を打ち倒して上がってこようとするお世辞屋がとても多いためでしょう。部下が上司を去勢するため、金正日に嘘の報告をする場合も多いです。金容淳もこうした謀略に掛かって、しばらく見られませんでした。そのため核心側近を告げ口する報告が入ってくると、金正日は数ヶ月間調査をさせ、異常がなければ信じます。金正日は、誰が自身にへつらっているかもよく知っているほど、下の者の心理を見透かすことに見識を持っている人です。[67]

性格上「口が軽い」人も側近の世界では警戒の対象であった。金正日は側近パーティーのような内部実状が金日成や他の非側近幹部、あるいは一般住民や国際社会に知られることを極度に警戒していた。そのため側近抜擢で「寡黙

---

[65] チェ・ジュファル「朝鮮人民軍総参謀部組織体系と作戦局の任務と役割」『北朝鮮調査研究』第6巻1号 (2002) p.36〜37
[66] 黄長燁『私は歴史の真理を見た』p.212
[67] 藤本健二『金正日の料理人』p.236

な性格」も重要な基準になった。

　最後に、健康に問題がある人物もできるだけ側近隊列から除外された。いったん金正日の信任を得て側近に抜擢されると、誰彼に関係なく健康に特別な異常がないか必ず診断を受けなければならない。とりわけ肝炎のような伝染性の病気は、金正日にしばしば接触する側近は言うまでもなく、金正日を遠くから見ることができる各種政治行事にも参加できない。1980年代に対外文化連絡委員会委員長であった金寬燮は、慢性肝炎ウイルス保有者という理由で側近から除外された代表的な人物だった。当時、金正日は彼を側近宴会に招待したが、本人自ら「真心」からこれを丁寧に断ったという噂もあった。彼は1980年代末ついに肝臓癌で死亡した。

3. 側近管理

　側近抜擢と共に、その側近が金正日に持続的に忠誠を尽くし、能力を充分に発揮できるように管理していくことも、側近政治の重要な内容だと見られる。

1）幹部特恵制度とばらまき政治

　幹部の職級と職位による差別化された報酬と業務成果によるインセンティブを提供するのは、どの社会でも普遍的な現象だと見られる。平等を標榜する北朝鮮でも他の社会主義国家と同じように、社会的地位と身分、功労による所得と生活水準の差は、かなり以前から存在してきた。こうした差異は、俸給と住宅及び生活必需品の供給、子供の教育、医療サービスなどでの差別化と特恵を通じて行われた。しかし俸給の差は、慢性的な経済難による商品不足で、日が進むにつれインセンティブとしての意味がなくなった。そのため北朝鮮では、全住民の階層別序列化により差別化した各種供給及び配給制度が早くから発達した。

　金日成時代には、幹部に対する特恵が徹底的に公式権力序列により規範化された。すなわち、党政治局委員と候補委員、党書記、副総理など公式序列最高位層と、中央党部長と内閣の相、党中央委員会委員などの長官級、そして中央党副部長と内閣副相及び党中央委員会候補委員などの次官級に単純に

区分し、住宅と生活必需品、医療サービスなどの差別的供給体系を立てておいた。

例えば1970年代後半まで、党政治局委員及び候補委員、書記、副総理など最高位級には高級一戸建て住宅を、中央党部長、副部長と政府の相、副相には同じ専用アパートを提供した。また、最高位層のための供給所と長・次官供給所程度に区分され、生活必需品の供給周期と供給量が差別化された。そして、次官級以上総ての幹部の子供は、平壌南山（ナムサン）高級中学校に通えるようにした。医療サービスも、長官級以上の高位層は平壌烽火（ボンファ）診療所で、次官級は平壌南山（ナムサン）病院で提供された。また、様々な名勝地に設置された幹部専用休養所と療養所などで、次官級以上総ての幹部が週末休養と年1回の家族休養を楽しむことができた。当時は幹部の猟銃携帯も許され、週末なら幹部だけで狩猟をすることが日常化された。

しかし金正日後継体制が確立され、こうした供給及び特恵制度が相当部分廃止、もしくは変化した。幹部の子供専用学校である南山高級中学校が解体され、幹部に提供された家族休養及び週末休養制度が廃止された。幹部が所有していた猟銃も、個人の武器携帯禁止措置によって総て回収され、人民保安省に保管された。しかし、医療サービスに関連した既存の制度はだいたいが維持された。

こうした措置は、事実上権力層の特恵制度自体をなくしたり減らしたりしたのでなく、既存の公式序列による特恵制度を党・政・軍などの分野別に差別化された特恵制度に転換させただけであった。

金正日は、党の実権の掌握と共に、1970年代末に中央党庁舎を大々的に新設・拡張し、その周辺に党幹部の専用住宅団地である蒼光（チャングァン）通りを建設した。そして公式序列によって様々な地域に分散して居住してきた党幹部を全部ここに集結させ、書記と部長、副部長、課長、部員など職級により坪数と内部構造が差別化されたアパートを配分した。また、党中央委員会委員もしくは候補委員の肩書を持つ国家機関や政府の長・次官級幹部にも、党幹部よりは規模も質が落ちるが高級専用アパートを別に建設した。

金正日のこうした措置は、幹部により高い水準の生活条件を用意する代わりに、彼らを分野別に集結させることで、統制と監視をより一層容易にし、権力層の裕福な生活実状が外部に知られることを防ぐ方策だった。幹部専用住宅団地は、外部と徹底して隔離され、一般住民はもちろん親戚の出入りも、

結婚して家を出た子供たちなどに、厳格に制限した。これらのアパート団地には護衛総局と人民保安省から派遣された要員と本部党の「家族指導員」が常駐し、アパート警備と居住者及び出入りする者に対する監視任務を遂行した。[68] 金正日はさらに、夫人を通じて党内秘密が漏洩する可能性があるという理由で、副部長以上の幹部の夫人が仕事をすることや社会生活をすることさえ禁止させた。[69]

これまで次官級以上の党及び行政幹部が一緒に使っていた供給所も閉鎖され、代わりに中央党供給所、政務院供給所など分野別に供給所を新設した。こうした措置はもちろん、党幹部に供給品目や供給量でより大きな恩恵を与えようとすることに目的があった。

このように金日成時代の公式序列による幹部特恵制度は、金正日時代になって党幹部中心の特恵制度に転換された。しかしこれと別に、側近と非側近幹部間の差別化も、後継体制下に現れた新しい現象だった。側近に対する特恵は制度化された供給体系でなく変則的な方式、すなわち「ばらまき政治」の形態で実現された。

まず側近に対するばらまき政治は、各種贈り物を提供する方式で現れた。金正日は書記室や39号室、対南部署などと海外公館などを通して、日本とヨーロッパ、東南アジアなどの地から購入してきた各種製品を側近宴会や正月、自身の誕生日などの機会に側近に提供した。こうした贈り物は、最新家電製品と高級家具から下着に至るまで、種類も多様なだけでなく、流行でも全く遅れをとらない高価な製品であった。

そのため、1970年代から永らえてきた側近幹部の家は、歴代の世界有名ブランド商品を一目で見られる展示場を彷彿させた。側近宴会では米貨や日本円が提供されもした。こうした内幕が外部に一部知られ、住民たちの中では党幹部はドルで月給を貰うという噂までも広がった。

1990年代初めまで、側近は分野別に配分されたアパートで非側近幹部と共に生活したが、この過程でばらまき政治の実状が非側近幹部と家族に知られ、多くの副作用を招いた。[70] 結局、金正日は1994年頃に側近幹部だけの最高級

---

[68] 黄長燁『私は歴史の真理を見た』p. 210〜211
[69] 黄長燁『闇の側になった陽光は闇を照らせない』p. 100
[70] 同じ居住地で暮らしている非側近幹部や家族は、金正日書記室から送った特殊番号をもつ車両が宴会参席者を乗せていったり、金正日の贈り物箱をアパートの前で側近に分けてやったりする光

住宅団地を別に建設した。

　ばらまき政治は、この他にも側近幹部に還暦祝いの膳を調えたり、子供の結婚式に贈物を下賜したりするなど、様々な形態で現れた。[71] とくに側近幹部が結婚したり再婚する時、配偶者を直接紹介したり、結婚式に直接参加した事例も様々な証言から確認されている。[72] また、呉振宇、李明제(リミョンジェ)、延亨黙、許錟などの事例で見られたように、側近の健康が悪化すれば海外の有名病院で治療を受けさせ、多額の費用をかけて外国の専門医を招請したりした。さらに、側近幹部に手伝いと「同床」までできる、若い女性を技術書記という名目で提供したという証言さえある。[73] こうしたことは、後継体制時期に行われた数多くのばらまき政治事例のごく一部に過ぎないと見られる。

　多様な形態のばらまき政治は、側近はもちろん家族と後代にまで忠誠心を相続させる他にも多くの効果を上げている。とりわけ側近の裕福な生活実態が一般に知られることで生じる住民たちの不満と憎悪心は、逆に、側近に体制崩壊はすなわち自分たちの破滅だという被害意識と金正日との「運命共同体」意識を誘発し、体制擁護に死活的な立場を取るように仕向けている。1990年代初に東欧崩壊と核危機の高潮などで情勢が極度に悪化するや、金正日が側近に、体制が崩壊すれば全員絞首台に上がる覚悟をしなければならないと言いつつ、こうした惨めな境遇になりたくなければ「首領決死擁護精神」でこの体制を最後まで守らなければならない、と力説した事実を通じても知ることができる。

2) 統制と監視

景を目撃して、言葉で表現できない違和感と疎外感を持ったという。こうした理由で金正日は、側近の宴会出席と贈り物運搬作業を主に深夜にするように指示した。藤本健二『金正日の料理人』p. 185

[71] 側近幹部は、子女の結婚をはじめとする家庭のすべての出来事を金正日に報告して結論を受けなければならない。子女の結婚問題を報告して、反対意見が出たり、決裁自体がされない場合、その結婚はできない。承認する場合、金正日は結婚指輪と高級時計、新郎・新婦の礼服、さらに下着まで日本式に高級トランクに入れて送る。時に承認しても贈り物が来ない場合もあるが、この場合、側近幹部や家族は、信任度が落ちたものと見なして激しいストレスを受けることになる。

[72] 金正日書記室副部長金昌善の再婚と日本人料理人藤本の結婚も、金正日が直接配偶者を斡旋した代表的な事例だった。藤本健二、前掲書p. 20, 84～94, 126～127

[73] 康明道『平壌は亡命を夢見る』p. 119～123

幹部、とくに側近幹部に対する各種特恵とばらまきが大きいほど、その代価もまた大きくなる他はない。金正日後継体制に入り、権力エリートの総ての生活は「薄氷を歩く」と比喩された。

金正日はまず、政治的信任と物質的特恵が大きくなるほど幹部が傲慢になるとか怠けるとか、党派閥勢力と官僚主義、行政代行と不正腐敗のような現象が現れないように、彼らに対する思想教育と統制、規律と制度を強化することを要求した。これと共に中央党と各級下部及び地方党組織に「党事業指導書」と「幹部事業指導書」などの指針を命令する一方、[74] 幹部が月に20日は現場に降りていき、党員の党生活を指導し、行政・経済幹部の意見と苦衷を直接聞き、党政策貫徹の解決方法を模索するようにした。[75]

幹部の「事業方法」と「事業作風」を改善することに対する金正日の要求は、1990年代初めに旧ソ連と東欧圏社会主義崩壊が現実化し、その程度は激しくなった。[76]

幹部が勢力拡大を講じて官僚の振舞いをし、不正腐敗にふければ社会主義執権党は大衆の支持と信頼を失うことになり、大衆の支持を受けられない党は、自己の存在を維持できない。歴史的教訓が示すように、社会主義執権党が幹部の中で権勢を振るうことと官僚主義、不正腐敗を許容することは自ら墓穴を掘ることと同じである。[77]

金正日はとくに中央党幹部の中で革命化、労働階級化問題を強調し、1980年代中盤からは、末端の党活動家の「指導員」という職位が権威主義的な臭いがするといって、これを「部員」に変える措置まで取った。こうして金正日後継体制下で、党をはじめとする権力機関は、刷新だといえるほど制度と規律、幹部の業務方式と態度など総ての面で根本的な変化が起きた。

金正日は、「父親が革命家だといって子供も自ずと革命家になるのではない」とし、幹部が権力を悪用して子供の軍入隊を忌避したり、金日成総合大学や平壌外国語大学など一流大学に入れたり、海外留学に選抜されるようにす

---

[74] チェ・ジンウク『金正日政権と韓半島の将来』(ソウル:韓国外国語大学校出版部、2005) p.39~45
[75] チェ・ジンウク『金正日の党権掌握過程研究』(ソウル:統一研究院) p.60
[76] 金正日「党事業をよく行い、社会主義革命陣地をより一層固めよう」(1994年1月1日)『金正日選集(13)』(平壌:朝鮮労働党出版社、1998) p.389
[77] 金正日「社会主義は科学だ」『労働新聞』1994.11.1

る行為、家族が官用車を自家用車のように利用する行為などを厳格に禁止させた。こうした措置により、1983年から「書記局対象」高位幹部の子供は、さらに大学在学中の学生たちまで全員軍に入隊させ、それができない場合は労働現場で鍛錬するようにした。しかし高位層の子供は、一般住民の子供が10年近く軍に服務するのと異なり、大部分は3～4年足らずで入党、除隊、復学することで、むしろ幹部になれる総ての条件を備えられるようになった。

　また、1970年代後半から本格化した海外留学生派遣からも、幹部の子供は除外された。現在、対外分野で核心的役割をしている少なくない外交官たちは、この時期アフリカや南米など第三世界国家と中国などで外国語を専攻した留学生出身であり、彼らの共通した特徴は、大部分の両親が平凡な労働者、農民出身だという。

　幹部管理で金正日が最も警戒した問題は、特定幹部への権力集中と幹部の中に派閥が形成されることである。これは唯一思想体系確立10大原則に、個別幹部の権力集中化を禁止する条項が、各所に明示されていることにもそのまま現れている。

偉大な首領金日成同志以外にはその誰も知らないという、確固たる立場と観点を持たなければならない。（3条1項）

偉大な首領金日成同志の教示と個別的幹部の指示を厳格に区分し、個別的幹部の指示に対しては、首領様の教示に合うか合わないかを調べ、少しでも外れるときには直ちに問題にして闘争しなければならず、個別的幹部の発言内容を「結論」です「指示」ですと言って組織的に伝達し、または集団的に議論することがあってはならない。（4条8項）

個別的幹部に対し幻想を持ったり、へつらいおべっかを使って個別的幹部を偶像化したり、無原則に押し立てる現象に徹底して反対しなければならず、幹部が贈り物をやりとりする現象をなくさなければならない。（6条4項）

個別的幹部が下の単位党、政権機関、勤労団体の組織的な会議を恣意に招集、もしくは会議で恣意に「結論」を出して組織的な承認なく党のスローガンを意のままに外したり作り付け、党中央の承認なく社会的運動の組織を作る

ような非組織的な現象を許容してはならない。（9条5項）

　個別的幹部が越権行為をしたり、もしくは職権を乱用したりするような、あらゆる非原則的な現象に反対し、積極的に闘争しなければならない。（9条6項）

　金正日の妹婿である張成沢は、金正日の絶対的な信任と人を引き寄せる人柄のため、周辺に常に追従する人物が生まれた。こうした理由で彼は1970年代に降仙（カンソン）製鋼所で1年間の革命化過程を体験した。
　上司や幹部に対する行き過ぎた尊敬と礼儀も、自身だけでなく相手さえ危険に陥れるおそれがある。1980年代末、中央党では直属上司である党書記にエレベーターに先に乗るように譲歩した副部長が、10大原則の個別幹部偶像化禁止項目に掛かって解任されたこともあった。上司が訪問するといって、職員を動員して清掃するとか、庁舎の前に立ち並んで待機する現象は、北朝鮮では想像もできない。
　2人以上の幹部が私的に集まったり付き合ったりすることも、家族主義や分派主義行為として処罰を受けることになる。居住地や職場で、幹部同士だけで私的に会う場合、アパート警備員やアパートに駐在する本部党家族指導員、他の幹部を通して即、金正日にまで直報される恐れがある。また、幹部に配置された書記と運転手も自分が「仕える」幹部と家族の総ての動向を、毎日「報告線」を通して上部に報告するように義務化されている。金正日時代に幹部の休養制度や狩猟、釣りなどを厳禁したのも、結局は幹部同士だけで交流できないようにする意図と解釈される。代わりに金正日の側近行事が、制度圏外の総ての私的な出会いや集いに代替された。
　監視と統制は、行政・経済幹部より党幹部、地方幹部より中央幹部、非側近幹部より側近幹部であるほど、より一層厳しくされた。権力に近接するほど政治的挑戦の可能性がそれだけ大きくなるためである。これについて黄長燁氏は、自身が1960年代中盤まで金日成の理論書記として党で働いた時は、最高首脳部で仕事をするという誇りと自負心が大きかったが、1979年に党科学教育担当書記に任命されて再び党に帰ってきた時には、瞬時も緊張が解けな

い不安な生活の連続だったと回顧している。[78]

　こうした統制と監視は、ただ政治エリートに限定された問題ではない。行政・経済官僚は人民経済の発展と住民生活向上に努力しなければならないが、総ての功は、徹底して金正日の功に帰結させなければならず、絶対に住民たちの中で自身の人気が上がらないように注意しなければならない。1980年代中盤、咸鏡北道党責任書記趙世雄が労働者姿の「暗行御使(アメンオサ)」（訳注：李朝時代、王命により密かに地方官の治績や非行を調査するために派遣された臨時の役人）式の現場視察を通じて幹部の不正を摘発し、住民への供給体系を改善させると、すぐに住民たちの中から「趙世雄万歳」が出てくるほど人気が上がったことがあった。この事実の報告を受けた金正日は、1988年彼を副総理として召還し、翌年に平安北道党責任書記に任命したが、ここでも似た現象が繰り返されると、結局、政務院党委員会責任書記として召還してしまった。[79]

3）ムチとニンジンの配合

　ムチとニンジンを配合することは、権力者が部下を忠臣にするために多用する方法の一つである。特定人物に対する権力者の偏愛は、本人を傲慢にさせ、もしくは権力への野心を生じさせることはもちろん、その周囲に追従勢力が形成される結果を招くこともある。反面、行き過ぎた偏見と差別は、部下の忠誠意欲を折り、忠誠競争の動機を傷つけることはもちろん、反発心まで招く。そのため幹部の中に「永遠の側近も、永遠の非側近もいない」という認識を持たせて、持続的な忠誠競争と相互牽制を維持することが、金正日の代表的な側近管理手法だと見ることができる。

　1980年代後半、組織指導部第1副部長に起用された尹承寬(ユンスングァン)は、金正日の信任が大きすぎて「座る場と立つ場を識別できない」人になった。1990年代初め、彼は政務院党会議を指導して、総理をはじめとして自身より公式序列が高い元老幹部に部下のように無礼に対した、という理由で解任されてしまった。1970年代後半、人民軍総政治局長だった李勇武が金正日の信任をひけらかして傲慢気儘な行動をすると、直ちに彼を解任させ、両江道の林山事業所

---

[78] 黄長燁『闇の側になった陽光は闇を照らせない』p. 93
[79] 前掲書、p. 101

に流罪に処したのも、これと類似の事例である。

　金正日の大学同窓であり入党保証人である李東昊(リドンホ)が、一言の失言のために処刑された事例、最長寿の側近として知られた行政部長金時学(キムシハク)が組織指導部の権威に挑戦したという理由で処罰を受けた事例、金正日の信任を得て党国際書記になった金容淳が「偉そうに振る舞って」炭鉱労働者に左遷された事例、金正日の秘密資金管理人だった39号室長崔奉満(チェボンマン)が公金横領疑惑で粛清された事例、[80]外務省第1副相姜錫柱(カンソクジュ)が金正日の信任に陶酔したあげく、党国際部と摩擦を引き起こし、「党の指導に挑戦した」という理由で無報酬労働に処された事例[81]など「永遠の側近はいない」ことを示す事例は数えきれない。結局、信任を口実に権勢を振り回したり、傲慢だったり、傍若無人な行動に対しては、側近であろうと容認しない。見せしめであり、一罰百戒として治めたのである。

　北朝鮮の権力エリートの中では、「幹部になるには一回ぐらい思想闘争の舞台に上がる覚悟をしなければならない」とか、「革命化は幹部の条件」という話が知れ渡っている。過誤を犯さずに生きるのは、それだけ難しいという意味である。[82]幹部にとって処罰、ことに職位解除と革命化、地方追放などの処罰は、本人だけでなく家族と子供に至るまで途方もない影響を及ぼす。職位が解除されれば、直ちに幹部に配分された住宅と官用乗用車、電話機が回収され、食糧と副食物、生活必需品の供給対象と医療サービス対象から除外される。つまり、権力層として享受した特権と既得権が全部剥奪されるのである。さらに平壌から地方に追放される場合、本人はもちろん家族と知人に推し量れない精神的、肉体的苦痛を与えることになる。もちろん、この程度は政治

---

[80] 1984年頃、国際書記に任命された金容淳は国際部官僚に、外交を上手にしようとするなら外国の客を家庭に招き、夫人もダンスを踊らなければならないと言い、職員の夫人を中央党庁舎に呼んで、舞踏会を開いたことがあった。当時、権力層では、彼が金正日の妹金敬姫との親密な情誼を頼って偉そうに振る舞い、好意的でない視線を送っていた。これらの牽制によって金容淳のこうした行動が金正日に報告され、結局、平安南道徳川炭鉱に労働者として送られ、1年半の間革命化過程を体験した後、国際部副部長に復帰した。黃長燁『私は歴史の真理を見た』p. 212, 221

[81] 1990年代初めまで、外交部から金正日に上げる政策報告書は、党国際部の最終合議を受けなければならなかった。この過程で外交部と国際部の間に葛藤が発生したりした。これに対し、国際部が金正日に姜錫柱第1副部長を「党の指導を拒否した」という内容で告訴し、結局彼は中央党組織指導部と国際部の集中検閲と思想闘争を体験した後、平安南道順山郡の中央党農場で数ヶ月間「無報酬労働」をした。

[82] 高位幹部の中で、今まで革命化処罰を一度も受けなかった者は、最高人民会議常任委員長金永南など手で数える程度である。

犯収容所行きに比較すれば何でもない。こうした理由のために、幹部は自身だけでなく家族と後代のためにも、体制に絶対的に従順となる他ない。

側近と幹部の持続的な忠誠心を誘導する方法は、その他にも数々ある。代表的には、側近宴会に招かないことである。宴会出席対象から除外されることは、側近にとって直ちに政治的信任の喪失を意味する。たとえ現職を維持しても、側近から除外されることは側近幹部に大きな心理的打撃となる。

このように「ムチ打たれた」幹部の中で充分に反省したと判断され、もしくは思想的にも実力からみても再び使える、と評価された人物は再生の機会を得ることになる。つまりニンジンが与えられるのである。したがって処罰を受けた幹部は、いつ再び呼んでくれるのか、あるいは永遠に捨てられるのではないか、と常に苦心しながら忠誠心と「真価」を見せるために、あらゆる犠牲と献身性を発揮することになる。

金正日は再び使うと意中に置いた人物に対しては、革命化期間に彼の一挙手一投足の報告を受ける。金正日が自身に対して関心を持っているという事実は、処罰対象者はもちろん、家族と親戚にも大きな感動を与える。こうした過程を経て信任を回復した幹部は、再び拾ってくれた恩恵に感激し、「二度と心配をお掛けせず、永遠に忠誠を尽くす」という涙の反省と忠誠を誓うことになる。

金正日は、側近たちに「首領様と党の信任を離せば単なる肉塊に過ぎない」という言葉を好んで使ったという。[83]ムチとニンジンを配合するこうした統治方式は、処罰を受けた幹部だけでなく、これを手本として他の総ての幹部の忠誠心とたゆまない自己開発を促す効果を追求していた。

---

[83] 黄長燁『私は歴史の真理を見た』p. 284

第5章
金正日政権の国家戦略

　国家戦略の行為主体の見地からすると、1994年の金日成の死亡は、20年間金日成・金正日の共同統治の形で存在してきた金正日後継体制の終息を意味している。ただし、金正日の公式権力継承は、この時から4年後の1998年にようやく完了した。長期間の後継体制構築と強固化の過程を通じて北朝鮮の実質的な権力を完全に掌握した金正日にとって、公式の権力継承は一つの形式的手続きに過ぎなかった。

　国家戦略の行為主体が金正日に一本化されたことは、1980年代末から可視化され始めた北朝鮮の複数の政策的な変化は、金正日の意図に合わせて、より目的指向性を持って推進されたことを意味している。すでに述べたように、国際共産主義運動の没落がもたらした理念的な敗北意識と経済的危機感、国際的孤立は、北朝鮮の権力エリートたちに体制防衛のための出口の模索を深刻に心配せざるを得なくさせた。1970年代から1980年代まで北朝鮮が内外政策全般で、全方位的に追求してきた攻勢的な国家戦略は、1990年代に入るとすでにその性格が実利重視の守備的な体制防衛戦略へと変化した。

I. 苦難の行軍と遺訓統治

1. 遺訓統治の背景

　金日成の死後、金正日は国際社会の予想と異なり、公式な権力継承を先送りしたまま、3年間の哀悼期間を宣布した。そして金日成の「遺訓貫徹」を、哀悼期間に遂行しなければならない中心的な課題として提起した。ここで北朝鮮が言う金日成の「遺訓」とは、広い意味で金日成が生前に提示した総ての路線と政策を包括すると見られるが、一般的には金日成死亡2日前の1994年7月6日、経済部門担当者の協議会に出した課題と、当時南北間で合意された首脳会談に関連して提起された一連の対南政策と統一方案が主に採り上げられた。[1]

　金正日が権力継承を先送りしてまで、3年という長期間の遺訓統治を選択した背景と関連して、国際社会ではこれを金正日の不安定な地位と関連させて分析するなど、多様な見解が提起された。金正日は父親から党権力と軍事権力、国家権力など大部分の権力は譲り受けたが、首領の権威とカリスマ性までは完全に受け継げなかったので、首領の偉業継承と遺訓貫徹を当面の課題として提示することで「先代首領」に対する忠誠と孝誠を浮上させ、後継者のイメージを強固にして金日成のカリスマ性と権威の自然な移転を追求したのである。

　しかし、金正日がたとえ父のカリスマ性を受け継げなくても、彼の地位は権力継承を先送りしなければならないほど不安定ではなかった。当時、北朝鮮では金日成の逝去を金正日の不安定な未来と関連させて考えた人は少数に過ぎず、後継者としての金正日の地位と権威は絶対化されていた。

---

[1] 『労働新聞』1995.7.6.

さらに首領のカリスマ性や権威は、遺訓統治を通じて構築、もしくは父親から受け継げる性格の問題ではない。よく知られているように、北朝鮮で金日成のカリスマ性は「1世代で二つの帝国主義を敗北させた民族の英雄」「建国の父」「主体思想の創始者」「人民の親」のようなイメージが、神格化次元の個人崇拝と結合されて成されたものである。また、外見と性格、人格のような生来の個人的資質、公開講演と現地指導などの公式活動を通じて構築された「身近ながらも厳しい」イメージも、やはり金日成のカリスマ性構築を助けた。

一言で、金日成は前面に出るほどカリスマ性の相乗効果を得る人格であり、金正日は逆に厚い神秘のベールをまとうことでカリスマ性と権威を追求する人格と評価できる。金正日は父のカリスマ性と権威を受け継げなかったのでなく、彼自身の個人的性格と資質から、後継体制時期から長い間、意図的に父とは別の次元のカリスマ性構築の秘法を追求したのである。

金正日は後継体制の全期間、公開的な国家指導者の地位よりは舞台裏の権力実力者というイメージを構築しており、北朝鮮の住民たちも金正日のこうしたイメージに充分に慣れていた。「隠遁統治」は金正日固有の性格から始まった統治スタイルである。金日成の「3年喪」を終えた後、党大会や全員会議のような公式手続きを経ずに、言論発表を通じた推戴形式で党総書記職に上がったことや、公式国家首班である主席職をついに「遠慮」して変則的な国防委員長体制として政権をスタートさせたこと、党大会や全員会議、政治局のような公式権力機構を通じた統治方式を無視して側近政治や報告書政治、密室政治のような非公式統治方式に固執したことなどから確認できる。

このように、遺訓統治は金正日にとってカリスマ性や権威を受け継ぐための過渡期的統治方式ではなく、すでに後継体制時期から続いてきた金正日固有の統治方式の延長であった。こうした統治方式は金正日政権の存続期間持続された。金正日が遺訓統治と首領の偉業継承を掲げたことも、世襲的後継者としてはあまりにも当然な行動であった。さらに後継体制時期から北朝鮮の国家戦略はすでに金正日の主導下で行われたという点から、金日成が死亡したからといって、あえて新たな国家戦略を提示しなければならない名分もなかった。北朝鮮が金正日政権のスタートと前後して標榜した強盛大国建設戦略と先軍政治、実利主義のような一連の政策変化も、事実上金日成時代と差別化する意図的な戦略であったというよりも、1990年代中盤の自然災害によって触発された体制の危機を克服するために不可避的に取られた戦略的選

択だった、と見ることが正確だろう。

2. 危機克服と軍部統治

　金正日によって設定された3年間の哀悼期間あるいは遺訓統治期間は、1995年から北朝鮮を襲った未曾有の自然災害によって、北朝鮮自らが最も厳しい時期だったと評した「第二の苦難の行軍」として性格が変質してしまった。そうでなくても金日成の死亡で社会全体の雰囲気が重く沈んだ時にたび重なった自然災害は、これまで北朝鮮社会に蓄積されてきたあらゆる社会経済的矛盾と弱点を、一斉に水面上に露出した。国家経済と食糧配給制度が崩壊し、多数の餓死者と流浪乞食が発生し、住民の暮らし方は、「各自が自分で人生を開拓する」資本主義的な方法に急速に転換された。[2] 闇市場と私的経済が拡散して権力層から一般住民に至るまで、生存のための不法行為と不正腐敗が蔓延した。党の社会統制機能が麻痺して社会全体が無政府状態になり、住民の不満は体制の存立を脅かせる水位に高まっていた。これは金正日が1996年12月7日、金日成総合大学訪問後に幹部たちに行った次のような発言に、そのまま現れている。

　現在、道・市・郡党の責任書記や工場・企業所の党書記、里党書記たちは、人民の生活にかかっている食糧問題に直接責任を負って解決すると考えるのではなく、自分で解決しろと言うので、数多くの人々が米を求めて彷徨い回るほかありません。‥‥食糧問題を自分で解決しろと言えば、農民市場と商人だけが繁盛して人々の中に利己主義が助長され、党の階級陣地が崩れる可能性があります。そうなれば、党が大衆的基盤を失う可能性があります。今日、食糧問題で無政府状態が造成されているのは、政務院をはじめとする行政経済機関の幹部に責任がありますが、党幹部にも問題があります。[3]

　今、私たちの党の中に反党反革命分派分子はいませんが、党組織は活力を取り戻せず、党の事業が上手くいかないので社会主義建設で少なくない混乱が起きています。…党幹

---

[2] 北朝鮮は、2001年5月15日外務次官の名義で国連児童基金 (UNICEF) に提出した報告書で、1995～1998年の間に22万人が死亡し、平均寿命が6.4年短縮したと公式発表した。『聯合ニュース』第1264号 (2001.5.24)
[3] 「我々は今、食料のために無政府状態となっている」『月刊朝鮮』1997年4月号 p.307

部が今のように仕事をすれば、今後、解放直後に起きた新義州学生事件のような事件が再び起こらないと保証できません。…過去の祖国解放戦争（訳注：朝鮮戦争）の時期、党中央委員会がなすべき役割を果たせず、首領様を助けられなかったが、下手をすると今の党中央委員会もその時の中央党のようになる可能性があります。…党中央委員会責任幹部が責任を持ってきちんと仕事をしなければ、中央党が「老人党」、「屍党」になります。[4]

結局、金正日は危機の早期収束と政治的不安定性の予防のために、国防委員長と最高司令官の地位を利用した一種の非常戒厳形態の軍部統治を実施せざるを得なかった。これに伴い、社会の各分野と生産単位に軍部隊が投入され、本来の役割を果たせない党組織と保安機関に代わって、軍人たちが秩序維持と生産奨励を担う珍風景が広がった。これと共に金正日は、過去の抗日パルチザンが「苦難の行軍」時期に発揮したという難関克服精神の象徴である「赤旗思想」[5]と「革命的軍人精神」、「総爆弾精神」、「首領決死擁護防衛精神」などを強調しながら、軍隊を社会が学ぶべき手本として積極的に前面に押し出した。

今、人民軍軍人の思想精神状態は非常に良好です。…私たちの軍人が革命の首脳部を決死擁護防衛する総爆弾になる思想的覚悟を持っているので、私はこれに対して満足に思っています。[6]

軍部に対する信頼表示と共に、金正日は金日成の死後、1999年までに490回にも及ぶ軍部隊視察と、1996年人民軍創建日（4月25日）と「戦勝記念日」（7月27日）の国家名節指定、たび重なる軍部昇進人事と公式序列の向上、軍部側近たちに対する最上の待遇保障と食糧の優先供給、全社会的援軍事業のような軍優遇政策を実施した。つまり、「苦難の行軍」時期に軍部は金正日が唯一信頼できる体制維持の砦になったのである。

金正日が軍を前に出し、軍に依存して軍を優遇する政策を重視せざるを得

---

[4] 前掲書、p.308～316
[5] 「赤旗思想」の意味と、当時北朝鮮が「赤旗思想」を鼓吹することになった背景に対しては、チョン・ソンジャン「対内戦略」；チョン・ソンジャン、ペク・ハクスン『金正日政権の生存戦略』（ソウル：世宗研究所、2003）p.13～18 参照
[6] 「我々は今、食料のために無政府状態となっている」前掲書、p.307～308

なかったのは、まず、経済難と食糧危機によって軍用米と油の枯渇、戦闘装備の稼働中断、各種事故の頻発とそれに伴う軍人の士気低下と戦闘力弱化及び規律の緩み、軍民関係の悪化などの副作用が続出したことと関連している。[7]また、軍のこうした脆弱性が外部に判明した場合、「敵どもに挑発の口実を与える」という憂慮も大きく作用したと見られる。金正日の憂慮は次のような発言に現れている。

　米帝国主義者どもとその追従勢力どもは、力で我が共和国を圧殺しようとして軍事的侵略策動をかつてなく強化する一方、政治、経済、思想文化、外交の総ての分野にわたり私たちに圧力を加え、私たちを窒息させようと四方八方から襲い掛かりました。…ですから私たちは、軍隊であり党であり国家であり人民だと言うのです。軍事を軽視して軍隊を強化しなかったなら、革命と建設は枯れ死んで、私たちはすでに滅びて久しかったでしょう。[8]

　しかし当時、過酷な食糧難と生活難で住民の不満が全社会に拡散している中でも、金正日が終始一貫して軍優遇政策を追求したのは、危機的状況下で軍が万一、反体制集団に急変することで、第二のルーマニア事態を引き起こしかねない憂慮と不安感が大きく作用したと見られる。こうした認識は、次のような北朝鮮の主張からも確認できる。

　1989年12月21日ルーマニアで《改革》、《改編》の風に乗って反政府騒擾が起こった。チャウシェスク大統領は翌日に戒厳令を宣言し、保衛相ミレーアに反乱鎮圧を命じたが、軍部は服従しなかった。兵士たちの中で動揺が起こり、デモ隊の中に紛れ込んできた反動が《人民》であることを標榜し、《お前らには親兄弟がいないのか》、《お前らは人民のパンを食べている》と叫ぶと銃口を下げてしまった。逆に、大統領が逮捕されて処刑され、党も社会主義政権も総て崩れた。ソ連邦でも軍隊が1991年8月事変当時、社会主義背信者に懲罰を加えることに関したソ連邦国家非常事態委員会の命令を

---

[7] チェ・ジュファル「北朝鮮軍の後部事業が戦闘力に及ぼす影響」『統一政策研究』第1巻2号 (1998) p. 48~58
[8] 金正日「先軍革命路線は、我々の時代の偉大な革命路線であり、我々の革命の百戦百勝の旗である」(朝鮮労働党中央委員会責任幹部との談話、2003年1月29日)『金日成選集(15)』(平壌:朝鮮労働党出版社、2005) p. 355

断り、逆に社会主義の背信者エリツィンの反革命の道具に転落して社会主義崩壊を促進させた。ポーランド軍も1989年、連帯労組の反社会主義暴動を無視した。これらの国では軍部が躊躇せずに社会主義背信者に断固として無慈悲な銃声を鳴らしたなら、事態は違っていただろう。東欧社会主義崩壊過程で銃隊が躊躇したという事実は、社会主義偉業の遂行において、軍事問題を正確に解決することの重要性を特別に浮上させている。[9]

　北朝鮮の視点から見ると、1989年の中国の天安門事態発生時に鄧小平が軍部を掌握できなかったなら、学生デモが全国的な規模で拡大することはもちろん、軍部がデモ鎮圧命令を拒否して学生デモに合流し、政治体制の崩壊を招いたであろう。

　「苦難の行軍」の時期、北朝鮮で食糧危機は軍隊にも及んだが、社会的不安と不満が軍部にまで拡散しなかったのは、金正日の軍優遇政策と軍部統治のためであった。これは金正日が幹部たちに「主席は生前私に、絶対に経済活動に巻き込まれてはならず、経済活動に巻き込まれれば党活動もできず、軍隊活動もできないと何度も言われました」と言い、自分は「党と軍をはじめとする重要な部門にだけ関係するべきで、経済実務事業まで引き受ければ、革命と建設に取り返しのつかない結果を及ぼす可能性があります」と言ったことからも確認される。[10]現実にこの時期、金正日の行跡はほとんど軍部に集中している反面、最も急がれる経済と住民生活安定のための直接的政策指導は、ほとんど見られなかった。「苦難の行軍」過程に出現した金正日のこうした軍部統治方式は、以後、金正日政権の公式スタートと共に北朝鮮でいわゆる「先軍政治」という名前で定式化され、金正日時代を代表する基本政治方式として定着するようになった。

3.　遺訓貫徹と対内外政策

　遺訓統治時期の北朝鮮対内政策は、1996年の新年共同社説で提示されたように「社会主義の政治・思想的陣地と経済的陣地、軍事的陣地を強化するため

---

[9] キム・チョルウ『金正日将軍の先軍政治』(平壌：平壌出版社、2000) p. 2～3
[10] 「我々は今、食料のために無政府状態となっている」p. 308

の闘争」に体系化された。[11]思想的陣地と軍事的陣地の強化を通じて金正日は、軍部掌握と政治的安定を維持することには成功したが、1990年代半ばの経済危機と食糧難の悪化によって経済的陣地は事実上崩壊した。これに対して北朝鮮は、軽工業第一主義と貿易第一主義を強調するなど、住民生活安定のため様々な自救策を模索する一方で、1996年9月には「羅津・先鋒自由経済貿易地帯」に関した大規模な国際説明会を開催するなど、外部支援と投資誘致活動を積極的に推進した。[12]

遺訓統治の時期、南北関係は北朝鮮の自然被害に伴う韓国政府の大規模な食糧支援にもかかわらず、いわゆる「弔問ショック」を理由に、金泳三政権の期間中ずっと敵対的関係から抜け出せなかった。[13]一方、朝米関係は、1994年のジュネーブ合意採択とその後の米軍遺骨送還などで沈静局面に入った。同時期にベトナムが、対米関係正常化のために米軍失踪者問題に誠意を見せることで、1995年1月の連絡事務所開設に続き、半年程度で国交正常化まで達成できた事実は、北朝鮮にとって一つの他山の石になったと見られる。

しかし実際にジュネーブ合意以後、朝米関係正常化が日程に上がると北朝鮮は、これが体制内部に及ぼす副作用を深刻に悩むようになった。現実的にジュネーブ合意後、一部の北朝鮮公館員が海外で政府承認も受けずに米国の外交官と接触したり、船遊びを楽しんだりするなど、規律弛緩現象が現れた。北朝鮮の懸念は、1995年半ばに各海外公館に下された、金正日の次のような内容の指示を通しても明らかになった。

ジュネーブ合意が採択されたといって、米国の対北朝鮮敵視政策が変わったと思ったら大間違いです。強硬でも穏健でも、私たちの体制を崩壊させようとする米国の本音は絶対に変わらないということを常に肝に銘じなければならない。米国は、たとえ核問題

---

[11] 「赤旗を高く掲げて新年の進軍を力強く推進していこう」(『労働新聞』・新聞『朝鮮人民軍』・『労働青年』共同社説)『労働新聞』1996.1.1
[12] 当時、金正日は、羅津・先鋒地域への外国投資が継続して低迷すると、この地域のインフラ建設に動員されていた総ての建設力量を撤収させ、インフラ建設を外国投資家に任せる措置を取った。しかし、こうした措置はむしろ海外投資誘致のための環境をさらに悪化させる結果を招いた。
[13] 代表としては1995年頃、対北食糧支援のために北朝鮮の清津港に停泊していた韓国船が「スパイ行為」をしたという理由で抑留された事件が挙げられる。これに対して国際社会の非難が起きると北朝鮮は「今回の事件は、南朝鮮当局の対北支援が純粋な同胞愛と人道主義でなく、不純な政治的目的を追求していることを示している」ことを国際社会に積極的に認識させよという指示を総ての海外公館に通達したりした。

が解決されても、今後、人権問題や生物化学武器問題などの新たな問題を絶え間なく持ち出して私たちを圧迫するだろう。だから対外部門の要員は、米国に対するわずかの幻想も持たず、米国が融和的に出てくるほど警戒心をさらに高め、敵どもの一挙手一投足を鋭く注視しなければならない。

　金正日のこうした対米不信は、ジュネーブ協議による連絡事務所開設と関連して、外交部(現外務省)が提出した政策草案について何回も決心を反復した末に保留する結論を下した事実からも確認できた。北朝鮮がジュネーブ合意後も核開発を放棄しないのは、米国の対北朝鮮政策に対するこうした不信感から始まっている。北朝鮮は米国が北朝鮮に約束した軽水炉建設が遅れ、平和協定問題とテロ支援国指定解除問題などが遅々として進まなくなると、凍結していた核開発を極秘に再開した。こうして1998年、金倉里(クムチャンリ)地下核施設の建設疑惑が浮上して米国と国際社会の対北圧迫が激しくなると、北朝鮮は「光明星(クァンミョンソン)1号」ミサイル発射で対応し、結局朝米関係をジュネーブ合意以前の水準に戻してしまった。

　朝米ジュネーブ合意採択後、朝日関係も1995年に日本の連立3党の訪朝を通じて両国が修交会談再開に合意し、日本が50万トンの食糧を北朝鮮に支援するなど弾みを付けたりしたが、1998年北朝鮮の「光明星1号」ミサイル発射後再び冷却した。朝日関係だけでなく、北朝鮮の海外投資及び支援誘致活動をはじめとする全般的対外関係もまた、朝米関係悪化の影響を受けざるを得なかった。

　1992年の韓中修交以後疎遠になった朝中関係は、1990年代中盤に入って徐々に回復の兆しを見せ始めた。これは、経済危機と食糧難克服のために、中国の助けが切実であった北朝鮮の利害関係と、金正日政権の崩壊が自国に及ぼす副作用を憂慮した中国の戦略的利害関係が合致した結果であった。中国は北朝鮮貿易でバーター貿易方式を復活させ、北朝鮮と借款協定と無償援助協定を締結する一方、1996年だけで50万トンの食糧と150万トンの石炭、130万トンの石油を提供するなど、本格的な対北朝鮮経済支援に乗り出した。旧ソ連崩壊と韓露修交でしばらく疎遠であった朝露関係も、ロシアの南北韓等距離外交の標榜と共に改善の兆しを見せ始めた。しかし、ロシアは1996年9月、既存の『朝露友好協力及び相互援助に関する条約』の効力喪失を公式発表し、翌1997年8月には北朝鮮に新たな条約の草案を提示した。

II. 金正日政権スタートと国家戦略の変化

1. 国防委員会体制スタートと国家機構改編

　金日成の遺訓貫徹を標榜しながら軍に依拠してかろうじて体制危機を越えた北朝鮮は、最終的に1998年9月最高人民会議第10期第1次会議を招集し、かつて金日成の権威と地位強化を目的にした主席制と中央人民委員会の廃止、名目上の国家代表機関である最高人民会議常任委員会の新設、国防委員会の権限強化、政務院の内閣への改編などを内容とする改正憲法を発表した。北朝鮮が「金日成憲法」と命名したこの改正憲法は、金正日を「国家主権の最高軍事指導機関」に昇格した国防委員会委員長に再推戴した。これにより金正日は、1997年10月党総書記に続き、国防委員長にまで再推戴されることで、名実共に金正日政権のスタートが公式化された。
　金正日政権のスタートと共に断行された国家機構の改編で示された最も重要な特徴は、国防委員会が単なる国防管理機関ではなく、国家戦略の実質的な行為主体として浮上したことである。国防委員会は1972年に採択された「社会主義憲法」によって国家主権の最高指導機関である中央人民委員会傘下の複数の部門別委員会の一つとして発足し、主席が国防委員長職を兼職するようにした。しかし、1990年5月の最高人民会議第9期第1次会議で、金正日の国防委員会第1副委員長任命と同時に、国防委員会は中央人民委員会の上位機関に格上げされた。そして1992年4月の憲法改正を通じて、主席が国防委員長を兼任するとした条項が削除された。これは翌1993年4月の最高人民会議第9期第5次会議で、金正日の国防委員長選出のための布石だったと見られる。
　金正日は1991年の人民軍最高司令官推戴に続いて、1993年に国防委員長に選出されることで、北朝鮮の総ての武力の最高統帥権者となった。金正日の地位だけ見れば、金正日政権はすでに金日成死亡前に基本的な骨格が整っていたと見ることができる。

表5-1 時期別国防委員会構成の変化

時期	委員長	第1副委員長	副委員長	委員
1990	金日成	金正日	呉振宇・崔光	全秉鎬・金喆万・李河一・李乙雪・朱道日・金光鎮・金炳律
1993	金正日	呉振宇	崔光	全秉鎬・金喆万・李河一・李乙雪・朱道日・金光鎮・金炳律
1995	金正日		崔光	全秉鎬・金喆万・李河一・李乙雪・金光鎮
1997	金正日			全秉鎬・金喆万・李河一・李乙雪
1998	金正日	趙明録	金鎰喆・李勇武	金永春・延亨黙・李乙雪・白鶴林・全秉鎬・金喆万
2003	金正日	趙明録	延亨黙・李勇武	金永春・金鎰喆・全秉鎬・崔竜洙・白世鳳
2005	金正日	趙明録	李勇武	金永春・金鎰喆・全秉鎬・白世鳳
2007	金正日	趙明録	金永春・李勇武	金鎰喆・全秉鎬・白世鳳

参考：『労働新聞』、『朝鮮中央放送』、『聯合ニュース』など

　金正日政権スタート前までは、国防委員会は最高指導機関としての地位は持っていなかったが、金正日はすでに遺訓統治の時期から外国の首脳や知人に送る祝電や手紙、委任状など公式文書などの対外活動で国防委員長の肩書を使用していた。これは当時、金正日が対外的に提示できる適切な職位が国防委員長という肩書しかなかった事実と、軍部統治が遺訓統治時期の主要統治方式として浮上し、金正日が自ずと国防委員長の職責を好むようになったことと関連していると見られる。

　国防委員会が北朝鮮の国家戦略で実質的行為主体の地位と役割をするようになったのは、金正日政権スタート以後だと見られる。1998年の改正憲法では、国防委員会が北朝鮮の最高権力機関だと公式に明示しなかったが、北朝鮮は国防委員長としての金正日の地位が、最高権力者であることをいくつかの公の機会に強調する方法で、国防委員会が実質的な最高指導機関であることを明らかにした。

　　国防委員会委員長の重責は、国の政治、軍事、経済の総体を統率指揮し、社会主義祖国の国家体制と人民の運命を守護し、国の防衛力と全般的国力を強化発展させる事業を組織指導する国家の最高職責であり、祖国の栄誉と民族の尊厳を象徴し代表する神聖な重責です。[14]

---

[14] 最高人民会議常任委員長金永南の国防委員長推戴演説中から。『朝鮮中央放送』1998.9.5

また、北朝鮮の内部用「幹部学習要綱」は、国防委員会が国家主権と行政権を総て持つ実質的な政権の中枢機関になったとし、これを「偉大なる将軍様の軍事重視思想と先軍指導思想が具体化された、独創的な私たち式の国家機構体系」と主張している。[15]

　新たにスタートした金正日政権下で、最高人民会議常任委員長が何の実権もない名目上の対外的国家元首を務める代わりに、国防委員長が党権力と軍事権力を掌握して国家を実質的に統治する変則的な権力構造、つまり軍統帥権者が民間人を案山子に立て、その裏で総ての権力を行使する前近代的権力構造が出現したのである。

　金正日政権が国防委員会中心の体制でスタートすることになった背景と関連して、金正日は「首領様がおられない条件では、主席制は必要なくなりました」として、「主席という肩書は、ただ首領様とだけ結びつけて呼べるように、社会主義憲法から主席と関連した条項をなくすと同時に、主席制もなくすること」と説明した。[16]

　しかし、国防委員会中心の国家体制が出現することになった、より根本的な背景は、やはり遺訓統治期に危機克服の最も効果的な手段として、その当為性と実効性が立証された軍部統治方式、すなわち先軍政治と切り離しては考えられない。これは北朝鮮の次のような公式の主張を通しても確認できる。

　あらゆる敵どもの挑戦と難関を果敢に退け、百戦百勝の新時代を開いた我が党の先軍政治は、主体的な軍事重視の国家政体系によって法的に、制度的に確固と保証されている。新たな社会主義の基本的政治方式である先軍政治が社会的に完成された政治方式になるためには、必然的にそれに合う国家機構体系を持たなければならない。…敬愛する将軍様は主体87年(1998)5月某日、該当部門の幹部たちにお会いになり、我々は軍隊を持って革命をしなければならないとし、国の機関の中で基本は国防委員会であり、国家機構組織を国家防衛と国家管理権能に分けるが、国防を最優先視しなければならないと教えて下さいました。これは先軍原則を具体化した新たな社会主義国家機構体系を創るにおいて新たな探求であり、発見となった。…こうして我が国の社会主義憲法は、国防重視の政治憲法として完成されることになり、我が国の国家機構体系は先軍政治実

---

[15] 統一研究院『金正日政権10年：変化と展望』p.17
[16] 『青年前衛』2001.9.8

現を国家機構的に担保する強力な国家機構体系になることができた。…国防委員会の法的地位に対する憲法の新たな規制は、単純な立法技術上の問題ではなく、それだけ国家が軍事を国事中の国事として極めて重大視するということを宣言したものであった。…金正日総書記を国防委員会委員長に推戴し、国防委員長は、政治、軍事、経済の総体を統率指揮し、社会主義祖国の国家体制と人民の運命を守護して国の防衛力と全般的国力を強化発展させる事業を組織指導する国家の最高職責、国家の首班であることを明らかにした。[17]

　先軍政治と共に金正日固有の統治スタイルも、国防委員会中心の国家体制をスタートさせた重要な背景だと指摘できる。つまり、公式活動が不可避な主席職に対する負担感と、脱出口が見えない状況で「統治はするが、責任は負わない」政治方式に対する選り好みが主要背景になった可能性である。このため経済は権限がより強化された内閣に完全に委任し、金正日は国防委員長として軍事と安保問題に専任することで、安全保障守護者のイメージを通して指導者としての権威とカリスマ性を確保したのである。

　後継体制時期から、金正日固有の統治スタイルとして定着した側近政治と密室政治、批准（訳注：承認とか許可の意）政治のような隠遁統治を、金正日政権スタート後も継続して維持しようという意図から始まった可能性も排除できない。金正日政権スタート後も党大会や政治局会議、全員会議などの公式政策決定機構が稼働しなかったという事実と、何人かの側近だけを同行した秘密じみた現地視察方式が続けられた事実がこれを物語っている。

　一言で言って、国防委員長体制は主席制が持っている各種の負担と不便さ、責任感など否定的な側面をなるべく避けながらも、主席が持っていた権限と地位はむしろさらに強化された方向で継承し、自分固有の政治方式を適切に接木した「金正日式」の権力構造だと評価できる。

2. 権力構造の変化

　一般的に社会主義国家で党の指導は政治、経済、軍事、外交など各分野の代表で構成された党大会と全員会議、政治局など集団指導体制方式で行われ

---

[17]「新しく独特な国家政治体制」http://uriminzokkiri.com, 2007.4.10

る。したがって権力序列も政治局委員及び候補委員、中央委員及び候補委員の順に決定され、社会各分野での権力分散と役割分担が、同時に行われるのである。

　過去の金日成時代まで、北朝鮮の権力構造は党政治局が権力の中心的な役割を担い、政治局序列がすなわち実質的な権力序列を意味した。当時は党幹部なのか、行政幹部なのか、軍幹部なのかということよりも、政治局委員か否か、中央委員か否かということが権力を計る基準となっていた。

　金正日後継体制時期になり、権力構造は党政治局中心から書記局中心に転換された。総ての政策と人事などの決定権が党書記局と専門部署に移管され、政治局と全員会議などは、これを追認する挙手機に転落した。結局、政治局を通じて各分野に分散されていた権力が、党に集中されたのである。この意味で北朝鮮の政治体制は、過去の金日成時代の「政治局中心の政策的党国家体制」から金正日後継体制時期の「書記局中心の権力的党国家体制」に変化した。

　しかし、金正日の唯一指導体制の確立が全社会的範囲で完了し、金正日の政策指導範囲が党の枠を超えて各分野に拡大され、党書記局に集中されていた権力は、再び各分野に分散され始めた。こうした権力分散は政治局の権限復活を通してではなく、各分野に対する金正日の直轄統治、すなわち側近政治方式で実現された。例えば1990年代初めから外交部に対する党国際部の政策指導が中断された代わりに、金正日が姜錫柱第1副部長を通じて外務省の政策を直接指導する方式に転換した。

　党・政・軍など各分野に対する金正日の直轄統治方式は、1990年代初に金正日の軍事力掌握、1990年代中盤の党危機管理能力低下と軍部の浮上、1998年の国防委員長体制のスタートと内閣の権能強化過程を経て、極めて細分化される方向で再編された。[18]

　党の場合、過去には金正日が組織指導部を除く残りの部署を書記局の担当

---

[18] 金正日政権スタート後、北朝鮮の政治体制と権力構造の変化を示す代表的な研究は和田春樹「The Structure and Political Culture of the Kim Jong Il Regime : Its Novelty and Difficulties」(慶南大学とアメリカン大学共同主催発表論文、1998.5.28～29)；ソ・デスク『現代北朝鮮の指導者：金日成と金正日』(ソウル：ウルユ文化社、2000) p. 223；チョン・ヨンテ「北朝鮮『強盛大国論』の軍事的意味；金正日の軍事政策を中心に」『統一研究論議』、第7巻2号 (1998)；チョン・ソンジャン「金正日の『先軍政治』：論理と政策的含意」『現代北朝鮮研究』第4集2号(2001)；キム・ガプシク『金正日政権の権力構造』(ソウル：韓国学術情報、2005) p. 12～16；パク・ヒョンジュン他『金正日時代北朝鮮の政治体制』p. 224～225 などが挙げられる。

書記を通じて指導したが、金正日政権時期には部長や第1副部長、副部長、さらに課長級の人物たちも金正日の電話指示を直接受け、もしくは側近のパーティーに招待されて行くことが日常茶飯事であったという。

　対南分野でも対南書記が担当する統一戦線部を除いた他の対外連絡部と作戦部、35号室などの部署は総て金正日と直接連結されていた。さらに統一戦線部に対しても、金正日は対南書記を通さずに、副部長と重要問題を直接相談することが多かったという。地方党組織も必要ならば上級党を経ずに金正日に提議書や意見、懸案などを直接報告することができた。

　軍部の場合でも、前に人民武力部長と総政治局長を兼任していた呉振宇が死亡した後、金正日は人民武力部から総政治局と総参謀部を完全に分離独立させ、これらの機関を人民武力部の上位機関に格上げさせた。そして総政治局は軍の政治・査察・人事を、総参謀部は軍事作戦を、人民武力部は支援と供給を専門とするように役割を細分化し、自分の直轄統治下に置いた。しかし過去、人民武力部内で相対的独自性を持っていた保衛司令部と幹部局は総政治局の傘下に配属された。それにもかかわらず、保衛司令官や幹部局長は相変わらず金正日の側近として、自分の分野の総ての問題を金正日と直接相談できる権限を持っていた。

　党、軍、保安、外交機関が極めて細分化された方向で金正日の水平的直轄統治下に置かれたのと異なり、内閣をはじめとする経済部門は、概して内閣総理を通して金正日の指導を受けるようにすることで、相対的に総理の権限を高めた。こうした事実は、結局権力機関であるほど、そして側近たちの分布度が高いほど、権力の分散化傾向が強いことを示していた。各分野に対する党の政策指導機能は顕著に弱体化されたが、権力のシンボルと言える組織及び思想生活指導と検閲及び人事権は、依然として党の固有権限として残っていた。1990年代中盤の「苦難の行軍」過程で党の社会掌握力が弱まり、軍部の地位が高まり、外部世界では軍に対する労働党の指導的地位に対して疑問が提起された。さらに国防委員長体制のスタートと先軍政治の登場は、こうした疑問を一層増幅させた。しかし、これは労働党の社会統制機能と金正日の統治方式に対する理解不足、そして金正日が持っている国防委員長の職位のみを絶対化して、党総書記と組織書記、組織指導部長の職責を総て兼任した金正日の党的職位を見落としたことから始まったと見られる。

　金正日時代に先軍政治が基本政治方式になったといっても、決して軍に対

する党の指導が弱体化したとか、さらには軍が党よりも優位に置かれたことを意味しなかった。金正日政権下で先軍政治は党の指導と相反するものでなく、先軍政治自体がすなわち党の指導を意味すると解釈されていた。これは金正日の次の発言からも確認できる。

　党の指導は人民軍隊の命です。私たちの人民軍隊を党の一番の保衛者として、党の思想と指導を、命を捧げて奉じていく革命的武装隊伍として強化し、党と首領の軍隊としての高い栄誉を轟かしてきた誇らしい歴史と伝統を固守し、一層輝かせていかねばなりません。[19]

　金正日政権下で人民軍総政治局が軍部の最上位序列に上がったのも、結局は総政治局を通じた党の指導を一層強化する措置と見られる。1980年第6次大会で制定された労働党規約は、第8章52条で『朝鮮人民軍総政治局は党中央委員会直属であり、その指導下に事業を遂行し、担当事業に関して、党中央委員会に定期的に報告する』と規定している。結局、総政治局の地位向上は、直ちに軍に対する党の指導的地位向上を意味するものである。
　現実に、総政治局は中央党組織部の指導下で軍部に対する党生活指導と軍人事など核心権力を行使した。1998年の改正憲法は103条で、国防委員会権限について「重要な軍事幹部を任命・解任」し「軍事称号を制定し、将官以上の軍事称号を授与する」と規定した。しかしこれは金正日が国防委員長の資格で人事文書を批准することを意味し、軍部高位幹部の選抜と検討などの人事は総て党組織指導部幹部課の所管である。
　国防委員長体制スタート後も、軍に対する党生活指導と軍人事を担当する組織指導部第1副部長(李容哲（リヨンチョル）)は、依然として金正日の最側近として活躍したことと、黄炳瑞（ファンビョンソ）と姜東潤（カンドンユン）など軍出身幹部たちが、組織指導部副部長に新たに起用されて側近の身分に昇進したことも、軍に対する党の指導的職位が健在であることを示す代表的な事例だったと言える。
　金正日が軍部を前面に出しながらも、同時に軍に対する党の指導を一層強化したのは、結局、先軍政治下で軍部が誰の牽制も受けない絶対的な権力集

---

19 金正日「先軍革命路線は我々の時代の偉大な革命路線であり、我々の革命の百戦百勝の旗印である」(朝鮮労働党中央委員会責任幹部とした談話、2003年1月29日)『金正日選集(15)』p. 368～369

団としての進化を遮断する意図から始まったことだと見られる。金正日政権のスタートと同時に具体化された権力構造の変化は、総ての分野と単位の適切な権力均衡と役割分担を通じて、相互牽制と忠誠競争を誘導したことで、権力層に政治的挑戦勢力が形成される可能性を未然に防止する目的があった、と評価できる。

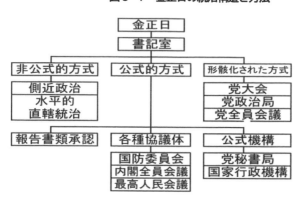

図5-1　金正日の統治構造と方法

3.　国家戦略の目標と強盛大国建設

金日成死亡後、遺訓統治を標榜しながら、さしたる国家戦略を提示しないまま「苦難の行軍」を終えた北朝鮮は、金正日政権のスタートを控え、1998年に入ると、いわゆる「強盛大国建設」を国家戦略の新たな目標として掲げ始めた。[20] 北朝鮮は強盛大国建設の意味を首領の思想で一色化された思想の強国、首領を中心に団結して自主政治が実施される政治強国、強力な軍事力を持つ軍事強国、自立的民族経済に基づく経済強国、主体的文化を持つ文化強国と説明した。[21]

---

[20] 強盛大国という表現は、1998年2月3日『労働新聞』社説「自力更生の旗印を高く掲げ、強行軍進め」で初めて登場した。その後1998年8月4日『労働新聞』社説「主体の強盛大国」でその核心ポイントがより具体化されたのに続き、1998年8月22日『労働新聞』正論「強盛大国」を通じて強盛大国理論が公式化された。強盛大国論は以後1998年9月9日『労働新聞』社説「偉大な党の指導に従い社会主義強盛大国を建設しよう」など多くの言論社説と記事、そして各種出版物を通して持続的に体系化されて補完された。

[21] キム・ジェホ『金正日強盛大国建設戦略』(平壌：平壌出版社、2000) p.7～8

北朝鮮がいう強盛大国建設理論は、事実上1970年代から金日成によって継続して強調されてきた社会主義完全勝利理論を、金正日時代に合うように脚色し、新たに概念定義をした金正日政権の国家戦略的目標だったと評価できる。これは、強盛大国に対する金正日の次のような一連の概念的定式化を通じて確認できる。

　私たちがいう強盛大国とは、社会主義強盛大国です。国力が強く、総てが栄えて人民が世界に羨むこと無く生きる国が社会主義強盛大国です。[22]

　私たちは一心団結して革命の赤旗を固守してきたように、2000年代も一心団結して強盛大国建設の偉業を実現し、社会主義偉業の遂行において勝利を達成しなければなりません。[23]

　強盛大国建設は透徹した社会主義信念と燃える愛国的な献身性によって推進され、現代的な科学技術に基づいて前進する、新たな高い段階の社会主義建設です。[24]

　金正日のこうした発言は結局、強盛大国建設が金日成によって提示された共産主義への移行過程、なかでも社会主義建設の高い段階で達成すべき社会主義完全勝利の目標に並べられていることを物語っている。[25]
　それにもかかわらず、北朝鮮が金正日政権のスタートを契機に、金日成時代に標榜してきた社会主義完全勝利という目標を、強盛大国建設という新たな表現に脚色して出した背景は、社会主義圏の崩壊と1990年代中盤の体制危機よって意味が大きく退色した社会主義完全勝利理論と、実現可能性が遥かに遠い共産主義理論では、社会主義理念と体制展望に対する住民の悲観主義と敗北主義を解消するのは難しいという判断と関連する。換言すれば、住民

---

[22] 金正日「今年を強盛大国建設の偉大な転換の年として輝かせよう」(朝鮮労働党中央委員会責任幹部とした談話、1999年1月1日)『金正日選集(14)』(平壌：朝鮮労働党出版社、2000) p. 455
[23] 金正日「社会主義強盛大国建設で決定的な前進を遂げることについて」(朝鮮労働党中央委員会責任幹部とした談話、2000年1月1日)『金正日選集(15)』(平壌：朝鮮労働党出版社、2005) p. 3
[24] 金正日「新世紀の革命的進軍の要求に合わせ、党初級宣伝活動家の役割をさらに高めよう」(全国党初級宣伝活動家大会参加者に送った書簡、2001年4月12日)『金正日選集(15)』p. 120
[25] カン・ヒョンジェ「強盛大国建設は新たな高い段階の社会主義建設」『金日成総合大学学報(哲学、経済学)』第47巻第4号(2001) p. 22～26

に体制展望に関した希望と楽観、自信を与えることができる、より現実的で肌に触れる新たな国家戦略目標とビジョンが要求され、その代案として提示されたものが、まさに強盛大国建設戦略なのである。

> 我が国を強盛大国にすること、これは決して口先だけの話ではなく、遠い将来のことでもありません。…私たちが数年間、強固な闘争を展開し、富強祖国建設の丈夫な踏み台を用意した条件で強盛大国を建設することは、近い将来に実現できることであり、現実的に可能なことです。…今、我々の政治思想的威力と軍事的威力は、すでに強盛大国の地位に昇り立ったと見られます。これから、私たちは経済建設に力を集中し、総ての工場、企業所が本来の軌道に乗って生産がどんどん増えるようにすれば、いくらでも経済大国の地位に昇り立てます。[26]

強盛大国建設は社会主義完全勝利や共産主義建設のような幾世代を経なければ実現できない長期的な課題ではなく、金正日時代に完遂でき、また完遂しなければならない目標であり、これは経済強国建設さえ実現すれば、充分に達成できるものと解釈されていた。

しかし、北朝鮮が主張している強盛大国建設の様々な理論と主張を見ると、内容と実行方法で既存の路線と区別されるいかなる新たな変化も発見できない。思想強国と軍事強国が、強盛大国建設で相変わらず核心事項にされていること自体がこれを物語っている。ことに金正日は、自力更生の固守と改革開放の拒否を、強盛大国建設過程で堅持すべき最も重要な原則として提示した。

> 私たちは自力更生の旗の下に、強盛大国を建設して行かなければなりません。…私たちは帝国主義者が騒ぐ≪改革≫、≪開放≫の風に引きこまれては絶対になりません。≪改革≫、≪開放≫は亡国の道です。私たちは≪改革≫、≪開放≫をわずかでも許容できません。私たちの強盛大国は自力更生の強盛大国です。[27]

金正日は、強盛大国建設の実行と関連しても、先軍政治の先行と思想教育

---

[26] 金正日「今年を強盛大国建設の偉大な転換の年として輝かせよう」『金正日選集(14)』p. 452〜454
[27] 前掲書、p. 458

の強化、労働者階級の先鋒的役割の向上、党指導の固守、経済活動家の責任性向上のような、いままで継続的に強調してきた問題を主要な方法として提示することに止まった。[28] これは、北朝鮮が掲げた強盛大国建設戦略が、結局、国家と国民の利益を優先する国家発展戦略というよりも、金正日政権の安全と防衛の強化を優先する体制防衛戦略に過ぎなかったことを示している。

　強盛大国建設の戦略が、このように体制防衛戦略の限界を抜け出せずにいたのは、金正日政権が直面している内外の威嚇要因と、それに対する北朝鮮の対処認識に起因すると見られる。まず、北朝鮮が直面した国内の威嚇要因は、主体思想のイデオロギー的社会統合機能の無力化、住民の社会主義的価値観と意識構造の変化、権力層の不正腐敗と社会統制体系の弱化、社会階層間の不平等と葛藤の深化、経済危機と生活難から始まった体制不信と不満などが挙げられる。また、対外的要因としては北朝鮮の核武装化と人権蹂躙、麻薬、偽札など各種不法行為に対処する国際社会の制裁と圧迫、そして米国の直接的な軍事的威嚇と「内部瓦解策動」、外部からの資本主義的思想の流入などを挙げられる。

　これらの威嚇要因の発生原因に対し、国際社会は、北朝鮮の非民主的で画一的な首領絶対主義体制と中央集権的計画経済、時代錯誤的な重工業優先の自立経済路線と政治論理による経済の支配、経済・国防並進目的の資源配分の歪みと不均衡、東欧圏の崩壊と中国の改革による社会主義市場とバーター貿易の消滅などを指摘した。[29] 一方で北朝鮮は、米国と国際社会の対北敵視政策と「圧殺策動」を根本的な原因として提起した。

　「苦難の行軍」の時期に慈江道の人民が食糧問題で大変な苦労をしましたが、それはみな米帝国主義者のせいです。米帝国主義者はとにかく私たちを窒息させようと、いろいろ必死のあがきをしています。敵どもは我が国に政治的圧力と軍事的威嚇だけでなく、経済封鎖まで突き付けています。そのため、私たちの党と人民が「苦難の行軍」をしなければならなくなり、その過程で多くの苦労をすることになりました。[30]

---

[28] 前掲書、p. 459〜464
[29] イ・ジョンソク『現代北朝鮮の理解』(ソウル：歴史批評社、2000) p. 535〜539
[30] 金正日「慈江道の模範に従って経済事業と人民生活に新たな転換を起こそう」(慈江道の各種部門事業を現地指導しながら幹部たちにした談話、1998年1月16〜21日、6月1日、10月20日、22日)『金正日選集(14)』p. 394〜395

この他にも北朝鮮は、危機の原因を自然災害や幹部たちの無責任性などの対内要因と[31]社会主義市場の崩壊のような外部的要因から探そうとした。[32]こうした見地から見ると、危機の原因と失敗の責任を体制自体から探そうという意志が、金正日政権に欠如していたことが、北朝鮮が直面している危機の根本原因であったと見ることができる。

　総ての事物現象を国家の発展でなく、体制防衛の次元から対する北朝鮮の視角は、東欧圏の崩壊原因に対して、社会主義原則の放棄と思想活動のいい加減さ、党の腐敗と官僚化にあると見たことに明白に表れている。[33]国家と国民の利益の見地から見れば、東欧圏で社会主義原則が当然に放棄される他なかった、より根本的な原因から模索しなければならないだろう。

　国際社会は北朝鮮の核開発と人権弾圧、改革・開放の拒否を危機の原因と見なした一方で、北朝鮮はこれを体制維持の秘訣として見なしたことによって、国際社会と北朝鮮の認識の差が克明に表れた。こうした認識の違いは、結局、国家戦略の目的が国家と国民の利益を追求するか、それとも政権の利益を追求するのかに帰着する。国家利益、国民の利益に反する政策が、究極的には体制の利益にも符合できないことは、1990年代中盤の危機を通して明白に証明された。こうした「教訓」から金正日政権スタート後、北朝鮮は体制の利益を最優先にしながら、これを損なわない範囲内で国家の利益、国民の利益を図る実用主義的な政策変化を積極的に模索し始めた。

---

[31] 金正日「党、国家、経済事業に提起されるいくつかの問題について」(朝鮮労働党中央委員会責任幹部たちの前で行った演説、1992年11月12日)『金正日選集(13)』(平壌：朝鮮労働党出版社、1998) p. 208～231

[32] 金正日「革命的軍人精神に従って学ぶことについて」(朝鮮労働党中央委員会責任幹部との談話、1997年3月17日)『金正日選集(14)』p. 294

[33] 金正日「社会主義建設の歴史的教訓と党の総路線」(朝鮮労働党中央委員会責任の幹部との談話、1992年1月3日)『金正日選集(12)』(平壌：朝鮮労働党出版社、1997) p. 275～286

4. 先軍政治と実利主義

　金正日政権下で強盛大国建設が新たな国家戦略の目標であれば、先軍政治と実利主義は、強盛大国建設を実現するための国家戦略の基本推進方式だったと言える。つまり、先軍政治と実利主義に基づき強盛大国建設を実現することが、金正日政権が追求した国家戦略の核心内容である。

　前述したように、金正日は1990年代中盤「苦難の行軍」過程で軍部統治と軍優遇政策に基づいて体制が直面した危機を克服した。こうした軍部統治は金正日政権のスタートと共に、いわゆる先軍政治という新しい概念として定型化された。[34]金正日は「先軍政治は私の基本政治方式であり、我々の革命を勝利へと導いていくための万能の宝剣です」とし、[35]「先軍革命路線、先軍政治は地球上に帝国主義が残っており、侵略策動が続く限り恒久的に堅持していくべき戦略的な革命路線であり、政治方式です」と主張した。[36]このように「苦難の行軍」時期に軍を掌握する方法で危機を克服することに活用された軍部統治は、金正日政権のスタートと共に先軍政治という名分で合理化され、強盛大国建設という国家戦略の目標を実現するための核心手段として機能するようになったのである。

　　私たちは、今後も銃隊重視思想を堅持して先軍政治を行い、この地上に社会主義強盛大国を建設して、私たち民族の宿願である祖国統一を成し遂げなければなりません。[37]

　北朝鮮は先軍政治の本質について「先軍政治は、軍事先行の原則から革命と建設で生ずる総ての問題を解決し、軍隊を革命の大黒柱として前面に出し、社会主義偉業全般を推し進める指導方法」で、「それは本質において革命軍隊

---

[34] 北朝鮮は先軍政治が、1995年1月1日金正日の人民軍「タバクソル哨所」視察を契機に出現したと主張している。(『労働新聞』2000.11.18)しかし、北朝鮮で先軍政治という用語が初めて登場し、理論的に定式化されたのは1997年以後からだと見ることができる。チョン・ヒョンジュン『金正日政権の分野別政策変化推移の分析 -『労働新聞』(1994.7.4〜2001.11.30)社説・正論・論説を中心に』(ソウル：統一研究院、2001) p. 28, 92

[35] 『労働新聞』1999.6.16

[36] 金正日「先軍革命路線は我々の時代の偉大な革命路線であり、我々の革命の百戦百勝の旗印である」(朝鮮労働党中央委員会責任幹部との談話、2003年1月29日)『金正日選集(15)』p. 356

[37] 金正日「社会主義強盛大国建設で決定的な前進を遂げることについて」(朝鮮労働党中央委員会責任幹部との談話、2000年1月1日)前掲書、p. 7

の強化を通じ、人民大衆の自主的地位を保障し、人民大衆の創造的役割を最大限に高める政治方式」と主張した。[38]結局、金正日政権が掲げた先軍政治は軍隊を前面に出して、軍隊に依って、軍隊に従って学び、体制の政治的安定と結束、経済の再建と発展を遂げて軍事を重視し、軍事力を強化し、外部威嚇からの体制安全保障と国際社会の支援と協力を確保し、さらに朝鮮半島の赤化統一という究極的目標を達成するという軍事万能主義統治方式であった。

先軍政治が、軍を前面に出して見習う方式で危機に対応して、体制安保を保障する役割をするならば、実利主義は変化した対内外の環境で既存の理念と原則に縛られずに、体制に役立つのであれば何でもするという方式で体制の利益を保障する役割をした。つまり、先軍政治と実利主義は互いの長所を補完し、短所を克服する体制防衛の二大戦略として機能したのである。

金正日政権のスタートと共に、北朝鮮は経済強国建設を国家戦略の新たな目標である強盛大国建設の主要課題として掲げ、その実現に本格的に邁進し始めた。経済再建と人民生活の回復のために、北朝鮮は対内外政策全般で実利主義を掲げ、国際社会の注目を引くのに充分ないくつかの政策的変化を追求した。理念だけを掲げて実益を排斥した硬直した姿はもう見られなかった。代わりに、体制に実益になるものであれば何でも、体制防衛に有利な方向に加工してでも受け入れようとする、実用主義的な思考が総ての分野を支配した。住民統制と処罰レベルの緩和、経済生活での私的要素の部分的許容と市場経済要素の漸進的な導入、内閣の権限強化、党経済の縮小、開城工業団地と金剛山観光の活性化、南北鉄道の連結、日本人拉致認定など、対内、対南、対外政策全般に見られた変化は、たとえそれが体制防衛のための窮余の策であっても、明らかに過去には想像することが難しかった大きな変化であった。

このように北朝鮮は下からの変化を受け入れ、これを政策的に管理していく次元の実利主義と、その副作用を徹底的に相殺して最小化していく次元の先軍政治を、体制防衛の二大戦略として選択した。北朝鮮が置かれた対内外の状況で、この二つの要素のいずれか一つでも弱化され、もしくは放棄された場合、体制危険度はそれだけ増大する他ないだろう。

国家戦略推進の両軸を形成した先軍政治と実利主義は、北朝鮮の対内戦略と対外戦略、対南戦略全般に広範囲に具体化された。すなわち、対内的に体

---

[38] キム・ハ、コ・ボン『21世紀の太陽、金正日将軍』(平壌出版社、2000) p.225～226

制結束と統合の維持、軍事力の強化、経済の再建と、対外的に朝米関係正常化を通じた対外関係拡大と国際的孤立脱却、韓国と国際社会の経済協力と支援誘致に幅広く具体化されることで、金正日政権の防衛と強化のための戦略として機能したのである。

図5-2 金正日政権の国家戦略目標と性格と推進方法

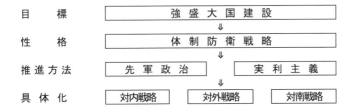

Ⅲ. 体制安保戦略

　金正日政権が追求した体制防衛戦略の対内的機能で核心的な部分は、金正日を求心点とする住民結束及び統合の強化と外部の威嚇から体制の安全性を保障するための軍事力強化である。その実現のための制度的装置がまさに先軍政治である。先軍政治は、先軍思想という統治理念で思想理論分野に具体化され、住民に対する思想教育と洗脳教育の手段として機能し、軍を前面に出して、軍に従って学ぶ先軍指導方式で社会に対する統制と外部思想遮断の機能を果たした。また、軍事を重視して軍需工業を優先する方式で軍事力を強化し、とくに核開発と保有を通して体制の安全性を確固として保障する機能をした。[39]このように洗脳と統制、外部との隔離、軍事力強化と核保有は、先軍政治を通して北朝鮮が追求する対内的体制安保戦略の重要な構成部分をなしていた。

1. 統治理念と洗脳

　光復後、「建国思想総動員運動」から始まった北朝鮮の対内統合の努力は、指導思想の一色化と団結の求心点に対する結束で一貫してきた。1960年代までの金日成時代には統治理念が、マルクス・レーニン主義を指導思想として比較的単純化されていたが、国家戦略が国民の基本的要求と利益に符合し、経済の目に見える成長によって国民の自発的参加と統合が可能であった。

　しかし、金正日後継体制に入って統治理念と制度は、首領絶対主義の方向に大幅に強化されて精緻化されたにもかかわらず、国家戦略が政権安保戦略に変質し、経済と人民の生活が困難に直面したことによって住民の参加意志が深刻に毀損され、対内統合は「強制された動員」に退化した。1950年代の「千里馬運動」時期のような自発的熱意と社会的活気は見つけがたくなった。現実に対する不満と将来への不安は、住民の中にそれでも食べて生きることに大

---

[39] 北朝鮮は、「先軍思想は、金正日同志の非凡な思想理論活動と英雄的な革命実践によって完成された偉大な革命思想」であり、「軍事を総てに優先させるための軍事先行の思想であり、軍隊を革命の大黒柱、主力軍として掲げ、それに基づく先軍後の路線と戦略戦術である」と主張している。『労働新聞』2003.3.21

きな心配がなかった1960年代のような、過去に対する郷愁と金正日体制に対する批判意識につながった。さらに、中国の改革開放と東欧社会主義圏の崩壊という情勢変化は、住民の中に社会主義に対する悲観主義と敗北主義、改革開放に対する欲求を拡散させた。

結局、金正日を求心点とする対内統合を保障するためには、求心点としての金正日に対する住民の否定的な認識を正すのが何よりも重要であった。否定的な認識の根本的な原因である経済危機と住民の生活難は、既存路線の固守や主体思想のような伝統的統治理念では治癒に限界があり、これが北朝鮮の直面していたジレンマであった。

このことから、北朝鮮は1990年代に入り、理念分野で二つの問題に重点を置いて、統治理念と下位の談話を積極的に開発・具体化していった。一つは社会主義理念と金正日体制に対する信念と楽観を鼓吹することであり、他の一つは、金正日体制の崩壊は社会主義制度と北朝鮮という国家、さらに民族の終末を意味する「運命共同体」意識を注入することであった。つまり、金正日を信じて従えば必ず勝利を得、背信すれば社会主義も、国家も、民族も、そして個人も総て不幸になるということを、北朝鮮が置かれた危機的状況と結びつけて現実的な論理で洗脳するというものである。

1990年代以降、北朝鮮が持ち出した「苦難の行軍精神」、「革命的軍人精神」、「江界の革命精神」、「首領決死擁護精神」と「赤旗思想」、「先軍革命思想」など様々な談話とスローガンは、総て北朝鮮の対内外環境を反映して住民の中に安保不安を最大化し、安保守護者としての金正日のイメージと連携させ、体制結束と団結の求心力を保障するという共通の目的を追求していた。とくに金正日政権スタート後、北朝鮮が思想の分野にまで拡大・適用した先軍思想は、金日成の主体思想を脚色した新たな指導思想に昇格され、体制防衛戦略で核心的統治理念として機能した。

金日成同志の奥深く精力的な思想理論活動と老熟して洗練された指導によって永生不滅の主体思想と、それを実現化した独創的な先軍思想が確立され、私たちの時代の偉大な指導思想として光を放つことになりました。[40]

---

[40] 最高人民会議第11期第1次会議で行った最高人民会議常任委員長・金永南の演説から。『労働新聞』2003.9.4

指導思想としての先軍思想と共に北朝鮮は、その下位談話として体制防衛問題を社会の各構成員の将来の運命と結びつける「運命共同体論」とそれに基づく「首領決死擁護精神」を頻繁に強調し始めた。代表的には、2000年1月18日『労働新聞』に掲載した「階級的な敵どもとは無慈悲に闘争しなければならない」というタイトルの社説が挙げられる。社説は「階級的敵どもと非妥協的で、無慈悲に闘争することが、革命家たちが死ぬ時も枕にして死なねばならない原則であり、真理である」と主張し、「もしこれを破った場合、社会主義の獲得物を階級の敵どもに奪われることになり、後には奴隷の運命を免れることができなくなる」ことを、崩壊後の旧ソ連と東欧諸国の「悲惨な」現実と結びつけて、以下のように冗長に「論証」している。

階級的敵どもに対する幻想を持って階級闘争で譲歩をすれば、どのような運命が与えられるかということは、旧ソ連と東欧の国々の現実がよく示している。…ずいぶん前に清算された地主、資本家どもとその子孫たちが昔の土地文書と所有証書を持って現れ、工場と土地を取り戻した。ポーランドでは全耕地面積の80％が以前の地主の手中に掌握された。ロシア、ブルガリア、ユーゴスラビア、アルバニアなどの国々では前の皇帝と貴族の子孫が堂々と現れ、貴族制度の復活を云々している。以前の政治犯とナチス服務者は自分の組織を結成して共産主義勢力に対する復讐を誓っている。
一方で前の社会主義時期の党、国家、安全、保衛部門の幹部と党員たちは例外なく一番の弾圧対象となっている。ドイツでは以前の東独内務省幹部が裁判を受けて刑務所に連れていかれ、ロシアでは以前の赤軍政治幹部たちが新たなロシア軍隊の将校たちに押し出されて街を彷徨い歩いている。以前の党要員や幹部の経歴を持つ人々は自分が働いていた機関、企業所から追い出されて失業者に転落し、仕事を探して街を徘徊しなければならなくなった。祖国を守って戦った英雄たちと戦争老兵たち、功労者たちの境遇はもっと悲惨である。暮らしが困難でゴミ箱を漁り、物乞いの道に出ており、自分の血と汗が染みた勲章とメダルを路上に持ち出してパンやソーセージと換えている。ロシアで、戦争時期に敵占領軍の司令官を処断した女性英雄オシポバが、反革命分子の子孫たちに英雄メダルと勲章、貴重品を全部奪われて、袋叩きにされて片端になるという驚くべき事件まで発生した。
今、この国の人民は階級の刃を鈍らせて社会主義を捨てた自分たちの行動を胸に染みるほど後悔している。しかし、いくら後悔しても意味がない。一度捨てた社会主義は決して簡単に戻らない。階級的敵どもは取り戻した者の地位を決しておとなしく譲歩しよ

うとしない。このように、誰が生き残るかという熾烈な階級闘争で、一歩の譲歩と後退は、十歩、百歩の譲歩と後退をもたらし、結局は敵どもに社会主義の獲得物を奪われる悲劇を生んだ。これは、階級的敵どもには一寸の譲歩もなく、無慈悲でなければならないという鉄の真理を刻んでくれており、社会主義は捨てたら死だという血の教訓を教えている。

2004年に「朝鮮人民軍出版社」で製作した軍幹部用の対内学習要綱は、ここでさらに「革命の首脳部を守れなければ、やつらの絞首台に最初に上がらなければならない者は他でもない私たちの指揮成員である」と主張し、幹部に首領決死擁護と体制防衛を死活的な利害関係として受け入れることを促した。[41]北朝鮮が軍人と青年に「銃爆弾精神」と「自爆精神」という極端な思考方法を要求するのは、まさに体制防衛に対する死活的な利害関係を誘導する洗脳である。

幹部たちは、党員と勤労者が敬愛する将軍様がいらっしゃることで我が党と革命、祖国と人民はもちろん、自分自身もいることを信念として大切に保管しなければならない。…普段から首領決死擁護の覚悟が透徹して首領を党と祖国、自分自身の運命と結びつけさせることを知っている首領決死擁護精神の真の体現者だけが、いかなる危険な状況の中でも、首領のために自分の一身をためらいなく捧げることができる。…敬愛する将軍様がいらっしゃらなかったなら、私たちの社会主義は何百回も崩壊しただろうし、私たち人民は再び奴隷生活を免れなかったということを心深く体得した。[42]

党組織は全党員と人民、青年たちを、透徹した首領決死擁護精神をもって革命の首脳部と最後まで生死の運命を共にする先軍革命同志として準備させたが、人との事業、思想教育事業の火力を集中しなければならない。…総ての党員と勤労者は我々式の社会主義が世界で一番であり、社会主義を守れば勝利であり、捨てれば死だということを絶対的真理として刻まなければならない。[43]

---

[41]『中央日報』2005.4.8
[42]「首領決死擁護精神を行動のスローガンにして実践に徹底的に具現することについて(対内幹部講演資料)』(平壌：朝鮮労働党出版社、2001年1月)p.3~4
[43]「党の指導の下、強盛大国建設の総ての戦線で革命的攻勢を広げ、今年を誇らしい勝利の年に輝かせよう」『労働新聞』2004.1.1

こうした統治理念と談話は、朝米の核対決過程で可視化され、国際社会の対北圧迫と制裁及び封鎖、軍事的威嚇とそれに対処した金正日の強硬対応と外交力による米国と国際社会の「屈服」と「献納」などを通じて「立証」され、その正当性と実効性が住民に認められるのである。こうした見地から、1990年代以降継続されてきた北朝鮮の劣悪な安保環境は、逆説的に金正日体制の維持と強化に寄与してきたと評価せざるを得ない。

　とくに2003年、米国のイラク侵攻とフセイン政権の崩壊は、北朝鮮が対内統合のために理念分野で追求している「運命共同体論」の正当性を現実に立証した。北朝鮮から見たとき、イラクが米国の先制攻撃の前に脆くも崩れたのは、結局フセイン政権の対米抗戦論理が、国民には少数の執権層のための安保論理として認識されたからだ。フセイン政権の崩壊とその後のフセインの逮捕と処刑過程で現れたイラク国民の行動は、北朝鮮の権力エリートたちに多くの衝撃と教訓を与えた。最高首脳部との運命共同体意識を自分の利害関係として受け入れない限り、イラク国民がフセイン独裁政権の崩壊を歓迎した「悲劇」が北朝鮮で再現されないという保障はない。

　先軍思想のような統治理念と「運命共同体論」、「首領決死擁護精神」のような談話が求心点としての金正日に対する忠誠と結束を思想・理論的に正当化する役割をしていたとすれば、これを具体的な行動で実証したのが、核に基づいた体制安保論理である。核は北朝鮮の住民にとって、金正日政権さえあれば「どんな強敵も北朝鮮に触れることができず」北朝鮮が近い将来、強盛大国として浮上できるという信念と希望を提示することで保証小切手と同じ意味を持っている。

　これを示す代表的な事例が、1990年代初頭の第1次北朝鮮核危機と朝米ジュネーブ合意であった。当時、北朝鮮は米国の軽水炉及び重油提供などの対北「譲歩措置」とクリントン大統領が金正日に宛てたメッセージを、金正日の権威向上と体制結束のための大々的な宣伝手段として活用した。そして、こうした対国民広報は金正日の地位とイメージを「無比の肝っ玉と度胸を持った将軍」として格上げさせる一助となった。

　1990年代の朝鮮半島情勢は、米帝の策動で戦争の瀬戸際にまで達した。他国に対する侵略でますます傲慢になった米帝は、イラクを強制占有して我が共和国を核先制攻撃すると騒ぎながら、北侵略戦争策動を露骨に敢行する一方、ありもしない共和国の核問

題を口実に、私たちを孤立圧殺するために悪辣に策動した。しかし、我が共和国は常に主導権を確固と握り締め、図太く強固に強硬高圧姿勢で敵どもを連続して追い詰めた。結果、核交渉で米国は我が共和国に屈服して、朝米基本合意文に署名せざるを得なくなり、米国大統領は偉大な将軍様にその実行を担保する書簡まで送ってきた。[44]

第1次北朝鮮核危機が、1990年代初めの東欧圏崩壊と韓中修交などで大きく毀損された対内統合を回復することに決定的に貢献したとすれば、2000年代に入って発生した第2次北朝鮮核危機は、1990年代中盤の深刻な経済危機と食糧難として再現された対内危機を一掃することに画期的な貢献をした。北朝鮮はブッシュ政権の対北強硬政策に核保有宣言と核実験という超強硬措置で対応し、米国の敵対政策の放棄と金融制裁解除、エネルギー支援、関係正常化のような多くの補償の約束を取り付けた。これは「苦難の行軍」時期から沈滞の一路を歩いてきた北朝鮮社会の雰囲気を逆転させる最上の素材に他ならなかった。2007年2月、北朝鮮核関連の2・13合意が発表された直後に平壌を訪問した在米自主思想研究所所長キム・ヒョンファン博士が、インターネット媒体である『民族通信』に公開した平壌市民の反応は、核が北朝鮮住民に何を意味するのかを克明に示している。

我々はこの間食べることもままならずに、苦難の行軍に耐え抜いて成し遂げた先軍政治の結実が、2・13合意として現れた。やくざの論理である力の論理を掲げる帝国主義者どもには、強い力だけが問題を解決できることを示した。2・13合意は金正日将軍様の先軍政治の勝利である。強大国の顔色を見て暮らしていた時代は終わり、その模範を我が国が示している。主体思想で武装し、一心団結すれば現代の武器をいかに多く持っている米国でも、あえて侵犯できないことを今回の2・13合意が如実に証明している。[45]

核を媒介とする北朝鮮の体制安保論理は、まず、米国の軍事的威嚇に対抗できる最も信頼できる安保手段であり、戦争抑止力が用意されたという点を強調することで、北朝鮮を核保有国の地位に押し上げた金正日の功績を集中

---

[44] http://www.uriminzokkiri.com 2006.12.24
[45] 『聯合ニュース』2007.2.26

的に浮上させた。

　敬愛する金正日将軍様の革命闘争の歴史で最もきらびやかな光を放つのは、我が祖国を核保有国の堂々とした地位に引き立てられたことである。最近、我々の知恵と技術で成功裏に行われた核実験は強力な自衛的国防力、威力ある軍事的抑止力を渇望してきた我が軍隊と人民に無限の誇りと自負心、必勝の信念を抱かせて先軍朝鮮の尊厳と気象、強力な軍事力を誇示した特記すべき歴史的な出来事であった。この歴史的な壮挙によって我が国は強力な戦争抑止力を持つ不敗の国に、我々人民は最も尊厳があり権威のある人民となった。前世紀初頭に国力が弱かった為に帝国主義者どもによって亡国奴の恥辱を強要されねばならなかった我が民族を、一世紀経った今日では、核保有国の地位に引き上げられた敬愛する将軍様の不滅の業績は、子々孫々高く褒めたたえ長く称賛する愛国功績として金日成民族史に燦然と輝いている。[46]

　次に、北朝鮮は、核を保有することで経済の再建と発展のための確固とした担保が準備できたことを強調する方法で、住民の中に体制の展望に対する信念と楽観を鼓吹することに力を入れた。核という強力な代替戦力を保持することで、在来式軍事力の維持と強化のために投入された莫大な物質的、財政的、人的資源を経済再生と発展に回せるようになった結果、経済強国の実現を通じて強盛大国建設の「黎明」を早められると強調したのである。

　我が祖国は政治的思想的にも軍事的に強国の地位に確固として昇り、遂に我が軍隊と人民は苦難の強行軍を実質的に総括し、社会主義経済強国建設を本格的に邁進させる激動的な闘争の年代が始まった。[47]

　朝鮮総連の機関紙『朝鮮新報』も、2006年12月18日の記事で、「核実験実施以降、国内では経済復興に邁進できる環境と条件が造成されたという雰囲気が高まっている」とし、「核抑止力を備えることは、将来的に在来式武器を縮小し、人的資源と資金を経済建設と人民生活に回すことにある」と主張した。

---

[46] 『青年前衛』2007.3.9
[47] 「先軍革命先駆者大会」で行った最高人民会議議長崔泰福の演説から。『朝鮮中央放送』2007.2.5

2. 統制と外部思想遮断

　体制結束と団結のためには、住民が金正日に忠誠を尽くす思想教育と共に、これを後押しできる物理的な統制機構と統治制度を強化する努力も必要であった。

　しかし前述したように、1990年代の食糧難の悪化は党と公安機構の社会統制機能と掌握力を顕著に弱体化させた。一般住民は言うまでもなく、現場で住民を取り締まり、統制しなければならない義務を負っている中下層の党と公安機関幹部と要員たちでさえ、深刻な生活難に悩まされることは同じだった。食糧難と生活難を解決するための住民の必死の努力と社会離脱に、少なからぬ党活動家と保安員、保衛員たちが加勢し、この過程で住民の中に現れる各種の不法行為に対して目をつむり、同情する現象が一般化した。これらは住民の中で提起された不平や不満についても、それが反体制的性格でない以上、ほとんど見過ごし、違法行為に対する調査でも拷問のような過酷な手段より、「科学的証拠」に基づくことを要求した。はなはだしくは韓国製品の購入と使用、韓国放送の聴取やCD、DVDの取引、韓国に対する肯定的な発言、「不法越境」行為などに関しても、過去に比して処罰レベルが緩和されたことが、複数脱北者の証言で確認された。

　社会全般に拡散した金(かね)万能の金稼ぎの風潮が権力機関にまで拡大し、幹部の中で不正腐敗が日常化したことも、党と公安機構の住民統制機能が弱体化した別の背景となった。党幹部と保安機関要員の中で、賄賂を受けて居住移転や住宅取引、各種不法商行為と、さらには脱北まで黙認したり幇助したりする現象が広範囲に現れた。[48]

　対内的統制の弱体化は、このように統制機構が本来の役割を果たせないことに基本的な原因があった。この弱体化については、経済危機と住民の生活難解決と結び付かない統制一辺倒の政策は、むしろ住民の不満をさらに増幅させ得るという北朝鮮当局の憂慮と、人権蹂躙国家というイメージの改善がなくては、国際社会の人道主義的支援と経済協力を期待することは難しいという、現実的な判断から始まった側面もある。

　このことから、北朝鮮は金正日政権スタート後、「広幅政治」と「仁徳政治」

---

[48]「2005年、北朝鮮の最高の輸出品は北朝鮮産バイアグラと麻薬解毒剤」『月刊朝鮮』2006年2月号

の宣伝をより一層強化し、体制に害にならない範囲内で統制と処罰のレベルを一部緩和する措置を取った。

> 党の仁徳政治、広幅政治を徹底して実現し、総ての人々が心から党の周りに固く団結するようにしなければなりません。…人との事業を慎重に行い、人の問題をいい加減に処理することが絶対にないようにしなければなりません。…総ての党組織と党活動家、司法機関幹部は党の意図を明確に認識し、人との事業を慎重に行い、党と大衆の一心団結をより一層強固にしなければなりません。[49]

「7・1経済管理改善措置」のような、当局の部分的経済改革措置も住民統制制度の変化をもたらした重要な要因となった。実利主義のスローガンの下、北朝鮮が取った農民市場の許容と個人所有及び耕作地の拡大、企業の自律性向上などの措置は、既存の統制制度や秩序と多くの部分で相反した。苦難の行軍の過程で住民生活の一部分として定着した市場経済要素を政策的に許容し、これを国家的次元で管理しようとすれば、住民統制と取締りのレベルもそれに合わせて調整、緩和せざるを得なかった。

しかし2001年ブッシュ政権スタート後、米国の対北朝鮮政策の基調が北朝鮮政権交代戦略として認識され、北朝鮮はしばらく緩和していた党と勤労団体などの政治組織と公安機関の住民統制と内部取締りを再び強化する方向に出た。北朝鮮は住民に対する思想教育を一層強化する一方で、公開処刑のような極端な方法で全社会に恐怖の雰囲気を醸成するなど、体制逸脱行為を絶対に見過ごさないという強い意志を現した。

北朝鮮のこうした行動は、国際社会の大きな憂慮を醸し出し、結局米国の対北朝鮮人権法制定と国連人権委員会の人権決議案採択のような国際的圧力と非難を呼び起こした。しかし北朝鮮は、むしろこれを政権崩壊を狙った「体制揺さぶり」と見なして統制の水位を一層高めていった。こうした背景には北朝鮮の経済危機と食糧難が急な峠を越して、党と公安機関の統制機能と掌握力が回復し始めたことも一助になったと見られる。

対内的社会規律の確立と共に、北朝鮮は外部からの資本主義思想の流入を

---

[49] 金正日,「社会主義強盛大国建設で決定的な前進を遂げることについて」(朝鮮労働党中央委員会責任幹部との談話, 2000年1月1日)『金正日選集(15)』p.4〜5

遮断するための取締りと統制も怠らなかった。2000年代に入り、北朝鮮が導入し始めた市場経済措置と、南北首脳会談以後に活性化された韓国と国際社会の対北朝鮮支援と交流、協力は、北朝鮮の経済危機と食糧難解消に多くの助けになったが、外部思想の流入などの副作用も伴わざるを得なかった。また、北朝鮮全域に拡大された私経済と闇市場、「不法越境」のような現象も外部思想流入と拡散に拍車をかける役割を果たした。

外部思想の流入と拡散の具体的な実態と、それに対する北朝鮮の憂慮は、2002年に出版された「資本主義の思想文化的浸透を粉砕する闘争を力強く広げることについて」という題目の対内幹部用『学習要綱』によく現れている。この内部教育指針書で北朝鮮は、米国と日本、韓国などの「敵対国家」が≪自由アジア放送≫をはじめとする宣伝手段と対北朝鮮支援や協力の場を利用して、聖書と猥褻物、各種商品を大量に流入させる方法で内部瓦解を試みているとし、2002年の1年だけで国境税関での取締り、押収された各種「不純宣伝物」が前年の2倍に達すると主張した。そして、このように流入した「不純宣伝物」は個別的にあるいは集団的に流通されており、韓国と周辺国の放送を聴取、視聴する現象が露骨化していると憂慮を示した。

北朝鮮は、外部思想の流入と拡散を防げない場合、住民の価値観の変化と対南敵対意識の消滅、階級意識の麻痺、吸収統一に対する期待感の拡散、宗教と迷信の伝播のような致命的な副作用を招き、多大な努力を傾けて構築した対内統合と結束が水泡に帰してしまうと憂慮せざるを得なかった。

　資本主義思想の文化的浸透を防ぐための闘争は、帝国主義者との深刻な思想対決であり、資本主義か社会主義かという先鋭な階級闘争である。…我々は、資本主義思想文化の浸透を粉砕することを、革命の首脳部擁護と関連する重大な政治的問題として掲げ、そのわずかな要素も絶対に許容してはならない。(これを許容した場合)人々が思想的に変質瓦解され、社会主義思想陣地に破裂口が生じ、結局は社会主義が水を含んだ土塀のように脆くも崩れることになる。旧ソ連と東欧の国々の残酷な実態と苦い教訓がそれをよく示している。[50]

北朝鮮は対内的に「革命的先軍生活気風」と社会主義の生活様式の確立、遵

---

[50] 金正日「社会主義強盛大国建設で決定的な前進を遂げることについて」p.3～11

法精神教育などを強調する一方、外部思想の流入遮断のために様々な制度的対策作りに腐心した。北朝鮮は外部思想の流入を防ぐために党組織と公安機関、国境税関などの取締機関に「帝国主義思想文化の浸透と心理謀略戦」の空間として利用されている総ての通路を遮断することと、ラジオとテレビ、ビデオなどの不法使用に対する取締りと統制、法的制裁と処罰を強化することを促した。さらに北朝鮮は住民の服装と髪型、離婚、飲酒行為も「資本主義の要素」と罵倒して厳格に取り締まった。[51]

　金正日政権の崩壊を自分の没落と見なしている権力層の運命共同体意識と、これを肌で感じさせる外部からの威嚇、こうした現実を土台とする統治理念と類例がない住民統制体系、外部との隔離などの要因は、崩壊した東欧社会主義諸国には存在しなかった、北朝鮮だけが持っている体制維持の秘訣であり専有物だと見られる。これらの要因が存在する限り、北朝鮮政権が近い将来に崩壊、または朝鮮民主主義人民共和国という国家の消滅が、現実化する可能性は希薄だ、ということが北朝鮮体制の耐久力に対する一般的な評価であった。[52]

3.　軍事力強化

　先軍政治は対内的統治理念と統制手段としてだけではなく、外部からの威嚇に対処する軍事力強化の基本手段として機能した。[53]北朝鮮は「帝国主義者どもとの長期的な対決の中で、社会主義偉業を完成しようとするならば当然軍事が重視されなければならない」として、[54]先軍政治は「軍隊を重視し、それを強化することに優先的に力を入れる政治」だと主張した。[55]

　北朝鮮の主張は、東欧社会主義圏の崩壊と韓中修交に伴う同盟関係の喪失から始まった極度の孤立感と「被包囲」意識、そして1990年代初めの北朝鮮核危機で触発された安保不安感を反映したものと見ることができる。

---

51 『労働新聞』2006.1.20
52 チョン・ヒョンジュンほか『北朝鮮体制の耐久力評価』(ソウル：統一研究院、2006) p.203～218
53 チョン・ギルナム「国防工業発展に引き続き大きな力を入れることは、先軍時代の要求」『金日成総合大学学報(哲学、経済学)』第50巻第2号 (2004) p.15～18
54 『朝鮮中央放送』1999.7.22
55 金正日「先軍革命路線は、我々の時代の偉大な革命路線であり、我々の革命の百戦百勝の旗印である」『金正日選集(15)』p.356

さらに2001年、ブッシュ政権のスタートと共に可視化された米国の対北強硬政策と本格的な政権交代戦略は、北朝鮮にとってこれらの安全保障の不安を目前の現実として受け入れざるを得なくなった。

　このことから北朝鮮は内部的な体制結束を強固に固めながら、同時に外部の威嚇に確固として対処できる強力な軍事力の確保に総力を集中した。北朝鮮のこうした意志は「たとえ国が最悪の逆境に処しても軍隊だけが強ければいくらでも再起できるが、軍事力が弱ければ民族の尊厳はもちろん、党も祖国も社会主義もありえない」と主張したことを通しても明らかになった。[56]

　北朝鮮は「先軍時代の下で軍需工業が経済の主要攻撃戦線であり、国防工業発展に必要な総てのものを最優先的に保障することが先軍時代の経済建設路線の基本要求」として、[57]深刻な経済難の中でも軍需工業発展に相変わらず途方もない国家的投資を集中した。しかし、数十年間続いている経済状況の悪化は、北朝鮮の軍事力維持と戦力強化の努力に多くの支障を招来した。油とコークスなど輸入に依存していた戦略物資の不足で、新たな軍事装備の生産と輸入はもちろん、現存軍事装備の維持と稼働さえ困難にした。軍事力強化と維持に示されている現実は、北朝鮮にとって対南赤化統一という体制の究極的な目標達成は言うまでもなく、外部の威嚇に対処できる最小限の防衛力も保障しづらくした。

　そうかといって、自前で動員できる利用可能な資源が絶対的に不足している状況で、軍事力の強化と維持に継続的に投資を集中した場合、招来される経済的・財政的負担にこれ以上耐えることも難しい状況だった。軍事力の強化が経済危機を招き、経済危機が再び軍事力の弱体化につながる悪循環の輪を断ち切る方法は結局、核とミサイル、生物化学兵器のような大量殺傷兵器に依拠した非対称戦力を確保することだと見ることができる。

　こうした認識から、北朝鮮はかなり前から各種大量殺傷兵器の開発と生産、確保に国内外から補充された最も優秀な頭脳集団と人材、膨大な財源を投入した。[58]そして、国際社会の継続的な忠告と圧力、制裁と封鎖にもかかわらず、

---

56 「偉大な党の先軍指導に従い、復興強国を建設しよう」『労働新聞』2001.6.19
57 「新年共同社説」『労働新聞』2006.1.1
58 北朝鮮の具体的な軍事力増強の実態は、パク・ヨンギュ『金正日政権の安保政策：包括的安保概念の適用』(ソウル：統一研究院、2003) p. 49～50；アン・チャンイル他『10名の北朝鮮出身エリートたちが見る10年後の北朝鮮』(ソウル：書籍出版社人間愛、2006) p. 167～190などを参照

ついに核兵器の開発と実験に成功することで、過半世紀もの間、朝米対決過程で追求してきた永年の宿願を成就できたのである。

　金正日政権における核は、対内的に金正日の地位向上と住民意識の育成、体制結束の政治的な効果と、国際社会の制裁及び封鎖の解除と経済支援の誘致、莫大な軍事費負担の解消などで始まる経済的な効果、そして対外的に米国の軍事威嚇と敵視政策を無力化させ得る軍事安保的効果を同時にもたらすことができる、体制防衛の「万病治療薬」のような意味を持っていた。

IV. 経済発展戦略

1. 内閣の権能強化

　遺訓統治期間、深刻な経済危機と食糧難の中でも、経済を無視したまま軍部の抱き込みにだけに没頭して体制の危機を越えた金正日は、ついに1998年、公式権力継承を機に経済強国建設を強盛大国完成の当面の目標として提示し、本格的な経済対策に乗り出した。金正日政権のスタートと共に北朝鮮が最初に取った経済再建措置は、国家機構改編を通じた内閣責任制 (もしくは内閣中心制) の採用であった。最高人民会議第10期第1次会議では、既存の政務院の部・委員会を省へ改称し、40以上に達していた部署を機能的に統廃合して30程度に縮小し、相 (訳注：日本の大臣に相当) と副相 (訳注：日本の副大臣に相当) をはじめとする大部分の内閣構成員を、新進技術専門エリートとして補充した。

　内閣責任制と関連して北朝鮮は、「経済事業を内閣に集中させ、内閣の統一的な指揮に基づいて処理していく整然とした体系と秩序を立てなければならない」と主張した。[59] しかし、こうした主張は、1972年に社会主義憲法採択と共に政務院を新設する際にも提示されたものである。当時、金日成は政務院の新設背景と関連して、自身が党総書記と内閣首相を兼任した時、経済事業に重点を置いたので「不健全な者」たちが党内に「雑思想」を引き入れたとして、今後自分は国家主席と党総書記として経済政策と路線のみを提示し、経済の実務は完全に政務院総理に委任すると言った。[60]

　金正日も1990年代初めに、党幹部たちが経済を代行するのは党事業と経済事業を総て滅ぼす、百害あって一利なしの行動であるとして、党幹部は党内部事業にだけ集中し、経済組織事業は行政・経済幹部に委ね、それらを前面に出して権威を高め、党の路線と政策を徹底して貫徹するようによく導いてあげなければならないと強調した。[61] とりわけ金日成の死亡後、金正日は「党

---

[59] 『労働新聞』2006.1.1
[60] 金日成「政務院事業を改善し、経済事業で5大課題を克服することについて」(1988年1月1日) 『金日成著作集(41)』(平壌：朝鮮労働党出版社、1995) p.16
[61] 金正日「党事業をさらに強化し、社会主義建設を力強く進めよう」(1991年1月5日) 『金正日選集

の革命的経済戦略」を貫徹するためには、政務院責任制、政務院中心制を徹底して実現しなければならないと言い、「経済活動が上手くいくか否かということは、政務院がどのように働くかにかかっている」と主張した。[62]

このように、北朝鮮はかなり前から、内閣の権限と責任性の強化、党の経済干渉排除を主張してきたが、経済に対する党の政治的指導が維持される限り、これらの要求は常に空念仏に過ぎなかった。金正日政権のスタートと共に再び強調された内閣責任制も、やはり、内閣に対する党生活指導と政策指導が維持され、人事権の撤廃や緩和が全く言及されていない点で、根本的な変化を期待するのは難しかったのが事実である。

それにもかかわらず、金正日政権下で内閣責任制は明らかに過去の政務院責任制と異なる、他の一連の特徴を発見できた。まず、党幹部が経済幹部の経済政策執行方法にまでいちいち干渉していた慣行が大きく減少した。最小限、党の経済路線と政策の執行においてだけ、内閣の独自性と自律性が相対的に保障された。もちろん、これは経済政策の失敗の責任も当然に内閣が負うことを意味した。

金正日政権下で内閣の地位と権限が高まったという事実を実感できる最も画期的な措置は、これまで国家経済に莫大な被害を負わせてきた党経済と、内閣に対する権力機関の専横と侵害が、大幅に縮小もしくは消えたことだと見られる。

第3章で述べたように、金正日後継体制時期に本格化した首領絶対主義体制確立と党勢拡大は膨大な費用を要し、この過程で党資金確保名目の、いわゆる「党経済」が創設された。党経済は、1970〜1980年代を経て国家経済、すなわち内閣が担当した人民経済を絶えず蚕食する方法で規模を膨らませた。党経済が膨張すればするほど、人民経済はそれだけ縮小される他なかった。

代表的には、1970年代と1990年代初めに設立された中央党「39号室」と「38号室」、党財政経理部などが挙げられる。これらの機関は傘下に多数の貿易・外貨稼ぎ機関と金融、商業、流通、サービス、そして欧州と中国、東南アジアなど世界各地に支社を置き、生産と輸出、輸入など総ての面で国家経済を凌駕する独立した経済分野に成長した。金正日は人民経済で「要」の役割をし

---

(11)』p. 3〜4
[62] 金正日「偉大な首領様を永遠に高く崇めて首領様の偉業を最後まで完成しよう」(朝鮮労働党中央委員会責任幹部との談話、1994年10月16日)『金正日選集(13)』p. 436〜437

ていた主な工場・企業所を内閣から分離して党経済に編入させると同時に、外国から近代的な工場と生産設備を一式で買ってくる方法で、党経済を絶えず拡大した。そして、生産及び貿易単位と百貨店、外貨商店、ホテルなどを通して稼いだ収益は、総て金正日個人の秘密資金と首領偶像化作業、側近管理のような体制維持費用として使用された。

これら専門外貨稼ぎ機関だけでなく、1990年代後半には中央党組織指導部をはじめ、党事業を専門とする機関までが外貨稼ぎ事業に参入した。1990年代初に中央党行政部が組織指導部に吸収・編入されて新設された組織指導部行政課は、人民安全省と中央検察所、中央裁判所など、司法・検察機関に対する党的指導と共に税関通関と旅券・ビザ発給業務まで総括する、実に強大な権力部署である。当時、この部門を担当していた組織指導部第1副部長張成沢は、1990年代後半から、党が人民生活に責任を持って軌道に乗せるという名分を掲げて、対外保険総局をはじめとする外貨稼ぎ機構を通して本格的な外貨稼ぎに出た。とくにこの部署は税関統制権を利用して、国家機関の輸出品目と指標に対する許可を出し、手数料を取る方法で莫大な党資金を捻出した。

1960年代まで、国家経済の一部であった軍需経済も金正日後継体制下で国家経済から分離され、中央党軍需工業部(当時の機械工業部)に配属された。軍需工業部も生産単位である第2経済委員会、蒼光(チャンガン)信用銀行と富強(ブガン)貿易会社などの貿易・外貨稼ぎ機構を通して稼いだ収益の一部を党資金として出した。この他、人民武力部と護衛司令部、人民保安省などの権力機関と貿易部をはじめとする専門貿易及び対外経済機関までも、独自に稼いだ外貨の一部を必ず「革命資金」名目で金正日に捧げるようになっていた。

このように、金正日後継体制時期の党の地位強化と、先軍時代の軍部の台頭に加え、党経済と軍需経済の国家経済の蚕食は手の施しようもない状況に拡大された。内閣が人民経済回復と発展のためにできる役割は、日増しに萎縮する他なかった。[63]とくに権力機関は機関の特殊性を云々しながら、随時に人民経済傘下の工場・企業所に降りていき、金正日の批准文書を示して国家

---

[63] 経済規模で党の経済が国家経済を凌駕する非正常的現象の代表的な事例は、1992年国連総会に参加する政府代表団の旅費が不足し、代表団団長である延亨黙総理が金正日に要請して39号室の党資金から充当した事実からも明らかになった。当時、これを指して、北朝鮮外交官の中では「子供よりも臍(へそ)が大きな経済」という言葉が広く知られた。

計画外の生産物を出せと横暴を働き、国家計画に多大な混乱と支障を引き起こしたことが一度や二度でなかった。

党経済による人民経済の蚕食が日増しに深刻になり、経済に責任を負う総理や副総理、その他経済部門の幹部たちの間では、当然に不満が続出した。しかし、これらの不満を公式に提起することは、ただちに政治権力の犠牲になることを意味した。代表的には、1983年頃の経済担当副首相であった金경련（キョンリョン）が経済部門会議で「国家企業の中でまともに稼動している工場と企業所からは、党が『殻』だけ残して全部持っていくのに、政務院がどんな腕前で経済を生かせるのか」という趣旨の発言をしたところ、家族諸共に政治犯収容所に収監された。以後、幹部たちは誰も、こうした不満を公表しようとしなかった。結局、国家経済に対する党経済と軍需経済の蚕食と侵害は、何の障害や制止も受けずに、持続された。一言で言えば、いくら内閣責任制と内閣の権限強化を強調すると言っても、経済に対する党の政治的指導が固守され、権力機関の専横と横暴がなくならない限り、これは何の効果もなかった。1998年、金正日政権のスタートと共に初代内閣総理に起用された洪成南（ホンソンナム）も、自己保身の次元からこうした限界を大きく外れようとしなかった。

内閣の実質的な権限は、2003年9月洪成南の後任として首相に起用された朴奉珠（パクボンジュ）によってついに現実に現れ始めた。高位層の脱北者たちの証言によれば、朴奉珠は首相就任直後に内閣に委任された平壌市の「環状線通り」建設を副相兼首都建設委員長だった申日南（シンイルナム）に任せた。

申日南は人民保安省の副相でありながら、当時の組織指導部第1副部長だった張成沢との親密な関係を基に、内閣副総理に電撃抜擢された張成沢の側近であった。こうした背景から、彼は中央党組織指導部が下した他の課題を口実にして直属上司である首相の指示を拒否した。この事件は、当時の内閣の地位と総理の権限がどれほどであるかを示す代表的な事例であった。

朴奉珠は、この事件を機にこれまで党経済、とくに党組織指導部が外貨稼ぎの名目で国家経済を侵害してきた事例と、経済部門に対する権力機関の専横に関した実態を総合して金正日に報告した。その報告を受けた金正日は、「内閣に権限を与えたら、それを利用しなければならない」として、これまで党経済に編入されていた国家企業を総て返還することと、権力機関が国家経済に被害を与えたり、国家計画の樹立と執行を妨害したりする現象の根絶を指示し、その執行に対する権限を首相に与えた。こうして、組織指導部が内

閣から「奪ってきた」機関が、2004年に入って再び内閣に返還されたという。

　金正日のこうした措置は、体制の強化を目的とした体制維持費用捻出が、かえって国家経済を滅ぼし、逆に体制への威嚇要因となっているという憂慮と、国家経済がすでに党経済にこれ以上侵害される余地がないほど疲弊したとの認識、そして後継体制の時期とは異なり、今後、全般的な国家経済を顧みなければならない責任感などから始まったことだと評価できる。

　それにもかかわらず、金正日は党経済で核心的役割をしている39号室や38号室のような機関は、国家経済に負担を与えない方向で体制維持費用捻出事業を続けるようにした。さらに、金正日時代の先軍政治下で軍需経済は過去に比べて、むしろ一層比重を増やしていった。金正日は、「先軍時代の経済建設路線に従い、国防建設を確固として前面に掲げながら軽工業と農業を同時に発展させなければならない」とし、[64]過去、内閣に属していたが、軍需経済に移転された生産及び貿易機関を、そのまま置くようにしただけでなく、軍需経済に対する国家支援をさらに強化した。いわば、いかに経済回復が体制維持のための緊急課題として提起されても、軍事力強化という最も核心的な大義名分の前では、体制防衛の次善の策になる他ない。これが、先軍時代の金正日の経済観だと見ることができた。

2.　経済改革と実利中心原則

　金正日政権スタートと共に、国際社会の最も大きな注目を集めた部分は、実利主義を標榜した北朝鮮の部分的経済改革措置であった。軍部統治に依拠して、1990年代中盤の体制危機を越えた金正日は、1998年に入ってから徐々に軍事一辺倒政策から抜け出し、指導領域を経済部門に広げ始めた。これは「苦難の行軍」時期、全面的に軍部隊だけを視察した金正日が、1998年1月慈江道に対する現地指導をはじめとして、同年、全79回の公式活動のうち9回を経済部門に割愛し、1999年には経済部門に対する現地指導が23回に増え、27回の軍部隊訪問回数とほぼ同じになった事実からも確認された。[65]金正日が遺訓統治時期に、自身が経済事業に巻き込まれれば革命に取り返しのつか

---

[64] 金正日、「基本建設で新たな転換を起こすことについて」(党、国家経済機関責任幹部との談話、2004年8月11日)『金正日選集(15)』p. 456
[65] パク・ヨンギュ『金正日政権の安保政策』p. 51

ない結果を招来し得るとして、経済を徹底的に無視していたことと比較してみれば、こうした行動は政権スタートを控えて、経済問題が体制防衛に及ぼす重要性を、どれだけ真剣に受け入れたかを示す反証であった。

北朝鮮の経済再建の努力は、まず1998年の憲法改正を通して生産手段の所有主体及び個人所有の拡大、独立採算制の明文化、収(受)益性の適用、対外貿易に対する国家監督権の廃止、特殊経済地帯の奨励など経済運用と関連した部分的な変化を通して現れた。[66] また、1999年4月の最高人民会議第10期第2次会議で「人民経済計画法」を採択して、中央統制が強化された計画経済運用方針を再確認しながらも、計画の科学性と現実性、動員性を通した経済的実利創出と、国家的要求と企業所及び団体の創意性を結合した計画指標の実用主義的分担原則、輸出品優先生産などを強調したことも代表的な事例であった。[67]

しかし、北朝鮮の経済再建のための本格的な変化の動きは、2001年1月の金正日中国上海訪問を機に初めて具体化され始めた。北朝鮮は、2001年『新年共同社説』と同年1月9日『労働新聞』の社説などの公式媒体を通して、「旧時代の古い慣習を大胆に振り捨てて思想観点と思考方式、仕事ぶり(業務方式)と生活気風を根本的に一新し、総てのことを新たに思索して新たに実践」することによって「より高く飛躍すること」を強調した。これと共に北朝鮮は、この時期から機会があるごとに経済分野で実利を保障する原則を強調し始めた。

　経済指導幹部たちは総ての部門、総ての単位で実利を保障する原則で経済を管理運営して行くようにしなければなりません。内閣と委員会、省をはじめとする経済指導機関幹部が原価と原単位消費基準(訳注: 単位製品を生産、もしくは単位作業を遂行するに必要な労力、燃料、資材、設備、資金などの利用及び消費限界を規定した国家基準)を下げ、労働生産能率を絶えず高めるために頭を使い、一つの製品を生産しても役立つように良く作るようにしなければなりません。[68]

---

[66] チョン・ヒョンジュン『金正日政権の分野別政策の変化推移分析』p.54～55
[67] チェ・ソンホ、イム・ガンテク『北朝鮮「人民経済計画法」の分析及び評価』(ソウル:統一研究院、1999)参照。
[68] 金正日「社会主義強盛大国建設で決定的な前進を遂げることについて」(朝鮮労働党中央委員会責任幹部との談話、2000年1月1日)『金正日選集(1)』p.12

北朝鮮のこうした主張は、国際社会に「発想の転換」と「新思考」を促す改革の信号弾と解釈された。もちろん北朝鮮は公式には実利保障の原則や、新しい思考方式が決して既存の社会主義原則と路線の変化を意味するものではないと主張している。金正日は、「時代が変わり、革命は新たな高い段階に前進しているのに、幹部たちは古い観念と枠から抜け出せずにいる」として、幹部が「金日成同志の労作と党文献」に提示された主体思想と党の路線、政策で武装することを強調した。[69]

　また北朝鮮は、「社会主義経済管理を改善し、完成するうえで握り締めていかなければならない種子は、社会主義原則を守りながら最大の実利を得ることができる経済管理方法を解決することです」と主張し[70]、「一部資本主義国の人々は、まるで私たちの共和国が『計画経済から市場経済へと政策転換』だと言っているように、現実を誤導している」と抗弁しながら、北朝鮮の変化は改革・開放とは全く無関係だと熱心に強調した。[71]

　北朝鮮は、既存原則の固守を強調しながらも、明らかに過去とは異なる新たな主張もし始めた。例えば、実利保障は経済組織事業として捉えていかなければならない重要な原則であるという主張と、実利を保障するため「経済的打算を優先させ、最小限の支出で最大限の実利を得ることができる方途」を模索しなければならないという主張、「科学的経営戦略と企業戦略は、経済の実利保障のための担保」という主張、各生産単位が国家の計画的で統一的な指導の下に独自的な経営戦略を立て、「与えられた条件で、資源をどのように分配して利用することが国家と自己単位の利益になるのかを計算し」て経営を利潤極大化の方向に進行しなければならないという主張などを提起した。[72]

　実利主義に基づく北朝鮮の経済改革の動きは、2001年10月金正日が下達した『強盛大国建設の要求に合わせ、社会主義経済管理を改善強化することについて』という文書を通してより具体化された。[73] この文書によれば、中央の国家計画委員会は過去とは異なり、総合的な計画だけ下達して細部計画は地

---

[69] 金正日「今の時期、幹部たちの実力を高めることは我々の革命の切迫した要求である」(朝鮮労働党中央委員会責任幹部との談話、2001年12月3日) 前掲書p. 222～224
[70] リュ・ウンチュル「社会主義経済管理で握り締めてゆくべき種子」『経済研究』2003年第4号p. 7
[71] 『祖国』2004年11月号
[72] 『民主朝鮮』2005. 11. 26
[73] パク・ヒョンジュン「比較社会主義の観点から見た『実利主義論』の位置と展望」統一研究院、『金正日政権10年：変化と展望』p. 157～167

方と下部単位が独自の実情に合わせて策定できるようにした。

また、国家計画と計画遂行に対する評価基準も、過去の量的指標から収益性指標に変わった。過去には、企業が生産原価に関係なく国家が下達する計画の量と品目を生産さえすれば、たとえ販売されていなくても計画を達成したと評価され、利潤の大部分も国家に納付した。こうした措置が出た後には、計画が生産量ではなく販売収益を基準として下達されて評価された。したがって企業が独自に処分できる利潤が増加することになったのである。結局、過去の相対的独自性に基づいた独立採算制が現実的方向に、より強化されたと見ることができる。

企業は計画外の商品を生産して市場に売って資金を調達したり、独自に対外貿易や外貨稼ぎをしたりすることができ、一部の生産物を「社会主義物資交流市場」を通じて原材料と変えることができるようになった。[74] この他にも文書は、科学技術重視と人民経済の現代化、遊休労働力の合理的な利用、インセンティブ制度の強化、経済生活での無料の廃止など市場経済の原理を部分的に反映した措置を含んでいた。

金正日のこの文書はその後、2002年に「7・1経済管理改善措置」の発表を通して現実化した。7・1措置は内閣の役割強化と共に総ての生産単位の自律性向上、個人耕作地の拡大、食糧及び生活必需品配給制の段階的廃止、物価と為替レート、給与の引上げと現実化、平均主義排除など国際社会で本格的な改革措置と解釈され得る市場経済的要素を多分に反映していた。

7・1措置は国家の社会主義的施策と供給体制の縮小、インフレの上昇と所得分配不均衡による二極化の深化など、各種副作用も招来したが、労働者の生産意欲増大を通じた生産性増加、産業施設の拡充、食糧増産などの経済と住民生活の回復に一定の貢献をした。[75]

実利主義は、「社会主義原則の枠内で経済実利さえ得られれば何でもする」という方法で具体化された。例えば、農業部門で金日成の「主体農法」による「密植栽培」の原則を大胆に「小植栽培」に変え、分組規模を縮小して家族請負

---

[74] これに対してはリ・トング「社会主義物資交流市場は計画的物資供給の補充的形態」『金日成総合大学学報(哲学、経済)』第50巻第4号(2004)参照。

[75] ソ・ジェジン『7・1措置以後北朝鮮の体制変化；下からの市場社会主義化改革』(ソウル：統一研究院、2004) p. 97〜133；キム・ヨンユン『北朝鮮経済改革の実態と展望に関する研究—改革の副作用を通して見た北朝鮮体制転換の成功課題』(ソウル：統一研究院、2006) p. 69〜192

制を導入した措置など、韓国と国際社会の投資及び支援誘致に目的を置いた2002年の「新義州特別行政区基本法」と「金剛山観光地区法」、「開城工業地区法」採択のような経済特区方式の対外開放措置などである。また、2005年12月には、「中小炭鉱開発及び運営規定」を発表し、規模と業種に関係なく機関、企業所、団体が国家の許可の下で独自に炭鉱を開発できるように許容し、外国企業に金鉱開発の投資まで許容した。そして日朝修交を通じた賠償金確保のために、朝日首脳会談で金正日が直接に日本人拉致問題を認めて、被害者を日本に送還した措置などが挙げられる。

　こうした部分的経済改革措置と一緒に北朝鮮は「江界(カンゲ)精神」と「第2の千里馬大進軍」のような伝統的思想動員と全社会的土地整理事業と、中小型発電所の建設、鉄道輸送正常化と石炭増産、ジャガイモ農作と養魚、養鶏事業のようなキャンペーン方法の大衆動員を積極的に推進することで、食糧及びエネルギー増産と人民生活向上を試みた。

　また、北朝鮮は金正日政権のスタート以後、全社会的な科学技術重視の気風の確立を促しながら、思想と軍隊と共に科学技術を強盛大国建設の三大柱に掲げた。[76] とくに金正日は、21世紀は情報産業の時代と言って[77]情報技術とコンピューター産業など先端科学技術発展に力を集中し、最短期間内に経済の飛躍的な跳躍を遂げるための踏み台の用意を継続的に強調した。[78]

　北朝鮮は1999年3月、全国科学者・技術者大会を開催して同年11月には内閣に電子工業省を新設し、先進科学技術の導入と人材育成のために、韓国や米国など「敵対国」と西側諸国にさえ高位級経済視察団と留学生、研修生を派遣する措置を取った。科学技術発展を通じて経済再建を達成しようとする北朝鮮の意志は、2007年4月の最高人民委員会第11期第5次会議で採択された国家予算の中で、科学技術部門への支出を前年に比べてなんと60.3%も増やして誇示した。

---

[76] 『労働新聞』2000.1.1
[77] 『労働新聞』2001.4.20
[78] パク・ナムジン「21世紀に対する認識」『労働新聞』2001.4.27；ムン・ソン「人民経済の現代化、情報化」『労働新聞』2001.5.17；リ・ガンホ「情報技術発展のため、科学研究事業を優先する方針の正当性」『労働新聞』2001.6.5；キム・グンシク「金正日時代北朝鮮の経済発展戦略：『実利主義論』から『実利主義論』に」『現代北朝鮮研究』第3巻2号(2000)p.114；キム・ユヒャン「北朝鮮のIT部門発展戦略：現実と可能性のギャップ」『現代北朝鮮研究』第4巻2号(2001)p.221など参照。

北朝鮮の経済改善措置と努力により、1980年代後半から終始マイナス成長を記録してきた北朝鮮経済は、1999年に入って初めてプラス成長に転じ、1999年から2005年の期間、経済成長は続いた。また、穀物生産も2005年に、前年比5.3％増の454万トンに達するなど、全体的経済状況と食糧事情が改善した。[79]経済のこうした回復過程に対して、北朝鮮は次のように時期別に性格を整理しながら、強い自信を表した。

　朝鮮が、経済的試練の結果を癒すための対策を講じたのは、1998年からであり、3年後の2000年には「苦難の行軍」の勝利的な結束を内外に宣言した。…2001年からは経済強国建設に本格的に着手し、昨年2005年には国の経済全般が上昇軌道に入るようにした。[80]

表5-2　北朝鮮の年度別経済成長率と貿易収支変化の推移

資料：韓国銀行、KOTRA、統一部　（単位：％）

区分	90	91	92	93	94	95	96	97	98	99	00	01	02	03	04	05
経済成長率	-3.7	-3.5	-6.0	-4.2	-2.1	-4.1	-3.6	-6.3	-1.1	6.2	1.3	3.7	1.2	1.8	2.2	-
貿易収支	-7.1	-7.0	-6.9	-6.7	-3.8	-5.7	-5.2	-3.6	-3.2	-4.5	-8.5	-9.7	-8.0	-8.3	-8.2	-10.5

　経済回復に対する北朝鮮の自信は、1990年代半ばに中断されていた段階別経済計画の発表を復活させ、2006年から2008年の「基幹工業及び農業3年連続計画」を樹立したことを通しても誇示された。[81]

　北朝鮮経済の回復の勢いは、北朝鮮当局の自助的な努力と共に当局の黙認の下、社会全般に拡散した私的経済の活性化に力づけられた側面も大きいと見られる。しかし、北朝鮮の経済と食糧難解消に最も決定的に寄与したのは、まさに韓国と中国をはじめとする周辺諸国と国際社会の継続的な対北支援と経済協力であった。2005年の1年間だけでも、韓国から支援された食糧は50万トンに達し、この他に中国と複数の国際機関からも17万トンの食糧が北朝鮮に支援された。[82]とりわけ北朝鮮の経済全体に及ぼす中国の影響力は日増しに増大している。2000年から2005年の期間中、朝中間の貿易は北朝鮮の全貿

---

[79] 統一部『2005年北朝鮮経済総合評価』2006年1月
[80] 『朝鮮新報』2006.1.31
[81] 『聯合ニュース』2006.1.13
[82] 『聯合ニュース』2006.1.24

易増加分の77%を占め、毎年39%以上の増加を記録し、これは北朝鮮の経済成長率を毎年3.5%ずつ上昇させる効果をもたらした。[83]

3. 変化の背景と限界

　1990年代の国内危機は、北朝鮮が半世紀以上力を注いできた首領を求心点とする対内統合の政治・思想的基盤が経済危機と食糧危機の前で瞬く間に、砂の城のように崩れることを示した。さらに、国家の利益よりも政権の利益を優先する政策は、政権の利益にも決して助けにならないことを立証した。
　すでに指摘したように、北朝鮮経済没落の国内的原因と関連しては、閉鎖的自立経済路線と非効率的な命令式計画経済政策、経済・国防並進路線と先軍政治による軍需産業偏重の経済構造、首領偶像化と個人崇拝のための国家資源の浪費、党経済による国家経済の蚕食を挙げられる。首領絶対主義体制確立と強固化の目的で追求してきた政策が、逆に体制の存立を脅かす要因として作用したのである。
　金正日政権スタート後、北朝鮮が実利主義のスローガンを掲げて追求したいくつかの政策変化は、政権の利益をある程度犠牲にしても経済危機を招いた根本原因から正すことが、究極的に体制防衛に利益になるという果敢な認識転換の発想だったと評価せざるを得ない。
　北朝鮮の変化に関連しては、これと共に最終政策決定権者である金正日の統治スタイルと気質を主要な動機として挙げられる。第3章でも言及したように、金正日は後継体制の時期から対外政策で理念外交に固執してきた金日成とは異なり、対西側外交を主張するなど、体制維持のためには手段と方法を分けない、現実的で実用主義的な性向を示した。
　金正日の気質については、いろいろとその背景を分析することができるが、外部世界とそれに対する情報収集に最も近接している彼の統治スタイルと政策決定方法を指摘せざるを得ない。
　金日成の生存中、金正日は「首領様に心配と負担をかけてはならない」という名分で、金日成の気持を不快にする否定的な情報の金日成への報告を徹底的に遮断した。しかし、自身に対しては、いかなる虚偽報告や歪曲・誇張報

---

[83] 韓国銀行金融経済研究院『北・中貿易の現況と北朝鮮経済へ及ぼす影響』2006年1月

告、報告隠蔽を絶対に許さなかった。

　金正日は、「党組織は掌握報告体系を明確に立て、下の実態を、手相を見るように掌握しなければなりません」と言い、[84]報告の迅速性と正確性、客観性を強調して住民の中で提起されている自身に対する不満や国際社会での批判的な動向など「聞きたくない情報」に対してまでも「濾過せずそのまま報告すること」を要求した。[85]党と保安機関、三大革命小組などを通じた二重、三重の国内動向報告体系と対外・対南機関と海外公館、中央通信社などを通じた対外情勢報告体系以外にも、金正日が韓国と国際社会の主要新聞、放送、通信を執務室に直接取り揃えていたのは、すでに広く知られている事実である。

　情報に対する広範な接近を通して、金正日は内部の全体的な動向と国際社会の変化の流れをある程度把握できる位置にいたと評価できる。そして、収集された情報は、金正日の情勢判断能力や政策決定にどのような方式であれ反映されざるを得なかった。こうした過程を通して金正日は、体制と政策にどのような問題があるかを明確に意識していた蓋然性が高い。金大中前大統領と鄭周永前現代グループ名誉会長、申相玉、崔銀姫など金正日に直接面談した多くの内外の有名人が訪朝後の所感で、金正日は外部情勢に対する広範囲な知識を持っているとか、見識が広いとか一様に評価したことも、金正日が確保していた、情報収集及び分析能力に由来する当然の結果と見られる。

　金正日政権のスタート以後、北朝鮮が追求していたいくつかの政策変化は、かなり以前から北朝鮮経済のもう一つの軸をなしてきた党経済とも密接した関連性を持つと見られる。先に言及したように、金正日後継体制の時期から、体制維持費用捻出を目的として形成された党経済は、北朝鮮の社会主義経済体制と完全に独立し、全面的に資本主義市場を対象にして出現し、成長してきた。党経済の運営過程で、北朝鮮には資本主義の国々との経済及び貿易関係を通じて市場経済に対する知識と経験を蓄積した多くの「赤い資本家」が育成された。これらのうち少なくない人々が金正日の側近や主要なエリートとして浮上し、市場経済導入の尖兵として活躍していたのも政策の変化の主要

---

[84] 金正日「今年を新世紀の進路を開いていくうえで転換の年にしよう」(朝鮮労働党中央委員会責任幹部との談話、2001年1月3日)『金正日選集(15)』p. 93
[85] 金正日は、ときどき国家安全保衛部や中央通信社へ、自身に報告した資料を外交部など関連機関に参考にしろと送る場合がある。これらの資料を通常「送って下さった資料」というが、たまに韓国と西側諸国のメディアに金正日と北朝鮮体制を非難する「悪口」がそのまま載っている場合もある。

背景と見られる。

　北朝鮮の改革・開放を強く勧めた中国の影響力も、北朝鮮の変化の無視できない背景といえる。中国の次世代指導者たちの改革・開放だけが体制の崩壊を防げる現実的な選択肢だと北朝鮮に継続的に周知させてきた努力は、2001年金正日の上海訪問過程で見られたように、徐々に北朝鮮の理解を得始めたと見られる。北朝鮮の経済と市場に対する中国の蚕食と影響力拡大も、北朝鮮が制度的に中国の市場経済圏内に吸収されざるを得ない重要な要因として作用した。

　しかし、実利主義を名分にして推進された北朝鮮の変化は、国家の利益ではなく政権の利益を基本的な目的としたとの見地から、厳然とした限界を見せる他なかった。北朝鮮で起きた多くの変化は、事実上当局の主動的な改革の意志というよりは、経済危機と食糧難が社会の底辺に拡散させた市場経済の現実を認識し、これを制度圏内に吸収して体制防衛の次元で管理していこうという、不可避的な受動的措置であった。

　国家の財政、原資材、エネルギー、食糧などの供給能力が失われた状況で、企業と住民がその上に頼っている市場と私経済を遮断した場合、住民の不満が一層増幅されるのは火を見るより明らかであった。だからといって、国定価格と公式為替レート、生活費を遥かに上回る物価と闇レート、インフレを放置した場合、階層間の葛藤と貧富格差、権力層の腐敗が一層拡大されることによって深刻な社会的政治的不安定を引き起こす。

　つまり、北朝鮮の現実は当局が押さえ込むことも放置することもできない状況に至ったのである。こうした状況は北朝鮮にとって現実をある程度認めながら、その副作用がこれ以上危険水位まで達しないように管理していく必要性を感じざるを得なくなった。

　北朝鮮が取っているいくつかの経済改善措置が成功するには、国際社会の正常な一員として編入されることにより、国際経済及び金融体制の支援と投資誘致ができる条件を満たさなければならない。そのためには核と大量殺傷兵器の開発、麻薬と偽札など各種不法行為を中断し、人権を尊重するなど国際社会の信頼を築く努力が先行されなければならない。

　過去のクリントン政権時期の第1次核危機と、ブッシュ政権スタート直後の第2次核危機、そして「バンコ・デルタ・アジア」(BDA)問題などは、国際社会との健全な関係樹立を離れた、いかなる変化の努力も成功しないことを

明確に示した。

　しかし、北朝鮮が金正日政権の維持と強化を国家戦略の最優先目標として固守する限り、国際社会の信頼を得られる水準の、真の変化は期待しにくかった。現実的に金正日政権スタート後、北朝鮮が先軍政治と実利主義を標榜しながら追求した変化は、国際社会の信頼を得ようとする努力とは距離が遠かったと見られる。北朝鮮の変化が金正日政権に得になるか損になるかは、変化に対する体制の耐久性と適応力、柔軟性がいかに確保されるかに掛かっていた。

V. 対外・対南戦略

　金正日政権が追求した先軍政治と実利主義を2大軸とする体制防衛戦略は、国内戦略だけでなく、対外・対南戦略にも適用された。つまり、米国をはじめとする西側諸国と韓国との関係正常化を通して最大限の政治経済的実利を確保すると同時に、先軍政治を通じ、副作用を相殺していくことが、北朝鮮が体制防衛と経済発展のために追求した対外・対南戦略の基本方向だったと見られる。先軍政治と実利主義に基づいた北朝鮮の戦略は、国際社会が北朝鮮の変化のために強硬策を追求しても、穏健な政策を追求しても、どんな場合にも主動的に対処できるようにした。この戦略が、金正日政権の継続的な堅持という、長期的性格を持つ体制防衛戦略を可能にした。

1. 核外交と対米戦略

1) 対米核交渉戦略

　金正日政権スタート当時の朝米関係は、1998年金倉里(クムチャンリ)地下核施設の建設疑惑と北朝鮮のミサイル発射などでジュネーブ合意以降、最悪の局面に置かれていた。こうした朝米対決状況は、金大中政権スタートと共に韓国が標榜した対北太陽政策を契機に米国と日本、欧州など西側諸国が、対北朝鮮政策を包容の基調に転換して、初めて新たな転機を迎えるた。
　朝米両国は1999年、北朝鮮のミサイル発射猶予措置と米国の部分的対北制裁解除に続き、2000年趙明禄(チョミョンロク)国防委員会第1副委員長とオルブライト国務長官の相互特使訪問を経て、ついにクリントン大統領の訪朝と朝米首脳会談に対する合意に至った。北朝鮮のミサイル発射で中断されていた朝日国交正常化交渉も再開された。1999年12月、日本の超党派議員団の訪朝をはじめとして、2000年に国交正常化交渉が再開され、これは2002年の小泉総理の訪朝と朝日首脳会談及び平壌宣言の採択に発展した。
　米国の対北包容政策は、北朝鮮が長く渇望していた西側諸国との関係正常化という大きなプレゼントをもたらした。2000年から2001年の間にフランス

を除く大部分の EU 加盟国とカナダ、ブラジル、ニュージーランドなどが北朝鮮と国交を正常化した。

外部世界では、北朝鮮のこうした対外関係拡大を北朝鮮の政策変化を示す本格的な対外開放の兆しとして評価した。しかし、これは北朝鮮の変化というよりも、韓国政府の太陽政策に助けられた米国と西欧諸国の対北政策変化の結果だと評価するのがより正確だろう。とくに、北朝鮮は西側諸国の対北朝鮮政策の変化を、EU が独自性を堅持しながら多極化した世界秩序を指向して、米国一辺倒的なやり方と覇権主義を牽制することから始まった、米国とこれら国家間の矛盾と葛藤の結果であると評価した。[86]

明らかなことは、これら西欧諸国の対北政策が「先の北朝鮮変化、後の関係正常化」という受動的な態度から、対北影響力の拡大を通した北朝鮮の核と人権問題の解決、改革・開放を誘導するための、より積極的で能動的な「先の対北修交、後の変化誘導」政策に転換されたことである。もちろん北朝鮮もこうした西側諸国の思惑を知らない訳ではなかったが、米国の国際的な対北圧迫と封鎖を無力化するには、これらの国々との正常な政治関係と多角化した対外経済及び貿易関係の早急な確立が切実であった。

金正日政権スタート以来、本格的に推進された北朝鮮の対外関係拡大の努力は、2001 年のブッシュ政権スタートと共に大きな障害に直面した。ブッシュ政権は、北朝鮮がジュネーブ合意後も核開発を継続してきた点を問題にして、クリントン政権の対北包容政策とジュネーブ合意を全面的に再検討する立場を明らかにした。朝米関係は 2001 年の 9・11 テロ以降、米国がアフガニスタン侵攻などの対テロ戦争に没頭して、交渉再開の可能性さえ遥かに遠のいた中で、ブッシュ大統領が北朝鮮を「悪の枢軸」に指名して本格的な対決局面に入った。

とくに 2002 年 10 月、ケリー米国務省東アジア太平洋次官補の訪朝過程で高濃縮ウラニウム（HEU）問題が浮上すると、ブッシュ政権はこれをジュネーブ合意破棄とみなして北朝鮮に対する重油供給を中断する措置を取った。北朝鮮は、核凍結解除と NPT（核拡散防止条約）脱退で対応した。結局、ジュネーブ合意は白紙化され、第 2 次核危機が触発された。

---

[86]「朝鮮と EU 間の新たな関係発展の動き」『労働新聞』2001. 5. 3；「〈9・11 事件〉後の国際情勢の流れは何を示す」『労働新聞』2002. 9. 19；「独自性、統合実現と続いた EU 拡大の動き」『労働新聞』2002. 11. 1

米国は「先核放棄、後交渉再開」の原則を明らかにしながら、北朝鮮の二国間交渉要求に対しても徹底的に多国間交渉方式を固守した。北朝鮮はブッシュ政権の強硬政策は、単に核を放棄させる目的でなく、本格的な政権交代 (regime change) を追求するという認識から、核と関連した既存の「是認も否定もしない (NCND)」立場を変えて核保有を認める方向に出た。つまり、「我々はイラクと違って核を持っているので、むやみに触るな」という一種の警告であった。

北朝鮮から見た時、もしイラクが米国や最小限周辺国に致命的な打撃を与えることができる強力な軍事力、なかんずく核兵器を保有していたなら、米国はあえてイラクに先制攻撃をしなかっただろうし、周辺国や国際社会もまた自国の安全保障のためにも、米国のイラク侵攻を絶対に傍観しなかっただろう。しかし、イラクのフセイン政権は大量殺傷兵器に対する米国と国連の査察要求に屈して、大統領宮殿まで見せる「屈辱」を甘受してまで、自身の潔白を証明しようとしたが、米国の圧力をなだめさせるどころか、自ら「武装解除」することで、かえって米国が「安心して」軍事攻撃を断行できる道を開いてしまった、というのが北朝鮮の認識であった。

イラク事態が北朝鮮に与えたもう一つの衝撃は、フセイン政権に対するイラク国民の結束と反米決死抗戦の意志が、本当に米国の攻撃の前に銃弾一発も撃てずに、瞬く間に崩れたことである。これは、強圧的な鉄拳統治が表面では堅固に見えても、外部の衝撃に非常に脆弱だという点を明確に示した。これらの事実は、米国が初めから北朝鮮を攻撃する意志を持てなくさせることが重要であり、それには北朝鮮が核保有国であることを米国が分かるようにさせなければならない、という教訓を与えた。米国のイラク侵攻とフセイン政権の没落が、リビアには親米政策への変更を強制する効果を上げた。反面、北朝鮮には対米強硬対応の意志を一層整えさせる正反対の結果を招いた。

朝米間の対決状況は、北朝鮮の核問題の平和的解決を求める国際社会の世論と韓国と中国などの周辺国の積極的な仲裁で、ついに外交交渉の再開で糸口をつかみ、2003年8月南北韓と米国、中国、ロシア、日本が参加する六者会合が開かれることになった。しかし、北朝鮮が主張する段階別同時行動の原則と米国が要求する高濃縮ウラニウム (HEU) 問題を含む総ての核プログラム廃棄の立場が真っ向から対立し、会談は難航を重ねた。ついに北朝鮮は、2005年初めの第2期ブッシュ政権スタート過程で出てきたライス米国務長官

指名者の「暴政の前哨基地」発言を問題視し、六者会合の無期限参加中断と核保有を公式宣言する状況に至った。

北朝鮮のこうした対応は、イラク戦後処理の状況と共に、ブッシュ政権の対外政策に対する国際社会の否定世論をさらに悪化させ、結局、4次にわたる六者会合の末、2005年9月朝鮮半島の非核化と平和体制の構築、米国と日本の対北関係の正常化、北東アジア多国間安保及び協力などを内容とする9・19共同声明が採択された。

しかし、9・19共同声明は履行初期から深刻な難関に逢着した。米財務省が北朝鮮の不法資金洗浄の疑いでマカオの「バンコ・デルタ・アジア」 (BDA) 銀行を「優先的資金洗浄の憂慮対象」に指定したことで、北朝鮮の資金2,500万ドルが凍結され、北朝鮮の総ての国際金融取引が中断されたのである。ブッシュ政権はまた、2004年に米国議会が提出した北朝鮮人権法に署名し、2006年からは北朝鮮の人権問題と関連して東欧の体制転換に寄与したヘルシンキ接近法(訳注：1975年8月に、ヘルシンキで調印された、全欧安全保障協力会議の最終文書で「人権はもはや国家の内政事項ではない」と規定し、国家を超えた人権の絶対的重要性が国際的に認められた。ソ連・東欧社会主義体制崩壊に、一定の役割を果たした。ここでは、人権問題を絡めた接近方法。)適用方案を考慮するなど、金正日政権の弱点を集中的に攻略する方法で北朝鮮を圧迫した。[87]

北朝鮮は米国のこうした「体制揺さぶり」が続く限り六者会合に参加できず、それだけ北朝鮮の軍事力強化の時間を稼いで与えるだけであり、これを立証するかのように2006年7月、日本海上でミサイル大量発射を断行した。

北朝鮮のこうした行動は、国際社会の厳しい非難に直面し、国連の対北経済制裁決議案採択と韓国の食糧及び肥料支援中断という副作用を招いた。米国が主導する大量殺傷兵器拡散防止構想 (PSI) 次元の対北制裁と封鎖が本格化し、日本の対北経済制裁も現実化された。とくにこれまで北朝鮮の核保有宣言と六者会合の拒否などにもかかわらず、対北圧迫に消極的だった中国までが国連の対北制裁に賛成しただけでなく、米国の金融制裁に便乗して中国内の北朝鮮資産を凍結し、北朝鮮に対する経済支援と交流を制限するなど、強硬な立場に転換した。

しかし、北朝鮮は国際社会の圧迫に「屈服」せず、一歩さらに進んで、2006年10月9日地下核実験を電撃断行することにより、朝鮮戦争以後初めて、国連憲章第7章を援用した国連安保理の最も強力な制裁を呼び起こした。

---

[87] 『聯合ニュース』2006.2.24

それにもかかわらず、北朝鮮の核実験はその規模や成否の有無を離れて、北朝鮮の核問題を巡って展開されてきた多国間交渉のこれまでの枠組を根本的に変えてしまった。9・19共同声明発表後、米国の金融制裁を口実に1年以上「先金融制裁の解除、後六者会合復帰」の立場を固執しながら会談の参加を拒否してきた北朝鮮は、核実験を断行するや直ちに核保有国の地位を持って会談に復帰する意向を明らかにし、米国も六者会合内での北朝鮮との両者対話並行の意志を表明した。

北朝鮮の協議復帰の背景と関連して、外部では国連の制裁と、とくに中国の反発が予想以上に大きかったためという分析も出たが、事実上、北朝鮮の核実験は国際社会の対応はもちろん、後の事態の展開もそれなりに計算した行動であったと見られる。すでにミサイル発射で国連制裁を受けていた北朝鮮は、核実験がどのような結果を招くかを予測していただろう。

しかし、北朝鮮の核保有宣言にもかかわらず、米国の敵対政策が継続されている状況で、核実験がない核保有宣言は無意味だという判断から核実験の効果を極大化しながらも、その副作用を最小化できる時期と方法、事後対策に対する緻密な検討の下で核実験を断行したのである。実際に北朝鮮は、核実験後に六者会合に電撃復帰することで、ブッシュ政権の対北朝鮮政策の変化と国連の対北朝鮮制裁形骸化という一石二鳥の効果を得ることができた。

北朝鮮が核実験という極端な方法を選択することになった、より根本的な背景は、やはり1968年の「プエブロ号事件」や1990年代初頭の第1次核危機の過程で体得した、「米国は最後まで強く圧迫すれば必ず折れる」という北朝鮮の永年の信念にあると見られる。こうした信念は、他でもない米国の政治制度、すなわち政府が選挙を意識せざるを得ない自由民主主義政治体制に根を置いている。イラク戦の失敗で窮地に追い込まれていたブッシュ政権は、北朝鮮の核実験は対北政策の失敗というもう一つの政治的負担になった。

民主主義政治体制では、政府の政策に最も大きな影響を与える決定的な要因は、まさに選挙を通した国民の審判であると北朝鮮もよく知っている。遠くはベトナム戦争での米国の敗北と、近くはイラクの戦後政治状況がこれを物語っている。米国がこれらの国に敗れたのではなく、行政部が国内の野党と政治世論に敗れたのである。北朝鮮のような独裁国家が米国に対抗して「勝利できる秘訣」は、米国の政治制度自体にあると見られる。

現実的に北朝鮮の核実験後に実施された11・7米国中間選挙で、政権の共

和党は完全に惨敗した。対北強硬路線を主導してきた行政府内のネオコンをはじめとする保守派は、政策失敗の責任を負い、外交交渉を主張してきた穏健派に政策決定の主導権を渡さなければならなかった。米国の中間選挙は、独裁国家を相手にする民主主義国家の交渉力の限界を克明に曝し出した。もし米国の政治制度が、政府に対するいかなる批判勢力も存在せず、政府が国民の世論や選挙を意識せずに自分の政策を一糸不乱に押し進めることができる体制だったならば、米国を相手にして北朝鮮は戦争も辞さない覚悟の交渉戦略は、当初から想像もできなかったであろう。

ブッシュ政権スタート以後、朝米両国が一寸の譲歩もなしに競ってきた「チキンゲーム」で、米国という巨大な装甲車は、運転者の卑怯さのためではなく、搭乗者内部の反発と混乱によってハンドルを曲げざるを得なかった。一方で北朝鮮という車は、たとえ古く取るに足りなくても、衝突して搭乗者全員が死のうが運転者に対抗して死のうが同じだという捨て身の覚悟（窮余の策の覚悟）でゲームに臨み、結局は核保有と米国の譲歩という2匹のウサギを総て手にした。

中間選挙敗北後、ブッシュ政権の対北朝鮮政策は実に大きな変化を示した。「誤った行動に報酬はない」と言って、ジュネーブ合意のようなクリントン政権の「失敗作」は絶対に繰り返さないと大言壮語したブッシュ政権も、結局は、ベルリン朝米両者接触とブッシュ大統領の終戦宣言発言などに続き、北朝鮮の核無能力化に対する補償を約束する「2・13合意」に署名した。2・13合意は、北朝鮮がすでに保有している核兵器については言及もしないまま、現存核施設と核物質の凍結及び廃棄の見返りとして対北金融制裁の解除、テロ支援国及び対敵性国通商法の指定解除の議論、重油100万トン相当のエネルギー支援という莫大な補償を確約した。それだけでなく、2・13合意は北朝鮮の体制存続と国家の発展のために必ず解決しなければならない最大課題である朝米関係の正常化にも新たな転機を提供した。

2）対米関係正常化戦略

前述したように、過去に朝米関係が正常化できた機会は何度もあったが、そのたびに北朝鮮は、これが内部に及ぼす副作用を憂慮して極めて消極的で受動的な立場を見せた。クリントン政権の任期末期に成立直前まで行った朝

米首脳会談が座礁したのも、結局は北朝鮮の対米不信から始まった優柔不断の結果であった。

　北朝鮮の対米不信は、2・13合意後にも現れた。北朝鮮の『労働新聞』は、2007年4月5日の「支配主義的な目的を狙った狡猾な手法」というタイトルの記事で、「ニンジンの手法は、帝国主義者が相手を懐柔・欺瞞して幻想を醸成することで反帝意識を弱め、なだめさせて思想精神的に完全に武装解除させることに目的を置いた非常に狡猾で陰湿で凶悪な策動」だとし、宥和政策を通して帝国主義者が提供する援助と借款は政治的隷属の罠(わな)なので、これを侵略的本性の変化と見ないように警告した。また、北朝鮮軍総参謀長金格植(キムギョクシク)は、創軍75周年記念の閲兵式で「今日、米帝国主義者の変わらない対朝鮮圧殺策動によって、我が国から戦争の危険は決して去らなかった」と主張し、米国の対北朝鮮政策の変化に「誘惑」されない意志を現した。[88] 公式に発表された北朝鮮の主張はもちろん、2・13合意の誠実な履行を米国に促す意味と同時に、米国の政策の変化が内部に及ぼす副作用を遮断しようとする意図を反映したものと見られる。

　対米関係正常化がもたらす得失を秤にかけるにあたり、北朝鮮は過去の旧ソ連と東欧圏、そして米国と敵対関係にあったが関係を正常化した、いわゆる「敵性国家」の事例を注意深く観察してきた。北朝鮮から見ると、旧ソ連と東欧社会主義国は米国とほとんどの西側諸国と国交を結んでいたが、これらの関係正常化は、西側世界の圧力と内部瓦解戦略にむしろ逆利用された。中国やベトナムなどの敵性国家もまた、対米国交正常化後も人権と民主化、チベット独立のような米国の内政干渉と体制崩壊の試みに絶えず曝されている、というのが北朝鮮の視点である。

　北朝鮮の対米不信は結局、関係正常化を国益の次元で対するか否か、それとも政権維持の次元で対するのかという問題に帰着する。北朝鮮が要求したことは、一般的な国家対国家の関係正常化ではなく、金正日政権と米国の関係正常化であった。換言すれば、米国の対北朝鮮関係正常化の目的が、金正日政権との平和的共存にあるのか、もしくは内部瓦解を通した政権交代にあるのかということが、北朝鮮の最大の関心事であった。これは北朝鮮最高人民会議常任委員長金永南が、2005年1月に北朝鮮を訪問したカット・ウェルダ

---

[88] 『朝鮮中央通信』2007.4.25

ン米下院軍事委員会副委員長に「米国が私たちの制度に対して是非を問わず、内政干渉しなければ、私たちも反米をせずに米国を尊重し、友邦としてつきあうことができる」と語ったことや、朴吉淵(パクキルヨン)国連駐在大使が同年２月カナダで開かれた講演会で、「我々は米国の永遠の敵として残ることを望まない」とし、「米国が私たちの思想と制度を尊重してくれることを望む」と言及した事実を通しても確認される。[89]

米国の対北朝鮮関係正常化は、行政部の政策決定権をどんな性向の人物たちが掌握しているかにも関係するが、基本的には米国の国益に従う朝鮮半島戦略と東北アジア戦略、ひいては世界戦略という枠組で決定される事案である。こうした見地から中国とベトナム、リビアなど「敵性国家」の対米修交は、北朝鮮の重要な反面教師になり得たのである。

米国の対中関係正常化は、冷戦体制下で中ソの争いを利用してソ連を牽制しようとする米国の戦略的な利害関係が主要背景となった。[90]これらの利害関係から米国は、中国が修交の前提条件として強く要求した「一つの中国」原則を受け入れることで、伝統的な友邦である台湾との関係を断絶した。米国の対ベトナム修交も、結局は中国の覇権主義を牽制しようという地政学的利害関係と、改革・開放と共に東南アジアの新興経済圏に浮上したベトナム市場を確保しようとする経済的利害関係が複合的に作用した結果であった。[91]同様に、米国の対リビアの関係正常化も、やはり「リビアモデル」を通し、北朝鮮とイランなどいわゆる「ならず者国家」(rogue state)を説得しなければならない戦略的利害関係と共に、リビアの石油資源に対する経済的利害関係が重要な背景になったと見られる。これらの事例は、米国の対外政策が徹底的に自国中心の戦略的利害関係によって、いつでも変更され得ることを示している。

朝米関係も同様に、北朝鮮という国家的実体と北朝鮮政権の対米政策が米国の戦略的利害関係に符合すれば、今とは別の方向に動き得るだろう。換言すれば、米国が自国の利益と対朝鮮半島戦略の見地から、北朝鮮が持っている地政学的価値を重視すると共に、対北価値観を実現する上で北朝鮮政権が

---

[89] 『聯合ニュース』2005. 6. 17.
[90] ジェームズ・E他、イ・スヒョン訳『米国外交政策史、ルーズベルトからレーガンまで』(ソウル：図書出版ハンウル、1997) p. 356～367
[91] ユン・ジンピョ「米国の東南アジア政策」、イ・ボムジュン他『米国外交政策』(ソウル：パクヨン社、1998) p. 405～423

障害でなく、助けになるという確信ができれば、北朝鮮政権との戦略的関係の設定に躊躇する理由がないであろう。

こうした意味から、北朝鮮の金桂寛（キムゲグァン）外務省副相が、2・13合意直後に朝米関係正常化実務グループ会議に出席するため、ニューヨークを訪問する過程で行った一連の発言は、北朝鮮の意図を示す端緒を提供している。彼は、中国の対北朝鮮影響力が米国の考えているように大きくなく、中国は北朝鮮を利用しようとだけすること、朝鮮半島は清から日本に至るまで外勢の侵略対象であったこと、そのために朝米の戦略的関係は北朝鮮にも利益になり、地域安定にも寄与することなどを指摘した。北朝鮮は米国との戦略的関係樹立を希望しているという立場を表明したのである。[92]

核問題が解決されていない状況で、北朝鮮が朝米関係の正常化はもちろん、それ以降の戦略的関係問題まで取り上げてきたのは、それだけブッシュ政権の政策変化に鼓舞されたのと、こうした変化が関係正常化まで続く期待感、そして米国の政策変化の真意と、とくに金正日政権に対するブッシュ政権の認識変化の有無などを把握しようとする意図を反映したものと評価できる。中でも朝米間の戦略的関係と関連した北朝鮮のこうした立場は、米国の長期的な対朝鮮半島及び北東アジア戦略の中で、金正日政権が肯定的な役割を果たし得ることを暗示したものと解釈できる。

北朝鮮が中国の影響力まで取り上げながら朝米戦略的関係に言及した背景は、六者会合の全過程で中国が見せた行動と無関係ではない。北朝鮮は、中国から過去の血盟関係水準の政治的支持と経済・軍事的支援は期待していなかったが、国連の北朝鮮制裁に参加して北朝鮮を金融・経済的に圧迫しだしたことに衝撃を受けたのだろう。北朝鮮の立場から最悪のシナリオは、米国と中国が金正日政権の今後に関連して、利害関係を共有していることだと見られる。北朝鮮は、中国が自国の利害関係によって、いつでも金正日政権を「裏切る」ことがあり得ると憂慮せざるを得なかったのである。

このように、朝鮮半島をめぐる国際政治の関係は、北朝鮮がいつでも周辺国の利害関係と駆け引きの犠牲になり得ることを示している。このように複雑な国際政治構造の下で、金正日政権が生き残れる道は「信じがたい」友邦国や展望が不確実な南北関係に引き続き依存するよりも、朝米敵対関係を戦略

---

[92] 『聯合ニュース』2007.7.3

的同伴者関係に転換させることで、体制威嚇の根本要因を除去することだと見られた。もし、朝米の戦略的関係が形成されれば、北東アジア地域での列強の利益確保競争で、北朝鮮はこれ以上「駆け引きの対象」でなく、過去の中国とソ連のヘゲモニー競争で追求した「争奪の対象」として地位が上昇するだろう。この過程で北朝鮮は、中国が金正日政権を「裏切る」場合は、いつでも米国と手を握ることができるという意思を見せ、北朝鮮を巡る中国と米国の地政学的利害関係を衝突させ、漁夫の利を追求する可能性を排除しなかった。

米国の戦略的利害関係を刺激して、関係正常化を体制防衛に寄与する方向に引っ張っていこうという北朝鮮の意志は、在韓米軍に対する容認の立場を継続的に表出していることにも示された。これは1992年1月、当時、朝鮮労働党国際書記の金容淳が訪米過程でカンター米国務次官にした発言と、6・15南北首脳会談で金大中大統領にした金正日の発言、2000年に金正日の特使として米国を訪問した趙明禄がクリントン大統領とオルブライト長官にした発言など、さまざまな契機を通して確認された。[93]北朝鮮のこうした発言は、結局、駐韓米軍撤退の主張が国際社会に赤化統一の野望と見られ、朝米平和協定締結と関係正常化に障害物として作用する憂慮と、朝米敵対関係が清算されれば駐韓米軍問題は自ら解決されるという戦略的判断から出てきたことだと評価できる。

朝米関係正常化に対する北朝鮮のこうした期待と損得計算にもかかわらず、核問題が解決されない限り、金正日政権に対する米国の否定的認識が根本的に変わる可能性は大きくなかった。同様に、北朝鮮も体制防衛のために「悪戦苦闘」して作り上げた核兵器を体制の安全に対する確実な保障なしに、自ら放棄する可能性は希薄である。結局、朝米間の戦略的関係は相互不信を解消するため、長期間の過程を経て関係正常化の後に、北朝鮮核問題の終局的解決と同時に実現されるだろう、と展望できる。

2. 対中国戦略

金正日政権スタート後、北朝鮮は対西側関係の正常化と共に、中韓修交を機に冷却した朝中関係の修復にも力を入れ始めた。まず1999年6月、金永南
_{キムヨンナム}

---

[93] 『聯合ニュース』2001. 2. 20

最高人民委員会常任委員長が洪成南(ホンソンナム)内閣総理などを同行して中国を訪問し、江沢民主席と李鵬全人代常務委員長、朱鎔基総理など中国の高位指導者たちと対面し、1992年楊尚昆主席の訪朝以後断絶されていた両国間の首脳級外交を再開した。当時、江沢民国家主席は、金永南委員長に「中国は、朝鮮半島の隣国として朝鮮半島問題処理の根本原則である朝鮮半島の平和と安定維持のために一貫して努力してきている」と強調しながら、南北関係と米国、日本、欧州連合(EU)など対西側との関係正常化を薦めた。[94]また中国政府は、金永南の訪問を契機として15万トンの食糧と40万トンのコークス無償支援を約束した。

2000年5月末、金正日の非公開中国訪問は、北朝鮮と中国の伝統的な友好・協力関係が基本的に復元されたことを誇示した重要な機会となった。金正日の訪中期間、両国首脳は「国際情勢が複雑多様に変わる世紀の変換時期に朝中親善関係を強固に発展させることは、両国人民の共通の念願と根本的な利益に合致するだけでなく、アジア地域、ひいては世界の平和と安定にも寄与します」[95]と認めることで、両国関係の復元を公式化した。

朝中両国間の首脳外交は以後、金正日の2001年1月と2004年4月、2006年1月の相次ぐ訪中と、江沢民国家主席の2001年9月訪朝、胡錦濤(コキントウ)国家主席の2005年10月の訪朝を通して完全に正常化された。この過程で金正日は、胡錦濤をはじめとする中国の第4世代指導部と密接な関係を築き、北核問題の解決と朝鮮半島の平和保障、経済協力などで両国の協力拡大方案を幅広く議論し、これを通して両国は、従来よりも協力分野の外縁を一層拡大していく姿を見せた。

しかし、金正日政権のスタート後に可視化された朝中関係の復元は、過去の理念的同質性に基づいた同盟関係の回復に続くことは難しいと見られた。両国関係を単なる国家関係でない抗日・抗米革命闘争の過程で血を分けた兄弟的関係として認識する革命エリートたちは、すでに歴史の中に消えた。胡錦濤中国指導部において、北朝鮮は理念的目標を共有する同盟国でなく、自国の利益と北東アジアの戦略に合致するように変化させて、管理していかなければならない地政学的辺境でしかなかった。したがって朝中関係もやはり、

---

[94] 『聯合ニュース』1999.6.5
[95] 『朝鮮中央放送』2000.6.1

中国のこうした実用主義的対外政策に始まる「戦略関係」に転換していると見るべきである。これは2006年1月、金正日の訪中時に胡錦濤国家主席が「中国の党と政府は、中朝関係を高度に重視して中朝親善協力関係を絶えず発展させることを私達の確固不動な戦略的方針とする」[96]と言及することにより、両国関係の戦略的性格を強調したと確認される。また武大偉中国外交部副部長も同月、中国駐在の北朝鮮大使館で開かれた新年宴会で、朝中関係の発展が中国政府の戦略的方針である点を再確認した。[97]

　中国の対北政策は、もちろん朝鮮半島問題と関連した中国の地政学的利害関係から始まったと見られる。中国にとって、朝鮮半島の平和と安定は自国の持続的な経済発展と政治的安定、及び大陸の領土保全のために非常に重要な問題である。[98] こうした見地から、金正日政権が追求した核開発と核保有、改革・開放の拒否など、いくつかの政策は、中国から容易に接近しがたい複雑性を含んでいた。北朝鮮の核保有は、明らかに朝鮮半島と北東アジアの平和と安定を脅かし、地域の核軍備競争を招く、到底容認できない問題であるが、同時に金正日政権の生存と、ひいては北朝鮮という地政学的緩衝地帯の維持と密接に関連した敏感な問題である。中国の立場から、金正日政権の崩壊は、朝鮮半島と北東アジア地域に予測できない情勢不安を惹起し、中国の国益にも莫大な損失をもたらし得る問題であろう。北朝鮮の核保有が中国の国益に反することは明らかである。だからといって、金正日政権の交代や崩壊を支持することもできないのが、中国が直面している最大のジレンマであったと見られる。

　このことから、中国は北朝鮮との戦略的関係で、第一に北朝鮮の存立を左右する問題では北朝鮮を擁護し、第二に北朝鮮の存立に危害とならない範囲では国際慣例に従うことで実利を取り、第三に中国の利害関係と抵触しない問題では北朝鮮の意思を受容する政策を追求していたとみられる。[99]

　中国のこうした政策は、北朝鮮の核問題が金正日政権の崩壊と朝鮮半島の

---

[96] 『朝鮮中央通信』2006.1.18
[97] 『朝鮮中央通信』2006.1.18
[98] チェ・チュンフム『中国の韓半島安保戦略と韓国の安保政策方向』(ソウル: 統一研究院、2003) p.3〜8
[99] 呉勇錫「中国の対北朝鮮政策基調と経済協力」; イ・チャンジェ編『韓半島周辺4国の対北朝鮮政策』(ソウル: 対外経済政策研究院、1996) p.18

不安定を触発させる方式ではなく、平和的外交交渉の方式で解決されなければならないという原則を固守していたことからも知り得る。中国は、北朝鮮のミサイル発射と核実験に対応し、米国と日本が、国連憲章第7章を援用して提出した軍事的介入まで含む対北朝鮮制裁決議案に反対しながらも、比較的整理された決議案の採択に賛成し、これに従い米国の対北朝鮮金融制裁にも積極的に同調した。そして、金正日政権の核放棄と改革・開放への誘導を通して北朝鮮の政治的安定と経済の回復を図る目標を掲げ、その実現のために朝米間の不信と敵対関係清算の仲裁外交に全力を尽くした。

北朝鮮の存立と関連した問題では、北朝鮮の立場を擁護しながらも自国の国際的地位と国益を同時に保障しようという中国のこうした政策は、北朝鮮が新義州経済特区長官として任命した楊斌(ヤンビン)の逮捕事件と黄長燁書記の韓国亡命の許容、中国内脱北者の北朝鮮送還と第三国への追放など数多くの事例を通しても確認された。

北朝鮮も、中国の対朝鮮半島の利害関係と戦略を十分に把握していたと思われる。北朝鮮は、冷戦時期水準の朝中同盟関係の復元はもはや希望事項に過ぎないと見ている。

第3章でも述べたように、北朝鮮は過去の金日成時代から、中国が北朝鮮の政治に介入して首領唯一支配体制を脅かす政治的挑戦勢力を後援する可能性について、絶え間ない警戒心を維持してきた。北朝鮮の国家安保に対する最大の威嚇は、もちろん米国をはじめとする西側の敵対勢力であるが、政権の実質的な威嚇は、中国とソ連をはじめとする伝統的同盟国から始まることがあり得るというのが金日成や金正日の根深い認識であった。こうした不信は、権力層内の親中派と親ソ派粛清後も、主体思想と対外関係での政治的自主性の堅持を名分にして続いた。結果的に、北朝鮮に対する中国の政治的影響力は常に一定の限界を越えることができなかった。

北朝鮮は体制防衛次元では、対内政治に及ぼす中国の影響力を終始警戒しながらも、国家安保と経済発展の見地から、伝統的な友邦としての中国の保護と支援を常に必要としている。とりわけソ連をはじめとした東欧社会主義陣営の崩壊と核問題に起因する国際的孤立の深化は、北朝鮮にとって「中国を後ろ盾とする」対外戦略を追求せざるを得なくした。[100]

---

[100] 『聯合ニュース』2006.11.7

中国の内政干渉と政治的影響力を徹底して牽制しながらも、中国が持つ経済力と外交力を最大限に活用する北朝鮮の対中国戦略は、中国の対朝鮮半島利害関係を体制防衛に逆利用する方法で実現された。金正日政権の崩壊は、直ちに北朝鮮の国家的消滅と朝鮮半島の政治的不安定につながるという憂慮から、中国は金正日政権の維持を選ぶ他ない。したがって、米国の対北朝鮮圧迫戦略を無力化させるには、中国は利害関係を持たざるを得ないという認識が、北朝鮮の対中戦略の出発点である。

　北朝鮮の対中国戦略は、第一に体制防衛に関連する部分では自分の立場を固守し、第二に国際舞台で中国を背負って自分の利益を最大化し、第三に経済分野で中国と各方面で協力することである。金正日は第2次核危機が発生した2002年以降、3回の朝中首脳会談で朝鮮半島非核化原則と対話を通じた解決の立場を明らかにし、中国が主管する六者会合に参加することで中国の立場と体面に配慮した姿を見せた。

　しかしながら、本質的な問題では中国を苦境に陥れながらも己の目的を完璧に追求したのである。その代表的な事例がまさに、2006年10月に断行された核実験である。北朝鮮は中国の度重なる警告にもかかわらず、[101]核実験直前にやっとこれを中国側に通報した。北朝鮮のこうした態度は、北朝鮮の核問題と関連して中国が見せた「背信的」行動に対する不満の表示であったと見られる。

　しかし核実験以後、金正日は、胡錦濤国家主席の特使として訪朝した唐家璇国務委員に追加の核実験計画がないことを明らかにし、BDA問題解決を前提に六者会合に復帰するという立場を明らかにすることで、中国の立場に配慮すると同時に、米国の金融制裁解除の過程で中国を利用しようとする意図を表した。

　体制防衛のために中国を利用するという北朝鮮の戦略は、経済分野で集中的に現れた。北朝鮮との経済関係で中国政府は、自国の経済的実利を図りながらも、基本的には北朝鮮の経済命脈の掌握を通して政治的影響力を確保し、北朝鮮経済回復を通した体制崩壊防止及び安定的管理、改革・開放政策的変化への誘導など三つの目的を追求していると評価できる。

---

[101] 北朝鮮が核実験を予告した翌日の2006年10月4日、リュ・チェンジャオ中国外交部報道官は、「我々は、朝鮮側が核実験問題において、冷静さと自制心を維持することを希望する」として、核実験中断を強く促した。

北朝鮮の国家経済と個人経済を含めた全般的な経済状況は、中国の経済支援と交流が完全に中断された場合、より一層体制維持が困難になるほど対中依存度が深刻な状況に置かれた。しかし、中国は増加する経済的影響力を利用して、北朝鮮の混乱を招く政治的干渉よりも、段階的な政策変化を継続的に誘導する立場を堅持した。代表的には、2005年10月の訪朝期間に胡錦濤国家主席は「中国人民はマルクス・レーニン主義と毛沢東思想、鄧小平理論など三つの代表的な重要思想を指針として、中国独自の社会主義偉業を絶えず発展させることによって天地開闢の変化をつかんだ」と言い、「1978年から2004年までの26年間、中国の国内総生産は年平均9.4％成長し、1,473億ドル未満から1兆6,494億ドルまで増加した」という点を強調することで、中国式改革・開放政策を受け入れることを遠回しに促した。[102]

　中国の対北朝鮮経済戦略に対処して、北朝鮮は中国の改革・開放が北朝鮮に及ぼす副作用を最小限化しながら、経済的実利を極大化する戦略で対応した。北朝鮮は1980年代から改革・開放が中国の政治体制と経済に及ぼす肯定的・否定的な影響を鋭意注視しながら、北朝鮮の現実に有利に適用するという原則を堅持してきた。代表的には、1980年代から進めてきた外国企業との合弁・合作と羅津（ラジン）・先鋒（ソンボン）経済特区の創設措置などが挙げられる。

　しかし、北朝鮮のこうした体制防衛優先の「防虫網式」改革戦略は、中国のような指導部の確固たる改革意志と一貫した改革政策の不在により失敗を免れなかった。北朝鮮は改革・開放が中国の経済力と総合的国力の伸長に寄与した点は認めながらも、これが政権安保の次元で北朝鮮の現実には合わないという態度を固守してきた。

　これは金正日が、2000年5月の訪中過程で、中国が改革・開放を通じて成し遂げた成果を高く評価しながらも、北朝鮮は北朝鮮式、中国は中国式社会主義を建設しなければならないという点を明確にしたことからも分かる。[103]

　しかし、北朝鮮はこうした政治的論理による受動的経済発展戦略が結局、体制防衛自体に役立たないという認識から、しだいに中国の改革成功事例から出路を模索しようとする態度を見せざるを得なかった。例えば2001年1月、中国上海などを見回った後に出た金正日の「天地開闢」発言と、その後の2002

---

[102]『朝鮮中央通信』2005.10.29
[103]『聯合ニュース』2000.6.1

年に中国式経済改革モデルを部分的に受け入れた「7・1経済管理改善措置」、そして2006年1月、鄧小平の南巡コースを踏襲し「広東省で起きた転変を目撃して多くの感動を受けた」という金正日の言及[104]などは、結局、共産党一党独裁を維持しながらも経済強国実現に成功した中国式改革・開放政策の正当性を認めた代表的事例として評価できる。

　それにもかかわらず、まだ北朝鮮は中国式改革・開放戦略をそのまま受け入れるよりも、漸進的で部分的な変化を追求しながら中国からの持続的な経済支援と投資誘致に、より大きな比重を置いた「多少冒険的だが実利的な」経済関係を追求した。金正日政権スタート後、とくに2000年代に入ってからは、中国の対北朝鮮援助と投資は持続的に増加した。中国の対北朝鮮貿易規模は、2004年の13億8千万ドルに続き2005年に15億8千万ドルを記録し、対北朝鮮投資も2000年の100万ドルから2004年に約5千万ドルと実に50倍以上の成長を記録した。[105]

　また、中国の対北朝鮮経済支援も過去の食糧や原油など消費財中心の無償援助から大安親善ガラス工場建設、西海岸油田の共同開発、中国企業の北朝鮮鉱山開発など、しだいに開発支援の形態に変わった。金正日は2006年1月の中国訪問中、胡錦濤国家主席に「朝鮮の党と政府は経済領域で両国間協力の潜在力を発掘して、互恵の原則に従い協力を展開する」と語り、朝中間の持続的経済協力強化の意志を表明した。[106]しかし、北朝鮮と中国の経済規模と経済発展水準の差を勘案すると、金正日のこうした発言は、事実上、中国の一方的な対北朝鮮投資とさらなる支援を促したものと見られる。

　経済関係でも中国を後ろ盾とする戦略を追求しながら、北朝鮮の対中依存度の拡大が続くのを絶えず警戒した。北朝鮮が中国の度重なる警告と引き止めにもかかわらず、ミサイル発射と核実験を断行したこと自体が、中国の政治的影響力に対する牽制心理の集中的表現と見られる。また、北朝鮮が体制防衛のため核兵器に執着していることも、他の見方をすれば、対中不信と関連性を持つと見られる。これは金正日が、2006年7月のミサイル発射に対する国連の制裁決議採択を機に「中国を信頼できない」と言った発言にも表れて

---

[104] 『朝鮮中央通信』2006.1.19
[105] 『聯合ニュース』200.5.29、2006.4.4
[106] 『中国国際放送』2006.1.18

いる。[107]

　しかし、中国とロシア、韓国をはじめとする周辺国と国際社会との連携強化を通して、米国が追求する国際的孤立と圧力を無力化し、経済再建に必要な国際社会の協力と支援を確保することは、依然として北朝鮮が対外関係で追求している核心的戦略であった。

　朝露関係もやはり、2000年2月に両国間の「親善、善隣及び協力に関する条約」締結と、[108]2000年7月プーチン大統領の訪朝及び平壌宣言発表、2001年7月金正日のロシア訪問とモスクワ宣言発表、[109]2002年8月に金正日の極東地域訪問と第3次朝露首脳会談の開催、その他各分野での協力強化などで急進展する様相を見せた。[110]

　北朝鮮のこうした対中・対露協力関係強化の努力は、東欧圏崩壊と韓中修交以後疎遠になった。これらの国々との伝統的な友好及び協力関係と北方三角協力を復旧しなくては、唯一超大国の米国が主導する世界秩序の中で体制の安保を持続的に保障するのは困難が大きい、という現実的判断によるものと見ることができる。

3.　対南戦略

　1994年、カーター元米国大統領の仲裁で分断以後初めて首脳会談の合意に

---

[107] 『聯合ニュース』2006.10.17
[108] 条約で両国は、双方の一方が侵略を被る危険が作られ、もしくは平和と安全を脅かす状況が作られ、相互協議・協調の必要性が認められる場合、遅滞なく接触することにした。また、他の一方の自主権、独立、領土の安定に反対する条約と協定を第三国と締結せず、そのどのような行動や措置にも参加しないことを明示した。(『労働新聞』2001.2.9.) 1961年に締結された同盟条約の核心である理念的連帯条項と自動軍事介入条項は削除されたが、この条約は「安保の威嚇発生の際に直ちに接触」するという文言を挿入することにより、制限的軍事協力の余地を確保した。統一研究院『統一環境及び南北関係と展望: 2000～2001』(ソウル: 統一研究院、2000) p.81
[109] 北朝鮮は「朝露モスクワ宣言」が「世界の戦略的均衡と安定を破壊し、独占的世界支配を追求した帝国主義、支配主義、反平和勢力に対する厳重な警告として、世界自主平和愛好勢力に対する力ある励ましになる」とし、「朝露両国は米国のミサイル防衛システム樹立と宇宙軍事化に反対し、これに共同して強力に対処していこうという立場を堅持している」と主張した。「新世紀、朝露親善と自主偉業の道筋を作った歴史的な出来事」『労働新聞』2001.8.22
[110] 代表的には2001年、「防衛産業及び軍事装備分野での協力に関する協定」と軍事協力協定、2002年北朝鮮国際貿易促進委員会とロシア極東投資会社間の協調に関する備忘録、科学協調に関する協定などが挙げられる。パク・ヨンギュ『金正日政権の安保政策: 包括的安保概念の適用』(ソウル: 統一研究院、2003) p.76～77

まで到達していた南北関係は、金日成の「弔問ショック」を契機に、金泳三(キムヨンサム)政権期間中、ついに閉塞局面から脱することができなかった。北朝鮮は、韓国当局とは共存しない態度を見せながらも、金日成が生前に提示していた統一方案は「遺訓貫徹」の次元で継承していく立場を堅持した。これは1997年8月4日に発表された『偉大な首領金日成同志の祖国統一遺訓を徹底して貫徹しよう』という題目の論文で、金正日が「高麗民主連邦共和国創立案」と「全国民族大団結10大綱領」、「祖国統一3大原則」など金日成の統一方案を「祖国統一3大憲章」と規定し、金正日時代も継続的に実現していく立場の表明を通じても確認された。[111]

1998年にスタートした金大中政権は、北朝鮮の武力挑発不容認と韓国の吸収統一を排除し、和解・協力を内容とする対北朝鮮三原則と、これを土台とする対北「太陽」政策を本格的に標榜しだした。しかし、北朝鮮は韓国の太陽政策に対して、初めは「南朝鮮の腐った反人民的植民地制度を我が共和国北半分にまで延長しようとするものだ」とし、吸収統一を目的にした瓦解謀略策動だと非難した。「南朝鮮当局は、いわゆる協力交流で我々の内部を揺さぶろうとしたが、金と政治を交換しようとすることは間抜けた仕業だ」として、極度の拒否感と反発心を露わにした。[112]

北朝鮮の反応は、経済危機と食糧難のような深刻な体制危機を、米国と韓国をはじめとする外部の敵対勢力のためだ、と転化してきた対住民階級教育と洗脳教育の根幹が崩れた場合、住民たちの不満が政権に向かうのではないかという憂慮を反映したものであった。

北朝鮮は、韓国政府の和解政策に拒否感を表出しながらも、韓国の政経分離原則を民間次元の経済的実利の確保と統一戦線戦略の実現に積極的に活用する意志も同時に示した。1998年、鄭周永(チョンジュヨン)前現代グループ名誉会長の訪朝と金剛山観光の開始などが、その代表的事例であった。こうした民間次元の南北交流と協力過程で、北朝鮮は韓国政府が推進する対北朝鮮包容政策を体制内部に及ぼす副作用だけを上手く治めれば、体制防衛に肯定的な方向に利用できるだろうと判断したものとみられる。とくに、1999年の西海交戦にもかかわらず、韓国政府が20万トンの肥料を北朝鮮に支援したことは、北朝鮮

---

[111] シム・テソン「北と南の間の関係を改善することは祖国の自主的平和統一を実現するための切迫した課題」『金日成総合大学学報(哲学、経済学)』第44巻第3号(1998) p. 26〜30
[112] 『労働新聞』1999. 6. 4

にとって経済再建と人民生活回復で、韓国側の支援と経済協力が多くの助けになり得るという戦略的判断に大きな寄与をしたものと評価される。

韓国の対北朝鮮包容政策に対する北朝鮮の根本的な憂慮と拒否感を解消させ、北が南北当局間の対話と協力に肯定的に呼応するようにした、より決定的な契機は、2000年3月に金大中大統領が発表した「ベルリン宣言」と見られる。当時、金大中大統領はベルリン自由大学で行った演説を通して、北朝鮮の道路と港湾、鉄道、電力、通信など社会間接資本の拡充と南北間の安定的投資環境造成、北朝鮮の食糧難解決に必要な農業構造改革などの支援のため、当局間の協力を内容とする「朝鮮半島平和と統一のための南北和解・協力宣言」を発表した。

韓国政府の大規模な北朝鮮支援プログラムは、金正日政権スタート後「苦難の行軍」を終結して、強盛大国建設の新たな転機を用意する目標を追求していた北朝鮮にとって、無視しがたい提案であった。さらに、韓国政府の支援と協力を拒否した場合、ややもすると1990年代半ばのような大規模な飢饉事態が再現されかねないという点で、体制防衛の見地からも振り切りがたい誘惑であった。

金大中政権が米国をはじめとする国際社会に対北朝鮮関係の改善を促したことも、対米・対西側関係正常化を通して国際的孤立脱却と国際社会の支援及び協力を渇望していた北朝鮮にとって、南北対話と交流に乗り出す背景になった。

結局、北朝鮮は南北関係改善が住民たちの対南意識変化に及ぼす否定的影響を最小化するための、事前の充分な政治作業を基礎にして南北間の非公開特使接触を経て、2000年6月ついに歴史的な南北首脳会談に乗り出した。[113]会談で両国首脳は、5項目の「6・15南北共同宣言」を採択し、その後赤十字会談と離散家族再会を主要議題とした閣僚級会談と各種協議を通して、南北間の多様な懸案を持続的に議論していける制度的な土台を用意した。

南北首脳会談は、南北関係の改善に画期的な進展を準備しただけでなく、

---

[113] 脱北者たちの証言によれば、南北首脳会談を控えて北朝鮮内部では韓国政府の対北包容政策と対北支援の動きに対し、「将軍様の偉大性」に対する韓国政府と国民の「尊敬と欽慕」、「屈服と上納」の発露として宣伝し、南北首脳会談と6・15共同宣言、それによる南北関係の改善についても全面的に金正日の「業績」と「指導の結果」として認識させるための講演と思想教育を繰り返し行ったという。

米国と日本、EUをはじめ大多数の西側諸国が北朝鮮との関係正常化に乗り出すように煽った決定的な契機になった。こうした国際的環境の変化は、北朝鮮にとって外部からの威嚇に対する憂慮と被害意識からある程度抜け出し、体制安保に対する自信を持って経済と住民生活向上のための部分的な政策変化に接近できる肯定的な作用をした。

　金正日政権スタート以後、北朝鮮が体制防衛のための経済再建戦略で標榜した実利主義は、対韓国戦略にまで具体化の幅を広げていった。過去、北朝鮮の体制防衛戦略で韓国という威嚇要素は、対内統合と結束になくてはならない「必要悪」のような存在であった。北朝鮮の対住民宣伝と教育で、米国と共に韓国は、北朝鮮が抱えている総ての問題の震源地であった。しかし、対決的な視角は経済危機と住民生活難が体制の現実的脅威として浮上した環境では、体制防衛にこれ以上役立たないということが、発想の転換を通して現れた北朝鮮の実利主義的観点であったと見られる。

　金剛山(クムガンサン)観光に次ぐ開城(ケソン)工業団地建設と道路及び鉄道の連結、大規模経済視察団の韓国派遣、農業と軽工業など様々な分野での韓国の先進技術と経営技法の導入、韓国側からの人道的支援受入など経済分野での交流と協力の活性化だけでなく、離散家族再会の実現、韓国で開かれる各種国際スポーツ大会への参加、韓国側芸術団の訪朝公演の許容など、社会・文化分野での交流拡大などは、過去には想像さえも難しかったことである。これは、体制に得になれば、何でも総て利用するという北朝鮮の実利主義的思考方式をそのまま示してくれた。もちろん北朝鮮は南北関係の活性化が伴う副作用に対して常に警戒心を緩めず、この過程で様々な芳しくないことも起きた。それにもかかわらず、南北関係が今まで着実に発展してきた事実は、北朝鮮が南北関係を通して得る経済的利益にいかに大きな期待を掛けていることを示している。6・15共同宣言以後、南北間の経済協力と交流が持続的に発展してきたことと異なり、朝鮮半島の平和保障と非核化、軍事的信頼の構築と軍縮の実現、国軍捕虜（訳注：朝鮮戦争時の韓国軍捕虜）と拉北者（訳注：韓国から北朝鮮へ拉致された人々）問題解決などのための政治、軍事、人道的分野での交流と協力は、多くの紆余曲折を経た。ことに2001年初、ブッシュ政権のスタートと共に発生した第2次北朝鮮核危機と米国の対北朝鮮強硬政策の復活は、南北関係にも否定的影響を及ぼさざるを得なかった。

　北朝鮮の核開発は、ジュネーブ合意だけでなく南北非核化宣言にも違背するという見地から、韓国政府に北朝鮮政策を南北関係の発展と核問題解決と

いう二つの側面から扱わなければならない負担を与えた。南北関係の持続的な発展を通して北朝鮮の核放棄を誘導するか、でなければ核問題の解決を南北関係の前提として掲げて北朝鮮を圧迫するかが、韓国が直面した新たな挑戦であった。こうした挑戦は、韓国政府に南北関係と韓米関係を調和させていくべき外交的課題と共に、北朝鮮の核が招来する韓国社会の理念の葛藤と国論の分裂を解決しなくてはならない政治的課題までも抱え込ませた。

北朝鮮核問題の発生は、実利追求の次元で南北関係に意欲を持って接近した北朝鮮の対南戦略にも影響を与えざるを得なかった。南北首脳会談後、2000年の1年だけで4回も開かれるほど順調に出発した長官級会談は、2001年に入ると、3月に予定された第5次会談が北朝鮮の一方的な不参加で9月に延期され、米国の9・11テロ発生直後に開催された第6次会談が次回協議の日程さえ決められないまま中止されるなど、漂流を重ねた。

北朝鮮のこうした態度は、北朝鮮の核問題と南北関係を徹底的に分離して接近するという視角に起因したものと見られる。北朝鮮から見れば、核問題は、米国の北朝鮮敵視政策から始まった「自衛的措置」として、当然に朝米間で解決すべき事案であった。核開発と核保有宣言、核実験などの全過程で、これが南北関係に及ぼす否定的影響について考慮した痕跡が全く見えない。むしろ北朝鮮は、韓国側が北朝鮮の核問題を南北関係と連携させるのに対し、6・15共同宣言の精神を毀損する「背信的行動」として、南北関係に民族共助を持ち出し始めた。[114]金容淳対南担当書記は、2002年4月平壌を訪問した林東源(リムドンウォン)大統領特使に、韓国側が対北朝鮮政策で米国と協力する態度を問題視して、民族共助と韓米共助の間で明確な立場を表明することを要求した。これ以降、民族共助と「我が民族同士の理念」は、北朝鮮が南北関係で定番メニューのように持ち出す対南戦略の核心内容として定着することになった。[115]

北朝鮮は民間次元の南北交流と協力はもちろん、当局間対話でも韓国側が北朝鮮核問題の解決を南北関係の前提として要求するたびに、これに反駁する論理として民族共助論を掲げた。例えば、北朝鮮は核兵器の開発を認めた

---

[114] 北朝鮮は2001年1月10日に開催された「我が民族同士で統一の扉を開けた2001年大会」で、「外勢との共助を排撃し、民族共助で統一問題を我が民族自体の力により解決」していくことを主張して「民族共助」という用語を初めて使用した。
[115] 金容淳、「我が民族同士で力を合わせて祖国統一の門を開いてゆこう」『労働新聞』2003.6.13

後、2002年10月に開かれた第8次南北閣僚級会談で「我が民族同士で力を合わせ、民族問題を解決していこう」という主張を持ち出して韓国側を困惑させた。北朝鮮の民族共助戦略は、金大中政権スタート後に対北朝鮮政策において露わになった、韓米間の隙間を集中的に攻略することで、韓米同盟関係と共助体制の瓦解、韓国社会の反米・親北化、米国が主導する国際的対北朝鮮圧迫の無力化などを狙った対南戦略履行の「万能の宝剣」のような役割をした。

北朝鮮は、彼らの先軍政治と核及び大量殺傷兵器が、朝鮮半島の平和を守る戦争抑止力だと主張し、先軍政治がなかったら米国の対北朝鮮武力侵攻と共に朝鮮半島は火の海となったであろうから、先軍政治の恩恵を受けている韓国が北朝鮮の先軍政治を支持し、米国の対北朝鮮圧迫に民族共助で対処することが当然だという論理を掲げ、安保分野でも民族共助を合理化した。[116]

要するに北朝鮮の主張は、朝鮮半島の非核化と平和体制構築問題は朝米間の敵対関係が解消されなければ解決できない問題なので、南と北が向かい合って、こうした問題をいくら議論しても無駄である。これから南と北は「我が民族同士の理念」の下に力を合わせて米国に共同で対抗しなければならないという論理に含まれた。[117]

こうした主張の基底には、北朝鮮の軍事力が韓米共助の瓦解に一役買っているという、それなりの確信があったと見られる。つまり、韓国政府が、米国の対北強硬路線と、ひいては軍事攻撃について強力に反対している根本原因は、韓国の安保に直接的な脅威となっている北朝鮮の強大な軍事力にある、と認識して、居直りの主張までためらいなくさせたのである。

北朝鮮の民族共助論と「我が民族同士」の主張は、核問題だけでなく韓国からの経済的実利を確保するための名分としても活用された。これは北朝鮮が、2003年9月27日「アジア太平洋平和委員会」の代弁人談話を通し、「今後、我が民族同士の理念に基づき、南側の民間経済団体との協力事業を引き続き強力に推進していくことにより、民族の団結と統一を早めるために積極的に尽くすこと」だと主張した事実を通しても知ることができる。[118]

このように6・15共同宣言以後、北朝鮮が追求してきた対韓戦略は、基本

---

[116]「総ての民族が愛国の先軍政治を擁護しよう」(祖国平和統一委員会報道官談話)『労働新聞』2002.10.29
[117]「新年共同社説」『労働新聞』2003.1.1
[118]『朝鮮中央放送』2003.9.28

的に民族共助と実利主義を二つの軸として、韓国に米国の対北強硬路線から北朝鮮を保護する安保次元の盾の役割と北朝鮮の経済再建に貢献する実利保障次元で支援する役割を果たすように焦点を合わせた、体制防衛戦略としての性格を現した。

　もちろん、より大きな枠組から見れば、韓国社会の反米自主化と、親北容共化を通した朝鮮半島の赤化統一を成し遂げるという、北朝鮮の究極的目標には変わりがなかった。「党が連邦制スローガンを掲げても、平和統一スローガンを掲げても、人民軍隊はこれを意に介せず、戦いの準備にだけ万全を期せ」ということは、昔も今も北朝鮮の軍隊と人民が対南戦略と関連して受け入れなければならない、変わりない内部指針である。

第6章
金正日政権の権力エリート

　金正日政権スタート以後、北朝鮮が標榜している強盛大国建設戦略が国家と国民の利益を優先する改革戦略なのか、それとも政権の利益を優先する体制防衛戦略なのかは、金正日政権の幹部政策とその結果として現れる権力エリートの構成と役割を通して明らかに示されるだろう。もし、金正日に鄧小平のような改革意志があれば当然、忠誠性や党性、出身成分という政治的基準よりも専門性と実力、学歴のような基準を優先し、保守的な革命エリートや政治エリートに代わり、改革志向的な技術専門エリートたちに政策樹立と決定の自立性と権限を与える果敢な幹部政策を追求しなければならない。さらに、金日成の死亡で国家戦略の行為主体が金正日へ一元化され、権力層の世代交代が基本的に完了した現実では、金正日の意志によって国益中心の幹部政策変化が可能であると言える。

　しかし第5章で見たように金正日政権スタート以後、北朝鮮は一方で切迫した経済と人民生活問題の解決のために7・1措置のような一連の実利主義的政策変化を追求しながらも、一方ではその副作用を相殺するため、先軍政治を前面に出している。先軍政治と実利主義を掲げて北朝鮮が追求する戦略が何かということは、政策の樹立と執行を担当する権力エリートの補充と登用、養成と管理などの幹部政策と、金正日時代にも続いている側近政治、そして北朝鮮の政策決定構造と過程を探ることで、その全貌を把握することができるであろう。

I. 体制防衛と権力エリート

　1990年代の北朝鮮の対内危機は、経済及び人民生活問題の解決と結びつかない思想教養（訳注：思想洗脳教育）と統制一辺倒の政策が、体制防衛にむしろ逆に作用し得ることを明らかに示した。金正日政権のスタートと同時に北朝鮮は、経済と科学技術発展を通した経済強国の建設を強盛大国建設の中心課題として提起し、その実践のために総ての分野で実利主義を積極的に標榜し始めた。

　しかし、いかに経済強国建設と実利主義を強調しても、その実行を直接担当する幹部たちの資質と能力が伴わなければ空念仏に終わってしまう。経済発展に実質的に寄与できる専門性と実力を持った人材を積極的に育成することも重要であるが、出身成分や思想性、忠誠性よりは専門性と実力を中心にして幹部を補充し、技術専門エリートに政策樹立と決定の自立性と権限を与えるような国益中心の幹部政策改革を伴わない経済発展戦略は、体制防衛戦略としての限界を越えることはできないだろう。

　金正日政権スタートに前後して、北朝鮮権力層で世代交代が基本的に終了した現実も、権力エリートの構造変化を通して、北朝鮮が国家戦略の新たな転換を追求できる契機になり得た。体制形成と強化に寄与した革命第1世代と第2世代が大部分権力から退き、政権樹立以後に生まれた第3世代と第4世代の新進エリートが金正日時代を代表する主役として浮上した。金日成の死亡で国家戦略の行為主体が金正日へ一元化されたことも、権力層の世代交代と共に国家戦略での変化を可能にできる、もう一つの有利な条件となった。

　様々な状況変化は、金正日に政策変化の意志さえあればいくらでも中国のような幹部政策の改革を掲げて、政治権力が主体となって改革・開放志向的な国家戦略を推進していける道が開かれたことを語っていた。

　第5章でも見たように金正日政権スタート以後、北朝鮮は体制防衛を国家戦略の最優先課題として提起し、一方では切迫した経済問題解決のために、経済強国建設と科学技術の発展、内閣の権能強化と実利主義を標榜しながらも、他方では、その副作用を徹底して相殺していくために、先軍政治を前面に掲げた。先軍政治が、北朝鮮の基本政治方式として浮上するにつれ、国防委員会を中心とした党・軍・政の権力分散と水平的直轄統治、権力層の相互牽制と忠誠競争が金正日の統治方式として定着した。

国家発展よりも体制防衛を基本とする体制防衛戦略は、金正日政権スタート以後、北朝鮮が追求してきた幹部養成と補充及び登用・管理といった幹部政策の様々な原則と基準、そして世代交代による権力構造の変化と、金正日時代にも続けられた側近政治の形態変化を通して、より明確に現れた。

1. 実力第一主義と幹部政策

1) 忠実性の原則と実力第一主義

　金正日後継体制の時期に北朝鮮は、金日成時代の幹部政策を基本的に継承しながらも、首領絶対主義体制の確立と後継体制の構築のために、権力エリートの補充において忠実性の原則と派閥形成遮断の原則という、より強化された政治的基準を適用した。これと共に、幹部事業に対する金正日の唯一的掌握と中央集権的統制を強化する方向へ、人事制度を全般的に改変した。

　忠実性を核心とする幹部政策の基調は、金正日政権スタート後もそのまま維持された。ただし、金日成の死亡後、忠実性の対象が金正日に一元化されただけである。1990年代半ばの経済危機と食糧難が招いた政治的不安定と、権力層と住民の意識変化、外部からの安保威嚇などに対処して北朝鮮は、幹部政策で忠実性と階級性の原則を、より重視せざるを得なかった。

> 私たちの強盛大国建設闘争は、あらゆる仇敵どもの妨害策動の中で進められる深刻な階級闘争です。敵どもと熾烈な対決をしている状況で、私たちの階級陣地をしっかりと固めていかなければ、この地上で永遠に繁栄する社会主義強盛大国を建設することはできず、後で敵どもに食われて奴隷に落ちかねません。党組織は、幹部隊列を党に忠実な成員で強力に作りあげ、彼らに対する教養(訳注:洗脳教育)を徹底しなければなりません。[1]

　しかし、首領絶対主義体制確立と強化のために、忠実性を幹部政策の絶対原則として掲げた後継体制の時期とは異なり、金正日政権下では、専門性と実力を備えられなかった「化石化した」忠臣だけをもってしては、総体的危機

---

[1] 金正日「今年を強盛大国建設の偉大なる転換の年に輝かせよ」(朝鮮労働党中央委員会の責任幹部との談話、1999年1月1日)『金正日選集(14)』p. 460

に処した経済と人民の生活回復は期待できなかった。これは金正日が「少なくない幹部が党の信任に忠誠で報いるとよく言っているが、恩返しは言葉でするものではなく実力を持って実践でしなければならない」と主張したことからもわかる。[2]金正日はさらに「幹部の実力問題は実務的問題でなく思想問題、党と首領に対する忠実性の問題です。…思想の高さ、忠実性の高さであり、実力の高さであり、実績の高さだと言えます」と語り、実力は忠実性と配合すべき要素ではなく、それ自体がまさに忠実性であるとの主張を提示した。[3]それほど金正日が、幹部の実力問題を体制防衛の死活問題として認識していることを示す証拠と言えよう。

　実力はすなわち忠実性の表現であるという金正日の主張は、北朝鮮が強調する幹部の実力向上問題が、政策や路線変化と全く関連性がないことを自ら示した。つまり、北朝鮮が言う実力は、改革過程で中国が掲げた経済の管理や経営、理工系統の専門知識だけを意味するものではなかった。金正日は幹部の実力を向上させることにおいて、党の路線と政策で武装することが、最も重要な問題であることを、次のように強調した。

　今日では、幹部の実力がすなわち実績であります。…幹部たちは党の路線と政策でしっかりと武装しなければならず、己の部門の党政策に対して精通していなければなりません。幹部は政治と経済、軍事と文化に対する知識を所有しなければならず、とくに情報産業時代の要求に合わせて現代科学技術についても知り、コンピューターも使いこなせなければなりません。[4]

　ここでいう党の路線と政策は、金日成によって提示された既存路線と政策を意味する。これは金正日が「幹部は首領様の労作と党の文献を体系的に、日常的に深く学習して己の思想理論水準を高めなければなりません」と語ったことからも確認できる。[5]結局、北朝鮮が強調する幹部の実力とは、既存路線

---

[2] 金正日「今年を新世紀の新劇路を切り開いていくにおいて転換の年にせよ」(朝鮮労働党中央委員会責任働き手との談話、2001年1月3日)『金正日選集(15)』p. 94
[3] 金正日「現時期の働き手の実力を高めるのはわが革命の切迫した要求である」(朝鮮労働党中央委員会責任働き手との談話、2001年12月3日)前掲書p. 230
[4] 金正日「働き手たちは人民のために献身する人民の真なる服務者にならなければならない」(朝鮮労働党中央委員会責任働き手との談話、2003年10月28日)前掲書p. 429〜430
[5] 金正日「現時期の働き手の実力を高めるのはわが革命の切迫した要求である」p. 224

と政策で徹底的に武装し、それを完璧に実行できる政治、経済、軍事、社会など各分野での専門性向上を意味する。こうした思想性と専門性の配合は、すでに金日成時代から常に強調されてきた幹部政策の原則である。

金正日時代になって強調された幹部政策での実力問題が、路線の変化とは関係ないといっても、内容と具体化方式においては明らかに過去と異なる点を発見できた。つまり、専門性と実力に多少問題があり、とくに教育水準と学力が不備であっても、出身成分と忠誠心が確かだと認定されれば、党や公安機関など政治権力への進入が可能であった過去とは異なり、幹部補充と昇進などの人事で学力と実績のような専門性が、主要基準として提示されたのである。

2）実力中心の幹部補充

幹部政策で実力中心の原則は、まず幹部の補充で実力と学歴が重視される。これは金正日が「幹部事業で実力によって幹部を評価して選抜配置」することと「実力で国の富強発展と人民生活向上に貢献する幹部を社会的に尊敬し、前に立てて高く評価する」ことを強調したことからも確認できる。[6] とくに金正日は、自分が多くの工場・企業所を現地指導した過程で会った幹部の中で、大学を出た人々は仕事も良くできて賢いが、大学を出られなかった人々は職場長になることも難しいと語り、幹部補充で初めて学歴を重要な基準として提示した。

> 幹部事業で学歴を重要な条件として見なければなりません。これからは社会全般において人々の学歴を重視しなければなりません。今日の新たな時代がそれを要求しています。…幹部事業で学歴を重視する原則を立てなければなりません。[7]

また金正日は、以前から継続して堅持してきた本人中心の評価原則についても、この時期にきて強調のレベルを一層高めた。彼は「本人の現在の行いを基本としてみることは、我が党の一貫した人物評価の基準であり、原則です」

---

[6] 前掲書 p. 225〜232
[7] 金正日「新世紀、21世紀は情報産業の時代である」（朝鮮労働党中央委員会責任働き手との談話、2001年3月11日）『金正日選集(15)』p. 116

と主張し、[8]本人の実力よりも出身成分を重視すれば、幹部の実力を高められないことを強調した。

　私たちは先軍政治と人徳政治を合わせて確固と握りしめ、その要求を正しく具体化していかなければなりません。私たちの党を信じて従う人々は、家庭の周囲環境と社会政治生活の経緯がいかに複雑であっても温かく抱き入れ、導いて人々の問題を革命の利益の見地から慎重に確かめて正しく処理しなければなりません。[9]

　幹部政策での実力中心の原則は、現実に具体化された。まず、大学卒業生の社会への配置で、過去に比べて実力と学力がはるかに重視された。もちろん新たな入試制度が導入された訳ではないが、学科実力が反映された大学推薦状を必ず提出させることで、配置に絶対的な影響を及ぼすようにした。とくに秀才の評価を受ける程度の優れた実力を所有した学生は、出身成分や家庭環境に多少の問題があっても、平壌の国家経済機関や科学研究機関などに配置される事例が増えた。工場・企業所でさえも、過去には除隊軍人の経歴と党員資格さえあれば職場長程度の配置は可能だったが、今では最小限専門学校卒業程度の学歴がなければ不可能なのが現実である。

　実力中心の幹部政策は幹部の補充、とりわけ実利主義が強調されている経済及び科学技術分野での幹部補充に際立って現れた。代表的には2007年、最高人民会議第11期第5次会議で、陸海運相の金英逸（キムヨンイル）が内閣総理に任命された例が挙げられる。華やかな政治経歴や出身背景でなく、大学で学んだ専門知識をもって専門分野で末端指導員から相（訳注：日本の大臣に相当）まで昇った立志伝的人物が、総理に起用されたのは彼が最初である。専門性と共に、南浦港の大型船舶修理工場とコンテナ船埠頭建設で金正日から実力を認められ、総理起用の主要背景となった。金英逸の事例は、北朝鮮権力層の中で専門知識と実力で金正日の信任が得られることを悟らせた契機になった。この他にも、北朝鮮が実利主義を標榜しながら追求してきた各分野での権力エリート補充人事は、徹底して実力と実績、専門性を基にしていることが脱北者の証言を通して確認された。

---

[8] 金正日「社会主義強盛大国建設で決定的前進を成すことについて」（朝鮮労働党中央委員会責任働き手との談話、2000年1月1日）前掲書 p.5
[9] 金正日「今年を新世紀の新劇路を切り開いていくにおいて転換の年にせよ」p.88

幹部補充だけでなく、昇進などの人事でも勤続年数や経歴よりも業務成果という実績を中心に実力を評価し、それに相当する人事措置を実行した。金正日は「全党と全社会に実力を重視する気風を立て、総ての部門で実力戦を広げなければなりません」とし、幹部において第一の実力が、党の思想と意図、路線と政策の武装ならば、第二の必須実力は、現代科学技術の習得であること、幹部たちが情報化時代に合わせて先端科学技術と情報技術、コンピューターの知識を学び、己の部門に精通して軍事知識など多方面の知識を持つことを強調した。[10]

これによって総ての国家機関と単位では、実力向上と質的向上を最大のテーマとして提起し、一定期間実績が低調な場合は、事前予告なく職位解除や解任、解雇などの措置が取られた。これは、幹部と公務員自らが実績評価に多大な関心を持ち、業務実績創出と実力向上のための自己啓発はもちろん、コンピューター技術とプログラム運営に関する知識の習得にも多くの努力を傾けるように刺激した。国家機関のみならず、工場・企業所などの生産現場でも実力と実績が、人事とインセンティブ提供の基準になった。労働者の就職と解雇、給料に関する評価も、党委員会議でなく支配人が決める実績評価によって行われた。

3）実力中心の幹部養成

実力中心の原則は、幹部補充と管理だけでなく幹部養成及び教育部門でも強調された。金正日は「今、社会主義強盛大国建設を科学技術的に支えることができる科学技術人材を多く育て上げる問題が重く提起されています」[11]として、その実行方法に関する細部指針まで提示した。

大学と幹部養成機関をはじめとする教育機関で実力第一主義、学習第一主義のスローガンを高く掲げ、教育の質を高めて学生の間で学習を決定的に強化しなければなりません。大学と幹部養成機関では、実力によって学生を入学させ、卒業生を配置する厳格な

---

[10] 金正日「現時期の働き手の実力を高めるのはわが革命の切迫した要求である」（朝鮮労働党中央委員会責任働き手との談話、2001年12月3日）『金正日選集(15)』p. 232
[11] 金正日「金策工業総合大学は国の威力な科学技術人材の養成基地である」（金策工業総合大学の現地指導における教職員との談話、2001年9月19日）『金正日選集(15)』p. 198

制度を立て、徹底的に守らなければなりません。…これと共に幹部の再教育事業に深い関心を払い、総ての幹部の資質を体系的に高めるようにしなければなりません。[12]

　北朝鮮は教育部門で実力第一主義のスローガンの下、教育過程と教育内容、教授方法で革命を起こすことと、「情報産業時代の要求に合わせて教育の質を決定的に高めて全国家的、全社会的関心を払う」ことを持続的に強調した。[13] これによって教育部門で暗記式の教育と知識蓄積中心の教育よりも、創意的思考力と実践応用力の向上を通した知能開発教育に力点をおき、コンピューターを利用した現場実験実習と会話中心の外国語教育を強化した。内閣教育省は、各級大学で試験問題を講義内容の範囲外から出題することにし、中学でも外国語は口答（口述）試験、自然科学は実験及び観察試験、コンピューターと朝鮮語は実技試験を中心に行うことにして、暗記中心から抜け出して、創意的思考力を高める方向に転換するという方針を提示した。[14] また、金策（キムチェク）工業総合大学に電子図書館を新築し、金日成総合大学に情報技術専用教育団地を設けるなど、教育環境の整備にも力を注いだ。[15]

　教育分野に現れた重要な特徴は、経済と科学技術の発展に実質的に寄与できる秀才の養成に国家的投資を集中させたことである。代表的な事例が、教育省傘下の教育科学院に秀才研究所を新設したことである。[16] 北朝鮮は「天性の素質と才能がなければ、いかに立派な教育を施しても特出した人材になれない」とし「秀才教育は秀才型の人が持っている格別な素質と才能に見合う、専門分野の幅広く深みのある教育を与え、該当分野で最上の能力を発揮するようにする」と主張し、一般教育から特化された秀才教育の重要性を強調した。[17]

　これによって北朝鮮は、1984年に秀才専門学校として平壌に初めて設立した第1高等中学校の制度を、1990年代末に全国の市・郡単位にまで拡大し、一般中学校にも「秀才班」を編成した。また、2002年には理工系専門大学であ

---

[12] 金正日「現時期の働き手の実力を高めるのはわが革命の切迫した要求である」（朝鮮労働党中央委員会責任働き手との談話、2001年12月3日）前掲書 p.232
[13] 『労働新聞』2006.1.1
[14] 『聯合ニュース』2006.2.23
[15] 『聯合ニュース』2006.1.26
[16] 『朝鮮新報』インターネット版、2006.2.27
[17] 『教育新聞』2005.11.10

る理科大学などの一部大学を、秀才養成を専門に行う大学として指定し、25校の大学にも秀才班を設立した。[18]

とくに北朝鮮は、最小限の投資で最短期間内に経済を蘇生できる道は、先端科学技術と情報産業の発展だとの認識で、この分野の人材育成に総力を傾けている。北朝鮮のこうした意図は、「私たちはコンピューター秀才育成事業を国と民族の前途に関連する重要な事業とし、この事業に大きな力を注ぎ、コンピューター秀才をたくさん育て上げなければなりません」という金正日の言及にも現れた。[19]

北朝鮮は総ての教育機関でコンピューター教育を強化する一方、金日成総合大学にコンピューター科学科を、金策工業総合大学に情報科学技術科を新設し、万景台(マンギョンデ)学生少年宮殿と金星(クムソン)第1中学校などを、コンピューター秀才養成学校として指定した。これと共にコンピューター秀才選抜を全国的範囲で実施し、進級に合わせて持続的に秀才を選抜して補充する「ピラミッド式」秀才教育を実行した。また、コンピューター秀才教育の質を高めるために教員の資質を高め、コンピューターを最新型に持続的にアップグレードし、コンピューター教育を党の次元から強力に推進し、支援することを促した。

実力第一主義スローガンの下、教育分野で行われた最も画期的だと見られる変化は、政治思想教育と道徳教育科目の比重が減って知識教育と科学技術教育科目の比重が増えたことである。金正日は2003年7月、慈江道江界現地指導の過程で秀才教育専門学校である将子山(チャンジャサン)第1中学校で、思想・道徳教育が知識教育に優先されている現実を指摘し、「知・徳・体を行えと言ったのに『徳・知・体』をしている」とし、知・徳・体の中でも知識を養うことに最も力を注がなくてはならないと強調した。北朝鮮は金正日のこの指示を「政治思想教育と道徳教育にだけ偏らず、知能教育と科学技術教育に優先的関心を払え」という意味だと説明し、今日の学校教育の方向を提示した綱領的指針であるとした。[20]

教養科目に比べて理工系科目の比重を高めることに対する金正日の指示は、次のような発言を通してより具体化された。

---

[18] 『聯合ニュース』2005. 9. 29, 2005. 11. 23, 2006. 1. 5
[19] 金正日「コンピューター秀才の養成事業を強化するについて」(朝鮮労働党中央委員会責任働き手との談話、2001年1月28日)『金正日選集(15)』p. 97
[20] 『教育新聞』2005. 8. 18

科目の選定にも注意しなければなりません。今、学生たちにあまりにも多くの科目を教えるので、一定の科学技術分野の秀才が出られなくなっています。コンピューター秀才として育てる学生には数学とコンピューター科目を基本として教え、一般科目は革命歴史だけを教えるべきです。[21]

これにより、北朝鮮の総ての教育機関では教育科目自体は維持しながらも、授業時間の割合を調整する方法で、自然科学と専門技術教育の比重を増やした。

一般教育部門だけでなく、現職にある幹部と公務員に対する再教育でも、情報技術及びコンピューター教育と先端科学技術の習得、応用能力の向上問題が強調された。例えば、科学者・技術者を対象として、国立図書館格の平壌人民大学習堂で再教育プログラムと外国語を使用する専攻講義、サイバー講義を実施、各大学で博士院(大学院)教育を強化して、20代、30代の科学技術人材を大挙養成する計画を推進した。[22]

北朝鮮が実利主義を掲げて、先進科学技術の導入と市場経済習得を目的に留学生・研修生を海外に派遣、海外の専門家を招請するなど、科学・教育分野での対外交流に積極的に乗り出したことも、教育政策に現れた重要な変化だと見られる。

他国の大学と姉妹関係を結び、科学教育分野での交流も活発にしなければなりません。…他国の大学へ行って大学の講義に参加し、実験室も見て回り、教員の教授方法と進め方も参考にして、先進の教育方法と科学技術を学んでこなければなりません。[23]

1980年代末まで、北朝鮮の科学教育分野の交流と協力は、社会主義国家と第三世界の国々に集中されており、交流目的も主体思想の宣伝と科学者・技術者・専門家の養成などに限られていた。こうした制限的な交流さえも東欧圏の崩壊を契機に全面中断され、北朝鮮の科学技術発展に大きな副作用を来たした。

---

[21] 金正日「今年を新世紀の進撃路を切り開いていく転換の年にせよ」『金正日選集(15)』p. 91～92
[22] 『聯合ニュース』2006. 2. 23
[23] 金正日「金策工業総合大学は国の威力ある科学技術人材の養成基地である」p. 199～200

表6-1 北朝鮮の市場経済教育現況

時期	教育内容	主管	場所	備考
98. 6-12	通産法、国際経済学	UNDP	北京	経済官僚110名
99. 4	資本主義経済学	UNDP	平壌	IBRD後援
99. 6	経済管理	UNDP	ワシントン	シンガポール、豪州など研修
99. 12	会社法、破産法、国際契約、法人設置・運営に関する法律	アジア財団	北京	北朝鮮側から立法担当官、対外貿易担当実務官吏及び法律学者など10数名が参加
00. 3	世界金融市場の動向、金融人材の育成	-	上海	経済官僚及び学術団体が参加
00. 6	資本主義商法	UNDP	北京	金日成総合大学副総長、最高人民会議の官僚など15名
01. 1	対外経済、金融及び情報技術、産業政策	上海市	上海	金正日の訪中随行経済官吏40数名
01. 2	資本主義の情報収集、産業団地の見学	-	北京	貿易相、アジア太平洋平和委員会、民経連など20名
01. 2	国際商取引関連セミナー、IMF・IBRD関係者と面談	スタンリー財団	ワシントン	ハン・ソンリョル外務省副局長及び貿易銀行関係者など
02. 6	北朝鮮援助管理及び統計研修団	UNICEFF	シドニー	シドニー大学で外務省の3人、統計局の4人が研修
03. 4	IT分野の研究協力及び証券取引所の見学	ヘンリー・ルース財団	ニューヨーク	金策工業総合大学の研究陣4人
05. 6	エネルギー・環境・交通・水資源・統計・南北経済協力などの訓練	UN ESCAP	ジャカルタ、バンコク、平壌など	電気石炭工業省、農業省、国土環境保護省、鉄道省、中央統計局の官吏参加

資料: イ・キョドク他、『北朝鮮体制の分野別実態評価と変化の展望: 中国の初期改革・開放過程との比較分析』(ソウル: 統一研究院、2005) p. 373

　2000年代に入って北朝鮮の対外関係、ことに対西側関係の正常化と共に再開された海外留学と研修などの対外交流は、その対象に中国とベトナムなどの改革国家はもちろん、米国、ドイツ、スイス、オランダなどの西側資本主義国家と、さらには韓国まで多様に及んでいる。また交流の目的と内容も、先進科学技術の導入と共に経営・財政・貿易・通商・貨幣・電子商取引・財務・会計・銀行・保険・統計・環境・エネルギーなど各分野での資本主義市場経済の原理と経済改革・開発協力・多角外交などを含んでいる。(表6-1参考)こうした過程を通して、先進科学技術と市場経済マインドを兼備した数

多くのエリートが養成され、各分野で実利主義の牽引車の役割をした。

2003年6月、金正日は開成工業団地着工直後に鄭夢憲前現代峨山会長に「南朝鮮の企業は我が国の人々に資本主義がどういうものなのか、その効率的な近道を良く指導すべきです」と語り「社会主義の病弊は、ただで遊んで食べようとする人々が余りにも多いこと」という発言もした。また2002年のロシア訪問でロシア極東地域全権代表のプリコフスキーに「より良く暮らすためには経済改革を学ばなければならない」と語ったという。金正日のこうした言及は、たとえ対外活動過程で出た非公式発言であっても、彼は北朝鮮が直面した問題が何であり、その解決のために何が必要なのか、比較的正確に認識していたことを示している。[24]

北朝鮮が実力第一主義を通して経済再建と発展に成功するためには、中国と同様な幹部政策の改革が先行されなければならない。しかし北朝鮮が強調した実力第一主義は、すでに指摘したように体制防衛という大義名分と直結していた。実利主義が体制防衛に利するならば何でも区別しないというように、実力第一主義もこうした原理に寸分の誤差もなく従っていた。

北朝鮮は経済的実利主義と幹部の実力向上のために、資本主義市場経済と先端科学技術の導入に積極性を示しながらも、少しでも体制防衛に脅威となる要素が現れると、ためらいなく拒否反応を見せた。こうした傾向はとくに、米国をはじめとする国際社会の対北政策が強硬基調になった時にさらに強くなる。北朝鮮は国家の外貨負担を減らしながら外国の先進教育を受けた高級人材を育成するため、2002年頃は、海外勤務者が能力さえあれば子供全員や親の同行も許容していたが、朝米関係が悪化して海外で体制離脱現象が頻発すると、2007年には、子供1人だけを残して家族全員を帰還させる、従来の子供1人同伴原則に回帰した。

北朝鮮が主張する本人中心の原則も、経済や科学技術などの分野と生産現場に限られた現象であり、実力が高くても出身成分と経歴に問題がある人物の政治権力入りは相変わらず封鎖されていた。下級官吏や労働者の人事権程度が支配人などの行政官吏に移っただけで、幹部と高級公務員に対する人事は、相変わらず党の固有権限であった。

この総ての事実は結局、忠誠心と出身成分、経歴に問題のない「精粋分子」

---

[24] チョ・ドンホ「金正日、変化─維持の両面の顔見せる」『朝鮮日報』2005.2.2

が政治権力を掌握して先軍政治を引っ張っていきながら、実力中心で補充された技術専門エリートが、実利主義の方針を貫徹して経済跳躍を達成することが体制防衛のため、北朝鮮の掲げる実利主義と実力第一主義原則の本質であることを示している。

2. 世代交代と権力エリート

　金正日政権の幹部政策と関連して注目されるもう一つの問題は、世代交代による権力構造の変化だと言える。後継体制時期から現実化した権力層の高齢化は、金正日政権スタート時期に至ってさらに深刻な問題であった。パルチザン出身をはじめとする「革命第1世代」は大部分が死亡したか、職務遂行が難しいほど高齢化した。2007年5月の時点で生存していたパルチザン出身者は、金竜延(キムリョンヨン)(万景台革命学院院長)、金益賢(キムイッキョン)(最高司令部検閲官)、金哲万(キムチョルマン)(元第2経済委員長)、李鍾山(軍需動員総局長)、李乙雪(リウルソル)(前護衛司令官)、朴成哲(パクソンチョル)(最高人民会議常任委員会名誉副委員長)程度であり、大部分が80代後半から90代前半の超高齢者で、現職は事実上の名誉職に過ぎなかった。

　彼らパルチザン出身以外に公式序列が上位の元老幹部も、70～80代を過ぎていた。特異な点は、彼らの大部分が党と国家、軍部に集中していたという事実である。まず党の場合、政治局委員である金永南(キムヨンナム)(80)、金英柱(キムヨンジュ)(88)、朴成哲(パクソンチョル)(95)、全秉鎬(チョンビョンホ)(82)、韓成竜(ハンソンリョン)(85)と候補委員である金喆万(キムチョルマン)(90)、楊亨燮(ヤンヒョンソプ)(83)、崔永林(チェヨンリム)(79)、崔泰福(チェテボク)(78)、洪成南(ホンソンナム)(79)、洪錫亨(ホンソッキョン)(79)など大部分が、80代を超えた高齢者であり、平均年齢は83歳であった。党書記局の場合にも金国泰(キムグクテ)(84)、金己男(キムギナム)(82)、金仲麟(キムチュンリン)(84)、全秉鎬(チョンビョンホ)、崔泰福(チェテボク)、韓成竜(ハンソンリョン)などの平均年齢は82歳であった。副部長以上の党幹部まで含めた場合でも、年齢が確認された29人中の86%である25人が70代以上の高齢者であり、全体の平均年齢は74歳であった。

　軍部の場合、国防委員会第1副委員長の趙明録(チョミョンロク)(80)、副委員長の金永春(キムヨンチュン)(72)、李勇武(リヨンム)(85)、委員の金鎰喆(キムイルチョル)(75)、全秉鎬(チョンビョンホ)など70代以上の高齢者で、国防委員会の平均年齢は78歳であった。また、民防衛司令官の張成禹(チャンソンウ)(75)、党軍事部長李河一(リハイル)(73)、元平壌防衛司令官朴基西(パクギソ)(79)など、次帥級以上の高位幹部も、皆70代を超えた高齢者であった。彼ら以外にも金益賢(キムイクヒョン)(92)、金竜延(キムリョンヨン)(92)、金喆万(キムチョルマン)、李鍾山(リジョンサン)(86)などのパルチザン出身者まで含めれば、

軍部上層の平均年齢は82歳に達した。年齢が確認できる副部長以上の軍高位幹部27人の63％である17人が70代以上であり、全体の平均年齢は73歳に達した。

　国家機関の最高人民会議の場合、常任委員長金永南（キムヨンナム）、名誉副委員長の金英柱（キムヨンジュ）と朴成哲（パクソンチョル）、副委員長楊亨燮（ヤンヒョンソプ）、書記長崔永林（チェヨンリム）、副議長の姜能洙（カンヌンス）(84)、呂元求（ヨウォング）(88)など大部分が80代の高齢者たちであった。

　このように党と国家、軍部上層の権力エリートたちは、絶対多数が70代以上の高齢化集団であることに反して、内閣をはじめとする行政・経済機関の場合、年齢が確認された長官級以上の幹部の中に、80代はもちろん70代の高齢者も探すことが難しかった。2007年4月、新しく起用された新任内閣総理である金英逸（キムヨンイル）(63)をはじめ、上級以上の幹部の平均年齢は63歳程度に過ぎなかった。

　こうした現象は、北朝鮮でパルチザン出身をはじめとする元老たちが、党、国家、軍などの権力機構に集中的に布陣され、1960年代後半の唯一思想体系の確立以後から権力エリートは、比較的安定した地位を享受してきた反面、技術専門官僚たちは持続的に交替されてきたことを示している。もちろん経済のような専門分野が高齢者に不適合であり、とくに「業績を残しにくい」分野という特性もこうした現象を招いた一つの原因と見るられ。これらのうち朴勇石（パクヨンソク）、金允赫（キムユンヒョク）、崔永林（チェヨンリム）、洪成南（ホンソンナム）などの幹部が年をとって経済分野から党と国家機関へ移動した例だとすれば、姜成山（カンソンサン）、金達玄（キムダルヒョン）、金渙（キムファン）、李根模（リグンモ）などは長期間経済部門に従事したが、結局経済失敗の責任を負って脱落した例である。

　権力層の高齢化と高齢者の権力機構集中現象は、金正日後継体制時期から続いてきた元老優待政策から始まった結果だとみられる。第4章でも言及したように後継体制時期の金正日は、自身の後継者の地位を認めて受け入れてくれた元老たちを終始一貫して「革命の先輩」として前に立て、政治的・物質的に最上の待遇を保障する優待政策を追求した。そして彼らが老化で自然死するまで権力の上層に「迎え」、革命第2世代をはじめとする新進エリートを次善に登用する老・中・青配合原則を堅持した。

　この原則は、元老問題を単純な幹部政策ではなく国家戦略、より正確には「革命偉業の継承」に関わる問題と見た金正日の認識を反映したものであった。鄧小平が元老を国家戦略の見地から改革の障害と見たのとは、正反対の現象

であった。元老を主に権力機構に登用したのは、権力機関が業務上年齢の影響をあまり受けないという理由と、権力という優遇効果、そして保守的な元老たちを権力上層に置くことで、体制の安定を追求する意図などが複合的に作用した結果だと見られる。

　後継体制時期から始まった元老優遇政策は、金日成死亡後も続いた。とくにこの時期から北朝鮮の体制危機が深刻化するにつれ、金正日は元老優遇政策を「革命偉業」継承の次元を超えて、体制守護の次元から接近した。つまり、体制防衛のために改革性向が濃い新進エリートより、保守的な元老に頼って危機を打開しようとする意図が作用した。これは金正日の次のような言及からも窺える。

　世界社会主義運動の歴史は、革命の先輩たちに丁寧な態度で接して彼らが成し遂げた革命業績を固守して発展させていく時、革命が勝利へ前進するようになり、革命の先輩を見捨てて彼らの業績を否定すれば革命は中途半端になり挫折することになるという深刻な教訓を与えています。[25]

　とくに2000年代初め、ブッシュ政権スタートと共に朝米関係が悪化するにつれ、元老政策の体制防衛的性格は一層明確になった。高位層出身脱北者たちの証言によれば、金正日は2003年頃に、側近幹部に「今は革命の世代が替わる時点ではあるが、若い幹部は外部思想に簡単に染まる恐れがあるので、年をとった幹部に仕事の能力がある限りは重責を与え続け、必要ならばすでに引退した老幹部も再登用して能力に合う仕事を任せるべきである」という内容の指示を下達したという。これに従って中央党幹部部副部長だった方承雲（パンスンウン）、前海軍司令官の方鉄甲（パンチョルガプ）、前組織指導部副部長の羅정빈（ラジョンビン）などすでに引退して休んでいた数人の元高位幹部たちが、70代半ばという歳で再び権力に復帰、得意分野の職務を遂行した。

　しかし元老たちの高齢化はさらに進み、党・国家・軍などの権力機関ですら世代交代が不可避になった。元老の死亡や疾病などの理由で発生した空席が、長期間補充されない現象は一度や二度ではなかった。こうした現象は、

---

[25] 金正日「革命先輩を尊待するのは革命家たちの崇高な道徳義理である」（朝鮮労働党中央委員会機関紙『労働新聞』に発表した談話、1995年12月25日）『労働新聞』1995.12.25

第6章　　金正日政権の権力エリート　　311

とくに党書記局で最も代表的に現れた。1997年に韓国へ亡命した黄長燁氏(ファンジャンヨプ)の国際書記職、1998年に処刑された徐寛煕(ソグァンヒ)の農業書記職、2003年死亡した金容淳(キム ヨンスン)の対南書記職、2004年引退して2006年に死亡した桂応泰(ケウンテ)の公安書記職、2005年に粛清されたといわれる鄭夏哲(チョンハチョル)の宣伝書記職などが、金正日政権期間中空席になっていた。経済担当書記である韓成竜もまた動静情報が皆無であった。そのほか、金正日書記室長、党検閲委員長、国際部長などのポストが空席状態であった。さらに国家安全保衛部の場合、1987年李鎮洙(リジンス)の死亡と1999年の金英竜(キムヨンリョン)の粛清以後、部長と第1副部長が両方任命されないまま金正日が主席副部長(禹東則(ウドンチュク))を通して直接指導した。同じように、1997年に権煕京(クォンヒギョン)の粛清で空席となった35号室長(前対外情報調査部長)の席も10年以上後任が任命されず、2000年姜鉉洙(カンヒョンス)の死亡で空席になった平壌市党の責任書記職も同じく長期間空席になっていた。

　権力層の人事で見られる異様な状況は、後継体制の時期から続いてきた金正日の側近政治と統治スタイルからその原因を探すことができる。金正日は、党書記局をはじめとする権力序列上位の高位職に、主に革命第1世代たち元老を登用、実質的な業務は、次席の部長や第1副部長、または副部長など自分の側近を通じて処理した。そのため、以前から元老の「安息処」になっていた上位職は、たとえ空席になっても、すぐに業務に支障が生じる恐れはなかったのである。前述したように、主席の元老と次席の側近で成された権力の分散と相互牽制システムは、金正日が直接業務を取りまとめる重要度の高い機関や部署でよく見られた。自分が処理でき、また処理しなければならない分野ほど首長の席が空いていたのである。その一方で経済や行政など金正日の立場から見て重要度が低いか責任を回避したい分野の場合は、おおかた速やかな人事が行われた。

　次に、新世代エリートの中に該当分野を信用して任せられるだけの能力のある人物が不足したことも、権力空白を招いたもう一つの原因であったと見られる。金正日は次のように発言している。

　私は首領様が自ら育てられた働き手たちが、年をとっても働き続けられるように大事にしてきました。首領様に仕えて働いていた幹部は、もはやほぼ全員が高齢になっています。こうした条件から、彼らの後を継ぐ後備幹部(訳注：今後、幹部として活動できるように準備された人材)を育てなければなりません。後備幹部を早く育てることは、国の運命にかかわる重大な問題です。

若い人々に大胆に仕事を任せるべきです。我が党は昔から幹部事業で老・中・青の配合に対する原則を立てていましたが、世代の変化に合わせて幹部隊列も更新しなければなりません。[26]

現実に、金正日政権スタート後に、北朝鮮の権力構造で世代交代現象が本格化した。代表的な事例として、中央党科学教育部長に40代の技術専門エリートである李光浩(リグァンホ)が起用されたことが挙げられる。彼は40歳だった1997年に国家科学院院長に登用され、1998年に最高人民会議代議員、2000年には朝鮮科学技術総連盟中央委員会委員長を歴任し、2005年に48歳で中央党科学教育部長に任命された技術専門エリートである。もちろん科学教育部が、組織指導部のような権力機関ではなく政策指導機関であるという意味で、これを技術専門エリートの権力への進出と評価しがたいが、元老の高齢化が新進エリートの浮上につながる可能性を示唆している。

脱北者の証言によると、金正日は2003年頃「書記局対象」(局長以上の高位幹部)の人事において、50代以上はなるべく排除することを指示したという。これは幹部充員において、年齢がもう一つの新たな基準になったことを意味した。これによって党や軍などの権力機関で元老たちの退陣による空席の人事で40～50代、さらには30代の若いエリートが登用される事例が増えた。とりわけ軍の場合は、2003年9月から軍団級の指揮官を40～50代へ、旅団級はほとんど30代に交替させる破格の人事が断行された。[27]

最も世代交替が活発に行われた分野は、内閣をはじめとする経済と行政、対南、社会・文化などの分野であった。朝鮮戦争の戦後世代といえる30～50代の新世代が、新たな核心エリートとして浮上したのである。代表的には軽工業相の李周午(リジュオ)(2001年の任命当時45歳)、林業相の石君洙(ソクグンス)(2004年任命当時48歳)などや、南北会談の北側代表だった権虎雄(クォンホウン)責任参事(2004年任命当時46歳)などが挙げられる。[28] また2005年の6・15民族統一大祝典に参加した北側代表団は、首席代表を含む全員が1960年代生まれのいわゆる「386世代」(訳注:韓国で世代を指す名称であり、1990年に30代で、1980年代に大学生だった1960年代生まれの世代)で構成され、話題となった。[29] 内閣傘下の工

---

[26] 金正日「新世紀、21世紀は情報産業の時代である」(2001年3月11日)『金正日選集(15)』p.116
[27] 『聯合ニュース』2004.6.6
[28] 『朝鮮日報』2005.10.24
[29] 『聯合ニュース』2005.5.23

場・企業所でも、2002年の「7・1措置」以降30〜40代の若いエリートが支配人に登用される事例が頻発したという。

　先軍政治の主役といえる党と軍をはじめとする権力機関の上層部では、世代交代が緩やかに進められたことと異なり、実利主義が強調された経済、科学技術、対南、対外分野では、幹部層の新陳代謝が本格的に行われた。こうした事実は、北朝鮮が世代交代に従う幹部補充の原則からも、先軍政治と実利主義という二大体制防衛戦略の次元から接近したことを示している。いわば新世代が、国家戦略の推進から加速ペダルのような役割をしているとすれば、元老世代は、こうした国家戦略が既存の路線から「脱線」しないように運行方向とスピードを調節するハンドルとブレーキの役割をした。

　体制の形成と強化に寄与してきた元老幹部たちが、高齢化によって徐々に権力の部隊から消えつつある現実は、北朝鮮に新世代エリートに対する思想教育の必要性をさらに切迫して要求した。北朝鮮の『労働新聞』は、2006年2月28日の正論で「革命の代を継ぐにおいて、第3世代、第4世代は特別に重要である」と力説し、この世代が変質すれば第1世代、第2世代が開拓して土台を固めた革命の偉業が毀損されかねないこと、第3世代、第4世代は苦難の行軍を体験した世代であり、草粥を食べ、冷たく暗い部屋で蝋燭の光の下で宿題をしながら苦労して成長した先軍革命世代であること、世紀をつないできた反米対決戦を総決算し、祖国を統一して強盛大国を建設することが第3世代、第4世代の聖なる任務であること、第3世代・第4世代は第1世代・第2世代たちが残した決死の攻撃精神、艱難奮闘の精神を受け継ぎ、苦難の千里を血がたぎる心臓で切り開いていかねばならないことなどを強調した。

　しかし北朝鮮が「苦難の行軍」を体験した「先軍革命世代」と評価する新進エリートたちは、教条的イデオロギーより現実主義的で実用主義的な価値観を重視する世代である。彼らは成長過程で、自分たちが受けた思想教育がいかに現実と乖離しているかを「苦難の行軍」の過程で体感した。彼らにとって「草粥」と「蝋燭の光」は強い革命精神を促す動因でなく、改革・開放の必要性を実感させてくれた刺激剤になった。新しいものに敏感で、先取性が強く、どの世代よりも外部世界と情報に接近している彼ら新世代エリート階層は、北朝鮮の現実を、外部との比較の観点から分析・評価できる知的・論理的能力を持っている。彼らは北朝鮮が最も苦しかった時、韓国や国際社会が送ってく

れた支援と北朝鮮が実利主義を掲げて進める対内外政策の執行を現場で扱う過程で、多くの心理的葛藤を体験した。[30] 金正日の側近と権力エリートが体制崩壊を自分たちの破滅と没落として受け入れたのと異なり、新進エリートは首領という一個人のために国家と民族が犠牲にされることを、これ以上義務と使命として受け入れないだろう。[31]

3. 側近政治と体制防衛

1) 側近政治の変化

　後継体制の時期に金日成・金正日の共同執権の現実を反映して現れた側近政治は、金日成の死亡によって金正日の単一支配体制が完成され、事実上存在理由が消えたと見られる。その上、金日成の世代である革命第1世代たちの多くの元老たちが権力から退いた。金正日が党、国家、軍、政権の最高権力者となり、権力層内部に金正日の権力に挑戦するいかなる勢力や人物も存在しない条件下で、あえて幹部を側近と非側近に分ける名分や必要性も見当たらない状況になった。

　それにもかかわらず、こうした側近政治方式は、金正日政権がスタートした以降も依然として持続された。金正日が主席の承継を放棄して、国防委員会中心の権力構造をスタートさせたこと自体、金正日政権下で側近政治が続けられることの予告であった。側近宴会のような密室政治と一部側近のみを同伴する「遊撃隊式」現地視察方式、上席の非側近と次席の側近で行われた権

---

[30] 北朝鮮に2年間滞在した経験をもつイギリス・ウォーリック大学のヘーゼル・スミス国際関係学教授は、研究論文「飢餓と平和：国際安保、人道的支援と北朝鮮の社会変化」で、1990年代後半に数百の救護要員や韓国の企業家による対北交流は、労働党の中間幹部を含む多くの若手エリートが外部世界に接する機会をもたらしたとし、北朝鮮の新進エリートと実用主義の官吏たちは当局の主張と宣伝を信頼せず、現状態の北朝鮮政権に未来はないと考えていると主張した。『聯合ニュース』2006.2.10

[31] 中国の北朝鮮問題専門家である趙虎吉・中央党大学教授は、「北朝鮮から脱出して中国に渡ってくる北朝鮮の高位層は、生活苦ではなく体制に対する混乱から脱北を選んでいる」と主張した。ある高位層の脱北者は、「体制が倒れると私は住民から投げられた石に叩き殺される」、自分と家族の安全を守る方法を探るために中国へ来たと話していたという。『聯合ニュース』2004.12.9；また北京から南北の学者間の共同学術会議に参加した北側の学者は、「非公式の席では統一したらよろしくお願いする」という発言までしたという。ソ・ジェジン他『社会主義支配エリートと体制変化』（ソウル：思想の樹、1999)p.177

力の二元化現象も変化がなかった。党大会、全員会議、政治局会議はもちろん、関連部門の幹部の公式な協議会も招集されなかった。さらには、北朝鮮の最高権力機構として登場した国防委員会会議に、金正日が出席したという公式記録も、未だに知られたものはない。

　こうした事実は、側近政治が、単なる金正日の後継者の地位を反映して出現した一時的な統治方式ではなく、金正日固有の性格や統治スタイルから始まった金正日時代の恒久的な政治方式であったことを示している。とくに側近政治が権力エリートの相互牽制と忠誠競争を誘発することでもたらされる権力層内の分派要素の予防、政治的挑戦勢力形成の遮断、幹部の実力向上などの効果は、先軍政治と実利主義を通じた体制防衛戦略の推進と共により力を発揮していた。この他にも金日成死後、対内危機の深刻化と核問題の発生により内部の不満と外部の脅威が増した状況で、金正日の身辺安全のために公開した統治方式よりも、隠遁統治と側近政治のやり方を好んでいた可能性も排除できない。

　側近政治は金正日政権のスタート以降も持続されたが、その性格と内容は過去の後継体制の時期と区別される様々な違いを発見できる。まず、側近構成が党中心から軍中心に替わったことである。後継体制の時期には、組織指導部と宣伝扇動部をはじめとする党内官僚が側近政治の中心で、首領絶対主義体制と唯一指導体制構築の先鋒者の役割を遂行した。しかし1990年代に入り、金正日の地位が軍最高司令官、国防委員長に拡大し、金日成の死後に、先軍政治が主要な統治方法に浮上するにつれ、側近隊列の構成に軍部の躍進が目立つようになった。当時、人民武力部第1副部長の金鎰喆、副総参謀長の李明秀、作戦局長の金明国、総政治局組織副局長の玄哲海、宣伝部部長の朴在京、第3軍団長の張成禹などの人物が、人民武力部長の呉振宇、総政治局長の趙明録、総参謀長の金永春、砲兵司令官の金河奎、保衛司令官の元応熙など既存の高位層と共に、1990年代の軍部を代表する側近集団を形成した。そして金正日政権のスタート以降2000年代に入り、金格植（総参謀長）、金己仙（人民武力部幹部局長）、金大植（偵察局長）、金元弘（保衛司令官）、金正覚（人民武力部副部長）、崔富日（副総参謀長）などの人物が新たに側近の隊列に合流した。

　このように金正日政権で軍部は、側近の中心勢力に浮上しただけでなく、党と公安をはじめとする権力機関の要職にも積極的に進出した。2000年代に

入って組織指導部副部長に抜擢された前第425機械化軍団長の姜東潤（カンドンユン）、総政治局出身の黄炳瑞（ファンビョンソ）などの人物が、その代表的なケースといえる。軍部の党生活指導を担当していた李容哲（リヨンチョル）党組織指導部第1副部長もまた人民軍の作戦局長出身であった。これら軍出身の人物は全員、軍に対する党の指導を実現する重責を負っていた。また人民保安相の朱相成（チュサンソン）は第5軍団長出身であり、人民保安省政治局長の池永春（チヨンチュン）も人民軍総政治局副局長出身であった。国家安全保衛部副部長などの要職も、ほとんどが人民軍保衛司令部をはじめとする軍部出身者で埋められているという。[32]

軍出身者が、党と公安の核心的な権力エリートとして起用されたのは、1990年代半ばの「苦難の行軍」の過程で形成された「信じられるものは軍隊しかない」という金正日の認識が重要な背景として作用したと言える。民間出身の政治エリートが指導する党や公安機関が対内的危機状況の前で無気力な姿を見せたのと異なり、軍人は、金正日に対する透徹した忠誠心と確固とした体制防衛意志、命令・指示に対する無条件的服従心と反体制要素に対する非妥協性を発揮した。金正日が、軍部出身者を党と公安機関に起用したのは、彼らが持っている「革命的軍人精神」に対する深い信頼の表れであると同時に、正統な党官僚と政治エリートに対する不信感の表現だとも言える。

金正日政権で軍人が権力の前面に浮上したのと対照的に、党の官僚は後継体制時代に比べて萎縮した様相であった。2007年中後半まで党で側近として活躍した人物は、姜寛周（カンクァンジュ）、姜東潤（カンドンユン）、金国泰（キムグクテ）、金己男（キムギナム）、金東雲（キムドンウン）、金養建（キムヤンゴン）、金仲麟（キムチュンリン）、盧培権（ロベグォン）、李秀勇（リスヨン）、李容哲（リヨンチョル）、李在一（リジェイル）、李済剛（リジェガン）、林相鍾（リムサンジョン）、朴南基（パクナムギ）、呉克烈（オグンニョル）、張成沢（チャンソンテク）、全秉鎬（チョンビョンホ）、朱奎昌（チュギュチャン）、崔竜海（チェリョンヘ）、黄炳瑞（ファンビョンソ）などが挙げられる。しかし、彼らのうち姜寛周（カンクァンジュ）、金養建（キムヤンゴン）、呉克烈（オグンニョル）などは対南分野を担当し、金東雲（キムドンウン）、李秀勇（リスヨン）、林相鍾（リムサンジョン）、朴南基（パクナムギ）などは「革命資金」の管理と経済分野を担当し、全秉鎬（チョンビョンホ）、朱奎昌（チュギュチャン）などは軍需工業分野を専門に担当していたために、実質的に正統な党官僚は、姜東潤、金国泰、金己男、金仲麟、盧培権、李容哲、李在一、李済剛、張成沢、崔竜海、黄炳瑞程度であった。このうち軍出身は、姜東潤と李容哲、黄炳瑞などを除くと、新たに側近に起用された党官僚は盧培権と李在一などの少数に過ぎなかった。盧培権は、江原道文川郡（カンウォンドムンチョン）の党責任書記出身で、1998年黄海北道の党責任書記を経て2005年頃組織指導部副部

---

[32] 『聯合ニュース』2007.1.16

長に抜擢されて側近に合流した、新進の実質権力者として浮上した人物であった。李在一も出版指導局長を経て2004年宣伝扇動部第1副部長に抜擢された側近であった。

　このように金正日時代に新しく側近として起用された党官僚は少数に過ぎない反面、相当数の党官僚が側近の隊列から姿を消した。金正日書記室副部長だった吉在京（キルジェギョン）、李明제（リミョンジェ）、李成福（リソンボク）などは病で死亡し、姜尚春（カンサンチュン）、権영록（クォンヨンノク）、金昌善（キムチャンソン）、金忠一（キムチュンイル）などは、過誤を犯して左遷されたと言われる。彼らが退いた書記室の要職は、ほとんど金正日警護員出身者が占めたという。また金容淳（リチャンソン）、盧明根（リチャンソン）、李賛善、李昌善、林東玉（リムドンオク）、朴松鳳（パクソンボン）、延亨黙（ヨムギスン）、廉基淳、玄峻極（ヒョンジュングク）などの党官僚が病死し、金時学、金裕善、方承雲、崔益奎などは引退したか側近から外されたと伝えられた。そして権熙京（クォンヒギョン）、文聖述（ムンソンスル）、徐潤石（ソユンソク）、鄭夏哲、崔奉満などは反革命分子の濡れ衣を着せられて処刑・粛清されたと分かった。このように多くの党官僚が側近から退くか除去されたが、彼らの空席を埋めたのは、新たな党官僚でなく、大部分が軍出身幹部だった。

　党と軍部エリートが絶えず側近の地位を享受した反面、後継体制時期から金正日の側近から排除された金日成の側近をはじめとする大部分の元老幹部たちは、金正日政権のスタートと共に最高人民会議など実権のない国家機構の象徴的地位に集中して配置された。金日成の責任書記だった崔永林が、最高人民会議常任委員会書記長に任命されたのが代表的な事例であった。

2）側近政治と国家戦略

　金正日政権スタート後に現れた側近構成の変化と、側近政治の形態を通して国家戦略の方向性が読める多くの端緒を発見できた。まず姜東潤、李容哲、黄炳瑞など、組織指導部で軍に対する党生活指導と人事を担当した人物が核心側近として頭角を現したのは、先軍政治下でも軍に対する党の指導が健在であることを立証する事例だと評価できる。1990年代に入って北朝鮮が核開発に本格的に取り組んだ事実は、全秉鎬、朴松鳳、朱奎昌など軍需分野の核心人物が、金正日の側近として起用されたことからもよく分かる。

　姜錫柱（カンソクチュ）外務省第1副相が側近の地位を固守し、金桂寛外務省副相が1990年代後半から核外交に乗り出し、新たに側近として抜擢された事例も北朝鮮の対外戦略で、対米外交が占める比重が日増しに大きくなった傍証と言わざ

るを得ない。[33]なかでも白南俊(ペクナムスン)の死亡以降、空席になっていた外務相に前駐ロシア大使だった朴義春(パクウィチュン)が起用されたことは、結局、自分の意中を最も良く読める姜錫柱に、今後も対米核外交だけに専念させようという金正日の意図を反映した結果であると解釈される。

　金正日の側近である党国際部長兼国防委員会責任参事の金養建が、対南事業を総括する統一宣伝部長に電撃的に抜擢されたのは、2・13合意以降北朝鮮が南北関係の復元に本格的に邁進する意志を表したものと解釈できる。金容淳の死亡後、統一宣伝部には金正日に対南政策と関連して直言できる側近はいなかったと言っても過言でなかった。現実的に北朝鮮の核保有宣言と核実験などの政策決定過程で、これが南北関係に及ぼす副作用は全く考慮されず、結局、韓国の対北食糧及び肥料支援中断などの事態を招く他なかった。しかし、金養建の統一宣伝部長任命後、南北間にはこれまで軍部の主張に押されて解決点を探ることができなかった将軍級軍事会談、列車試験運行などの懸案にようやく光が当たるようになった。

　北朝鮮が対話と交流・協力など南北関係の発展を重視しながらも、依然として赤化統一を目標にした対南工作を中断しなかったのは、対外連絡部長の姜寬周と作戦部長の呉克烈など、対南工作関連部署の長たちが核心側近の地位を持続的に保障されていたという事実からも明らかである。

　その他にも、側近政治を通じて北朝鮮の政策の方向性を把握できる事例は数多く探すことができた。金正日の海外「金庫番」として知られた駐スイス大使の李秀勇(リスヨン)、39号室長の金東雲、38号室長の林相鍾などが側近として残ったのは、深刻な経済難にもかかわらず、体制維持に必要な「革命資金」蓄積が続いていたことを示している。

　2000年代に入って北朝鮮が経済再建のために実利主義を標榜して部分的に政策変化を試みていた事実は、側近政治を通じても感知できる。代表的な側近政治の産室である金正日書記室に学者たちが選び出された事例が挙げられる。前述した通り金正日は、「私には政策書記は必要ない」として書記室が政

---

[33] 金桂寬が金正日の側近に抜擢されたことは、彼が側近人物だけに与えられる専用住宅地域にある平壌市大同江区域の「恩徳村」に居住するという事実からも確認できる。1990年代初に建てられたこの住宅団地は計30世帯になっており、そのうち20世帯が軍部の側近に与えられているという。1世帯が一つの階全体を使うように設計され、1軒当たりの部屋数も12に上るというこの住宅団地には、金明国、李明秀、朴在京、玄哲海などの軍部の側近、呉克烈など党の側近、姜錫柱、金桂寬などの対外部門の側近などが暮らしているという。『聯合ニュース』2007. 6. 10

策補佐の役割をできないように制度化した。しかし2000年頃、金正日書記室に、経済再建の政策研究を目的とする部署を新設し、金日成総合大学をはじめとした教育・科学部門の教授と学者を選抜して徹底した保安の中で政策開発を進めさせたという。

これについて金日成総合大学の教授たちは、「インテリも実力が高ければ権力機関への進出はもちろん、金正日の側近にもなれることを見せた驚くべき事件」と口を揃えた。当時これを目撃したインテリ出身の脱北者たちの証言を通して確認されている。

側近政治を通じて、実利主義的政策の変化が窺えるもう一つの事例は、国家計画委員長と党重工業部長、経済担当書記などを務めた正統技術官僚出身である朴南基が、党計画財政部長の肩書で、国防委員長の経済補佐官の役割をしながら南北経済協力分野を総括したことである。これは、南北経済協力を、経済の再建と人民生活の回復の契機としようという金正日の考えから生まれた。2003年、朴奉珠内閣総理が経済官僚では初めて金正日の側近に起用された事実も、実利主義的変化を示した代表的な事例だった。つまり、総理に国家経済に対する党経済の侵害と横暴を正すことができる力を与えることで、経済分野で実利主義原則に実効を収めさせる意図を反映したものであった。しかし朴奉珠は、金正日の信任を過信して度を過ぎた経済改革措置を主張し、2007年4月順川(スンチョン)ビナロン連合企業所の支配人に左遷されてしまった。実利主義もあくまで体制防衛のためのものであり、体制防衛を害する実利主義は許されないという「初歩的な真理」をしばし忘れてしまった結果であった。

金正日政権下で側近隊列に含まれていた技術専門エリートすら消えてしまったのは、北朝鮮の国家戦略で、先軍政治が実利主義に徹底して優先していることを示した。北朝鮮で内閣総理は、政策決定の権限がなくても経済失敗の責任のみ負わされる生贄にされるので、幹部が最も忌避する職位になっている。

3）側近の管理と体制防衛

側近政治は、金正日の政策的意図を反映していただけでなく、体制の維持と強固化のために金正日がどのように権力エリートを管理してきたか、という問題、つまり統治技法を見せることによって、金正日政権が度重なる対内

外の危機を乗り越えながら生存できた秘訣と共に、金正日政権の展望を予測できる端緒も提供してくれた。

前述したように、金正日政権のスタートを機に北朝鮮の権力構造に現れた主な特徴は、金正日が党・軍・政の各分野を縦の従属関係ではなく、横の並列関係において、自分が直接統治する方式が定着したことであった。こうした権力の分散は、側近政治によって現実に具体化された。金正日の信任と親密度を表す側近の身分は、地位と位相次元を超えて権力の意味を帯びると見られた。つまり、側近が各分野に配置される方式で、党・軍・政などの分野で役割だけを分担しただけでなく、権力まで分け与えたのである。それを示す代表的な事例が、まさに1997〜2000年に北朝鮮全域で行われた、いわゆる「深化組(シムファチョ)」事件であった。[34]

1990年代半ば、北朝鮮を覆った深刻な食糧危機で数多くの餓死者と流浪乞食、脱北者が発生し、北朝鮮の住民登録全般に大きな支障が発生した。果たしてどれだけ多くの人々が餓死し、またどれだけ多くの人々が行方不明になったのか、当局も把握が困難であった。こうして金正日の指示により、社会安全部(現人民保安部)が、既存の住民登録書類を全般的に再検討・再整備するという名目で全国的な住民再登録事業を推進した。この過程で、一部幹部と住民の中に朝鮮戦争をはじめ、過去の経歴問題を隠していた事実が現れた。これに対して金正日は、社会安全部が権力層から一般住民に至るまで全住民の出身と経歴に対する調査を深化させることを指示し、党組織指導部で司法・検察部門を担当していた張成沢第1副部長にその指揮を委任した。こうして張成沢の指導の下に、社会安全部政治局長の蔡文徳(チェムンドク)を実務責任者とする「深化組」が構成された。

しかし、住民登録の再整備を目的に進められた深化組の活動は、推進過程でその性格が当初の目的とは異なって広がった。朝鮮戦争時の経歴に少しでも空白が見つかった者と、当時の行跡が確認できない人々に「敵線」というレッテルがむやみに貼られ、こうした粛清の刃は、徐々に権力上層部を狙い始めた。少なくない幹部が、過去の経歴と現在の業務態度と関連付けられ、「南朝鮮安企部」とか、米国のスパイという濡れ衣を着せられて処刑され、もしく

---

[34] ファン・イルド「元北朝鮮核心官僚が肉筆で書いた金正日の権力掌握の秘話」『新東亜』2005年10月号 p. 120〜136

は政治犯収容所に送られた。党農業書記の徐寛熙と平安南道党責任書記の徐潤石などの高位幹部はもちろん、本部党責任書記の文聖述のような金正日の側近まで「敵に買収されたスパイ」とか「党の農業政策を破綻させ、食糧難を招来した反動分子」として追われ処刑された。彼ら高位幹部を含めて、何と2万5千余人の幹部と党員、住民が粛清された。[35]

このように深化組事件は、金正日政権のスタートを前に、食糧危機で悪化した民心を収拾し、住民の不満を米国と韓国をはじめとする外部敵対勢力に転嫁するために、政治的な生贄をつくる目的で操作された事件であった。深化組事件で多くの人々が無念の濡れ衣を着て処刑され、北朝鮮全域は恐怖に包まれ、民心はさらに悪化した。当時、北朝鮮住民の大多数は、この事件を日帝時代に満州の共産主義運動の内部で起きた「反民生団」闘争（訳注：1933年から東満州の中国共産党が、朝鮮民族共産党員全員を〈民生団＝朝鮮総督府からの亡命者〉が作った民族主義団体員として、完全に粛清した事件。）に例え、その凶悪性に身震いしたという。

民心が悪化すると、今度は「深化組」の主導者たちが、逆に犠牲者となった。金正日はまた、別の独裁機関である国家安全保衛部と人民軍保衛司令部を動員し、社会安全部政治局長の蔡文徳など核心指導分子を「権力に目がくらみ党と大衆を離間させた野心家」、もしくは反党・反革命分派分子として粛清した。深化組事件が終結した後、金正日は、2001年頃に社会安全部の名称を人民保安省と変更し、無念に濡れ衣を着せられて死んだ文聖述など幹部の名誉を回復させる一方、中央と地方で深化組の罪行を暴露する大規模な幹部及び群集講演を催し、悪化した民心を「権力野心家」に転嫁する措置を取った。[36]

深化組事件は、出身成分と経歴などの政治的基準が依然として幹部政策と群衆路線の重要な目印にされていることを改めて示した事件だった。同時に、党が側近身分を独占していた時代は終わり、金正日を中心とした権力が分散して相互牽制する構造に変わり、金正日の決心によって任意の機関や人物が権力者にも被害者にもなり得ることを示した代表的な事例であった。一介の警察組織である社会安全部が、金正日の側近幹部たちの、それも核心的権力の最側近といえる本部党責任書記を処刑することは金正日の指示なしでは不可能なことであり、まして後継体制時期には想像すらできないことであった。

「永遠の側近はない」という側近政治の慣行は、金正日の時代にも依然とし

---

[35] 「金正日のあまりにも率直な『肉声告白』全文」『月刊朝鮮』2003年1月号 p. 117
[36] ファン・イルド、「元北朝鮮核心官僚が肉筆で書いた金正日の権力掌握の秘話」p. 134

て有効だと見られた。姜尚春、権영록（ヨンノク）、権熙京、金昌善、金忠一、文聖述、徐潤石、鄭夏哲、崔奉満など、長い間金正日のそばで補佐しながら最上級の信任と特権を享受してきた側近が、突然粛清と左遷の悲運を迎えたのは、側近といっても絶対に油断も隙も見せられない、一つの警告であった。

「ある一方に力が偏ること」を徹底して警戒するのは、金正日の最も基本的な統治方式だったと言える。金正日政権で権力の実勢が誰か、もしくはどの機関かということは大きな意味がない。どの機関や個人も、自分に委任された権限を利用して権力を行使したり、他の分野を蚕食したり、さらに金正日の権威に挑むことは絶対に許されなかった。

金正日の最側近であった張成沢は、後継体制時期にも周辺に追従勢力が形成されたことが問題になって革命化措置を受けたことがある。金正日の義弟という関係で、北朝鮮が最も厳しかった1990年代半ばに、対内安保を専門に担当する司法・検察部門担当の組織指導部第1副部長に抜擢された。それほど張成沢に対する金正日の信任が、他の側近と比較できないほど大きいことを示している。しかし、こうした信任は、再び彼の周辺に権力に追従する人々が集まる原因となり、結局2004年に彼は、権力を狙う分派行動をしたとの批判を受け、業務停止の処罰を受けた。そして彼に追従した宣伝扇動部第1副部長の崔春晃（チェチュンファン）、人民保安相の崔竜洙（チェリョンス）、人民保安省政治局長の沈元一（シムウォンイル）、南浦市党責任書記の李栄福（リヨンボク）、貿易相の李光根（リガングン）、体育指導委員長の朴明哲（パクミョンチョル）などの人物が権力から排除された[37]。張成沢はその後、2005年末に権力とは程遠い中央党勤労団体及び首都建設部第1副部長として復帰した。

権力層に対する統制と監視、相互牽制などと共に側近幹部に対する各種特恵と物質的利益提供は、金正日政権がスタート後も依然として側近管理の重要な方式になった。北朝鮮で幹部に対する供給制度は、金日成時代の公式序列による差別化から、後継体制時期の党を中心とした分野別の差別化、そして金正日時代の軍優先の差別化と絶えず変化してきた。

幹部に対する供給制度は、1980年代から現実化した経済危機によって信頼性が揺らぎ始め、1990年代以降はほぼ有名無実化した。これは幹部の中に様々な不正・腐敗をもたらす主要背景になった。とくに、こうした現象は幹部の子女たちの進路決定に集中的に現れた。1980年代初まで、幹部の子女たちに

---

[37] 『聯合ニュース』2005.12.28

最も好まれる勤務先は党などの権力機関だった。しかし、北朝鮮で外貨稼ぎの風潮が蔓延するにつれ、1980年代半ばから外貨を稼ぐ機関や貿易、外交などの分野が権力機関より人気を得始めた。1990年代に入ると、すでに党機関に入っていた子供を対外機関や外貨稼ぎ機関へ引き抜く現象が急増した。

こうした実態に対して金正日は「体制展望に対する敗北主義と悲観主義の典型的な事例」と指摘し、対外機関にいる幹部子女の実態を総て調べ、不正な方法で就職させた事例を摘発・是正する措置を取ることを指示した。

1990年代半ばから生存権が本格的に脅かされ、それまで「下賎な職業」と見られていた商業、流通、サービス部門が脚光を浴び始めた。2000年代には、従来力のない人だけが行くと認識されていた科学技術及び経済分野が、新たな人気の対象に浮上した。そこには実力第一主義と実利主義という政策の影響もあるが、それよりも「技術さえあれば世の中が変わっても生き残れる」という意識が大きく作用したのである。

生活難とそれによる幹部供給制度の破綻は、権力層の意識までも変えた。こうした現象を断つために、少なくとも取り締まり統制する特権層に対しては、特恵制度を維持しようと努めた。金正日政権のスタートと同時に先軍政治を標榜し、食糧と生活必需品の供給が軍⇒党⇒政の順位で行われたのは当然のことだった。軍部優先のこうした原則は、側近管理でも例外ではなかった。後継体制時期には党内の側近が豊かさの象徴だったのに反し、先軍時代には軍が最大の受恵者集団として浮上した。

経済難が悪化するほど、側近に対する特恵の提供が彼らの忠誠心と金正日との運命共同体意識を引き出す効果はさらに増大した。側近でない幹部たちには、側近の隊列に合流するための実力向上の努力と競争心理を刺激する付随的な効果も収めた。

側近に対する特恵も、核問題の発生と共に、米国と国際社会の対北経済・金融制裁が強まるにつれて徐々に難しくなった。経済力の低下で正常な貿易取引が萎縮し、軍需品や麻薬、偽造タバコなどの密輸出と偽造紙幣流通のような不法取引が北朝鮮の主な収入源になったが、それすら各種制裁と封鎖によって体制維持費用の調達に打撃を与えたのである。

「革命資金」名目で調達されていた体制維持費用の減少は、結局側近政治に影響を及ぼさざるを得なかった。側近に対する特恵の減少は、自然に権力層の不正腐敗と賄賂、金稼ぎの風潮を生み、その中で忠誠心の低下と体制の展

望に対する悲観主義、変化への欲求と期待感を増幅させた。北朝鮮が米国のBDA資金凍結に反発して六者会合参加を拒み、ミサイル発射と核実験まで断行したことを見ても、金融制裁が体制防衛にいかに大きな影響を与えたかがよく分かる。

　国家経済と人民生活保障体系が総体的に崩壊した状況で、金正日との運命共同体意識に陥っていた少数の精鋭側近に頼って体制を維持してきた金正日政権にとって、側近政治は体制防衛の最後の使用可能な手段であったと言える。

II. 政策決定と権力エリート

　北朝鮮の権力エリートに対する研究も、究極的には、彼らが政策の立案と決定、採択と執行の全過程でどのような影響を発揮するかを探ることで国家戦略の本質と方向性を把握することに、その目的がある。金正日政権スタート後、北朝鮮が先軍政治と実利主義を掲げて対内、対南、対外分野で追求した様々な政策と関連して、北朝鮮の政策決定過程、とりわけ金正日の情勢判断と意思決定に影響を与えられる軍部を中心とする利害集団と人物、そして強・穏対立に関する懸念がさらに増幅された。

　一般的に、社会主義国家の政策決定過程に対する研究で使われる分析モデルとして、国家政策が１人(党総書記)または主な政策的イシューについて同じ見解を持つ小集団(党政治局)によって決まるという合意モデル(Consensus Models)、互いに異なる見解と利害関係を有する集団や派閥間の競争や路線闘争の結果によって政策が決まると見る葛藤モデル (Conflict Models)、そして両方のモデルを合わせた折衷モデル (Combined Consensus/Conflict Models) などが挙げられる。[38]これらの分析モデルは、崩壊以前の旧ソ連と東欧社会主義国家、中国はもちろん、過去、金日成時代の政策決定構造と過程に対する研究において一定の有効性を持っていた。[39]

　どの国であれ、政策は国家発展と国民の利益増進を目標としている。政策決定過程に対する様々な分析モデルも、基本的にはこうした国益中心の概念から始まっている。どんな政策が国の利益に符合するかは、政策の決定に参加する各行為主体によって違う見解があり得る。そのため、政策決定過程では多様な利害関係と、見解の取りまとめと、合意手続が必要なのである。

　しかし、国の政策が国民の利益より統治者個人や政権の利益を求めると、国益中心の政策概念が成立されにくい。併せてこうした概念に基づいた分析

---

[38] ホ・ムンヨン『北朝鮮外交政策の決定構造と過程：金日成時代と金正日時代の比較』(ソウル：民族統一研究院、1998) p. 9〜13

[39] 旧ソ連の政策決定過程で見られる書記長・政治局中心の専制モデルと寡頭制モデルは代表的なコンセンサス・モデルといえる。中国の場合、毛沢東時期の走資派の狩り出しにつながった派閥モデルと鄧小平時代の多元主義モデルなどは、典型的なコンフリクト・モデルと折衷モデルの例に挙げられる。こうした分析モデルは、過去に金日成時代の路線争いの結果として現れた「反分派闘争」と党性時局を通じる集団的政策決定に対する研究にも適用できるはずである。前掲書 p. 14〜35

モデルもまた、意味を失ってしまう。統治者一人の安定と永久執権が政策の目標となる国で、政策決定者が選択できる政策の幅と種類は大きな制約を受ける。政策の目標が体制防衛と統治者個人の安定にある北朝鮮では、誰も国民の利益のために核を放棄し、改革と開放を政策として採択しようという意見は出せないだろう。北朝鮮は、核実験のような政策が、米国の対北敵対政策に対処して国家の主権と最高利益を守るための自衛的措置だ、と主張している。ここで北朝鮮がいう国家の最高利益は、統治者個人と少数権力層の既得権と利害関係を意味しているということは疑う余地もない。

政権の利益を優先する政策を可能にするには、それに合う政策決定構造と過程が必須である。民主主義国家の野党と市民団体、マスコミのような牽制システムと国民の世論が、政策の樹立に影響を与える透明で開放的で民主的な議会政治と意見取りまとめ構造はもちろん論外だろうが、過去、旧ソ連や東欧国家、中国といった集団指導体制下でさえ、首領という個人の利益のために、国家と国民の犠牲を要求する政策の起案と決定は想像しがたい。[40]

ならば、北朝鮮の政策決定構造と過程はどのように行われ、政権の利益が国家の利益に優先される政策が継続的に採択されるのだろうか。前述した通り、金日成の死後、北朝鮮で党大会や全員会議はもちろん、党政治局会議も全く招集されなかった。さらに、金正日政権スタートと共に最高権力機構として浮上した国防委員会が、党政治局に代わる上層部の集団的政策決定機構としての役割をしている、という公式資料も発見されなかった。つまり、党と国家の多様な政策決定機構を利用して、充分な協議と合意過程を経て合理的な政策代案の選択を試みる努力が発見できなかった。

こうした現実は、金正日政権の政策決定過程の研究において、合意モデルや葛藤モデルという分析モデルを適用することが、はたして効果的な接近方法になり得るか疑問を持たせる。本研究では、こうした問題意識から、首領

---

[40] 中国の対外政策決定機構の共産党・外事領導小組は2006年10月18日、北朝鮮の核実験と関連して共産党の対外連絡部と外交部、人民解放軍など党・政・軍の実務者と朝鮮半島の専門家が集まった対策会議を招集した。会議では、北朝鮮軍部の過激派を牽制し金正日政権を安定的に維持するために北に対する経済支援が重要であるという見解が主流となったが、同時に中朝の相互援助条約に含まれている自動軍事介入の条項を改定しようという学者らの主張と改定に反対する軍部の主張が対立したという。http://nk.chosun.com.2006.10.20: これは、政策決定過程で様々な主張と議論が可能な中国の意志決定過程の一面を見せてくれると同時に、北朝鮮の政策決定過程に対する中国の専門家の認識と接近の仕方を見せてくれる代表的な事例に挙げられる。

絶対主義体制の維持が、政策の最高目標になっている北朝鮮政権の特徴を研究の前提とし、北朝鮮での政策立案と決定、採択、実行の全過程を具体的な事例を中心に調べる。

1. 政策決定の構造

1）政策過程の特徴

　政策過程の参加者に対する研究、すなわち政策決定で、誰がどれだけ、どのように影響力を発揮するかという問題に関する研究は、政策過程の内容を理解する上で非常に重要な要素である。民主主義国家では政策過程の参加者は、行政部、立法部、司法部などの公式参加者と、利益集団、マスコミ、専門家や学者、一般国民、政党などの非公式的参加者（non-governmental policy-makers）に分けられる。[41]しかし、北朝鮮のような一党制の首領絶対主義政治体制下では、統治者の路線と政策に異見や反論を提起できる野党や利益集団などの非公式的参加者は存在できないことは周知の事実である。また、一般国民はもちろん、マスコミや専門家、学者が政府の外で政策樹立に参加、もしくは影響を及ぼすことができる制度も存在しない。したがって、北朝鮮の政策決定過程研究の対象から非公式的参加者は、除外する他ない。

　一般的に政策過程は、政策形成（policyまたはdecision making）と政策執行（implementation）に分けられ、政策形成は、政策的問題と国民欲求の把握を通じた政策目標の設定と、政策代案の分析及び最適案の選択（政策決定）などの段階を経る。[42]しかし、北朝鮮では、政策問題を政府に帰属させ、国民の欲求を政策に反映するための請願や苦情、マスコミを通じた社会問題化や訴え、デモ、ロビーなど下からの議題設定の可能性は根源的に封鎖されている。それに反して、党と公安、各種情報収集チャンネルを通じた体制防衛次元の対内外情勢と民心及び動向把握など、上からの議題設定の努力は高度に発達している。この過程では客観的環境によって政策目標が設定される

---

[41] イ・ジョンス、ユン・ヨンジン他『新行政学』（ソウル：テヨン文化社、1997）p. 220～235
[42] 前掲書 p. 236～287

のではなく、反対に政策目標が設定され、それに合う環境を強制しようとする試みが制度的に可能になるのである。それゆえに北朝鮮の議題設定の過程では、当然に国民の欲求のような客観的要素よりは、指導部の意志のような主観的要素が強く反映されざるを得ず、ここから指導部の意志が、政策過程の出発点になるのである。したがって北朝鮮の政策形成は、指導部の政策目標の提示⇒政策草案の作成と合意⇒決定と採択⇒執行の段階に区分できる。

　北朝鮮のような党＝国家体制において、政策形成の基本主体は党である。そのため北朝鮮の総ての政策は、国家政策や政府政策でなく、党政策と通称される。これは、党が政策の作成から始まって全過程を独占する意味ではなく、政策の決定権と執行に対する監督権を行使することを意味する。つまり、政府の各部署が開発した政策草案を党が審議・合意して最終的に決定し、決定された政策を政府が正確に執行するように監督・指導する役割を果たす。ここで政策の合意と決定は党政治局が、またその執行に対する指導と監督は党書記局がそれぞれ分担する。[43] こうして政策的指導は、党生活指導と共に、党の指導における二大柱を形成する。もちろん立法化が必要な政策事案の場合、議会（最高人民会議）の形式的な追認（採択）過程を経る場合もある。[44]

　それにもかかわらず政策決定での党と政府、議会の役割分担はあくまで公式の制度上の手続きに過ぎない。金正日後継体制時期から党が持っている全社会に対する党生活指導機能は強化された反面、政策的指導機能は相当部分弱化され、金正日の直轄統治方式に転換された。党政治局の政策決定機能や党書記局の政策執行指導機能は無力化されるか縮小され、代わりに金正日が側近政治と「報告書政治」（批准政治）を通じて各分野を自ら直接取り仕切る非公式的な政策決定方式が普遍化された。そして、こうした政策決定方式は、国防委員会を中心とする金正日政権スタート後も持続された。したがって、北朝鮮の政策決定構造は、形骸化した公式政策決定機構と、現実に具体化

---

[43] 労働党第6次会議で改定された党の規約によると、5年に1回召集される党大会では党の路線と政策、戦略、戦術などの主な問題を、6ヶ月に1回以上召集される全員会議では該当時期に党が直面した懸案を、政治局は全員会議と全員会議の間に党中央委員会の名義で総ての党の事業を組織・指導するようにしている。この他、書記局は人事を、軍事委員会は軍事政策を、検閲委員会は党内規律問題を、検査委員会は党の財政問題を監督するようになっている。『朝鮮労働党規約』、第3章「党の中央組織」21～29条

[44] 北朝鮮では憲法も党で草案を先に検討し、金日成の結論を受けて、最高人民会議の形式的採択の手続を経た。黄長燁『私は歴史の真理を見た』（ソウル：図書出版ハンウル、1999）p.169

されている非公式の政策決定方式を分けて観察する必要がある。

2）公式の政策決定機構

ア）最高人民会議

　1998年に最高人民会議第10期第1次会議で採択された改正憲法は、最高人民会議が国家の最高主権機関として立法権を行使し、最高人民会議休会中には最高人民会議常任委員会も立法権を持つこと(88条)、最高人民会議が国家の対内外政策の基本原則を立てることを明示した(91条4項)。同時に改正憲法は、『朝鮮民主主義人民共和国は、朝鮮労働党の指導の下に総ての活動を進行する (11条)』と規定し、最高人民会議の立法機能が、事実上党の路線と政策を追認する機能に限られていることを示した。1980年の労働党第6次大会で発表された党規約は、23条で党中央委員会が路線と政策を樹立し、その遂行を組織・指導することを明白に示している。

　最高人民会議は、傘下に法制委員会、予算委員会、外交委員会のような部門別委員会を置いているが、これらの委員会は、党と政府、軍隊と外交、対南機関の責任幹部で構成されている。例えば党国際担当書記だった黄長燁氏は最高人民会議外交委員長の肩書を持っていた。これらの委員会は、下部組織もなく、政策や政策の基本原則を樹立・検討できる専門人材すら置いていない。こうした事実は、最高人民会議が各分野ですでに作成して党が決定した政策を追認する役割だけを行うことを明確に示している。金日成の唯一支配体制確立後、これまで北朝鮮で召集された最高人民会議の総ての会議で、党が決定した政策について代議員たちが自由に賛否を議論したり、反対意見を提示した事例は、ただの1件もなかった事実がそれを代弁している。

　それにもかかわらず、北朝鮮が政策の採択と関連した最高人民会議の立法権行使を憲法に明記していることや、金正日政権スタート以降、党大会や政治局会議は招集しなくとも、最高人民会議だけはほぼ必ず定期的に招集したのは、一口に言って、北朝鮮も他の民主主義国家のように三権が分離されており、代議政治が実現されている正常な民主国家というイメージを誇示する意図から始まったとしか言いようがない。

イ）党政治局

　他の社会主義国家と同じように、北朝鮮でも対内外政策の決定は、公式には党中央委員会政治局の所管である。党政治局は、党・政・軍など各分野のトップ、すなわち党総書記と書記、政府の総理と副総理、そして各分野の長官級以上の高位幹部の中から選出された代表性のある人物が集まった非常設もしくは協議体の性格の集団指導体制である。これらの各分野の責任幹部は、党政治局委員もしくは候補委員の肩書を持ち、党政治局会議に参加し、自分たちが用意した担当分野の政策草案を提出し、集団的に討議して修正・補完し、党総書記が最終結論を下す方法で政策を決定する。決定された政策は、必要であれば、最高人民会議の形式的追認を経て、党中央委員会書記局傘下の専門部署の指導・監督下で政府の各部署が執行する。

　党政治局の政策決定機能は、1994年金日成の死亡と共に終わってしまった。政治局が実質的政策決定機能、すなわち自由な政策討論と合意及び決定の機能をまともに遂行できたのは、1960年代後半の唯一支配体制の確立以前までと言える。当時、政治局会議で出席者たちは自分の見解を自由に陳述でき、さらに金日成と異なる路線の主張もそのまま披歴され、路線闘争と政策葛藤を引き起こした。この過程でいくつかの政派や系派に属する政策決定の参加者たちは、政策が統治者個人や特定政派の利益だけを追求する方向で決定されることを牽制したため、政策は、国益増進の次元から決定されざるを得なかった。

　しかし、北朝鮮で金日成の路線と権力に反旗を翻し、もしくは挑戦した勢力が「分派分子」として粛清され、金日成の唯一支配体制が確立してからは、党政治局や全員会議などの集団的協議体は、自然な意見の陳述と政策討論の機能を失い、もっぱら金日成の意図と構想に政策の名分を与える挙手機械に転落した。政治局には金日成の忠臣だけが残り、金日成の路線と見解に反するいかなる意見や建議も「反党・反革命的分派行為」と規定され、路線闘争や政策葛藤が起こり得る制度的要因が消えた。

　それでも、政治局のような集団的協議体は、金日成の生存期間中、引き続き維持された。換言すれば、金日成の唯一支配体制を強化して金日成の構想と意図を貫徹する最善の方法を模索する範囲内で、政策決定参加者の「建設的意見」の提起は可能だった。形式的ながら政策討論の文化は持続したのである。

　金正日後継体制スタートと共に、権力層内での政策協議機能はさらに無力

化され、政治局と全員会議をはじめ政策決定機構は、首領絶対主義体制の確立と強化の方向でさらに形骸化された。[45]代わりに、各機関と分野で作った政策草案を金日成と金正日に文書で報告し、決裁を受けた後に、必要な場合、党政治局会議や全員会議、幹部協議会などで形式的な合意を経る制度、すなわち「批准政治」もしくは「報告書政治」が活性化され始めた。党政治局の機能は後継体制下でますます有名無実になり、金日成死亡後は名前だけが残った。

党政治局をはじめとする政策協議体が形骸化した背景には、概して公式統治機構より密室政治や側近政治のような非公式なやり方を好んだ金正日の統治スタイルに原因を探れる。側近政治は、金正日にとって、各分野の実権を掌握している「気が合う」権力実勢たちと自由に意見を交わして自分の主張を気軽に「下達」しやすい「上意下達式」の政策協議方法だった。こうした側近政治を使わず、あえて元老で構成された政治局という協議体を運営することは、金正日個人の性格や統治スタイル、そして「実用主義的」思考方式からみると「格式だけで実がなく負担になる」やり方だと言わざるを得なかった。

ウ) 国防委員会

権力上層部での公式政策協議体が作動していないのは、国防委員会も同じだった。金正日政権で国防委員会が最高権力機関に浮上したのと関連し、外部では、国防委員会が無力化した党政治局に代わって正常な政策決定機構の役割をするだろう、との見解もあった。こうした見解は、先軍政治が金正日政権の基本政治方式に掲げられたことでさらに力を得た。

とくに国防委員会を構成している委員長と第1副委員長、副委員長及び委員など構成員のほとんどは、党政治局委員や候補委員たちのように、自分の固有分野の肩書を持って兼任していることも、国防委員会が、先軍政治時代に党政治局に代わる上層部の集団的政策決定機構として機能する可能性に重

---

[45] 1988年、ソウルオリンピックの阻止のために東欧を訪れた金永南外交部長(当時)は、「この国の党総書記はオリンピックの参加可否を単独で決められない。党政治局で討議する」という答を聞いて驚きを隠せなかったという。北朝鮮式の思考によれば、党総書記の決心はすなわち政策と言えるのに、政治局の協議を云々する彼らの態度が理解できなかったのである。高英煥『北朝鮮外交政策決定機構及び過程に関する研究』(慶熙大学行政大学院修士学位論文、1999) p.28

みを持たせた。[46]

表6-2　国防委員会構成員の兼職現況（2007年5月）

氏　名	国防委員会肩書	兼　　　　職
金正日	委員長	党総書記、党政治局の常務委員、党中央軍事委員長、人民軍最高司令官
趙明録	第1副委員長	人民軍総政治局長、党軍事委員
李勇武	副委員長	－
金永春	副委員長	－
金鎰喆	委員	人民武力部長
全秉鎬	委員	党政治局委員、党軍需工業担当書記
白世鳳	委員	第2経済委員長（推定）

　しかし、金正日政権スタート後の国防委員会の構造と機能、役割を調べると、はたしてこの機構が北朝鮮の最高政策決定機構としての役割をしたのか、疑問を呈せざるを得ない。何よりもまず、金正日が国防委員長の資格で国防委員会を招集したとか、国防委員会会議に自ら出席して発言や結論を出したという公式資料はどこにも見当たらない。金正日が下達する指示も、「党中央委員会の責任幹部たちにされたお言葉」や「国防委員長命令」となっているだけで、「国防委員会会議でのお言葉」として下達・伝達された指示はなかったことが、高位層出身脱北者の様々な証言を通じて確認されている。これは、金正日が直接主宰する非公式の会議さえ開かれていなかったことを示している。

　それにもかかわらず、国防委員会の会議自体は確かに招集された。これは2000年6月の南北首脳会談のお別れ昼食会で、金正日が「相互誹謗中止」問題を提起して国防委員会を招集し、軍幹部に対南誹謗放送を中止するよう指示したと語った事実からも確認できる。[47]換言すれば、金正日が自ら主宰しなくても、金正日の指示によって国防委員会会議は招集されたのである。

　それでは国防委員会会議が、北朝鮮の対外、対内、対南など全般的な政策

---

[46] 2007年に入り、兼職で任命されていた国防委員会のポストが、一部専門職に切り替わる様子が伺える。代表的には国防委員会委員と軍総参謀長を兼任していた金永春が国防委員会副院長に抜擢され、李明秀第1部総参謀長兼作戦局長も、国防委員会に席を移して専任補職を担当したといわれる。『聯合ニュース』2007.5.20

[47] パク・ヒョンジュン他『金正日時代北朝鮮の政治体制：統治イデオロギー、権力エリート、権力構造の持続性と変化』（ソウル：統一研究院、2004）p. 142

の樹立と決定にどのような役割をしたのか。結論から言うと、国防委員会会議は、一般に想像する党政治局会議のような高位層での政策協議とは程遠い。脱北者の証言を総合してみると、国防委員会会議は、第1副委員長や副委員長、または委員の1人が委任を受け、懸案に関わる各分野の責任幹部(内閣の相や副相など)と担当者を呼び、金正日の指示や「国防委員長命令」を伝えたり、指示の執行において現れた問題点を指摘したりして、是正対策を提示する方法で運営されたと言う。つまり、国防委員会会議は政策協議ではなく、政策執行の実務会議の性格を帯びていたのである。国防委員会会議は、普通月1回定期的に招集され、参加機関と出席者の職位などは問題の性格によって異なったという。

　国防委員会会議の性格は、国防委員会傘下に組織された常務局の機能と役割を調べればより明確になる。国防委員会は、スタート初期に国家の最高指導機関という地位に比してその実体が明らかでなかったので、権威がなく、業務処理にも様々な混線が生じていた。これに対し金正日は、2001年頃、国防委員会内に総ての実務的問題を総合・処理する常務局を設け、中央党庁舎内に事務室と会議室などの業務空間を提供する半面、2003年には人民軍総政治局に常務副局長職を新設し、国防委員会常務局の総ての業務を掌握、指導する措置を取った。

　国防委員会常務局は独立した国家機関というより、総政治局に属する実務者と党と内閣など様々な機関から派遣された人員と共に「常務組」(task-force)形式の実務チームを構成し、国防委員会の全般的な業務を調整する役割をした。上に列挙した国防委員会会議の組織、司会者の選抜、出席機関及び出席者の選別と会議日程の通報、会議結果の報告、該当機関への「国防委員長命令」の下達、執行状況の掌握など実務面の問題は、総て常務局の職務であった。

　国防委員会は、党政治局と同じ政策協議と決定機構の役割を代行しないが、実質的に国防委員会の構成員が、金正日時代を代表する側近によって構成されていた点から、対内政策と対南政策、核政策と軍事・安保政策など全般的政策の樹立と決定に及ぼした影響は多大であった。

3) 非公式な政策決定方式

ア) 側近政治

　金日成時代は国家の政策が、党政治局のような公式な政策決定機構を通じて行われ、こうした協議体を通じて金日成は、特定問題について各分野の高位幹部たちから意見を収集することができた。しかし、金正日時代に入ってからは、公式的政策決定過程が有名無実化した反面「提議書政治」「側近政治」などの非公式政策決定方式が、事実上北朝鮮の総ての政策を樹立し、決定する最も基本的な方法になった。

　金正日時代の代表的側近政治の方式として挙げられる側近との非公式宴会などの各種行事は、実質的な政策決定機構の役割をした。非公式行事には、党・軍・政など各分野の側近が自然に一つの場に集まることで、特定問題と関連して金正日が、各分野の幹部から多様な意見を聴取し、自分の政策的見識を確立する契機になった。

　側近幹部たちは側近行事だけでなく、各分野に対する金正日の現地視察にも繰り返し同行することで、金正日と共にする時間的・空間的場面が元老幹部や非側近幹部よりずっと有利であるという利点を最大限活用した。自分たちの見解と主張が反映された各種情勢評価と建議事項を誰よりも多く、速やかに金正日に報告できる位置にいた。当然、金正日の政策代案の選択と政策目標の設定において、彼らは非側近幹部よりもはるかに大きな影響力を発揮できたのである。

　先軍政治下で軍部は側近隊列の最も核心的な地位を占めた。軍部の側近人物は、金正日の軍部隊視察はもちろん、自分たちの領域とは関係ない経済と民間部門の視察にもほぼ必ず登場した。これは、金正日が総ての政策決定で軍部の意見を重視していたことを示した。ほとんどの時間を軍部の側近人物に囲まれて過ごす中で、対内政治と対南・対外政策など総ての分野にわたり、金正日の物事をみる観点と情勢判断能力は、自然に体制防衛を優先する彼らの保守的で硬直した思考に傾倒する他なかっただろう。[48]

---

[48] 高位層脱北者たちの証言によると、2004年頃、金正日は中央党組織指導部通報課で軍人の間で起きている様々な非行や民間人に対する暴行事件などをまとめて報告した資料を読んだ後、報告書の表紙に「私の軍人は絶対にそのような行動をするはずがありません」という文章を直接書いて下したという。当然そのような内容を報告した通報課の職員と直属の上官は「金正日の軍隊を冒瀆し

金正日政権下で先軍政治が、単純な安保戦略ではなく総ての分野を包括する「金正日時代の基本政治方式」として位置づけられたことや、北朝鮮が核保有宣言と核実験などの核戦略を推進するにおいて、南北関係に及ぼす否定的影響を全く考慮しなかったのも、結局は、金正日の側近隊列で軍部エリートが占めていた独占的地位と無関係ではない。

　過去に党政治局が行っていた上層部での政策決定の役割を、金正日時代には側近政治が代替した。そして側近政治でどのような勢力が主導的役割をするかによって、北朝鮮の政策方向が決定されたのである。本来、政策決定で主体になるべき公式序列上位の政治局委員や候補委員などの元老と非側近幹部は、徹底して疎外された。北朝鮮の政策決定過程で非側近幹部ができる役割は、側近が作った政策を最高人民会議で「満場一致」で通過させる挙手機械の役割だけであった。

　側近政治は、金正日政権が変化を拒否した最も重要な要因の一つであったと言える。党・軍・保安など主に権力機構に散らばっていた側近たちは、体制の崩壊に対する本能的な被害者意識に深く落ち込んでいた。こうした意識は、自然と金正日との「運命共同体」意識と体制守護に対する死活的な利害関係を触発した。彼らは、政策樹立と実行において、国家と国民の利益よりも政権の利益、自分たちの利益を先に考え、自分たちの権力を利用して非側近幹部と政策作成者が、こうした方向へ政策を樹立して実行することを持続的に強要した。例えば、金正日の側近である外務省第1副相の姜錫柱は、長期間対外部門に従事して比較的開放的で現実主義的思考を持った人物と評価されていたが、同時に体制守護に対する死活的な利害関係から、極度の自己保身に陥っていた。彼は、外務省の参事室で報告する政策草案を検討する際に、「将軍様にご心配をおかけするわけにはいかない」、「将軍様の意図と合わない」との理由で「突き返す」場合が多かったという。政策に不満を持つ非側近幹部やその他改革的な思考を持つ幹部も、「私一人が正しいことを言ってもどうにもならないので、公然と前に出る必要はない」と、徹底した保身主義的な立場を堅持した。

た」という罪名で処罰を受け、地方へ追放されたという。

イ) 批准（承認）政治

　金正日政権で側近政治が、代表的な「上意下達式」政策決定過程だとすれば、批准政治（もしくは提議書政治）は、代表的な「下意上達式」政策決定方式だと言える。各機関や部署でその分野の政策と関連した報告書を作り、上部の合意を得て最高政策決定権者に報告して、決裁を受けて執行する流れは、どの国家、企業体においても最も一般的な政策決定の過程である。しかし、国家の利益や会社の死活がかかった重大な問題の場合は、政策決定権者が最終決定をする前に、理事会など協議体の合意を通じて、合理的な政策代案を提示するのが常識である。

　こうした決裁方式は、北朝鮮でも金日成時代から行われてきた。問題は、金正日時代になって集団的協議方式が無力化した反面、報告書の決裁方式がさらに精巧に完成され、集団的協議方式を完全に代替する普遍的な政策決定過程として定着したことである。別名「提議書政治」もしくは「批准政治」とも言える、こうした決裁方式の政策決定過程は、金正日の権力強化過程に伴い三段階の進化過程を経た。

　金正日後継体制の構築期だった1970年代は、各機関が同一の草案を2部作成して、金日成と金正日に同時に報告する並列式報告体系が立てられた。もちろん報告書に対する決裁権は、金日成にあった。これは金日成に報告される政策は、後継者の金正日も参考として知っていなければならない、という意図から始まったものである。

　後継構図が完成した1980年代初からは、総ての書類は金正日を経て金日成に報告する直列式体系が立てられ、金正日の承認なしでは、いかなる文書も金日成に報告できなかった。しかし、これは金正日に決裁権が渡ったことを意味するのではなく、金日成の段階に上るためのフィルター工程の機能を意味した。この過程で「首領様に心配をかけ得る」否定的内容は外され、報告書自体が否決されもした。こうした報告体系とは別に、すでに1970年代後半から党事業問題など金正日の固有領域に属する問題に関しては、金正日だけに報告する制度が立てられた。

　1980年代半ばから、金正日は、総ての政策報告書に対する決裁権を行使し始めた。金日成は、この時期から主要な国政をほとんど金正日に委任し、各

地の名勝地に設けられた居所で余生を送り始めた。[49] そして金日成にまで「再報告」される報告書の件数は徐々に減り、1980年代末には大部分の政策が、金正日の段階で最終決定された。ただ金正日が単独で決められない重大な問題や首脳外交など、金日成が直接介入しなければならない事案についてのみ、金日成にまで再報告された。[50] もちろん、こうした手続は総て「首領様のご心慮とご負担を減らし、万寿無疆(マンスムガン)(訳注：健康で長生きすること)のため」という名分で正当化された。

問題はこうした批准政治が、国政全般を権力者一人に集中させることで、業務負担の過重や混同、政策決定での客観性と合理性、迅速性の欠如などの副作用を招き得ることである。とくに各分野が己の一方的見解にだけ固執したり、己の立場の正当性だけを主張したりする論理開発に重点を置くことで、最高政策決定権者が、国家次元で総合的判断を下すことに障害となり得る。

現実に、金正日に報告される書類の量が継続して増加することで、場合によっては、同一案件に対して相反する政策案を、両方批准する「失敗」も犯した。こうした問題の解決のために金正日は、報告書の作成段階で各機関と分野間で充分な協議と合意を経ていない報告書は、報告させない制度を立てたこともあった。

とくに、金正日が党権掌握に集中していた後継体制時期には、必ず党の最終合意を受けた報告書だけが金正日に報告できた。つまり、党の政策指導機能が円滑に機能したのである。しかし、前述したように、金正日の統治領域が党を離れて軍・政へと拡大するにつれ、党を通じた垂直的政策指導方式は、金正日が総ての分野を直接掌握する水平的直轄統治構造に転換された。

代表例として、党国際部と外務省の垂直的従属関係が、水平的並列関係に転換された。党の政策指導機能が弱まり、主に軍事・外交・保安などの分野は、党書記局の該当専門部署との合意を経ず、直接、金正日に報告書を出せるようになった。しかし、懸案に関係したいくつかの部署と機関の間の合意は、厳格に要求され、この過程で各機関や分野間で起こりうる政策的葛藤や

---

[49] 金日成が晩年に季節の変化に合わせて移動しながら休息をとっていた代表的な居所は、両江道三池淵(サムジョン)と平安北道の昌城(チャンソン)、妙香山(ミョヒャンサン)、粛川(スクチョン)、延豊(ヨンプン)、咸鏡南道西湖(ソホ)などだった。そのためこの時期に金日成が主宰した党政治局会議や幹部協議会は、ほとんどこうした地方の居所で開かれ、死亡直前金日成が司会を務めた経済部門協議会も妙香山の別荘で招集されていた。

[50] 金日成が死亡するまで党政治局会議はたまに招集されたが、主に幹部との協議会が基本となった。こうした会議で議論された問題はほとんど金正日が直接介入しなかった経済関連の問題であった。

混線は調整された。

　民主主義国家や、最小限の集団的政策協議が活性化した社会主義国家なら、多様な見解をまとめる過程を通じて、合理的に決定される政策が、北朝鮮では側近政治と批准政治という非正常な過程を通じて、非合理的方向へ決定されるしかない限界があった。体制防衛を政策の最優先目標とする既得権勢力が、政策決定の過程を掌握している権力構造が維持される限り、北朝鮮の正常で合理的で理性的な政策決定は期待しがたい。

2. 政策決定過程

　前述したように、党・軍・政の各分野で政策草案を作成し、金正日に報告して決裁を受けて執行する方式は、金正日政権下で北朝鮮の最も普遍的な政策決定過程になった。もちろん金正日が幹部との会議や集まり、側近行事、現地視察などの時に提示した各種の指示や指令、「お言葉」などが北朝鮮では総て「方針」として認められ、政策化された。しかしこの場合でも、指示を執行するための対策を改めて文書として作成して報告し、決裁を受け、政策として公式化してから執行することが制度化された。

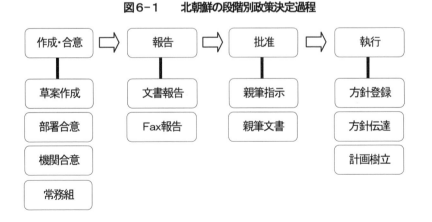

図6-1　北朝鮮の段階別政策決定過程

　したがって、こうした報告書決裁方式の政策決定を調べることで、北朝鮮で政策が、具体的にどのような手続と過程を経て樹立され、執行されるのか

について全般的な把握が可能である。政策決定方式は、党・内閣・軍・保安・外交など総ての分野において、そして中央と地方、上部と下部に関係なく同一に適用されるので、この部分では主に筆者が北朝鮮外務省や海外公館に勤務しながら直接体験したことや聞き知った事例を基に、対外政策の決定過程を中心に述べることにする。

1）政策作成と合意

ア）政策草案の作成

　北朝鮮で政策形成の始発点といえる政策議題と政策目標の設定を規制する基本要因は、統治者の意図と党の路線及び方針である。政策草案を作成する担当者にとって最も重要な原則は、自分の分野に関する党の路線と方針で武装し、それを政策作成の基準にすることである。金正日が、幹部政策と関連して幹部の実力向上を強調し、最も重要な実力は首領の思想と意図、党の路線と政策で武装することであると主張したことも、政策作成でのこうした原則を提示したものといえる。

　幹部たちは、政策担当者が作成した政策草案を検討、審議する際にも、政策代案の実効性と適切性、実現可能性を評価する前に、まず首領の意図と方針に合っているか否か、体制防衛にはどのような影響を及ぼすかということから慎重に確かめなければならない。前に指摘したが、姜錫柱外務省第1副相が、政策部署で作成した報告文書を検討しながら、ともすれば「将軍様の意図に合っていない」と言ったのも、こうした理由からである。

　政策報告書草案は、担当者が自ら主題を選定することもでき、上部の課題を受けて作成することもできた。また、担当者が単独で作成でき、部署内もしくは関連部署と共同作成も可能である。党・軍・政など総ての分野と機関から金正日に報告する文書には、＜提議書＞、＜意見報告＞、＜情勢報告＞、＜活動方向＞、＜活動計画＞、＜発言要綱＞、＜動向報告＞、＜対策案＞など様々なものがあった。例えば、外務省の場合、＜2007年度対外活動方向＞、＜六者会合に参加する政府代表団の活動計画＞、＜朝米双務会談の当方側団長の発言要綱＞、＜核実験と関連した六者会合参加国の動向報告＞などがあった。

　また統一宣伝部の場合、＜北南上級会談で南側が提起した問題に関連した

意見報告＞、＜北南列車試験運行に関連した提議書＞、＜今年の大統領選挙に関連した南朝鮮情勢報告＞などが挙げられる。

　北朝鮮では、上層部の集団的政策協議制度が有名無実化した反面、下部の草案作成段階では、政策討論が非常に活性化している。別名「参謀会議」(軍・保安、対南機関では「作戦会議」ともいう)という政策協議会が代表的である。外務省の場合「局参謀会議」もしくは「省参謀会議」には、担当幹部と関係者が全員参加して、各種アイディアと対策を出して賛否討論を行うので、政策作成者に多くの助けになる。[51]

　政策草案は、機関や部署の担当者が作成するのが普通だが、該当分野で重大な意味を持つ重要な政策の場合、機関で政策作成を専門に担当する部署に任せる場合もある。例えば、外務省で対米外交と関連した実務的性格の政策は、大部分米国担当局の実務者が処理するが、政府声明や外務省スポークスマンの声明、もしくは談話といった重要事案は、外務省参事室が作成する。文章能力や政策アイディア開発能力が優れた人物で構成された参事室は、こうした重要文書と一部署に任せにくい「包括的で広範囲な性格」の文書を作成する役割をする。金正日政権で六者会合の北側主席代表を務めた金桂寛外務省副相も参事室の出身である。

　参事室の責任を持つ責任参事は、主要対外政策作成で核心的役割をする。1970～1980年代に北朝鮮が非同盟外交に力を注いでいた時期には、高成淳(コソンスン)責任参事がこうした役割をして当時の金永南外交部長の寵愛を受け、1990年代以降からは孫文信(ソンムンシン)責任参事が六者会合と核問題、対米・対日・対西側外交など重要な政策を「巧みに」処理し、姜錫柱第1副相や金桂寛副相が最も信任する人物として浮上した。責任参事は参事室のみならず外務省の総ての部署から金正日に提出する報告書を、外務相と第1副相が最終決裁する前に、政策的・論理的に語彙や文法を検討し、校正する役割も担った。

イ) 政策合意

　政策担当者が作成した政策草案は、課長・副局長・局長など自分の所属部署責任者の決裁を受けた後、報告書の内容と性格によって、必要ならば関連部署や機関の合意を経なければならない。例えば六者会合に関連した問題の

---

[51] 高英煥「北朝鮮の政策決定過程に関する小考」『北朝鮮調査研究』第1巻1号(1997) p.70

場合、ここには外務省内の米国・中国・ロシア・日本・韓国など六者会合参加国を担当している部署と共に、国際原子力機構(IAEA)と関連した問題を担当している国際機構局、核拡散禁止条約(NPT)に関わる問題を担当する条約法規局、代表団の通訳及び文書の翻訳を担当する翻訳局など、いくつかの部署が介入する。また、外務省のみならず人民武力部のような他機関とも政策的な関連性を持たざるを得ない。したがって、政策の性格と内容によって、外務省内のある部署が報告書作成を担当する主管部署になり、他の部署もしくは機関が合意部署もしくは合意機関になる。時には参事室が主管部署になることもある。どの部署が主管するかは主に核問題を専門に担当する姜錫柱外務省第1副相が決定する。

このように、機関内の関連部署間で合意を経た報告書は、必要な場合は、他機関の合意を得なければならない。合意を経ないか意見調整ができず合意に至らなかった事案は、金正日に報告できない。そのため、報告文書の終わりには必ず「×××(機関名)と合意しました」という文句を明記しなければならない。

政策作成段階で厳格な合意制度を確立した理由は、特定問題に関して混乱が生じることを防止するためである。金正日一人に各分野から報告文書が集中されるため、同じ問題に対して二つの機関が報告した内容の相反した書類を金正日が両方を批准する「間違い」を犯すこともあった。とくにこうした現象は、経済部門のように金正日の関心が薄いか「あまり神経を使っていない」分野でよく起きた。例えば、党や軍などの特殊機関が工場・企業所に行き、金正日の批准文書を提示して生産品を渡せと強要すると、国家計画に大きな支障が発生することになる。結局、金正日は、自分が批准した国家計画を自ら壊す結果を招いてしまう。さらに、同じ生産品に対して複数の特殊機関が、互いに金正日の批准文書を突き付けて奪い合いになることもあった。

こうした現象は、ときどき対外部門においても起きた。代表的な事例が、1980年代末から進められた対米外交に関連して党国際部と外交部(現外務省)間で発生した摩擦であった。当時、朝米関係正常化のための対米交渉は、外交部が金正日の裁可を得て始まった。ところが、1990年代に入り朝米交渉が本格的な局面に入ると、当時党の国際書記だった金容淳が、朝米関係問題を党国際部が主管したい、という提議書を金正日に上げて批准を受けた。それで金容淳は1992年1月に米国を訪問し、アーノルド・カンター米国務次官と

IAEA安全協定に署名するなど、朝米関係と核問題を主導した。結局、外交部と党国際部が双方とも金正日の公式認定を得た主管機関になったのである。このとき北朝鮮では、金正日の方針を翻すいろいろな便法が動員された。姜錫柱外交部第1副部長は、国連総会出席のため米国を訪問する崔守憲（チェスホン）副部長を使って米国側に「(北)朝鮮には外交部が二つもあるのか、我々はいったいどちらの機関と交渉すべきなのか」という不満を抱かせ、それを即刻金正日へ「反映報告」する形で金正日に自らのミスを気づかせ、決心を翻させた。結局、金正日は、自分の2人の側近である金容淳と姜錫柱の争いで、姜錫柱の肩を持ち、金容淳はその後対南担当書記に転職された。

1993年頃外交部では、核問題に関連して対米交渉を主張する金桂寛参事(当時)と、対米強行対応を主張する李英浩（リョンホ）国際機構局副局長の間で争いがあった。この時も金正日は、国際機構局と参事室が提出した相反する政策案を両方批准し、外交部はどう対応すべきか混乱に陥った。この事件を契機に金正日は「今後、事前合意がない問題は絶対に報告するな」という指示を下した。

金正日が同じ懸案について相反する政策を両方批准してしまい、執行過程で混乱を生じた事例は他にもある。1990年代初、羅津（ラジン）・先鋒（ソンボン）自由経済貿易地帯創設に関連して外交部と対外経済委員会などの外国投資誘致機関は、現地の劣悪な交通と宿泊施設問題を理由に、外国人を平壌の順安（スナン）空港で受け入れ、羅津まで移動させる方案を主張した。しかし、国家安全保衛部は「外国人投資家の中にどんな者が混ざり込むかわからない」とし、平壌からの入国に反対して現地入国と滞在を固執した。

この時も概してそうであるように、金正日は保衛部の肩を持ち、結果は当然否定的であった。給油所もなく無人の非舗装道路で車がガソリン切れや故障になり、外国人たちが寒さに震え、ひどい宿泊施設で難儀する事態が起き、すさまじい苦情が提起された。彼らの案内・通訳を担当した外交部関係者は、こうした苦情を総て反映資料にまとめて金正日に報告し、結局、金正日は外交部の＜対策案＞を批准して問題は一段落した。

北朝鮮が1990年代半ば、洪水被害を契機に国際社会の援助を誘致する目的で組織した「大洪水被害対策委員会」もこれに似たことを経験した。当時、国連食糧農業機構(FAO)などの国際機構と救護団体は、対北食糧支援と関連して具体的な統計資料と現地調査、分配監視を強く求めた。これに関して外交部と農業省は、食糧難の解決のために国際社会の要求受け入れを主張したが、

国家安全保衛部と中央統計局は絶対不可だと主張した。金正日は初め「強硬派」の肩を持ったが、国際社会の支援が不振な実態と原因を、深刻な食糧難の実態に結びつけて提出した「穏健派」の報告書を見て、結局は立場を翻すしかなかった。

このように総ての政策決定が金正日一人に集中されたため、政策決定過程で多くの混線と雑音が発生せざるを得なかった。このため金正日は、政策草案段階での合意を非常に重視した。しかし、時には初期段階で機関間の異見が最後まで調整できず、合意を見られなかった時は結局、金正日の「審判」に任せることもした。

代表的事例が1992年頃、国連化学兵器禁止条約加入問題と関連して加入を主張する外交部と絶対不可に固執した人民武力部間の争いだった。合意しなかった問題は報告できないという原則のため、二つの機関は合意のため実務級から課長級、局長級に上げて長い間協議を繰り返したが、ついに立場の差を縮めることができなかった。この場合は党や軍、保安機関など「力のある」機関は金正日の信任を利用し、「先手を打って」相手方を制圧した。人民武力部は外交部が彼らの意見を受け入れないので、外交部の「不当性」を暴いて明らかにする報告書を金正日に先に提出し、金正日は人民武力部の肩を持った。結局、報告書作成を推進した外交部条約局と国際機構局の担当者は思想闘争の舞台に立ち、担当副相だった崔守憲は参事室研究員に降職され、1年後にやっと現職に復帰することができた。

これと関連して北朝鮮には「右傾より左傾が良い」という言葉がある。同じ誤りでも左傾的な欠陥は「忠誠心は高いが能力不足」という程度の批判に終わるが、右傾的欠陥は政治・思想的な誤りと評価され、極めて重い処罰を受ける。この場合、金正日は体制防衛という絶対的な基準により「審判」を下すので、結局、保守的である側が概して勝者となる。こうした理由で政策作成者は、報告書を作るとき初めから政治的誤解の素地をなくすため、不本意に左傾的な傾向を見せざるを得ない。

機関内合意と機関間合意を経た政策報告書は、最終的に党の最終合意を受けなければ金正日に報告されないが、すでに言及したように軍事、公安、外交などの分野では、こうした党の政策的合意手続が1990年代中盤から廃止された。外交部の場合、過去に党国際部の政策的指導を受けた時には、2機関の間に多くの争いが起きた。

第4章でも言及したが、党国際部が外交部の政策草案に問題を提起することが繰り返され、1992年頃姜錫柱は「分秒を争う事案なのに国際部は何が分かって、事細かくブレーキをかけるのか」と不満を表出したことがある。他の幹部ならば党の政策指導に不満を示すことは想像もできなかったが、彼は金正日の信任を頼って国際部を「軽く見た」のだ。結局、国際部は金正日に姜錫柱が「党の指導を拒否した」という政治的レッテルを貼って訴え、姜錫柱は金正日の指示を受けた中央党組織指導部と国際部の集中検閲と思想闘争を受け、数ヶ月の「無報酬労働」という「革命化」の処罰を受けた。

　以上のように、初期段階の政策作成過程で集団的協議と合議体系は、厳格に守られた。しかし、同じ事案といっても協議及び合議制度が無条件に遵守された訳ではなかった。代表的な事例が、まさに北朝鮮の核問題と関連した政策決定過程である。北朝鮮で核政策に関与している公式機構は、核の開発と生産、実験など技術的問題を担当している党軍需工業部と原子力工業総局、核兵器の保管と実戦配置及び運営を担当する人民武力部と労働党作戦部、核外交を担当している外務省などを挙げることができる。問題は、核と関連したこれら各分野間にいかなる政策協議や合議制度も協力関係も存在しないことである。

　北朝鮮で核開発と実験などは国家の最大機密事項であり、核政策決定過程は当然閉鎖的にならざるを得ない。核開発がどのような過程を経てどの段階に来ているのか、核実験はいつどこでどのように行われるのか、保有核兵器は何発かなどに対しては党軍需工業部の核心関係者と一部核専門家以外には知り得ず、知ろうとしてもならない。核外交を専門に担当する外務省関係者はもちろん、人民武力部のかなりの高位幹部も核開発と関連した技術的問題には門外漢である。同様に、軍需工業部は六者会合や対米核外交と関連した外務省の政策と交渉戦略に対して知ることもできず、知る必要もない。一言で言えば、核関連の政策過程は、各機関が相互従属関係でなく水平関係で、それぞれ金正日に直属していた。

　国防委員会が、核政策と関連した上層部の政策協議体の役割をした可能性も全くない。すでに言及したように、国防委員会は政策を協議する機構でなく、最高指導機関として金正日国防委員長の命令を該当分野に下し、執行を監督する機構として機能した。機密保持が最重要な核問題において、いくつかの機関が公的な協議体を運営することは、常識的にも不可能なことだった。

金正日は、党軍需工場部が報告する核開発の実態、人民武力部が報告する安保状況と戦闘準備の実態、外務省が報告する国際情勢と各国の動向、党と公安機関が報告する対内動向など、いろいろな分野の政策報告を総合して自身が直接に単独で、もしくはごく少数の一部側近と協議を経て核政策を最終的に決心した。

　核政策と関連した、こうした水平的協力関係の不在は、対南政策にも現れた。金正日がミサイル発射や核実験などを決めるに際し、これが南北関係に及ぼす影響について、統一戦線部の諮問を求めた可能性は薄いと見られる。なぜなら、南北関係のために体制防衛という大義を犠牲にできず、したがって核放棄や核実験中断の政策建議をできない機関にあえて諮問を求める必要もなかった。さらに金容淳と林東玉などの側近が死亡した後、対南分野で金正日に「あえて政策建議する勇気を持った」側近人物もいなかった。

　結局、統一戦線部ができる役割は、自分たちが排除されたまま断行された核政策の後処理、すなわち副作用の収拾のような脇役だけであった。換言すれば、核問題が南北関係に及ぼす否定的影響を最小化するために「韓国も北朝鮮の先軍政治と核の恩恵にあずかる」という窮余の論理を出してまで南北関係を維持することで、韓国から最大限の経済的実利を勝ち取り、韓米共助を破綻させることが、それなりに体制防衛上利益になったためである。

　もし、軍部と核開発分野、対南分野間に緊密な政策協議や合議制度が存在していたならば、2006年7月に北朝鮮が日本海上でミサイルを大量発射後、数日も経ずに南北長官級会談に出てきて米と肥料を要求し、韓国社会の悪化した対北感情や世論とかけ離れた主張をするような異常な行動はなかっただろう。

ウ）常務組（特定任務組）

　国家的次元の重大な性格を帯び、もしくは長期性を帯びた事案の場合、関連部署と関連機関から担当者と専門家を抽出して「常務組」（task force）を構成し、政策樹立と執行の全過程を自ら行うことも、北朝鮮では一般的に見られる政策決定過程である。こうした常務組形式の政策決定方式は、とりわけ外交部門に多く現れている。

　いくつか例を挙げれば、まず1980年代中盤に国際社会の人権圧迫に対処して外交部に設けられた「人権常務組」を挙げられる。この機構は、米国など主

要西側諸国と国連人権委員会、国際赦免委員会(Amnesty International)などの国際人権機構と、非政府団体の対北人権攻勢に主動的に対処する目的で組織された。外交部国際機構局人権課が主軸になって、社会安全部(現人民保安省)と国家安全保衛部、社会科学院、中央統計局など関連機関の専門家で構成された人権常務組は、国際人権規約、ジェノサイド条約、児童の権利に関する条約、女性差別撤廃に関する条約をはじめとする多くの国際人権機構に加入する方法で、国際社会の対北人権圧迫をかわすための様々な政策を企画して執行した。[52]

1990年代初に日朝国交正常化交渉が本格化し、外交部に設けられた「朝日会談常務組」も代表的な事例だと見られる。この常務組は、当時外交部副部長兼朝日交渉首席代表であった田仁徹(チョンインチョル)を責任者にして外交部内に新設された日本担当局(当時14局)と、経済局をはじめとするい多くの部署から選ばれた専門家で構成され、平壌ホテルに外部と隔離されて長期投宿し、対日交渉戦略の樹立と会談運営に力を注いだ。

常務組形式の政策決定機構として最も代表的なものは、1990年代初めの第1次北核危機を契機に構成された「核常務組」を挙げることができる。核常務組は、姜錫柱第1副部長を責任者として、外交部国際機構局と条約法規局、米国担当局(当時16局)などの部署と、人民武力部など関連機関の専門家で構成された。彼らは、平壌市の郊外にある外交部の高坊山(コバンサン)招待所で、外部はもちろん家族との接触さえ厳しく制限された中、1994年にジュネーブ協定(訳注:米朝枠組合意)が調印されるまでの数年間、核外交戦略の樹立と執行を専門に担当した。核常務組の活動が、いかに徹底した機密保持の中で行われたかは、外交部の他の幹部や外交官さえ、1993年の北朝鮮NPT脱退と準戦時状態宣言を中央放送で初めて知ったこと一つを見てもわかる。

前述したように、核開発と核保有、核外交などの核政策と関連して多様な分野を総合的にまとめる協議制度は存在しないが、各分野の内部では様々な機関から専門家を集めて構成した自らの専門家チームや常務組形式の協議体が稼動していた。例えば核開発分野の場合、軍需工業部の指揮下に第2経済委員会と原子力工業総局、そして大学と研究機関の核専門家、海外から戻っ

---

[52] キム・ドンス「北朝鮮の外交政策決定過程と対国際機構外交政策変化」『北朝鮮調査研究』第9巻1号(2005)p. 225〜227

た高級人材を集めて金正日に直属する「131 指導局」という専門核開発チームを運営していた。[53]

　核外交の場合も、外務省の様々な部署から集められた専門家による「六者会合常務組」が構成されて活動していたと分かった。こうした専門家グループや集団は、その中に政策開発と協議及び合意、報告と執行までの全過程を独自に進められる充分な権限と整った組織体制、人材を備えた独立した政策決定機構としての役割を果たした。しかし、核開発チームと核外交チーム間には、横の協力体制はもちろん、いかなる協議や合意体制も存在しなかった。

　北朝鮮の政策決定過程には常務組方式の他にも、関連機関や部署の責任幹部が非常設の協議体を組織して、定期的に会議を招集する方式もあった。例えば、1990年代初に羅津・先鋒自由経済貿易地帯の創設と関連し、金永南当時外交部長を委員長に、外交部経済局と非同盟局などの局長、対外経済委員会、国家安全保衛部などの責任幹部を委員とする「羅津・先鋒自由経済貿易地帯準備委員会」が構成され、週に1回ずつ外交部で会議を招集した。

　1990年代半ばに組織された「洪水被害対策委員会」も代表的な非常設協議体であった。この委員会は、外交部国際機構局担当副部長(崔守憲)を委員長に、人民武力部、農業委員会、交通委員会、保健部などの副相、中央党課長、教育委員会副委員長、国家安全保衛部と社会安全部(人民保安省)局長、政務院参事、中央統計局副局長などが副委員長もしくは委員に委嘱された。この機関は、国連食糧農業機構(FAO)と国連開発計画(UNDP)、世界保健機関(WHO)、国連児童基金(UNICEF)、国連人口基金(UNFPA)などの国際機関と国際社会から、食糧をはじめとする各種救護物資と資金援助を引き出し、同時に体制結束と安定を保障する政策樹立と対策の準備に注力した。[54]

2) 政策決定と執行

ア) 政策報告

　政策作成過程で充分な協議を経て完全な合意がなされた政策草案は、2通

---

[53] 『聯合ニュース』2006.7.12：以前から北朝鮮の核開発に関わってきた金日成総合大学・物理学部講座長のソ・サングク博士が、1980年代からすでに大学には席を置くだけで多くの時間を寧辺の核研究団地で過ごしていたことは、同大学の教授の間ではよく知られている事実である。
[54] キム・トンス、前掲書 p. 227～228

りの方法、つまり「文書報告」と「模写報告」で金正日に提出された。「文書報告」は報告書を書類形式で金正日書記室へ発送する方式であり、「模写報告」はファックスで金正日に直接送る方式であった。

書類で報告する文書は、急を要しなくても政策的に重要で幅広い＜提議書＞、＜活動方向＞、＜情勢資料＞などである。こうした政策報告書は、機関の最高責任者（相）の最終決裁を受けた後、機密文書担当局（公式文書と各種公文を登録・保管する部署）に登録し、報告文書担当局（金正日に報告する書類のタイピング、印刷、消毒、発送などを担当する部署）を経て、専用車両で金正日書記室へ発送した。[55]

北朝鮮の各機関と単位から金正日に発送する書類の量が急増すると、1990年代初から金正日は、分野別に文書発送の曜日を決め、文書を集めておき、その日一度に報告させることを制度化した。

金正日書記室は、出された報告文書の重要度と時期などを考慮して、優先順位を決めて金正日に提出した。すでに述べたように書記室は、政策補佐の役割はしないが、金正日が各分野から出された文書を検討して、書記室幹部に質問をしたり、彼を通じて指示を下したりした。

例えば、金正日が外務省に下達する指示は、多くが「姜錫柱第1副相へのお言葉」といった形式をとっていたが、たまに「党中央委員会書記室副部長へのお言葉」などとして下達される場合もあった。こうした事実は、金正日書記室が政策決定において一定の影響力を行使していたことを示す。しかし、金正日への報告前に書記室幹部が先に書類を検討・否決するといった権限は与えられていなかった。

緊急時や枚数が少ない＜意見報告＞や＜提起された問題＞などの実務的政策の報告書は、ファックスで報告できた。したがって模写報告は、任意の時間に相や第1副相の執務室や報告文書担当局にあるファックスで金正日執務室や書記室へ直接発送した。代わりに事案の至急性のため、報告書を提出した担当者と担当幹部は、書類の決裁が下りてくるまで待機するよう制度化されていた。しかし、時には金正日の体調不良や地方視察中とか側近宴会で一

---

[55] 1980年代末、外交部から出された報告文書を検討していた金正日は、文書の1箇所に1匹のカゲロウが乾いて付いているのを見てそこに丸をつけて返したことがあった。その時から、各機関の報告文書の担当部署には夏にも絶対に窓を開けられないようにする中央党からの指示と共に、高級エアコンと紫外線消毒器が支給された。

定期間決裁ができない場合、政策担当者は何日でも待機するのはもちろん、この過程で金正日の行跡や動静が露出する恐れが提起された。[56] そのため、報告書提出当日の夜10時までに決裁が下りなければ、当直者に引き継いで退勤するように制度を変え、全国各地の金正日の特閣や居所、さらには専用列車内部にまでファックスを設置した。

　こうして各居所で側近行事をしながらも、早朝の3～4時まで報告書を読むなど国政を行ったという。2000年代に入っては金正日が、コンピューターにセットされた内部専用ネットを通じて報告を受け、もしくは指示を下達していた、との証言もされた。[57]

イ）政策批准

　北朝鮮の政策は、金正日が各部門から上げられた報告文書を読んで決裁することで最終決定された。金正日が報告文書を決裁する方式も2通りあった。一つは、報告文書の表紙に日付と署名をし、たまに自分の意見まで親筆で書いて下す「親筆指示」である。親筆指示は、金正日が会議や現地視察、もしくは電話で行う「指示」と同じ比重を占めた。つまり、報告文書の内容を自分の意図と指示と見なし、そのまま執行せよということと、その結果にも直接責任を負うことを意味した。

　もう一つ、金正日が報告文書の表紙に日付だけを書いて下したものを「親筆文書」といった。親筆文書は、金正日が報告書の内容には同意するが、結果には責任を持たないことを意味した。しかし親筆文書も親筆指示と同じく金正日の方針と見なされ、執行においても「無条件性」の原則が適用された。「親筆指示」と「親筆文書」のこうした概念の定義は、1990年代初に金正日が、これに関する細部事項をまとめた指針を総ての機関に下達して知られるようになった。それまでは金正日の決裁の方法も一定でなく、概念も明らかでなく、執行過程で多様な解釈と議論が生じたりした。

　たまに金正日が報告文書に何の印も付けずに戻す場合があった。これは文書内容に同意できないか、理解できないという意味である。この場合、政策作成者とこれを決裁した幹部など皆が批判や処罰を免れなかった。さらに、

---

[56] 1993年半ば、金正日に提出された総ての報告文書が数ヶ月も決裁されずのままになっていたことがあった。それが金正日の落馬事件によるものだったことが後で少しずつ知られた。
[57] 藤本健二『金正日の料理人』（扶桑社、2003）

金正日が報告文書に批判的な立場でも記した場合、その結果はより厳重になった。したがって、報告文書作成前に、該当事案に関する金正日の意図を正確に判断することは、作成者にとって死活問題になった。

　時には、懸案処理の慎重を期するために、決裁が遅れたり、翻されたりする場合もあった。1994年ジュネーブ合意採択後、朝米連絡事務所の開設問題に関して広がった逸話が代表的な事例である。当時金正日は、朝米連絡事務所開設推進に関する外交部の提議書を最初はそのまま批准したが、すぐに姜錫柱第1副部長に電話して「どう考えても連絡事務所の問題を再度検討しなければならないようだ」と言って待機指示を与えた。しばらく後に金正日は、すでに批准した通りに進めろと指示したが、すぐに再び覆した。このように、その日は終日何度も決心を翻し、ついに保留しろとの最終指示を出した。

　南北関係や対外関係に関する政策の場合、北朝鮮の憲法や他の法律的問題で該当事案に対する批准が先延ばしされたり、修正されたりする場合もあった。例えば、韓国や他の国の政府、団体、企業、個人が対北投資に関して北朝鮮の法律問題を取り上げた場合、しばらく保留させ、最高人民会議で関連法を採択、もしくは制定し、改めて批准する。しかし、大部分の方針はこうした形式的通過儀礼を経ず、すぐに報告文書を上げた機関に下達されることで終わった。

ウ）政策執行

　ひとまず金正日が批准した書類は、党の方針として、すなわち「党の政策」として書記室を通じて、報告書を提出した機関へ下達された。批准されて下ってきた書類は、まず該当機関の方針執行監督部署に登録される。その後、担当相や第1副相、副相などの責任幹部が直接に「方針伝達」をする。方針伝達は批准文書の性格や機密水準によって全体構成員を集めて行うこともあり、担当者と担当幹部だけで行うこともある。方針伝達は、必ず原文通り伝えなければならず、自分の言葉に直して伝えたり要約もしくは歪曲して伝えたりした場合は、直ちに「唯一思想体系確立10大原則」によって問題になる。1993年頃、当時外交部副部長の朴明求（パクミョング）は、金正日の「親筆指示」を原文でなく自分の言葉に要約して伝達し、思想闘争の舞台に立たされたことがあった。「唯一思想体系確立10大原則」4条6項には、「偉大なる首領金日成同志の教示浸透体系を徹底して立て、首領様の教示と党の意図を適時正確に伝達、浸透させ

なければならず、歪曲して伝達、もしくは自分の言葉に直して伝達することがあってはならない」と明確に示している。

　方針が伝えられた担当者は、すぐに部署内にある「方針執行台帳」に登録し、方針を誰が責任を持って何時までにどのような方法で執行するかを記録した「方針執行計画書」を作成して報告文書に添付した後に、必要な場合、草案に合意した部署や機関にも送って執行に協力させる。万一、方針執行計画書に明記された日付までに執行できなかったり、中途放棄したり、執行方法を変えて違う結果や副作用が発生した場合は、「方針執行での絶対性、無条件性の精神」と忠誠心不足だという理由で、思想闘争と批判、処罰の対象になる。結局、政策作成者は、自分が作った報告文書のために自縄自縛の結果を招く訳である。

　こうした理由で、政策担当者は政策草案を作る段階から、今後の執行過程において予想される総ての変数を充分に考慮し、「逃げ道」を用意しておくことが一つの生存要領になっている。すなわち、今後予想されるあらゆる状況変数をできる限り多く列挙し、各変数に適当する次善策まで多様に提示して執行過程で身動きの幅を広げておくのである。とくに国際会議と南北会談に関しては、相手から提起されると予想される提案と主張を充分に羅列して相応する様々な対策を提示し、後日の「責任の限界」を明確にしておくことが重要である。

3.　政策過程の評価

　金正日政権の政策決定構造と過程を、様々な政策事例を通して考察することで、次のような特徴を見出せる。第一に、国民の意思と要求を取りまとめて政策に反映するための制度的手続が、厳しく制限されている。政策樹立段階で協議及び合議制度が活性化しているのは、あくまで批准政治が最終政策決定権者にもたらす負担を最小化し、体制防衛のために最適の政策を開発することだけにその目的がある。政策議題と目標の設定、政策作成と合意、決定と採択、執行の全過程において、国民が参加できるいかなる制度や手続も用意されていない。総ての政策樹立と決定は、ひとえに統治者と彼と利害関係を共にする少数の権力エリートが独占している。国民には政策樹立に参加できる権利はなく、政策を執行する義務だけが負わされている。各階層の国

民の利害関係を代弁できる利益団体や請願制度、マスコミも存在せず、ひとえに統治者と政権の利益を国民の利益として歪曲し、その執行に動員するための政策広報と、執行手段としての機構と手段だけが存在する。北朝鮮の各所に貼り出されている『党が決断すれば我々は行う』というスローガンが、北朝鮮のこうした意思決定構造を一言で代弁している。

　国民の意思収斂過程を全く経ない、閉鎖性と統治者の意図と異なるいかなる見解も受け入れない硬直性、統治者一人に対する過度な集中と依存に起因した政策の客観性と迅速性の欠如などから、北朝鮮の政策決定構造と過程は、体制の防衛には適合した手段になっても、国家発展には最も大きな障害になっている。

　金正日政権が実利主義を標榜して追求した政策的変化も、事実上、国民の意思と要求を収斂して反映した結果でなく、体制防衛という政策目標に、下からの変化を適応させる受動的な措置であっただけである。しかし、体制の利益を優先する非合理的な意思決定構造と過程は、結局、政権の目と耳を遠ざけさせて、長期的には体制防衛に対するより深刻な危害要素になった。

　第二に、政策決定と執行過程で個人と部署、機関と分野間の争いと摩擦はあり得るが、これはあくまで統治者の意図と体制防衛という政策目標を貫くための方法論上での争いや摩擦に過ぎず、路線上の争いや政策対立はあり得ない。そしてこうした方法論上の争いも、下部段階での政策協議過程で充分に消化され、治癒される。いったん金正日に報告されて批准を受けた政策は方針になるため、その後はいかなる「駆け引き」や不満も容認されなかった。金正日が批准した問題に文句を付けたり反対の立場を表明することは、権力エリートにとって政治的自殺行為に等しかった。

　時折、南北会談や朝米交渉で北側代表が、軍部の反発を言い訳にし、あたかも北朝鮮にも強硬派と穏健派の対立が存在するかのような印象を与える場合がある。しかし、北側代表団が公式交渉の場で見せる総ての発言と行動は、あらかじめ金正日の裁可を受けた「活動計画」「発言要項」「情況処理案」などに従った会談戦略である。金正日の批准を受けて相手方と合意した問題に、軍部が後から反対することは、北朝鮮のような首領絶対主義体制では想像もできない。北側代表は会談で交渉力を高めるために、「我々が軍部を説得するには、南側が譲歩しなければならない」という趣旨の発言をあらかじめ用意し、金正日の裁可まで受けて交渉に臨むのである。

北側代表は、公式席上で金正日の批准を受けていない、いかなる恣意的発言や行動も許されない。1990年代初、米国で進められた軍縮関連セミナーに北側代表団団長として参加した、当時外交部巡回大使の李三魯(リサムロ)はマスコミのインタビューで「北朝鮮は米軍の韓国駐屯を原則的には反対しない」という「突出発言」をしたことが問題になり、帰国後思想闘争の舞台に上がった。初め彼は、通訳のミスだったと言い訳したが、結局は「いつか、首領様が外国の首班を接見する場でなされたお言葉が思い出され、そのように述べた」と告白した。この事件で彼は「小聡明」「個人英雄主義者」と烙印され、しばらくの間、海外出張が禁じられるなどの謹慎処罰を受けた。しかし、北朝鮮の駐韓米軍許容の立場は、2000年南北首脳会談での金正日発言と1992年訪米中に出た金容淳の発言、そして2000年米国を訪問した趙明録国防委員会第1副委員長が、クリントン大統領とオルブライト国務長官にした発言など、多くの公式の場で表明されている。李三魯の「罪名」は単に、金正日の事前裁可なしに勝手に発言したことである。

　政策決定過程で路線争いが生じる可能性はないと言っても、権力エリートたちの思考方式や意識には、明らかに大きな差が存在する。まず、体制崩壊はすなわち自分たちの没落であると認識する側近をはじめとする党・軍・保安・外交分野の政治エリートたちと、体制の利益よりも国家と国民の利益を優先する非側近幹部と、行政・経済・社会・文化分野の技術専門エリートの間には、政策目標自体に対する認識の差が存在する。単に技術専門エリートは、自分たちの見解が露わになることでもたらされるあらゆる不利益に対する恐れから、政治エリートが樹立する政策を黙々と執行するだけである。

　一方、政策目標を共有する政治エリート内部でも、執行方法に関する意見対立が常にある。こうした対立は、保守的で硬直した思考方式を持つ党・軍・保安など権力機関のエリートと、外部と頻繁な接触を通して開放的で柔軟な思考形成が不可避な対外・対南部門エリートの間で、主に現れている。しかし、対外・対南部門エリートの見解は、それが体制防衛の政策目標に符合しているので表出が可能であり、また、たびたび保守的な政策代案に対抗して成功する場合もある。

　体制防衛を最優先とする政策目標と、側近政治と批准政治、水平的直轄統治のような変則的政策決定過程から始まっている北朝鮮の総ての政策は、外部世界から見ると一様に「非合理的」な性格を帯びている。しかし、こうした

政策決定構造と方式が少なくとも現時点まで北朝鮮政権の維持と強固化に寄与してきた現実を直視すれば、北朝鮮の立場からは、体制防衛のために最も「合理的」な政策決定方式だと言える。

第7章
金正恩政権の国家戦略と権力エリート

　2011年12月17日、金正日は国家指導者として脂が乗り切った69歳で病死した。1998年に金正日政権が公式スタートしてわずか13年であった。しかし、金正日が1974年に金日成の後継者に内定して北朝鮮の実権者として登場して37年、金日成総合大学卒業後に労働党に入った1964年まで遡れば、なんと47年もの間北朝鮮の政治に実質的な影響力を行使した。このように長い統治過程を通して、金正日は、北朝鮮社会を世襲の明文さえあれば、誰でも統治が可能なほど精巧で強力な絶対君主制王朝に転変させた。そのお陰で、金正日の三男である金正恩は2009年に後継者として「王位を継ぐ者と指定」された後、2年の後継修行過程を経て、2010年9月の第3次党代表者会で、北朝鮮の次期指導者として公式デビューし、1年後に父親が死亡した後、4ヶ月で総ての継承手続を一気に終えることができた。
　この章では、2008年金正日の発病時から2011年の死亡時まで、3年の金正恩後継体制期と、金正日死後2015年現在まで3年の金正恩政権期に区分し、前半では、三代世襲体制の登場背景と金正恩の後継修業及び権力継承過程、リーダーシップ危機克服のために北朝鮮が追求した体制保衛戦略を調べ、後半では、金正恩政権スタート後現在まで北朝鮮が追求してきた国家戦略と権力構造の変化について考察していく。

Ⅰ. 金正恩後継体制と体制防衛戦略

　前述したように、金日成は1974年に息子金正日が後継者に内定すると多くの実権を彼に譲り渡し、死亡するまでの20年間、象徴的な首領の地位に留まった。これは、国家戦略の行為主体が金日成と金正日に二元化される現象をもたらしたが、少なくとも、金日成の老化と健康悪化による権力の空白と統治力の弱化を予防する効果はあった。

　一方、金正日は、2008年に病に臥した後に金正恩を後継者に指名した。その後、2010年の第3次党代表者会で後継者の地位を公式化したが、死亡するまで権力を息子に譲渡しなかった。結局、金正日の発病時点から死亡時までの3年間は、北朝鮮の政治において首領の統治力が、最も脆弱だった時期だと見ることができる。したがってこの時期、北朝鮮の国家戦略は、一方で後継問題を早く解決し、他方では、過渡的権力委譲期のリーダーシップ弱体化による体制不安定化を防止しなければならないという二つの重大な課題に集中した。

1.　三代世襲体制出現の背景と過程

　2009年1月、韓国のあるメディアは、金正日が三男の金正恩を後継者に指名する指示を、労働党組織指導部を通じて全党と全軍に下したと報道した。[1] しかしこの記事は、当時外部世界で大きな信頼を得られなかった。北朝鮮は、三代世襲も充分可能な首領絶対主義体制ということはよく知られていたが、資質と能力が全く検証されていない20代の若い末息子に、国を譲るほど理性を失ったと見ることは難しいという認識と、体制維持を至上の目標にした北朝鮮の立場から見ても、こうした無理な世襲は得よりも損失が大きいという評価、そしてそれまで北朝鮮で後継問題と関連した明確な動きが見られなかったことなどが、金正恩の後継者内定はもちろん、三代世襲自体に対する疑問と懐疑的な見方を呼び起こした。

---

[1] 『聯合ニュース』2009.1.15

もちろん過去、金日成の後継問題が、1972年に彼の還暦を契機に本格的に台頭したという点で、2000年代に入って外部世界で金正日の後継問題に対する関心がしだいに高まったことも事実である。実際に2000年代初期、北朝鮮では党と軍の一部の金正日側近を中心に、金正日の三番目の夫人であり、金正恩の生母である高英姫(コヨンヒ)に対する偶像化作業が密かに進められたとの消息が高位層出身脱北者によって伝えられたりした。さらに、高英姫(コヨンヒ)の長男である金(キム)正哲(ジョンチョル)を後継者として擁立しようとする動きが、労働党中央委員会内部で感知されたという証言も提起された。² そして同時期に、金正日の最初の夫人である成恵琳(ソンヘリム)の息子であり、金正日の長男である金正男(キムジョンナム)が、偽造パスポートを所持して日本に入国しようとして空港から追放された事件が発生した。この事件の顛末はいずれにせよ、北朝鮮の後継構図と関連して高英姫の子供に決定的に有利な環境を用意したと見られる。³

　しかし、高英姫を中心に一部側近幹部が主導したこうした世襲作業は、その後、金正日の指示で中断された。当時、金正日は側近に、三代世襲が自身の権力継承の正当性まで毀損し、国際社会で笑い話になると言い、再び後継問題を論じないことと、高英姫に対する偶像化作業の禁止を指示したという。⁴ 高英姫は、2004年に海外で乳癌治療を受けて死亡した。彼が自身の健康異常を事前に感知して実子の「跡継ぎ冊封」を急いだのか、そうでなければ、後継問題の中断によるストレスが発病の原因になったのか、あるいは高英姫の死亡で後継作業が中断されたのかなどは、今でもベールに包まれている。

　金正日の後継問題は結局、2008年8月に彼が脳卒中で倒れた後に、やっと本格的に台頭した。これは金正日がそれ以前まで健康に自信があったことと、

---

² 2000年代中盤に韓国に来た高位層出身北脱出者の証言によれば、2000年代初めに労働党中央委員会内部で、金正哲が後継者に指名され、業務把握のために組織指導部など各部署を巡回するという通知と共に、業務報告準備をして待機しろ、という指示が通達されたが、以後うやむやになったという。

³ もちろんこの事件でなくても、当時、高英姫が金正日の寵愛を一身に受けている状況で、生母がかなり以前に金正日に見捨てられて海外で死亡した金正男を後継者から外すことは難しかった、という分析も一部で提起された。しかし、金正日が後継者に内定された当時も、生母金正淑はすでに相当前に死亡し、継母金成愛が女性同盟中央委員会委員長として金日成に次ぐ威勢を享受したという点で、生母の存在や役割は後継ぎの構図で変数になりにくいと見られる。これよりも金正男本人に金正日のような強力な権力意志と擁護勢力が不足していたことが、後継構図脱落の決定的な原因だったと見ることが正確だろう。実際に金正男は、改革・開放のような路線変化をしばしば口にし、かなり以前から金正日の不信を自ら招いていたという主張も提起された。

⁴『聯合ニュース』2005.12.11

後継者指名による自身の権力弱体化を極度に警戒したこと、それ以上に、彼は権力世襲の意志が希薄だったことなどを傍証している。万一、金正日に権力世襲に対する意志があったならば、自身がそうであったように、早期に子供の中から後継者を選定して、正統性の確立と偶像化に有利な方向で、体系的かつ周到綿密な後継修行をさせたであろう。しかし、すでに知られているように金正日の息子である金正男、金正哲、金正恩は皆、海外で仮名を使って非公開教育を受け、帰国後も正常な経歴過程を経るどころか、存在自体を隠して生きなければならなかった。そのため、息子の誰もが後継者として備えなければならない充分な資質と能力、リーダーシップと経験、権力基盤と業績を積むことができる機会を提供されなかった。

　金正日が経験した、正常な後継修行過程を子供に許容しなかった最も大きな理由は、子供が「婚外の息子」だったためだと見られる。すでに知られているように、金正日は成惠琳(シンヘリム)、金英淑(キムヨンスク)、高英姫(コヨンヒ)など何人かの夫人を置いたが、この中で、父金日成に認められて正式に結婚した女性は金英淑だけであった。だが「不幸にも」金英淑は息子を産めなかった。そして3人の息子は皆、潔く前に出せない「庶子」の身分であった。このため金正日は、生前に自身の「複雑な」私生活が外部に露出するのを厳格に警戒し、よって核心側近を除いては、父の金日成にさえも女性問題と「婚外子」問題を徹底的に隠したとみられる。[5] 生母が韓国出身の映画俳優や、北送在日同胞(訳注：1959年12月に始まった「帰国事業」で、日本から北朝鮮に渡った在日朝鮮人)出身の舞踊家ということも、後継者が世襲の名分のために備えなければならない家系正当性の確保と、偶像化作業推進に障害物として作用し得る主因だった。現実に金正恩政権がスタートして3年が過ぎたが、北朝鮮の宣伝媒体は、生母の存在さえ全く言及できずにいる。

　権力弱体化に対する憂慮も、金正日が後継問題に懐疑的だったことが原因

---

[5] 金正恩は後継者として公式デビューし、祖父金日成のイメージを借用し、以後も父よりは祖父の統治方式を模倣する方法で世襲の正統性確保を追求している。だが、金正恩は金日成に会ったことがなく、金日成も生前に孫の金正恩の存在を知らなかったとみられる。金日成が死亡した1994年に金正恩は10歳だったから、祖父に会ったなら、一緒に撮った写真や動画が必ず存在するはずであり、北朝鮮はこれを金正恩偶像化に大々的に活用しただろう。しかし今まで北朝鮮の宣伝報道で、金正恩が金日成と一緒にいる姿や、家族写真は公開されたことがない。北朝鮮が高英姫偶像化のために製作した記録映画『偉大な先軍朝鮮の母』(KBSスペシャル、2012.7.1)も、金日成主席死後の1990年代後半からの高英姫の活動姿を含んでいる。これは生前の金日成と高英姫およびその子供の間に、いかなる接触や縁もなかったことを示している。

だと見られる。前述したように金正日は、1970年代初めに金日成の後継者に内定し、労働党組織指導部部長に任命された。北朝鮮のような「党＝国家」体制では、党組織書記は総書記の次を行く権力のナンバー２であるが、組織指導部の総責として全党に対する掌握と統制、党内部業務、とりわけ権力層の人事問題を専門に担当する。こうした意味で、国政全般の責任を負う総書記よりも組織指導部部長は、事実上遥かに強大な実権を行使すると見られる。金正日は、党組織指導部部長に任命されることで、党権力と人事権を踏み台にして、全党、全軍、全社会に自身の後継権力構図を一糸乱れずに構築していくことができたが、金日成の権力はこれに反比例して急速に弱まった。

　こうした経験から、金正日は自身の後継者が任命されれば、すぐに自分も父が体験した権力弱体化は避けられないことを誰よりもよく知っていた。金正日が2009年に金正恩を後継者に内定しても、彼に特別な重責を付与しなかったことと、[6]2010年の第３次党代表者会で金正恩を後継者として対内外に公開し、党中央軍事委員会副委員長という実体もない職責を新しく作って付与したことなどは、彼が後継問題による権力弱体化をどれほど恐れたかを如実に示している。後継者の任務として当然視される、党組織指導部部長職を金正日は、事実上死ぬまで息子に譲らなかった。

　金正日が、初めから３人の息子の中で、末子の金正恩を後継者として考えていた可能性も排除できない。北朝鮮で金正日の専属料理人をしていた藤本健二の証言によれば、金正日はかなり以前から三男金正恩の性格と度胸が気に入り、統率力もあると言って後継適任者だと評価したという。[7]これからすると、金正日が、2000年代初めに側近の後継作業を中断させたことは、彼が寵愛する金正恩が、当時20歳にもなっていなかったので、まだ後継問題を論じる時でない、と判断したことが原因かもしれない。

　自身の後継に対して否定的だったのか、消極的だった金正日の態度を変えさせたのは、2008年8月に発症した脳卒中であった。自身の健康が深刻で、後継問題をこれ以上先送りした場合、体制の存亡に重大な結果を招くと憂慮

---

[6] 当時、金正恩が国防委員会指導員の職責を与えられ、軍部を中心に業績を積むこととイメージ構築など本格的な後継修行に突入したという主張（『聯合ニュース』2009.4.26）や、金正恩が正式職責ではないが国防委員長代行で金正日を補佐する役割をしている、という主張（『毎日新聞』2009.6.20）など後継者内定以後、金正恩の職務と関連した多様な見解と主張が提起された。
[7] 『聯合ニュース』2009.7.16；『東亜日報』2011.12.22

した金正日は、病状がある程度回復した2008年末、容貌や性格、資質などの多くの面で最も信頼できる三男金正恩を後継者として目星をつけた。翌2009年1月8日、金正恩の誕生日を契機に、当時労働党組織指導部第1副部長だった李済剛を通して、全党と全軍に金正恩の後継者指名に関した自身の意図を正式に下した。

2. リーダーシップの危機と後継戦略

1) 後継者修業と認知度確保

　2008年に発生した金正日の病気と急速な健康の悪化は、対内的には体制の求心力弱体化というリーダーシップの危機と、対外的には体制の弱点露出が招く外部からの威嚇増加に対する安保の憂慮を同時に招いた。最高統治者の掌握力と統治力は急激に低下したが、後継者として内定した金正恩は、まだ金正日に代わる新たなリーダーシップを発揮する能力も、そのような位置にいることもできなかった。そのため金正日が病気に臥していた期間、暫定的に稼動した張成沢をはじめとする核心側近の業務代行体制が、金正日の病状がある程度回復した後も終了できない異常な状況が続いていた。[8] これは結局、権力の弱体化を憂慮して後継問題に中途半端だった金正日自らが招いた結果であった。

　金正日の健康悪化によるリーダーシップの危機克服と、安保不安解消のためには、金正日の統治力弱体化をカバーできる後継体制の早急な構築が、最優先課題として提起された。この時から金正恩は、後継者内定と共に指導者の資質と能力を確保する後継修行に本格的に着手した。すでに言及した通り、金正日は後継者内定以前に、10年間労働党中央委員会で経歴を積んで充分な後継準備過程を経たが、金正恩は後継者に内定してから、初めて後継修行の機会を保証された。事前に何の準備もなく後継者に「冊封」された20代半ばの金正恩は、こうした状況に当面して権力掌握と国政運営に必要な統治方法と

---

[8] 北朝鮮のような首領絶対主義体制で金正日が病に臥したことは、体制の生存と直結した最大の危機に違いなかった。当時、北朝鮮は金正日が正常に業務を掌握する姿を演出するため、張成沢が主導するごく少数の核心側近中心の業務代行体制を稼動させたことが分かった。『聯合ニュース』2008.11.2, 2009.2.15

人心掌握術、経験と知識を伝授されることによって、後継者としての資質を短期間内に確保しなければならなかった。このため、金正日は病身にもかかわらず、現地指導と国政運営に漏れなく金正恩を立ち会わせて、自身の統治哲学と統治方法を伝授した。これと同時に自身の側近幹部と金日成軍事総合大学教授などの専門家を使って、金正恩に先軍思想と先軍政治、軍事戦法、主体哲学、経済管理、国際関係、文学芸術、体育など国家を治めて体制を維持するのに必要な知識とノウハウを速成で教える措置を取った。[9]

　後継修行と並行して、住民たちの中で、金正恩の後継者認知度を確立するための措置も全党的に取られた。初期には、金正恩の後継者内定の事実は、党と軍、公安など特定分野の中間幹部までにだけ非公式に通知され、一般住民には噂として伝えられ、金正恩の名前も知らないまま「金隊長」とだけ呼ばれた。[10]また、公式報道も主に「白頭血統」とか「万景台一族」を強調する間接的な方法で、三代世襲の正統性と必然性の宣伝に力を注いだ。[11]以後、金正恩が後継者として内定して4ヶ月が過ぎた2009年5月、全国の党細胞組織には、後継者を早く「推戴」することを請願する手紙を金正日に上げよ、という指示が下された。[12]そして、これに応答する形式で全幹部と党員、住民と海外公館に金正恩の後継者内定事実を公式に通知した。[13]これは金正恩の後継者内定が、指導部の一方的な決定でなく、全党員と人民の「一致した意志と念願」によって正常な推戴手順を踏んだことを示す措置であった。

　金正恩の後継者選定が対内的に公式化され、それに対する偶像化作業も弾みをつけ始めた。金正恩の「偉大性」と「革命活動」を宣伝する講演会と思想学習、決議会、群衆集会などが、全党、全社会的に実施された。[14]「足取り」という金正恩称賛の歌が創作・普及され、[15]長距離ミサイル発射と第2次核実験はもちろん、北朝鮮のワールドカップ本戦進出まで金正恩の業績として宣伝された。公式報道も外部世界を意識して金正恩の実名は挙げないまま「首領の恩

---

[9] 『聯合ニュース』2009.7.8, 12.1
[10] 『聯合ニュース』2009.3.23
[11] 「きらびやかな明日のために」『労働新聞』2009.2.26
[12] 『聯合ニュース』2009.5.15
[13] 『聯合ニュース』2009.6.1
[14] 「尊敬する金正恩大将同志の偉大性教育資料」『毎日新聞』2009.10.5;『デイリーNK』2009.10.6, 2010.3.23
[15] 『聯合ニュース』2009.5.31, 8.4

恵」、「将軍の福」、「偉大な継承」などの表現を使いながら、三代世襲体制に対する忠誠を積極的に促した。[16]

　偶像化作業と共に、これを具体的に立証するための金正恩の業績作り作業も同時に推進された。この間、指導力と資質の検証はもちろん、存在さえ知らされなかった若い後継者に対する権力層とエリート、住民たちの不安と不信、憂慮を解消して、認定と信頼、進んで忠誠心を引き出すためには、顕著な成果と業績を1日も早く作り出すことが何より急務であった。これを通して自身の権力継承が「無能な幼い王子の封建的世襲」でなく、指導者としての資質と能力、徳性とリーダーシップを充分に備えた後継者の正々堂々とした「革命偉業の継承」であることを立証しなければならなかった。

　問題は、北朝鮮が置かれた対内外状況で、早急に金正恩の政治的功績として提示できる業績を作り出すのが、決して容易ではないことだった。前にも言及した通り、金正日が後継者として内定した1970年代の北朝鮮の対内外状況は、現在と比較できないほど良好だった。指導部と体制に対するエリートと住民の信頼度と忠誠心も高く、経済も社会主義圏内で模範事例として通るほど比較的堅実だった。非同盟外交の全盛期だった、と北朝鮮外交官が後日、たびたび回顧するほど対外関係にも自信があふれていた。このように有利な対内外状況に力を得て、金正日は後継者に内定した直後から、党組織部長として党権力を掌握した有利な地位を活用し、「70 日戦闘」と「三大革命小組運動」、「速度戦」などの経済キャンペーンと大衆運動を組織し、6ヶ年人民経済計画を早期に完遂して、多くの産業施設と偶像化記念碑、住宅団地などの建設を主導する過程で指導力と組織的手腕を遺憾なく発揮した。これは金正日の能力と資質に対する権力層と住民たちの信頼確保と、全党、全軍、全社会に対する金正日の掌握と、唯一指導体系確立に大きく寄与した。

　これとは対照的に、三代世襲を控えた北朝鮮の対内外状況は、後継者が政治的功績をどこでどのように作り出せるか、予想さえできないほどの危機そのものであった。国家経済と人民生活は、すでに長年にわたり破産状態にあり、権力層から住民に至るまで自身の生存を全面的に市場に依存していた。体制に対するエリートと住民の支持度と忠誠心は、北朝鮮政権発足以来最も低い水準を記録し、社会全体に金銭万能主義と不正腐敗が蔓延していた。対

---

[16] 『労働新聞』2009. 6. 11, 6. 22〜23

外関係も、唯一残った友邦の中国さえ、国際社会の対北朝鮮制裁と圧迫に参加するほど完全に孤立した状態であった。北朝鮮に友好的であった韓国も、政権交代した後で、これ以上の支援と協力を期待できなくなった。

あらゆる悪材料が、内外のあちこちに山積しており、金正恩には後継者時代の金正日のように、自ら業績を作り出せる強大な権限と制度的基盤もなかった。こうした状況で、当時北朝鮮で「2012年強盛大国建設」を目標に掲げて推進されていた熙川(ヒチョン)発電所建設と平壌市の10万世帯住宅建設のような経済課題と建設プロジェクトを、金正恩の直接的な発起と指導下で行われた業績として、紹介、宣伝するために過去の金正日時代の宣伝方式を再活用することも無理であった。

しかし、この時期の北朝鮮の公式報道の論調と一連の動向を調べると、金正恩の後継者イメージ構築目的の業績作りは、明確に進められていた。代表的な事例は、北朝鮮が「2012年強盛大国達成」のために2009年10月10日の創党記念日を目標にして5月から始めた「150日戦闘」であった。北朝鮮は、これを金正日が経済部門の業績を積むために直接発起して指揮した1970年代の「70日戦闘」と「100日戦闘」、1980年代の「200日戦闘」と比較し「私たちの党の歴史に特記する出来事として長く刻まれることになるだろう」と評価した。[17]「150日戦闘」を金正恩の指導力と業績として飾り立て、偶像化の素材として積極的に活用しようとする意志を明確にした。だが、すでに言及したように、経済運営や大衆運動を導いた経験や能力、職責や権限もなかった金正恩が、こうした経済キャンペーンを直接指導したということは、理屈に合わない。

2009年11月30日に北朝鮮で施行された貨幣改革は、北朝鮮が置かれた状況で、金正恩の経済的業績を確保することがどれほど難しいか、無理な方式の業績作りは、かえって途方もない副作用を招くことを克明に見せた事件であった。当時、北朝鮮は深刻なインフレと財政悪化に陥っており、市場勢力の拡散などを放置した場合、金正恩の経済的業績どころか、国家経済自体の運営がほとんど不可能な状況であった。このため北朝鮮は、市場に過剰吸収された貨幣を回収して、市場を通して富を蓄積した勢力を無力化し、国家経済を正常化させる目的で、事前予告なしに大規模な貨幣改革を電撃的に断行した。しかし北朝鮮の市場は、すでに国家が介入した場合、国全体が混乱に

---

[17] 「闘争と前進の熱風に転換の突破口を!」『労働新聞』2009.5.5

陥るほど大きくなっていた。貨幣改革でインフレは一層深刻になり、供給不足で物価と為替レートが天井知らずに高騰した。自国貨幣に対する信頼は地に落ち、外貨万能の風潮が社会を支配した。それまで貯め込んでいたお金が一夜の間に紙切れになり、商人と住民の精神的衝撃は、計り知れないほど大きかった。

　貨幣改革は、権力継承を控えてエリートと住民の支持と忠誠が、どの時よりも切実だった金正恩に大きな政治的打撃を与えた。これに対し、北朝鮮は、貨幣改革失敗の責任を問い、党書記兼計画財政部長朴南基(パクナムギ)を公開銃殺し、価格統制を撤回して市場の取引を許容するなど、民心収拾に出ざるを得なかった。[18]とりわけ内閣総理が、平壌市民の前で貨幣改革の失敗を認めて謝ったことは、北朝鮮史で前例がないことであった。[19]この事件は北朝鮮権力層に、体制維持のために社会主義の原則と路線の固守も重要だが、それより重要なのは、民心だという深刻な教訓を与えた。[20]

　経済部門での顕著な業績作りが容易でない状況で、北朝鮮が金正恩の業績として掲げたものは、2009年4月の金日成第97回誕生日と5・1節を迎えて進めた大規模な祝賀公演と祝砲夜会のような政治行事であった。北朝鮮は、これを金正恩が直接企画・組織した作品だと大々的に宣伝した。[21]数百万ドルを使い尽くした政治行事は、顕著な業績がなくとも、低迷した社会の雰囲気を一掃して、住民たちに金正恩時代に対する楽観と喜びを注入する驚くべき効果を発揮した。この他にも北朝鮮は、金正恩の新世代指導者像誇示のために、経済部門でのCNC化（訳注：computerized numerical control　コンピューター数値制御）を彼の主要業績として掲げた。

2）国防委員会主導の危機管理体制の登場

　北朝鮮は、金正日の病気でリーダーシップと体制安保が直面した危機の克服のため、金正恩に対する後継修行と認知度の構築、偶像化と業績創出に拍車をかけると同時に、金正日の統治を制度的に補佐して権力の空白を最小化するため、国家的次元の危機管理措置も積極的に模索した。金正日はまず、

---

[18] 『聯合ニュース』2010.3.18
[19] 『聯合ニュース』2010.2.11
[20] 「北労働党が人民の顔色を見始めた」『東亜日報』2010.3.11
[21] 『聯合ニュース』2009.5.11

金正恩を後継者と内定した直後の2009年2月、党中央軍事委員会委員長及び国防委員会委員長の名義で、金永春(キムヨンチュン)を人民武力部長に、李英浩(リヨンホ)を人民軍総参謀長に任命するなど軍首脳部に対する大幅な要人交替を断行した。これと合わせて、党に属していた作戦部と35号室(前対外情報調査部)などの対南工作部署を人民軍総参謀部傘下の偵察局と統合し、人民軍偵察総局として改編して、金英哲(キムヨンチョル)を総局長に任命した。こうした措置は、北朝鮮が直面した指導部の弱点が、外部の威嚇を招く可能性を事前に封じ込め、確固たる警戒態勢と安保態勢を確立することに目的があったと見られる。

金正日はこれと共に同年4月、最高人民会議第12期第1次会議を通して国防委員会の地位と権限を強化する方向で憲法を改正し、張成沢(チャンソンテク)、金正覚(キムジョンガク)、禹東則(ウドンチュク)、朱相成(チュサンソン)、朱奎昌(チュギュチャン)などを国防委員に新たに選任し、国防委員会の構成を大幅に拡大した。こうして国防委員会は国防管理と軍需産業はもちろん、公安と対南など体制守護分野の首長をあまねく網羅した安保指令塔として機能することになった。国防委員会の強化は、健康状態が悪化した金正日の業務を政策的に補佐し、金正恩の後継基盤拡充を後援し、内部統制の強化と外部威嚇の抑止を通してリーダーシップの危機過程で発生しうる体制不安定要因を最小化することに目的を置いた。国家的次元の危機管理措置であり、政策補佐体制の出発を意味した。

しかし、こうした措置は、金正日の発病を契機に、その間実質的なナンバー2の役割をしてきた張成沢の地位と位置づけを強化させる結果を招いた。金正日時代に絶え間ない牽制を受けた張成沢が、金正日の発病以後、国防委員会に進入するなど北朝鮮の実権者として、勝った余勢を駆って猛進できたのは、金正日が病気で臥していた期間の業務代行役割を遂行する過程で、卓越した危機管理能力と忠誠心を発揮して、金正日から絶対的な信任を得たためだと見られる。当時、張成沢が国防委員に選任されたことと関連して、張成沢が主導する軍部中心の金正恩後見体制を構築しようとする試みという評価も提起された。[22]張成沢は以後2010年6月、最高人民会議第12期第3次会議で国防委員会副委員長に選出され、名実共に権力ナンバー2の地位を確保した。しかし、金正日の健康悪化で掌握力が急激に低下し尽くした当時の状況を考慮すれば、張成沢は事実上北朝鮮の最高実力者として、過渡的権力委

---

[22] 『聯合ニュース』2009.4.10

譲期の北朝鮮の国家戦略を実質的に主導できる行為主体の位置を確保したとも評価できた。とくに張成沢の国防委員会副委員長任命直前に発生した組織指導部第1副部長李容哲（リョンチョル）、李済剛（リジェガン）など「政敵」の相次いだ死亡は、張成沢に翼をつけたようなものだった。[23]

　金正恩の後継者内定と共に行われた軍首脳部の人事交替と、国防委員会中心の危機管理体制のスタートは、今後の北朝鮮の全般的な対外・対南政策が強硬性を現すことを予告したものと見られた。この時期、北朝鮮が追求した対外・対南戦略は、外部世界にとって「北朝鮮のリーダーシップの弱点に触るな」ということに要約された。実際に北朝鮮は2009年1月17日、人民軍総参謀部声明を通して李明博（イミョンバク）政府と韓国軍の西海北方限界線(NLL)死守の意志と、北朝鮮急変事態の可能性議論に対して強力に反発し、NLL無力化と全面対決態勢の宣言で応答した。また、1月30日には祖国平和統一委員会(祖平統)声明を通じて、南北間の政治軍事的対決状態の解消と関連した総ての合意事項無効化と、南北基本合意書及び付属合意書の西海海上軍事境界線関連条項の廃棄を宣言した。

　こうした対南強硬態勢の誇示と共に、北朝鮮は、4月5日に人工衛星と称した長距離ミサイルを発射し、5月25日には国際社会の憂慮と反対にもかかわらず、咸鏡北道吉州郡豊渓里（ハムギョンブクドキルジュグンプンゲリ）近隣で第2次核実験を強行した。そして核実験直後にも短距離ミサイルを相次いで発射し、極度の緊張状態を作った。北朝鮮が見せた強硬な行動は、権力移譲期の体制弱点から始まった指導部の不安感を反映した「弱者の虚勢」としか評価できなかった。これと共に、生前に核兵器の戦力化を完成して体制安保の確実な安全弁を用意して、後継者に譲り渡そう、という金正日の意志から始まった可能性も大きかったと見られる。とりわけ2010年に発生した北朝鮮の「天安艦（チョナン）」爆沈攻撃と延坪島（ヨンピョンド）砲撃は、金正恩の後継者内定以後に、北朝鮮が追求した対南強硬政策の絶頂を成す挑発事件であった。この事件は、対内的に金正恩の「度胸」と「肝っ玉」を誇示することで強力な指導者像と安保守護者のイメージを構築し、対外的には「金正恩を幼いと言って馬鹿にするな」という警告のメッセージを送ったものと解釈

---

[23] 生前に金正日は張成沢を側近に置きながら、首領唯一指導体系確立を使命としている組織指導部に、張成沢に対する監視と警戒を緩めないようにさせた。そのため張成沢は歴代の組織指導部第1副部長だった李ファンピル、李賛善、文聖述、李済剛、李容哲などと常に気まずく緊張した関係にあり、牽制を受けて何回も分派行為などの罪目で左遷と「革命化」の処罰を受けた。

できる。
　併せて、後継構図の構築過程で国家戦略の主導権を掌握した軍部と対南工作機関が、忠誠心と実績を誇示するために行った競争の産物である可能性も排除できなかった。しかし、北朝鮮が犯したこうした無謀な挑発と強硬一辺倒の戦略は、韓国と国際社会の対北朝鮮制裁と圧迫の長期化を招き、金正恩政権スタート後、今でも北朝鮮の足を引っ張り、息の根を締めつけてくる鎖である。この外部圧力は、北朝鮮の関係者が解決しなければならない負担となっている。

3. 後継体制の登場と権力継承

1）後継体制の公式化と労働党の指導強化

　2010年9月27日、労働党第3次代表者会を控えて北朝鮮の公式報道は、金正恩に人民軍大将の称号が授与されたと、トップニュースで一斉に伝えた。金正恩の後継者内定が既定事実として公式に確認された瞬間だった。そして翌9月28日、労働党第3次代表者会で金正恩は、ついに北朝鮮の三代世襲の後継者として国内外に姿を現した。北朝鮮住民と外部世界が出した金正恩に対する初めての評価は、金日成の半世紀前の姿をそのまま再現したものであった。金日成の生前を彷彿させるイメージ戦略は、金日成時代に対する北朝鮮住民の郷愁と金日成の「白頭血統」イメージを利用して三代世襲の正統性を確保し、金正恩に対する個人崇拝と忠誠心を誘導する奇抜な思いつきであった。同時に、金正恩に後継者の名分と正統性、提示できる業績がそれだけ不足したことを示した。金正日本人も北朝鮮のエリートと住民が、金正日時代よりも金日成時代を懐かしがっており、金日成のイメージが後継体制構築により有利だ、と充分に感知していたことを自ら示した窮余の策であった。
　第3次党代表者会は、金正日の健康悪化が招いた北朝鮮のリーダーシップの危機と、後継問題を決着させる重大な分岐点になった。会議では、金正日を労働党総書記と政治局常務委員、党中央軍事委員会委員長に再推戴して党規約を改正し、政治局と政治局常務委員会、書記局、党中央軍事委員会、検閲委員会などの党指導機関を新しく構成した。北朝鮮が全党的な規模の会議で党規約を改正し、党指導部を新しく構成したのは、金正日の後継者の地位

を対内外に公式化した1980年の労働党第6次大会以来、30年ぶりであった。これは、北朝鮮で党規約の改正と指導部の再構成は、基本的にリーダーシップの交替と後継体制の確立に目的があることを示している。[24]

図7-1　第3次党代表者会を通してみた労働党の組織構成手続き

党大会・党代表者会		
党総書記及び 党中央軍事委員長推戴	党中央委員・候補委員選出 党中央委員会構成	党中央検査委員会構成

↓

党中央委員会　全員会議招集		
政治局常務委員会及び政治局構成	書記局構成	党中央軍事委員会構成

書記局傘下専門部署構成		
党生活指導部署	政策指導部署	その他部署
組織指導部 宣伝扇動部	国際部　行政部　機械工業部　軽工業部　科学教育部　計画財政部　勤労団体部　民防衛部　軍事部　統一戦線部	幹部部　財政経理部　総務部　党歴史研究所　申訴室　文書整理室　38号室　39号室

↓

主要部門政治機関構成	各地域党委員会構成
人民軍総政治局　人民保安省政治局 国家安全保衛部政治局　鉄道省政治局	平壌市　羅先市　南浦市　慈江道　両江道 江原道　平安南道　平安北道　咸鏡南道　咸鏡北道 黄海南道　黄海北道

ただし、北朝鮮が第7次党大会の代わりに党代表者会を招集したのは、北朝鮮が直面した国内外の現実に関連すると見られる。社会主義国家では、全党大会は一定の期間を置いて、前の大会で提示した課題の決算を意味する「党中央委員会事業総括報告」と、今後のビジョンを意味する新たな人民経済計画の提示を核心議題として扱うことが慣例になっている。しかし北朝鮮は、第6次大会で提示された目標と課題を、30年を経た現在まで達成できておらず、新たな人民経済計画と目標を提示できる条件も用意できずにいる。[25]こうした

---

[24] 北朝鮮は1980年の第6次党大会以後30年間、党政治局と書記局、党中央軍事委員会など指導部に対する人事を事実上放置した。その結果、第6次党大会当時5人だった政治局常務委員は第3次党代表者会直前には金正日1人だけになり、政治局委員は3人、候補委員は5人、書記局も5人、軍事委員会も6人になるほど空席に対する人事がほとんど行われなかった。

[25] 高位層出身の脱北者の証言によれば、金日成はもちろん金正日も生前に数回、人民の食糧問題を

状況で、北朝鮮が緊急なリーダーシップ危機の克服と後継問題解決のために選択した方式が、1966年以後44年ぶりに党代表者会を招集することであった。結局、第6次党大会が「社会主義経済建設の10大展望目標」のような派手なビジョンと共に、祭の雰囲気の中で金正日後継体制を公式にスタートできたのと異なり、第3次党代表者会は何のビジョン提示もなく、単純に金正恩の後継者の地位を国内外に知らせ、権力世襲に必要な党規約改正と指導部改編を断行する線に収め、「質素に」行われた。

それにもかかわらず、第3次党代表者会は金正日時代、とくに先軍政治時代に萎縮した労働党の地位と役割を回復する契機になったという点で、それなりの意味を探すことができた。党代表者会で行われた労働党の地位と役割回復は、厳密な意味で党の政策指導機能の復元を意味した。前述した通り、北朝鮮社会に対する労働党の指導は、党生活指導と党政策指導で成り立つ。党生活指導は、さらに組織指導部の党組織生活指導と宣伝扇動部の党思想生活指導に細分化される。党政策指導も、党政治局と党中央軍事委員会の政策樹立、及び決定機能と党書記局傘下の政策部署の政策指導及び監督機能に細分化される。[26] 全党、全軍、全社会に対する掌握と統制、人事と洗脳などを意味する組織指導部と宣伝扇動部の党生活指導機能は、先軍時代を通してもただの一度も弱まったことがない。一方、党政治局と党中央軍事委員会などの政策決定機構と書記局傘下の軍事部、国際部など分野別政策監督機構の機能は、金正日時代に、ほとんど側近政治と批准政治など金正日が各分野を直接掌握・指導する「直轄統治」に転換された。[27] しかし、2000年代後半に金正日の健康が悪化し、直轄統治方式の政策指導機能は党に還元される代わりに、国防委員会の政策補佐機能として移転された。この時から党は党生活指導を、国防委員会は政策指導を分担する統治構造が作動した。第3次代表者会は、こうした分担構造を終息させ、党が党生活指導と共に固有の権限である政策指導機能を再び行使する契機になった。言ってみれば、金正日の人的統治が党の制度的統治に代替されたのである。

党の政策機能が正常化したからといって、党政治局と党中央軍事委員会で

解決する前に党大会を招集できないと側近幹部に語ったという。
[26] 〈図3-1〉参考。
[27] 〈図5-1〉参考。

参席者の自由な政策討論や多数決による意志決定が許されたことを意味しなかった。政策決定機構は、相変わらず首領の意図と構想を党の意志に変身させる形式的な追認機能をしただけであった。しかし、国防委員会が行使した政策監督機能は、明らかに党書記局傘下の諸政策指導部署にほとんど還収された。こうして党は、政策の決定はもちろん、決定された政策を政府と各分野がまともに執行するか否か監督する機能も総て行使できるようになった。

　北朝鮮がこの時点で、党代表者会を招集して党の指導機能を回復するようにしたのは、金正日が病に臥した状況で、暫定的に樹立された国防委員会主導の過渡的危機管理体制を、党の伝統的な指導体制に戻すことによって、体制の安定化と、三代世襲体制の成功裏の定着を制度的に企てるための措置と解釈される。とくに、後継者の権力継承が未完の状態で金正日に事故が発生した場合、軍部主導の国防委員会が権力を掌握する可能性が大きいという憂慮も、こうした措置の主な背景だったと見ることができる。[28] こうした見地から、党の指導機能正常化は、単純に国防委員会の政策補佐機能を党が吸収して首領の意図を党政策で追認するためにだけでなく、先軍政治下で地位が高まった軍と公安の高位層幹部に、党政治局と党中央軍事委員会構成員の地位を与え、党という制度的枠組の中に引き込み、党の指導下に縛りつけることに、より根本的な目的があった。

---

[28] 北朝鮮のウェブサイト「我が民族同志」(2009. 5. 25)によれば、金正日は2001年1月、軍指揮官と共にある席で「軍隊が党の指導を受けられなくなれば、反革命の道具に転落してしまう」と語り、1973年チリのアジェンデ政府が軍事政変で転覆されたのは、政権を執った党が軍隊を掌握できず、軍の中立化に満足したことが原因だと主張した。また、「いくら党が政権を取っても軍隊の支持を得られなければ、党指導部は操り人形に過ぎない」、「党が武装力を掌握できなければ数十数百万の党員を有していても力を発揮できないことが歴史の教訓」だと強調した。また彼は、2005年1月軍指揮官に「人民軍に対する党の指導問題は最高司令官の指導に関する問題」であり、軍に対する党の指導で「何より重要なのは革命武力の核心骨格である活動家によく準備させること」と語り、軍指揮官に対する人事は党の領域であることを明確にした。『聯合ニュース』2009. 5. 25

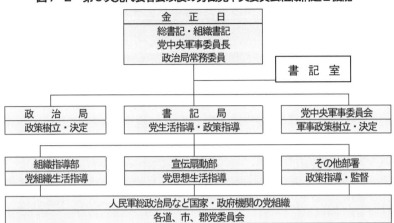

図7-2　第3次党代表者会以後の労働党中央委員会組織構造と機能

2）党規約改正と労働党の私党化

　労働党が、リーダーシップの危機にも揺れずに、首領の統治手段として、権力世襲の道具として確かに機能させるために、北朝鮮が党代表者会で最も力を入れた部分は、党規約を改正して労働党を名実共に首領の私党として、首領の所有物にすることで、党を後継者に相続できる法的基盤を用意したことである。これを具体的に調べると、まず改正された党規約は、冒頭で『朝鮮労働党は偉大な首領金日成同志の党である』と規定した。創党当初「人民の代表者」、「労働階級の先鋒部隊」であった労働党の性格は、金日成の唯一支配体制確立と、金正日の権力世襲を経ながら「抗日革命伝統の継承者」、「金日成が創建した党」などと変化し、ついに金正恩三代世襲を契機に、首領個人の私党に変質した。新規約はまた『朝鮮労働党は偉大な首領金日成同志の革命思想、主体思想を唯一の指導思想とする主体型の革命的党である』と規定することで、指導思想を私党化の根拠に掲げた。これと共に旧規約で『党の最高指導機関は党大会である』(21条)といった部分で「指導」という単語を抜き『党大会は党の最高機関である』と直した。そして、党総書記を党中央委員会全員会議で「選挙」するとしていた部分も、党大会で「推戴」すると変えて総書記の権威を党大会より上位に置いた。とくに規約は、それまでなかった党総書記に関する条項を新たに設け『朝鮮労働党総書記は党の首班である。朝鮮労

働党総書記は党を代表して全党を指導する。朝鮮労働党総書記は党中央軍事委員会委員長になる』と明示して、金正日の健康悪化や掌握力が弱体化した時に、総書記の他に第三の人物が党と軍の実権を掌握できないようにし、後継者が党総書記職を継承するだけで、党と軍を同時に掌握できる制度的装置を用意した。この他にも規約は、党の路線と党建設理論、党の組織原則と組織構造、党員の資格と義務など規約の全般に、金日成・金正日の思想理論と業績の固守、首領の革命偉業継承と完成、首領の唯一指導体系確立と首領の決死擁護などを強調する表現と文言を挿入した。

改正規約に反映されたこうした内容は、事実上すでに北朝鮮で現実化されていた。それにもかかわらず、北朝鮮が規約でこうした内容をあえて明文化したことは、ポスト金正日時代に備える目的があったと見られる。金正日の死後も、規約によって首領の党を、後継者が相続できる制度的口実を用意したのである。これは、改正規約で「共産主義」という表現と文句が全部消えたことからも確認された。[29] 金正日自身も、権力の世襲と党の私有化が、共産主義理念に対置されることを熟知していたのである。代わりに、新規約の党建設原則に「思想と指導の唯一性保障」と「継承性保障」に関する内容を追加することで党の世襲道具化を「合法化」した。

金正日が、規約を改めてまでして党を私党にして世襲の道具としようとしたことは、権力世襲に対する彼のコンプレックスから始まったと見られる。

第3章で叙述したように、金正日は過去「首領論」と「後継者論」、「資質論」という多様な論理で自身の権力継承の世襲的性格を努めて否認した。しかし金正恩の場合には、どんな論理でも世襲の性格を隠せないという判断によって、いっそ世襲だという点を「堂々と」認めて、これを正当化する「正面突破」方式を選択したのである。そして世襲に正当性を付与するために、共産主義理念を放棄してまで党の私党化を推進した。

改正された党規約はまた、軍に対する党の指導を確固と保障することによ

---

[29] 例えば、「朝鮮労働党は…勤労大衆の利益と社会主義、共産主義運動の勝利のために献身的に服務する先鋒的闘士たちで組織する」を「朝鮮労働党は偉大な首領金日成同志を永遠に高く崇めて偉大な指導者金正日同志を中心に組織思想的に強固に結びついた労働階級と勤労人民大衆の核心部隊、前衛部隊である」と変えた。また、党の最終目的も「総ての社会の主体思想化と共産主義社会を建設するところにある」を「総ての社会を主体思想化して人民大衆の自主性を完全に実現するところにある」と修正した。

って、金正恩の軍掌握を制度的に後押しするための口実も用意した。これは規約第7章(朝鮮人民軍の中の党組織)で『朝鮮人民軍は、抗日武装闘争の光栄ある革命伝統を継承した朝鮮労働党の革命的武装力である』と規定してあった部分を『朝鮮人民軍は、偉大な首領金日成同志が抗日革命闘争の火の中で必死に創建された革命的武装力である。朝鮮人民軍は党の偉業、主体革命偉業を武装で擁護防衛する首領の軍隊、党の先軍革命領導を最も率先して支えていく革命の核心部隊、主力軍である』と修正したことからも確認できる。軍隊が、首領の私兵ということと、軍に対する首領の指導を確固として保障することが党の使命だということを明確にしたのである。

これと共に、『朝鮮人民軍総政治局は党中央委員会直属であり、その指導下で事業を遂行し、担当事業に関し党中央委員会に定期的に報告する』となっていた部分を『朝鮮人民軍総政治局は人民軍党委員会の執行部署として党中央委員会部署と同じ権能を持って事業する』と直すことで、総政治局が軍組織でなく、軍に対する党の指導を実現する事実上の党機関であることを確実にした。[30]加えて『朝鮮人民軍の中の各級党組織は…党の唯一的用兵体系と革命的軍風を確固と打ち立て、人民軍の中に党思想と領導の唯一性を徹底して保障し、総ての党員と軍人を党と主席を決死擁護する銃爆弾として、祖国と人民のために命を捧げて戦う党の真の戦士として堂々準備させる』と強調し、党に対する軍の従属関係を明白に規定した。

3) 労働党指導部の改編と後見体制の登場

第3次党代表者会は、金正恩の後継者の地位を国内外に公式化し、金正日の統治と金正恩の権力継承を党的に補佐する方向で、党の指導機能強化と党・軍一体化、党の私党化など様々な措置を取った。本来、後継者として金正恩に付与された最初の公式職責は、世間の予想とは異なり、党中央軍事委員会に新設された副委員長であった。[31]これは過去、金正日が後継者内定以前

---

[30] 人民軍総政治局は、総参謀部、人民武力部と共に軍の三大組織と一般的に評価されるが、改正党規約は総政治局の性格を、このように軍を政治的に指導する党機関だと明確に規定した。金正恩政権スタート以後、崔竜海、黄柄瑞などの党員が人民軍総政治局長にぞろぞろ登用されたのも、結局は党規約によって明確に予告された措置だと見られる。

[31] 1980年の労働党第6次大会当時までも、党中央軍事委員会は政治局と政治局常務委員会のように委員長や副委員長が別になく、委員だけで構成され、党総書記がこうした協議体を指導するよう

に、すでに党組織指導部部長になって実権を掌握し、その後第6次党大会で後継者の地位公式化と同時に、党政治局常務委員と党中央軍事委員会委員に選出され、名実共にナンバー2の地位と職責を与えられたことと比較される。

　これに関連して、金正恩が党組織部長と政治局常務委員などの公式ナンバー2の職位に選出された場合、党権、中でも人事権の掌握によって招来される権力傾斜と金正日の権力弱体化が憂慮されるという評価が支配的であった。しかし、こうした憂慮と共に、まだ年齢と経験、資質など、総ての面で未熟な金正恩に重大な責任と役割を任せるよりも、後継者としての地位と身分を保障しながらも、実権のない象徴的なナンバー2の肩書を先に付与し、公式権力継承時点まで統治経験と権力基盤確保に必要な実践の機会を提供しようという意図が作用した可能性も排除できなかった。とくに金正恩は、党・軍一体化の方向で拡大した党中央軍事委員会の副委員長に選出されることにより、委員長である金正日が病に臥した状況で、事実上党と軍を同時に掌握できる地位を確保したと見ることもできる。併せて、北朝鮮の対内外の危機状況を考慮すれば、軍事・安保分野は、金正恩が短期間に業績を積むことによって先軍政治の継承者と安保守護者のイメージ、強力な指導者像を同時に構築して、後継者の正統性と認知度を高めるためにかえって有利だ、という判断も作用した。

　金正恩は、党代表者会で後継者の地位は国内外に公式化されたが、人事権のような自力で後継権力基盤を用意できる実権は保障されなかった。代わりに金敬姫(キムギョンヒ)と張成沢などの親戚と崔竜海(チェリョンヘ)と李英浩(リヨンホ)などの核心側近を党指導部に迎え入れ、これらの地位と権限を高めることによって、金正恩を政治的に保護して政策的に補佐する、いわゆる「後見体制」を用意した。党代表者会を控えて、金正恩と共に人民軍大将などの将官軍事称号を受けた金敬姫、崔竜海、金慶玉(キムギョンオク)、玄永哲(ヒョンヨンチョル)、崔富日(チェブイル)、黄炳瑞(ファンビョンソ)、柳敬(リュギョン)などが、後見人に抜擢された代表的な人物だと見ることができた。これらの中で金敬姫と柳敬を除く大部分は、金正恩後継体制の時期はもちろん、金正恩政権のスタートと金正恩親政体制構築で一番の貢献者の役割を果たした。

になっていた。党中央軍事委員会に委員長の職制がいつできたのか確認できないが、1991年に発行された『朝鮮中央年鑑』の労働党機構と関連した部分(p.96)には、金日成の多くの職責の中に党中央軍事委員会委員長だと言及した部分がある。しかし、この時も党中央軍事委員会副委員長という職責は言及されなかった。

とりわけ金正恩の後継者内定以後、国防委員会副委員長にまで選出された張成沢は、第3次党代表者会でも政治局候補委員と党中央軍事委員会委員に選任され、実力者としての地位を再度誇示した。金正日時代になかなか姿を現わさなかった金敬姫も、金正日が病に臥した後、現地視察と各種行事に着実に姿を現し、第3次党代表者会を機に、金正恩と共に人民軍大将の称号を授与され、党政治局委員にも選任された。また過去、労働党行政府と国際部、青年及び三大革命小組事業部、首都建設部、青年同盟などで張成沢と共に仕事をし、もしくは親密であった崔竜海、金養建、金永日、文京徳など多くの人物も、政治局と書記局などの党指導部に大挙抜擢された。これらの権力核心への進入は、結局、党で金正恩の後見人役割をする人物は親戚だけ、という金正日の判断と老婆心から始まったと見ることができる。

第3次党代表者会指導部の人選で、ずば抜けて頭角を現した人物は李英浩であった。2009年1月、金正恩の後継者選定と時を同じくして軍総参謀長に抜擢された李英浩は、党代表者会で権力序列最上位である党政治局常務委員に選出されただけでなく、金正恩と並んで党中央軍事委員会副委員長にも登用され、金正恩の党・軍掌握と後継権力基盤構築を傍らで直接補佐できる位置を確保し、金正恩後継体制の最大受恵者として浮上した。

労働党の金正日に対する補佐と金正恩に対する後見の役割が、組織改編を通じてより鮮明に浮かび上がった機構は、党を実質的に運営する書記局であった。政治局に70〜80代の元老が集中的に布陣された反面、書記局には崔竜海、文敬徳、金永日、金養建などの書記と、張成沢、呉日正(オイルジョン)、李栄秀(リヨンス)などの部長をはじめとする50〜60代の比較的若く、実務能力を備えた実力者が多く起用された。党がリーダーシップの危機を克服して後継問題を成功裏に解決するために、自分に課された使命を尽くそうとすれば、全党、全軍、全社会に対する党生活指導と政策指導を担当するこれら書記局構成員の責任と役割が何より重要であった。

親戚と側近中心の後見体制構築と共に、金正日は党内に自身のリーダーシップと後継者に対する挑戦勢力が形成されないよう、権力層の相互牽制及び権力分散構図も精巧に用意した。例えば、権力序列最高位職である政治局常務委員と党中央軍事委員会副委員長には、軍に影響力が強い金永春や呉克烈のような人物の代わりに、新進人物である李英浩を選出し、政治局でも上席である正委員には、主に各分野の元老と象徴的な人物を登用した反面、張成

沢のような実力者の大部分を、次席である政治局候補委員や党中央軍事委員会委員に起用した。権力が片側に傾かないように適切に分散させて、均衡をとることで権力層相互間に牽制システムを構築した。

表7-1　第3次党代表者会で断行された労働党指導部人選結果

機構	職責	氏名
政治局常務委員会	委員	金正日　金永南　崔永林　趙明録　李英浩
政治局	委員 候補委員	姜錫柱　金敬姫　金国泰　金己男　金永春　李勇武　辺永立　楊亨燮 金洛姫　金養建　金永日　金正覚　金彰燮　金平海　李泰男　文京徳 朴道春　朴正淳　禹東則　張成沢　朱奎昌　太鍾守　崔竜海　全秉鎬 朱相成　崔泰福　洪錫亨
書記局	総書記 書記	金正日 金己男　金養建　金永日　金平海　文京徳　朴道春　崔竜海　崔泰福 太鍾守　洪錫亨
党中央軍事委員会	委員長 副委員長 委員	金正日 金正恩　李英浩 金慶玉　金明国　金永春　金英哲　金元弘　金正覚　李炳鉄　禹東則 尹正麟　張成沢　鄭明道　朱奎昌　崔慶星　崔竜海　崔富日　崔相麗

　第3次党代表者会の指導部人選が後見体制の構築と相互牽制構図の方向で行われたことは、祖父や父の世代の権力エリートの保護と助力に依存する他はない金正恩の境遇を如実に示した。[32]こうした中で、金正恩との親密な関係を背景に、党指導部に登用もしくは推薦されたと分かった人物は、国家安全保衛部の禹東則（ウドンチュク）第1副部長と金彰燮（キムチャンソプ）政治局長、金英哲人民軍偵察総局長、崔富日副総参謀長など一部に過ぎなかった。[33]自らの人脈と権力基盤が脆弱な金正恩が、これら既存権力エリートの後見と補佐に頼る限り、外部世界が期待した北朝鮮の変化は遥かに遠かった。金正恩の後見を自認した党指導部構成員は皆、金日成と金正日によって育成され、補充された人物であり、自身の既得権を持続的に保障されるために、三代世襲体制の擁護に死活的な利害関係を有していただけであり、路線と政策の変化とは何の関連性もなかった。
　政策の司令塔である党政治局は、既存路線の固守と継承を至上命題とみな

---

[32] 北朝鮮が第3次党代表者会直後に、異例にも宣伝機関に公開した党政治局常務委員及び政治局委員・候補委員のプロフィールによれば、これらの大多数が70～80代の高齢者で、平均年齢は78.5歳であった。
[33] 『聯合ニュース』2011.12.20～21、2013.6.11

す党と軍、公安の体制守護勢力が掌握し、新たな変化を導いていける技術専門エリートや経済官僚は徹底して排除された。党代表者会直後の 2010 年 11 月、北朝鮮が敢行した延坪島砲撃事件が、まさに変化を拒否する旧エリート中心の新指導部が何を指向しているかを克明に見せてくれた。

4）金正恩後継体制の構築と権力継承

　党代表者会以後、金正恩は 2010 年 10 月 10 日労働党創立 65 周年記念軍事パレードで金正日と並んで主席壇に登場し、後継者の地位を対内外に誇示した。そして翌 2011 年、北朝鮮の公式序列に占める金正恩の位置もナンバー 2 の水準に格上げされた。[34] しかし、こうした地位変化にもかかわらず、金正恩の役割は、党代表者会以前と同じように金正日の現地視察に随行し、もしくは側近として補佐することに限定されるなど、父の威光から大きく抜け出すことはできなかった。[35] 過去、金正日が後継者の地位を公開する以前から「実務指導」の名分で独自の歩みを活発に行い、自身の認知度を自ら高めたこととは、全く異なる姿であった。

　もちろん党代表者会以後、金正恩が党中央軍事委員会副委員長の資格で戦争準備態勢完成を強調する指示を軍に命令したとか、[36]国家安全保衛部と人民保安部などの公安機関と人民軍偵察総局など対南機関の業務を直接指導した、という内容の北朝鮮軍内部文書が外部言論に公開されたりした。[37] 一部では、金正日死亡直前の 2011 年 10 月から金正恩が本格的に国政運営を始めた、という主張も提起された。[38] しかし、最小限金正日の死亡時点まで、金正恩が直接に政策を決めたり、国政を運営したりするなどの独自的な統治行為に出たという事実が、北朝鮮の公式媒体を通じて確認されたことはなかった。

　これは北朝鮮が、金正日の健康悪化に対処して金正恩の後継者内定の事実を急いで国内外に公開したものの、彼に国家戦略の実質的な行為主体としての役割と責任は託せなかった。また、金正恩の資質と能力に対して、金正日

---

[34] 『聯合ニュース』2011. 3. 8
[35] 『聯合ニュース』2011. 3. 27, 7. 26
[36] 『デイリーNK』2011. 11. 10
[37] 『デイリーNK』2011. 11. 10
[38] 『今日の北朝鮮ニュース』（北朝鮮研究所：良い友）2011. 12. 22

の憂慮と不信があったことを意味した。ここから北朝鮮は、金正恩に対する後継修行を継続して保障し、その方式で多様な効果を同時に得ることができる、より圧縮的で速成的な方法を追求した。金正日の現地指導に対する金正恩の随行範囲を、経済、軍事、公安はもちろん外交分野にまで拡大することによって[39]国家指導者としての経験を広げ、同時にこれを首領に対する忠誠と業績として広く宣伝し、偶像化と認知度拡大に積極的に活用する「一石二鳥」以上の効果を狙ったのである。

　金正恩の後継者資質とイメージ確保の努力と共に、後継体制確立のための権力基盤構築作業も表面化した。まず、金正恩の若い年齢を意識して、党と軍、公安部門をはじめ60代以上の中下層幹部を30〜40代に交替する幹部隊列の若返りが積極的に推進された。[40]また、満60歳以上の男性党員と満55歳以上の女性党員の党員証を名誉党員証に交替することで、老党員を引退させる措置も断行された。[41]

　金正恩の権力世襲と並行して、権力層の子供たちも相次いで権力を世襲する現象が現れた。代表的には「抗日革命第1世代」の前人民武力部長呉振宇の息子である呉日正党軍事部長が金日成の誕生日を契機に人民軍上将(訳注：将軍)に昇進し、やはり金日成の抗日パルチザン同僚であった呉白竜の息子呉琴鉄と呉鉄山も党代表者会で党中央委員と候補委員にそれぞれ選任された。彼らは相変わらず金正恩よりも金正日の世代に属する中堅幹部だったが、金正恩時代を持ち上げる主役として浮上した。[42]権力層の世代交代と共に党代表者会の直前、金正恩への大将称号授与と同時に上将に進級した国家安全保衛部副部長柳敬がスパイ罪で粛清され、人民保安相朱相成が李明秀に交替させられるなど、権力層の総入れ替えも本格化した。[43]北朝鮮のリーダーシップ交替状況と合わせて推進された権力層と幹部層、党員階層のこうした世代交代と総入れ替えは、具体的な背景や動機を離れて金正恩の後継権力構図の構築に一助となった。

---

[39] 2011年上半期に軍事部門に集中した金正恩の金正日現地指導随行は、下半期に入って経済と外交分野に拡大され、報道に公開される回数も急激に増加した。とくに金正恩は、平壌を訪問したラオス大統領(9月23日)と中国の李克強常務部総理(10月24日)の金正日面談に総て同席し、後継者の地位を国際社会に積極的に誇示した。『聯合ニュース』2011.10.30
[40] 『デイリーNK』2011.1.11, 6.20
[41] 『デイリーNK』2011.12.5
[42] 『聯合ニュース』2011.4.13
[43] 『聯合ニュース』2011.6.2

第3次党代表者会で、金正恩の後継者としての地位が公式化されてから1年余りの期間が過ぎた2011年12月19日、北朝鮮の総ての報道機関は金正日が、2日前の17日に現地指導を控えた列車の中で、過労で「殉職」したと一斉に報道した。当然、世界の視線は、金正日の急死が首領唯一独裁体制の将来にどんな波紋を及ぼすかに注がれた。後継者金正恩はまだ30歳にもならず、後継修行期間もせいぜい3年に過ぎなかった。

　自ら権力を掌握して国家を導いていくには、年齢や基盤、経験と職責の総てが著しく不足していた。前述したように金正日は1994年、金日成の死亡当時すでに党組織書記と政治局常務委員、党中央軍事委員会委員、人民軍最高司令官、共和国元首、国防委員会委員長など多くの権力を継承した状態であった。北朝鮮は、かなり以前から金正日の治下に置かれていたので、金日成の死亡が、体制の安定化に及ぼした影響もわずかであった。こうした理由で金正日は、金日成主席死後3年という哀悼期間を宣告し、形式的な党総書記職と国家主席職の継承を先送りする余裕まで誇示することができた。これとは違い、父親の死亡時点で金正恩が持っていた職責は、党中央軍事委員会副委員長が総てであった。金正恩には、父のように3年という長期間の哀悼期間を設定し、継承を先送りできる時間的な余裕もなかった。金正日の死亡で発生した権力の空白を最小化するためには、急いで権力継承手続を終えなければならなかった。

　北朝鮮は、金正日死後10日の12月28日に金正日の告別式、29日に追悼大会を行い、直ちに30日に党中央委員会政治局会議を招集して、金正恩を人民軍最高司令官に推戴した。金正恩が、父の様々な職責の中で最高司令官職を初めに継承したことは、先軍政治の継承者の地位を浮上させようとする意図と共に、軍統帥権の掌握が最優先であるという危機意識が、それだけ強く作用したことを見せつけた。金正恩は以後2012年4月、金日成の生誕100周年を控えて招集された第4次党代表者会と最高人民会議第12期第5次会議で、党政治局常務委員と第1書記、党中央軍事委員会委員長、国防委員会第1委員長などの党と国家の最高位に推戴された。これで金正日の死後4ヶ月ぶりに北朝鮮は、金正恩の権力継承手続きを全部完了し、ついに金正恩政権のスタートを公式化した。そして金正恩は同年7月18日、党中央委員会と党中央軍事委員会、国防委員会、最高人民会議常任委員会の名で共和国元首として推戴され、外面上、北朝鮮の三代目首領としての権威と地位を総て確保した。

II. 金正恩政権の権力構造と国家戦略

　金正恩政権のスタートに対する北朝鮮のエリートと住民、そして国際社会の反応は大きく交錯した。金正恩が海外留学を通じて外部世界も経験し、変化にも敏感な20代の若い指導者という点と、北朝鮮の現実がどの時よりも変化を必要としており、エリートと住民の変化欲求も高いという点、とくに20年間の金日成・金正日共同統治を経ながら変化よりも継承の性格が一層強くならざるをえなかった金正日政権と異なり、金正恩政権は先代との連続性よりも断絶性がより浮上したという点を挙げ、金正恩政権が先代と差別化された路線と政策を展開するだろうという期待を示した。こうした期待は、国家戦略の行為主体の見地から見ると、金正日時代が相当部分、金日成時代と重なった反面、金正恩時代は金正日の死亡と同時に始まったという認識によると見られる。

　しかし他方では、金正恩は本心が何であれ、父と同じように正統性を至上命題とする世襲後継者という点と、先代の路線と「業績」に対する否定と批判は体制の正統性毀損を意味するという点、金正恩政権の基盤である権力エリートと統治構造は総て先代から相続した遺産という点を挙げ、金正恩政権は結局、先代との断絶でなく延長線上に置かれており、変化よりも継承を追求する他はない、という悲観的展望も出た。

　金正恩政権スタート後3年を経過した現時点で、このように多様な主張の成否を評価するには、未だ時機尚早だと言える。しかしながら、この3年間に、金正恩政権が追求してきた権力構造の変化と対国内外政策を調べることにより、今後の北朝鮮の国家戦略方向と体制の変化の展望を評価できる端緒を掴むことができる。

1. 金正恩政権のスタートと「党＝国家体制」の復活

　金正恩の後継者の地位が公式化された第3次労働党代表者会以後、表面化した労働党の指導的機能と役割は、金正恩政権スタートと共に金日成時代の「党＝国家体制」の復活につながった。先軍政治を標榜した国防委員会中心の

金正日政権の下で、存在感が消えた党中央委員会全員会議と政治局会議、そして党中央軍事委員会会議のような党の集合的意志決定機構が、再び稼動し始めた。[44]もちろん、未だに党の協議体が党規約通り定期的に招集されていないことも事実だが、[45]これは金日成時代の党を通した意志決定システムの復活を意味する。総ての人事と政策を決裁と密室政治で決定し、国防委員会名で命令した金正日時代とは明確に差別化された。これに対して、北朝鮮が「先軍政治」から「先党政治」に転換した、という分析も提起された。

　問題は、党の意思決定機構が定期的に開催されるかということより、こうした協議体が実際にどのように運営されているかということである。前述した通り、党全員会議や政治局会議で参席者の自由な意思陳述と賛否討論、多数決による意思決定などが許されるならば、これは中国共産党と同じ集団指導体制の登場を意味することであり、明らかに画期的な変化だと見ることができる。しかし、金正恩政権スタート後、今まで開かれた協議体でこうした姿は探すことができない。全員会議や政治局会議、軍事委員会会議では党書記局の組織指導部と宣伝扇動部、その他政策部署が事前に準備したプログラムに従い、案件提示と報告、指定討論者の賛成討論と挙手可決、金正恩の結論と決定書採択などの順に進められている。こうした現象は、金日成時代から継続してきた首領絶対主義体制の固定格式化された政治行事の流れである。したがって、金正恩時代に労働党の指導が実質的にどのように回復したかをより明確に把握するためには、党政治局や党中央軍事委員会のような形式的な追認機構よりも党中央委員会書記局の機能と役割がどの程度正常化したのか、その実態を調べる必要がある。

---

[44] 金正恩政権スタート後、この3年間に招集された党の意志決定会議は、第4次党代表者会(2012.4)、党中央委員会全員会議(2013.3)、6回の党政治局会議、3回の党中央軍事委員会会議がある。2013年3月に招集された全員会議は「経済建設と核武力建設の並進路線」を主要案件として決定した。政治局会議では金正恩の軍最高司令官推戴と「金正日の遺言を受けて強盛国家建設に一大高揚を起こすことに対し」決定書採択(2011.12.30)、李英浩党政治局常務委員兼軍総参謀長解任(2012.7)、国家体育指導委員会新設(2012.11)、「共和国創健65周年と戦勝60周年を勝利者の大祝典で迎えるために」決定書採択及び政治局決定貫徹のための最高人民会議常任委員会と内閣の法的・行政的措置用意(2013.2)、「張成沢の総ての職務解任及び一切の称号剥奪、出党(党員資格を奪い党組織から追い出すこと)及び除名」決定書採択(2013.12)、崔竜海の軍総政治局長解任と黄炳瑞の任命及び崔竜海・姜錫柱の党書記任命(2014.4)などの案件が決定された。党中央軍事委員会会議(2013.4、2013.8、2014.3)も「人民軍の政治思想的・軍事技術的強化問題」と組織問題などの案件を毎度扱ってきた。

[45] 第3次党代表者会で改正された党規約によれば、党中央委員会全員会議は1年に1度以上招集するとなっている。今まで全員会議は、2012年4月第4次党代表者会と共に開かれた全員会議を除けば、2013年3月に1度だけ開かれ、2014年には1度も招集されなかった。

労働党中央委員会書記局の役割が、党生活指導と政策指導に区分され、党生活指導は、さらに党組織生活指導と党思想生活指導に細分化されるのはすでに言及した。組織生活指導は組織指導部が、思想生活指導は宣伝扇動部が、政策指導は国際部、軍事部、機械工業部、科学教育部、勤労団体部、統一戦線部など分野別政策部署が担当する。
　組織指導部は全党、全軍、全社会に対する首領の唯一指導体系を、宣伝扇動部は首領の唯一思想体系を確立することを基本使命としている。とくに、組織指導部は、総ての幹部と党員に対する掌握と統制だけでなく、高位層に対する人事権と、検閲及び処罰権限まで掌握した最高権力機関である。したがって金正日時代から現在まで、組織指導部は総書記（あるいは第１書記）が組織書記及び組織指導部長を総て兼任し、指揮下に社会と軍をそれぞれ担当する２人の第１副部長を置いている。[46]第１副部長の下では、何人かの副部長が党生活指導、人事、検閲などを各々分担している。
　1998年、金正日政権のスタートと共に国防委員会が最高指導機関に浮上して先軍政治を本格的に標榜し、外部世界では労働党の地位下落と伝統的な党・軍関係の変化に対して注目し始めた。さらに、軍が党の上位に置かれた、という多少極端な主張も提起されたことは事実である。こうした主張は、労働党の２種の指導機能、すなわち党生活指導と政策指導のうちの政策指導機能、つまり政策樹立及び監督機能だけを重視した結果だと見られる。
　結論から言えば、労働党の二大機能の中で組織指導部と宣伝扇動部の党生活指導機能は、先軍政治の時代にさえ決して弱まったことがない。すなわち軍に対する党の掌握と統制、人事権はそのまま維持され、もしくはより一層強化された。これは当時、組織指導部第１副部長だった李済剛と李容哲、そして人民軍総政治局長趙明録など、軍に対する党の指導を掌握する政治幹部が、軍総参謀長や人民武力部長など軍事指揮官を抜いて金正日の最側近として活躍したことを見ても知ることができる。当時、国防委員会や軍が党の党生活指導を拒否、もしくは党の固有権限である軍の人事権と検閲権を掌握したならば、北朝鮮で軍事クーデターが数百回も発生しただろう。
　金正恩時代に入っても、労働党の党生活指導は変わりなく維持されている。

---

[46] 2015年２月現在、組織指導部で趙延俊第１副部長が社会を、金慶玉第１副部長が軍をそれぞれ分担していると知られている。

より正確に表現するならば、三代世襲体制のスタートと定着、強化の全過程は、組織指導部と宣伝扇動部の機能が作用した結果と言っても過言でない。[47] もし、これらの党生活指導部署がその機能と役割をまともに遂行できなかったならば、権力委譲過程で権力層内の各種分派と抵抗勢力形成、軍部の勢力拡大と党・軍間の争いのような政治的不安定を防ぎにくかっただろう。

金正恩政権スタート以後、党政治局と党中央軍事委員会の政策決定機能と党書記局傘下の各政策部署の政策監督機能など、全般的な党の政策指導機能が活性化し、金正日時代に国防委員会が行使した政策指導機能は、萎縮する様相を見せている。しかし、国防委員会は相変わらず金正恩政権の最高国家指導機関としての地位を維持しており、指導者が軍事を優先して軍部を前面に出す先軍政治形態は、昔も今も大きな変化がない。これは、北朝鮮を取り巻く国内外環境が相変わらず軍事第一主義路線を必要としているという判断の下に、国防委員会中心の国家機構体制を維持して、金正日の先軍政治継承意志を誇示する意図が作用した結果だと言える。

以上のように、金正恩体制下での労働党の地位と役割回復は、本質において党の制度的統治機能の強化を通じて、金正恩の脆弱な権力基盤とリーダーシップを補完し、軍に対する党の指導を確かに保障することによって、三代世襲体制を成功裏に定着させようとする措置に過ぎず、先軍政治の弱化というような路線の変化や、党・軍関係の変化を意味するものではない。

2. 金正恩政権の権力構造変化

金正日死後の2012年4月に招集された労働党第4次代表者会と最高人民会議第12期第5次会議では、金正恩を党と国家の最高首位に推戴することと同時に、金正恩時代を導いていく党・軍・政の指導部も新たに構成した。まず党代表者会では、死亡した金正日と趙明録(チョミョンロク)に代わって、金正恩と崔竜海(チェリョンヘ)

---

[47] 張成沢の粛清は、公式的には労働党政治局拡大会議で決定されたが、これは組織指導部が事前に調査結果と処理方式を金正恩に報告して承認を受けた後、形式的に政治局決定手順を踏んだものである。過去の金正日時代には、組織指導部の検閲と金正日の承認が終われば、本部党(中央党庁舎内党組織)総会で非公開思想闘争を行った後、事件の軽重により警告、解任、党除名、国家安全保衛部移管などの処理手順を踏むことが一般的な慣例であった。金正恩時代も張成沢、李英浩などの主要幹部を除くその他幹部に対する処罰は、こうした非公開方式で処理されている。

を党政治局常務委員に選出した。また、死亡と引退、粛清などで発生した政治局の空席に張成沢、金元弘、金正覚、李明秀、朴道春、玄哲海などを正委員として、呉克烈、趙延俊、郭範基、盧斗哲、李炳三などを候補委員として補選した。党書記局にも金敬姫、郭範基などが新しく選出され、党中央軍事委員会では崔竜海が副委員長に、金洛兼と李明秀、玄哲海などが委員に追加された。国家機構である国防委員会も崔竜海、金元弘、李明秀などを委員として新しく迎え入れた。

　金正恩政権を代表するこれら新しい指導部の人物は、金正日によって育成され、登用された旧時代の権力エリートとして金正日に代わって金正恩を保護し、補佐して三代世襲体制の成功的なスタートと安定を企画しなければならない、実に重大な責任と役割が付与された。これは、金正恩政権が事実上第3次党代表者会で構成された、後見体制の性格をそのまま継承したことを意味した。しかし、指導者と指導部間の世代差による異質感は、今後金正恩政権内部で既得権の維持と親政体制構築が相互衝突する他はない生得の限界をすでに予告していた。こうした見地から金正恩政権スタート以後の3年は、金正恩が既存権力エリートの中から自分の人材を選別的に補充し、飼い慣らして親衛勢力を構築し、先軍政治下で肥大化した軍部と権力委譲過程で勢力を伸ばした後見勢力を弱体化させて、親政体制を構築していく過渡的基礎構築段階であったと評価できる。

　金正日が、三代世襲のために用意した後見体制性格の権力エリートの陣容は、金正恩政権スタート以後、途方もない変化と曲折を体験した。まず金正恩への権力委譲過程で後見人を自任して威勢を振るった張成沢・金敬姫夫婦の屈辱的な失脚は、北朝鮮の現代史を通して最も悲劇的な事件であった。2008年金正日の発病後、金正恩の後継者内定過程で地位が急上昇した張成沢は、第4次党代表者会で党政治局委員に任命され、2012年11月の党政治局会議では党・軍・政の高位幹部を総て網羅し、新設された国家体育指導委員会の初代委員長にも選出された。彼の夫人である金敬姫も、第4次党代表者会で党中央委員会書記に任命され、いわゆる「白頭血統」の威勢を誇示した。

　金正日死後も、張成沢勢力が一定期間、権力層の人事と政策決定、利権事業を主導して常勝疾走できたのは、金正恩の性格と資質を見透かしていた張成沢の自信とその「危険性」を適時に看破できない金正恩の無能さが結びついて醸し出した産物であったと指摘できる。張成沢は、1970年代初めの金正日

の後継者内定後から約40年間を権力の核心として過ごし、権力の属性と甘み、苦味を総て体験して殺伐とした唯一独裁体制下で生き残るノウハウを充分に体得した。そのような彼が、金正日死亡後に単に甥が幼いという理由で、金正恩を適当にあしらうことはしなかっただろう。彼は、金正恩の出生と成長の全過程を傍らで見守りながら、彼が父のように政治的感覚と判断力が鋭利でなく、権力掌握と国政運営のために叔母の夫である自身に頼る他はないことを充分に体得しており、それで北朝鮮の実権者として振る舞っても何ら問題がないと油断したと推定できる。

　張成沢は2013年12月、党政治局拡大会議で反党・反革命分派行為と横領・腐敗などの疑惑で党除名・解任されて4日後、国家安全保衛部特別軍事裁判で、国家転覆陰謀罪で死刑判決を受け、即時に処刑された。金敬姫・張成沢の失脚以後、党国際書記金永日と平壌市党責任書記文京徳、党勤労団体部長李栄秀、党軽工業部長白桂竜など、いわゆる張成沢・金敬姫系列に分類された人物も順に粛清された。張成沢粛清の背景と動機は何であり、誰が主導的な役割をしたかに対しては、北朝鮮が公式発表した党政治局決定書と国家安全保衛部の判決文以外に知らされたものがない。そのため、これに対して権力闘争や利権争いの結果だとか、金正恩との争いや怨恨関係の結果だと多様な主張が提起された。

　しかしその背景が何であれ、結果的に張成沢が金正日執権期間にそれほど自身を苦しめた党組織指導部との対立関係を解決できなかったのは、致命的な失敗であった。金正日によって、首領唯一指導体系確立を存在理由とするように飼い慣らされた組織指導部の立場で見ると、張成沢の総ての行動は、首領の権威と指導に対する挑戦である、と追い込むに充分な名分を提供した。もちろん金正日は生前、張成沢に金正恩の後見人役割を、組織指導部には張成沢に対する監視と警戒の役割を、同時に付与した可能性も排除できない。

　張成沢の電撃的で公開の粛清は、北朝鮮権力層とエリート、住民に金正恩を幼いと見くびり、もしくは金正恩の「権威」と指導に挑戦する者は、誰であろうと容赦しないことを明確に示した恐怖政治の典型であった。併せて権力層と住民に、張成沢粛清を主導した党組織指導部の権威と威勢を改めて刻み込んだ機会としても作用した。[48]このことから、張成沢粛清を主導した組織指

---

[48] 一部では、党組織指導部軍担当第1副部長の黄炳瑞が軍総政治局長に任命されたことを昇進だと

第7章　金正恩政権の国家戦略と権力とエリート　　387

導部第1副部長趙延俊(チョヨンジュン)を北朝鮮の隠れたナンバー2だと評価する見解もあるが、組織指導部は事実上ナンバー2でなく「ナンバー2を捕まえる部署」と見ることが正確であろう。[49]

　金正恩政権3年間の権力構成に現れたもう一つの変化は、先軍政治下で威を振るった軍事・安保分野のエリートが、大幅に総入れ替えされたことである。金正恩時代のスタートと共に代表的な実力者に浮上した軍総参謀長李英浩(リヨンホ)、国家安全保衛部第1副部長禹東則(ウドンチュク)、人民保安相朱相成(チェサンソン)などが反党行為と過誤などで粛清され、金永春(キムヨンチュン)、金明国(キムミョングク)、金正覚(キムジョンガク)、金彰燮(キムチャンソプ)、李明秀(リミョンス)、朴在京(パクジェギョン)、玄哲海(ヒョンチョルヘ)など核心側近が、ほとんど引退するか閑職に押し出された。彼らが退いた席には玄永哲(ヒョンヨンチョル)、李永吉(リヨンギル)、辺仁善(ピョンインソン)、趙京哲(チョギョンチョル)、崔富日(チェプイル)、金英哲(キムヨンチョル)、金命植(キムミョンシク)、徐洪燦(ソホンチャン)、尹東賢(ユンドンヒョン)、廉哲成(リョムチョルソン)、朴正川(パクジョンチョン)などの新進エリートが大挙起用された。中でも軍指揮系統に対する頻繁な人事交替と非正常的な階級降格は、後継体制樹立過程であり得る軍の組織的抵抗や反乱を基本的に封じ込め、軍を確実に掌握しようという金正恩なりの統治方式だと見られるが、先軍政治下で名誉と利権を総て享有した軍部の立場で、こうした「屈辱」と「侮辱」は少なくない不満や不安を引き起こしたと見られる。[50]

　金正恩政権の最も代表的な軍部の力削ぎ落とし措置は、党官僚を人民軍総政治局長として派遣したことである。過去、金正日時代まで総政治局長は、呉振宇(オジンウ)、趙明録(チェミョンロク)など軍出身だったが、金正恩政権スタートと共に党勤労団体書記崔竜海(チェリョンヘ)と組織指導部第1副部長黄炳瑞(ファンビョンソ)が順に総政治局長に登用された。こうした人事措置は、総て軍に対する党の指導を制度的次元からだけでなく、人的次元から確かに保障することによって、金正恩の軍掌握を容易に

評価するが、これは公式序列と地位の上昇を意味するだけであり、厳密な意味では指導する位置から指導を受ける位置に降りたのも同然である。もちろん、主要職責に側近を派遣するという意味で、これを左遷と見る訳にはいかないが、総政治局長が実力者といって党の統制と指導を拒否することは北朝鮮では想像もできないことである。

[49] 万一、組織指導部の幹部が権力を乱用した事例が発覚した場合、党派閥勢力、官僚主義などの嫌疑が掛けられて処罰を免れない。1990年代初め、尹承寛組織指導部第1副部長が高位幹部をいい加減にあしらい、金正日の追及を受けて解任された例がこれを端的に示している。組織指導部は幹部と党員に対する党生活指導と人事、検閲を行う最高権力機構であることは明らかだが、絶対にこれを私的感情と用途に悪用できないように厳格な内部秩序と規律が遵守されている。

[50] 金正恩政権スタート以後の3年間、人民武力部長は金永春⇒金正覚⇒金格植⇒張正男⇒玄永哲と何と5回も替わり、総参謀長も李英浩⇒玄哲海⇒金格植⇒李永吉と4回も交替させられた。軍指揮権を行使する作戦局長は崔富日⇒李永吉⇒辺仁善など3回人事交替があった。また、軍将星の階級章を随時に付け外す板飛び式人事が頻繁に行われ、こうした人事は日常茶飯事の様相である。

させることに目的があると見られる。実際に崔竜海が総政治局長として派遣された以後、李英浩総参謀長が反党分子として粛清され、軍上層部に対する金正恩唯一指導体系確立作業が一糸不乱に推進された。

現在、金正恩政権を持ち上げている権力エリートは、大きく3種に分類できる。まず、金日成時代から今まで三代続いて「首領に仕えてきた」元老が挙げられる。最高人民会議常任委員長金永南（キムヨンナム）と名誉副委員長崔永林（チェヨンリム）、国防委員会副委員長呉克烈（オグンニョル）、李勇武（リヨンム）、党宣伝扇動部書記金己男（キムギナム）、党科学教育部書記崔泰福（チェテボク）などが、80〜90代の代表的な長寿元老である。彼らは金日成によって抜擢された後、この半世紀の間いかなる権力野心もなく首領体制を崇めてきた「忠誠心が充分に検証された」保守的な人物だと見られ、ほとんどの公式序列常席で象徴的な元老の待遇を受けることに満足している。全秉鎬（チョンビョンホ）、金国泰（キムグクテ）、朴正淳（パクジョンスン）、朱奎昌（チュギュチャン）など金正日の側近として金正恩体制スタートに貢献した元老たちは、老人病と疾病で死亡、もしくは引退するか閑職に追いやられた。

次に崔竜海（チェリョンヘ）、金養建（キムヤンゴン）、金元弘（キムウォンホン）、趙延俊（チョヨンジュン）、姜錫柱（カンソクジュ）、金平海（キムピョンヘ）、朴道春（パクドチュン）、金慶玉（キムギョンオク）、李在一（リジェイル）、金格植（キムギョクシク）、朴奉珠（パクポンジュ）、郭範基（クァクボムギ）、尹正麟（ユンジョンリン）、李炳鉄（リビョンチョル）、呉琴鉄（オグムチョル）、呉日正（オイルジョン）など、金正日によって忠誠心と専門性、実務能力を認められて登用された人物が挙げられる。彼らは現在、各分野で金正恩体制の強化と対内外政策の全般を導いていく政権の最も核心的な階層だと見られる。

中でも崔竜海は、満州パルチザン時期から金日成の忠臣として知られた父親崔賢（チェヒョン）の後光で、金正日時代に続き金正恩時代にも体制の正統性立ての手本として振る舞った。彼は、金正日死後、第4次党代表者会で公式序列最上位の党政治局常務委員と党中央軍事委員会副委員長に選出され、国防委員会委員、人民軍総政治局長に登用され、張成沢と共に金正恩体制を牽引する核心後見人として広く知られた。しかし張成沢粛清後、今年に入って人民軍総政治局長職を黄炳瑞に差し出し、党勤労団体書記になったことで左遷人事と評されたが、2014年下半期から北朝鮮報道機関で党政治局常務委員の肩書が再び言及され、権力序列でも黄炳瑞軍総政治局長と朴奉珠内閣総理、金己男党宣伝扇動部長より先に呼称されるなど、金正恩政権の最高実力者としての地位を回復した。

彼は張成沢がしていた国家体育指導委員長にもなり、黄炳瑞、金養建と共に仁川アジア競技大会閉会式に参加し、金正恩特使の資格でロシアを訪問するなど、その地位は過去の張成沢を遥かに凌駕した。崔竜海と同じくパルチ

ザン出身である呉振宇の息子呉日正党軍事部長と、呉白竜の息子呉琴鉄人民軍副総参謀長など、いわゆるパルチザン血統も一緒に側近に浮上した。これは、金正恩政権が掲げる白頭(山)血統に正当性と名分を付与する役割を、パルチザン血統に望む金正恩の意図が反映されたと見られるが、結果として、崔竜海の政治的地位を一層高めた。[51]

最後に黄炳瑞(ファンビョンソ)、玄永哲(ヒョンヨンチョル)、李永吉(リヨンギル)、辺仁善(ビョンインソン)、趙京哲(チョギョンチョル)、崔富日(チェブイル)、金英哲(キムヨンチョル)、金命植(キムミョンシク)、徐洪燦(ソホンチャン)、尹東賢(ユンドンヒョン)、廉哲成(リョムチョルソン)、朴正川(パクジョンチョン)など軍部エリートと李秀勇(リスヨン)、馬遠春(マウォンチュン)、朴泰成(パクテソン)、金秀吉(キムスギル)、崔輝(チェフィ)、韓広相(ハンクァンサン)、李日煥(リイルファン)、金兵浩(キムビョンホ)、洪英七(ホンヨンチル)、姜志英(カンジヨン)、孟경일(メンギョンイル)など党と政府官僚、金与正(キムヨジョン)など血縁をはじめとして金正恩政権で権力核心に参加、もしくは新たに姿を現した新進エリートを挙げることができる。これらの中の少なくない人物は金正日時代から権力に登用されていたが、頭角を現せず、金正恩政権スタート以後に急浮上した人物である。中でも軍総政治局長黄炳瑞(ファンビョン)と党勤労団体部長李日煥(リイルファン)、外相李秀勇(リスヨン)などは金正恩幼年時代からの親密な関係や金正恩の生母高英姫(コヨンヒ)との縁が背景にあって、権力核心に起用された代表的な人物だと見られる。[52]しかし、多くの新進エリートは、金正恩の後継者時期から、己の分野に対する専門性と忠誠心を高く評価されたり、金正恩の後継修行に関与した功労を認められて抜擢されたり、張成沢、崔竜海など側近の推薦で権力に登用されたと見られる。

金正恩政権スタート後の3年間、権力エリートの構成には多くの変化が起きたが、権力層の世代交代と金正恩親政体制の構築は、現在進行形だと見られる。北朝鮮は、2013年12月の張成沢処刑直後から大々的な「毒素清算」作業を推進したが、これは権力層とエリートに非常な不安と動揺を招来した。とりわけ金正恩政権スタート以前から北朝鮮の実力者として振る舞い、経済の主要命脈を掌握してきた張成沢勢力の粛清は、北朝鮮の全般的な経済と対外貿易関係にも多くの悪影響を及ぼした。これに対して北朝鮮は、2014年4月

---

51 崔竜海の地位強化と時を合わせ、2014年10月下旬に北朝鮮中央TVは崔竜海の父親崔賢をモデル化したシリーズ芸術映画『民族と運命』の「崔賢編」1〜6部を連日放映した。また、10月23日には党・軍・幹部が大挙参加した中で呉白竜誕生日100周年記念中央報告会が開かれた。
52 黄炳瑞と李日煥は1990年代末〜2000年代初め、それぞれ組織指導部副部長と金日成社会主義青年同盟第1書記として在職時、高英姫が金正日の反対にもかかわらず、三代世襲推進目的で自身に対する偶像化を行った時、これに対し積極的に協力したと分かった。李秀勇は1980年代から長期間スイス駐在大使を勤め、1990年代後半現地に留学に来た金正恩の後見人役割をしたとすでに良く知られている。『聯合ニュース』2014.4.29

頃一部の核心的主動分子を除去するために張成沢の「毒素清算」作業を急いで行ったが、執権3年が過ぎて顕著な統治成果がなくなると、金正恩はこれを「張成沢徒党」の害毒行為の結果として決めつけ、「張成沢の影消し」の名分で第2段階の「残滓清算」作業を再開したと分かった。[53] そして、こうした大規模な粛清過程で「唯一指導体系違反」と各種不正疑惑で摘発された党・政・軍幹部を公開銃殺、もしくは解任するなどの厳重処罰現象が一層増加しているという。[54]

　過去、金正日政権は数十年の間、忠誠心と業務能力が検証された人材プールの上に建てられたため基礎がしっかりとしていたが、今は、その建物に新しい主人が入り、基礎から揺さぶっている局面である。金正恩と執権層の間には年齢、学歴、経歴などによる同質感と連帯感が存在せず、先代のような義理に基づいた忠誠を期待しがたい。これら権力エリートは、ただ生存と代を引き継いだ既得権の保障という利害関係と、封建的世襲意識によって体制に受動的に服従するだけである。

3. 金正恩政権の国家戦略と政策基調

　金正恩政権はスタート後3年間、三代世襲体制の成功裏の定着と強化を総体的な目標として掲げ、全般的な国内外政策を樹立及び推進してきたと見られる。金正恩政権が直面した最も大きな問題は、疲弊した経済と人民生活を

---

[53] 高位層脱北者の証言によれば、2014年8月に労働党組織指導部は金正恩の指示で「現代版分派一党」が執行した問題を全面再検討し、幹部の忠実性を検証して異色分子を探索・除去しろ」という指針を全党に下し、9月までの1ヶ月間、全党的な「思想闘争会議」を大々的に展開したという。また、これと並行して党と公安機関、軍の検閲機関を総動員して地方幹部と海外駐在公館職員及び商社員に対しても大々的な監査作業を進めたという。

[54] 北朝鮮の内部消息筋によれば、2014年9月党組織指導部副部長と宣伝扇動部幹部20人余りが「反党分派行為」と賄賂授受・女性問題・麻薬使用などの疑惑で銃殺され、10月には張成沢と関連した中央及び地方党幹部10人余りが「唯一指導体系」に違反したという罪目で平壌近郊の姜健軍官学校で銃殺されたという。また、同月に黄海南道海州市党責任書記とその他の黄海南道の幹部が横領と韓国ドラマ視聴などの罪目で、労働党財政経理部の一部幹部はカラオケで金正恩称賛歌謡の歌詞を変えて歌った疑惑で銃殺されたという。とくに張成沢が管轄していた人民保安部に対しては、金正恩が「引き続いた保安部の事件・事故(2014年5月の平壌市アパート崩壊、8月の軍人殺害)も張成沢の根が残っているため」と叱責し、保安部傘下の建設7総局の幹部20人余りを銃殺もしくは辺境地に追放したという。これと関連して人民保安部長崔富日は、2014年7月に大将から上将に降格され、保安部傘下の内務軍政治局長康硯燻も上将から大佐に3階級降格された。

安定させ、離反した住民の政権への支持と忠誠を回復することであった。経済と人民生活問題が解決されない限り、金正恩政権の将来は砂上の楼閣に過ぎないということを北朝鮮当局もよく知っていた。[55] それでも、世襲体制を根元から揺るがしかねない全面的な改革と開放を選択できないことが、金正恩政権が生まれつき抱えている限界でありジレンマであった。

金正恩の問題意識と解決方法に対する認識は、執権初年度の2012年4月、金日成の100周期記念行事で行った初めての公開演説にそのまま反映された。彼は、「私たち人民が、再び腰のベルトを引き締めないように(訳注：飢えないように)して、社会主義の富貴と栄華を思う存分享受しよう、ということが私たちの党の確固たる決心である」としながらも、「先軍朝鮮の尊厳を万代に輝かせ、社会主義強盛国家建設の偉業を効果的に実現しようとするなら、一にも二にも三にも人民軍を全面強化しなければならない」と強調した後、「一心団結と不敗の軍事力に新世紀産業革命を加えれば、それがすなわち社会主義強盛国家だ」と主張した。[56] 金正恩のこうした構想は、2012年4月と12月の2度の長距離ロケット発射と2013年2月の第3次核実験を経て、3月党全員会議で「経済建設と核武力建設の並進路線」として正式採択された。これと関連して北朝鮮は「新路線の優越性は、国防費を増やさずとも戦争抑制力と防衛力を高めて経済建設に力を集中できるようにすることにある」という主張をした。[57] 核が経済発展の担保だという論理は、核は北朝鮮が抱えている総ての問題の原因だ、という国際社会の見解と相反する。3月党全員会議で採択された核・経済並進路線は、続けて招集された最高人民会議第12期第7次会議で「自衛的核保有国の地位を一層強固にすることについて」という法令によって法制化された。[58]

北朝鮮が今まで追求してきた政策の歩みを見れば、この路線から一歩も離脱していない。北朝鮮は一方で、核兵器と長距離運搬手段の性能改善に不断

---

[55] 政権樹立65周年を控え、労働新聞は社説で「民心を重視し、民心に徹底的に基づく時、最も強固な社会的団結を成し遂げられる」とし、「私たちの党は国家建設と活動で民心問題を最大の重大事として掲げている」と主張した。『労働新聞』2013.9.6

[56] 『労働新聞』2012.4.15

[57] 『朝鮮中央通信』2012.3.31

[58] 10の条項で構成された法令は、核兵器を自衛的正当防衛手段にだけ使用し、核能力を質量的に強化するための実質的対策を立て、非核国家には核兵器使用と威嚇をせず、核兵器と核実験、核物質を安全に管理して世界の非核化と核軍縮のために努力するということなどを規定した。『朝鮮中央通信』2013.4.1

に努力し、他方では科学技術の発展と部分的市場の許容及び制限的経済改革を内容とする「我らの経済管理方法」の実現、経済特区拡大と観光産業の活性化、外資誘致活動の多角化、海外人材輸出拡大など経済と人民生活回復の方法と出口を持続的に模索してきた。しかし、北朝鮮のこうした経済復興努力は、核とミサイルなどの大量破壊兵器開発と威嚇に対処した国際社会の制裁と圧迫、孤立の長期化で期待した成果を上げられずにいる。核・経済並進路線は経済回復に要点を置いているという北朝鮮の主張も、今まで空念仏に終わっており、事実上核保有を正当化するための欺瞞論理であったという批判を免れがたい。[59]

それにもかかわらず、最近北朝鮮の経済指標が、多少好転したことが明らかになっているのは、全般的な計画経済規模の拡大よりも、市場と北朝鮮と中国間の秘密取引などの拡大による結果と解釈される。[60]個人はもちろん国営企業も、ほとんどの原材料と燃料の調達と生産品の流通・販売を、自律市場を通じて行っていることを北朝鮮も認めている。[61]金正恩政権で経済と人民生活に実質的な助けになっているのは、当局の黙認下、住民の生活に急速に食い込む市場であると見られる。そのため、独裁体制の脅威になる市場活性化が、かえって住民の中で金正恩の人気上昇要因として作用しているという、逆説的な評価まで起きている。

経済と人民生活の早急な回復のための多くの措置が支障をきたし、北朝鮮は、国際的制裁の影響を大きく受けないまま、金正恩政権の業績とリーダーシップを短期間に誇示できる各種非生産的建設に一層注力している様相であ

---

[59] 2014年4月の最高人民会議第13期第1次会議で採択された2013年予算執行結果と2014年予算規模を見ると、相変らず国防費が16％台と大きく変わっていない。さらに最近、北朝鮮が青少年の人口減少で軍服務年限を伸ばしたとか、女性義務服務制を実施したとかいう報道も出ており、在来式軍事力維持費用に大きい変化がないという推論が可能である。『聯合ニュース』2014.9.26

[60] 韓国銀行が2014年に発表した「2013年北朝鮮経済成長率推定結果」によれば、北朝鮮の国内総生産(GDP)基準成長率は2009年に-0.9％、2010年に-0.5％などマイナスを記録したが、2011年に0.8％、2012年に1.3％、2013年に1.1％など金正恩政権スタートに前後して3年連続プラス成長を記録した。『聯合ニュース』2014.6.27

[61] 北朝鮮を代弁する朝鮮総連機関紙『朝鮮新報』は「朝鮮で『我々方法の経済管理方法』を研究、育成する事業が推進されている」として「2013年3月から全国の総ての生産単位が経営活動を独自に繰り広げるようにする措置が取られた」と明らかにした。続いて「独自経営体制導入は国家計画から抜け出し、生産を自らの決定で組織・販売して従業員の報酬、福利厚生なども自らの実情に合わせて実施する内容」、「一部の単位ではインセンティブ支給で生産熱意が高まり、実績も明確に改善された」と具体的な事例を挙げて説明した。『聯合ニュース』2014.4.2

る。[62]この３年間、北朝鮮では首都平壌と元山など一部地域を中心に、各種偶像化記念物と住宅団地、文化娯楽施設、社会的弱者のための福祉施設など、金正恩時代を象徴する建築物の建設と外国人観光客誘致のため、主要観光資源開発に国家の人的・物的資源を総動員している。

　民心を得るため、こうした努力と共に北朝鮮は、体制の不安定を招くあらゆる非社会主義現象と、韓流など外部思潮の流入と拡散を遮断するため、党と勤労団体、公安機関の統制と掌握、監視と処罰機能をあらゆる面で強化している。とくに金正恩政権のスタートに前後して発生した中東の民主化革命で、チュニジア、エジプト、リビアなどで公権力と長期独裁が連鎖して崩れると、北朝鮮はすぐに民心収拾と住民統制、軍事力と核能力強化という体制防衛の「基本原則」に一層執着する姿を見せている。これと共に党と勤労団体、軍と公安機関を中心に全国的規模の各種政治行事と大会を随時開き、公権力の強化と体制保衛意思の育成を継続して促している。

　この３年間、金正恩政権が追求してきた対外・対南政策も結局は、三代世襲体制構築に純粋に機能できる外部条件を用意することに目的を置いてきた、と言える。金正恩の後継者登場と金正恩政権の草創期は、韓国の李明博（イミョンバク）政権と脈を同じくした。当時、軍部の忠誠誇示欲と金正恩の威勢誇示欲が相乗作用した結果だと言える2010年３月の天安（チョナン）艦爆沈と11月の延坪島（ヨンピョンド）砲撃事件は、2008年に発生した金剛山（クムガンサン）観光客襲撃事件で、そうでなくても緊張していた南北関係を対決局面に追い込んだ。この過程で李明博政権も、北朝鮮の武力挑発に対応する対北朝鮮5・24制裁措置を取り、南北関係は李明博政権任期の全期間、対立局面から抜け出せなかった。中でも2012年12月北朝鮮の長距離ロケット発射と2013年２月の第３次核実験は、スタート直後の朴槿恵（パククネ）政権に重大な挑戦になった。

　北朝鮮政府は、国際社会の対北朝鮮制裁に対する朴槿恵政権の参加と韓米連合軍事訓練などを口実に、2013年３月停戦協定白紙化と南北不可侵合意破棄、開城工業団地暫定閉鎖で対応した。以後、北朝鮮の融和的態度急変で開

---

[62] 労働新聞は金正恩政権３年の期間に建設された文繡観水公園、美林乗馬クラブ、松島園国際少年団キャンプ場、金策工業大学教育者アパート、平壌育児院と愛育院、ウィソン科学者住宅地区、淵豊科学者休養所などを数え上げて「建築ほど国の発展貌を直観的に、総合的に、雄弁に示すものはない」とし、こうした建築物は金正恩の「限りない 真心が空の果てに届いて固まった人民愛の結晶体」と主張して「その多くの対象が、わずか３年の間に勢いよく立ち上がったと考えると、私たち自らも驚くほど」と褒め称えた。『労働新聞』2014.11.18

城工業団地正常化問題は解決されたが、朴槿恵大統領のドレスデン宣言と韓米の例年軍事演習などを口実にした北朝鮮政府の対南誹謗と、軍事脅威攻勢は続いている。昨年９月、黄炳瑞、崔竜海、金養建など「三人衆」の仁川アジア競技大会閉会式出席を機に高位級対話再開の可能性が見えたが、民間団体による対北朝鮮ビラ散布と韓国政府による北朝鮮人権圧迫などを口実に、北朝鮮は対話を拒否した。

　北朝鮮の対外関係も金正恩政権スタート後、この３年間、膠着局面の連続だったと見ることができる。2012年、米朝「2・29合意」採択直後に発生した北朝鮮のミサイル発射とその後の第３次核実験は、オバマ第２期政権に、北朝鮮の交渉戦術に巻き込まれない、という原則を守らせた。ほぼ同時期にスタートした朝中両国の首脳が３年間会えないでいる現実は、両国関係の現状を克明に示している。中国は、北朝鮮の核実験と張成沢処刑以後、朝鮮半島の非核化を安定よりも優先する方向で対北朝鮮政策を調整している。中国の最高指導者習近平が、初めて北朝鮮より韓国を先に訪問するなど、北朝鮮に対する不満を公に表出した。

　これに対し、北朝鮮は今までの対中一辺倒の対外政策から抜け出し、ロシアと日本、ヨーロッパ、東南アジア、アフリカなどで対外関係を拡大することにより、国際的孤立からの脱却と国際社会の投資及び支援誘致を企てる戦略で対応している。しかし、最近米国とヨーロッパをはじめとする国際社会は、北朝鮮の核問題と共に北朝鮮人権問題を新しい対北朝鮮圧迫カードとして持ち出し、北朝鮮を一層困惑させている。とりわけEUと日本が国連総会に共同提出した北朝鮮人権決議案は、北朝鮮の「最高尊厳」を直接狙っている点で法的拘束力の有無を離れて、金正恩政権に大きな政治的打撃になると予想される。

4. 金正恩政権の安定性評価と今後の展望

　2011年12月に北朝鮮の最高権力者金正日の遺稿が突然発表された時でも、金正恩三代世襲体制の展望に対する国際社会の評価は概して懐疑的だった。外部の視点で見た金正恩は、国家指導者としての資質と能力が検証されず、国政運営の経験や権力を掌握するのに必要な自分の人脈と親衛勢力も不足していた。世襲の名分として重視される家系の正統性も、３年が経過した今で

も生母の存在自体を表に出せないほど脆弱である。金正恩が受け継いだ北朝鮮という国家は、核とミサイルなど大量殺傷兵器の他に提示するものがなく、国際社会から孤立した国家に転落した。しかも父親の政治的保護と後見まで消え、金正恩が祖父のカリスマとイメージ模倣にだけ頼って権力を掌握し、国家を運営するには限界があるというのが国際社会の一般的な見解だった。

それにもかかわらず、金正恩政権は少なくとも、現時点まで命脈を維持しており、外形上は安定化に成功した姿を見せている。この3年間、北朝鮮はひたすら金正恩政権の順調な早期定着を企てる方向で権力構造を再編し、国内外政策を推進してきた。これを通じて三代世襲体制のスタートと安着に寄与した張成沢、金敬姫、李英浩など後見勢力が粛清され、全党、全軍、全社会に金正恩唯一指導体系が確立され、先代と同級の首領の地位まで確保したと見られている。[63] 金正恩の権力及び政策掌握力、三代目首領としての権威と地位、公権力の機能、経済と人民生活など全般的な体制安定化の仕組みは正常に作動していると見られる。北朝鮮全域では、金正恩時代の差別性を誇示するための各種建設ラッシュが起きており、一連の経済発展戦略と市場の活性化によって、経済と人民生活でも部分的なプラス成長の兆しを見せている。

しかし、3年の統治期間で金正恩体制の安定化の有無と政策の成否を評価するのは、時期尚早と見られる。金正恩政権の安定化に脅威になるいろいろな要因は、相変わらず国内外全般のあちこちに潜在している。まず、国内的に北朝鮮は、誰であろうとも世襲の名分だけ与えられれば統治が可能なほど精巧なシステムを備えたと見られるが、[64] そのシステムを構成している権力エリートの体制守護意思に動機を与える、いわゆる「運命共同体」意識は金正恩三代世襲体制で大きく毀損されたと見られる。

金正日は、1990年代の「苦難の行軍」時期に数多くの餓死者が発生する中でも、少数の核心側近と軍部を確固として掌握し、彼らに最上の特典を提供することで体制守護に対する彼らの死活的利害関係を最大化する手法を使い、

---

[63] 最近、北朝鮮の宣伝機関と各種政治行事で「金日成民族」、「金正日朝鮮」という修飾語と共に「金正恩強盛朝鮮」、「金正恩革命強軍」、「金正恩白頭山大国」のような新造語が次から次へ登場している。『聯合ニュース』2014. 11. 7

[64] 中国共産党中央党学校のチャン・ニェングイ教授は最近、香港のある報道機関とのインタビューで北朝鮮体制は安定していると診断し「巨大な機械のように動く北朝鮮社会は、既存の基調によって動く所であり、金正恩個人のリーダーシップと大きな関係がない」と主張した。『ニューシス』2014. 11. 13

体制の危機を克服できた。反面、金正恩は底辺の民心を先に取り込む、いわゆる「スキンシップ政治」と「人民的指導者像」の誇示に力を入れ、権力層には苛酷な粛清と処刑、公開的な屈辱と侮辱を与える「飼い慣らし」政治で一貫している。過去、金日成が大衆の支持を背景に自身の政敵を除去した統治手法をそのまま模倣している。人民には「慈愛深い親」として、権力層には「厳格で無慈悲な権力者」として表現されるこうした統治形態は、金正日時代に真価を発揮した権力層の「共同運命体」意識と「首領決死擁護精神」を大きく傷つけ、彼らの忠誠心を急激に低下させている。

張成沢の粛清は、体制防衛が自身の生存と既得権守護のための道という権力層の認識を、体制維持がまかり間違えば死と破滅を招くという被害認識に変化させた。また、張成沢粛清以後も無慈悲な恐怖統治が続き、幹部層内部で身辺の不安感は一層広がっている。最近では、核心側近さえ張成沢処刑の主な罪名が「金正恩の権威毀損」であったということを意識し、息子や孫程度である金正恩の前での言動を極度に用心し、ご機嫌取りに汲々とする姿がたまに北朝鮮の報道に登場する。また、一部幹部が「これ以上、何も期待できない」という絶望感を示す中、「陽奉陰違(訳注：面従腹背の意味)」のような現象が深刻化しているという。ひいては海外に派遣された外交官と貿易労働者、駐在員を中心に本国へ召還されて処罰されることを憂慮して、亡命を選択する事件が続いて発生するなど、幹部層の離脱と動揺も日増しに増加している。

最近高まった金正恩の健康問題も、やはり権力層の不安と動揺を加重させる主要要因になり得る。もちろん金正恩の若い年齢を考慮すれば、危急を要する状況発生の可能性は低いと見られるが、祖父金日成の容貌と形態を真似するための過度な体重維持と持続的な喫煙、絶え間ない業務ストレスと家族の事情などは、無視できない健康危害要素だと言わざるを得ない。

国際社会の制裁長期化に対処して、金正恩政権が避けられない自己救済策として選択したと見られる制限的な経済改革措置と市場の部分的許容も、唯一支配体制の確立に否定的に作用する可能性が一層高いと見られる。国家の食糧と生活必需品の供給が行われない限り、住民は引き続き市場に生存を依存する他はなく、党の人心掌握と統制、公安の監視機能もそれだけ難しくなるだろう。これは、公権力従事者の腐敗及び規律弛緩と共に、全般的な公権力の弱体化を招き、体制の耐久力を腐食させる作用をすると見られる。

金正恩の業績とリーダーシップを誇示する各種非生産部門の建設と膨大な

軍事力維持も、外貨獲得の源泉が枯渇したままの状況で、慢性的な財政赤字構造を一層悪化させる要因になっている。それでも、こうした展示性の建設まで放棄すれば、金正恩政権は住民にこれ以上提示できるものがなくなり、どのような政策決定者もこれをあえて建議することさえない。

　北朝鮮が抱いている対外的不安要因は、これよりはるかに深刻だと見られる。現在、金正恩政権の対外環境は最悪の状況に直面している。最も近い兄弟国の中国とは、3年近く首脳外交はもちろん、高位級接触もまともに行われていない。北朝鮮はいよいよ、核を最後まで保有するか、あるいは妥協するかという選択の岐路に向かって進んでいる局面と見られる。国際社会は、今や、北朝鮮の核問題を金正恩体制以降においても解決可能な長期的な課題として認識し、人権問題といった体制にとってより一層致命的な問題を懸案として持ち出している。北朝鮮は、膨大な核兵器と軍事力を保有していた旧ソ連と東欧社会主義国家が銃を一度も撃つことなく崩壊した理由は、まさに西側諸国による人権と民主化攻勢にまともに対処できなかったところにあると確信している。北朝鮮としては、国際社会の核圧迫に加えて人権圧迫にも対処しなければならないという、もう一つの難題を抱え込むことになったのである。[65]

---

[65] 2014年末、国連の北朝鮮人権決議案採択と、ことに指導部の人権責任議論に慌てた北朝鮮は、前例なしに外相の国連総会演説と北朝鮮の人権実態を美化する報告書を回覧、北朝鮮人権調査官招請、キューバを前に立たせた修正案提出など積極的な対処姿勢を見せた。また、彼らの人権圧迫阻止努力が失敗するとすぐに北朝鮮人権問題を米国の北朝鮮体制崩壊戦略と規定し、「米国の人権騒動は、私たちの核放棄実現という妄想が壊れて出てきた必死のあがき」とし、「米国は、対朝鮮敵対視政策の集中的表現である人権騒動を直ちに中止しなければならない」と主張した。『労働新聞』2014. 11. 15

第8章

結 論

結　論

　この研究は、金日成・金正日・金正恩の三代にわたり、北朝鮮政権が進めてきた国家戦略を、幹部政策との関連性の中で調べることで、金正恩政権が追求している国家戦略の性格と内容、そして今後の推進方向と展望を評価しようとした。

　どの社会であれ、政権を掌握した権力エリートたちは、国家戦略の樹立と推進に決定的な役割をする。そのため、権力エリートの研究は、その国家が追求している国家戦略の本質と展望を明らかにすることに重要な意味を持つ。しかし多様な政治的・社会経済的背景を持つエリートたちが、様々な経路を通じて国家戦略の行為主体に補充登用される自由民主主義体制とは異なり、社会主義国家では執権党がその時期の国家戦略の目標と性格を提示し、それに適したエリートを計画的に育成・補充し、彼らによって国家戦略の目標を実行していく。つまり、民主国家では、エリートによって国家戦略が決められるのに反し、社会主義国家では、国家戦略によってエリートの構成と役割が決定される。したがって国家戦略が変われば、エリートの構成と役割も変わらざるを得ない。中国が、改革・開放を幹部政策の改革と密接した関連の中で推進したことによって、幹部隊列の質的構成と役割において根本的な変化が起きた現実が、それを証明している。

　こうした事実は、社会主義国家の国家戦略を研究するためには、個別のエリートより国家次元のエリート養成及び補充政策、すなわち幹部政策に対する研究が、より現実的で効率的な接近方法になることを示している。とくに北朝鮮のような首領絶対主義体制では、個別の権力エリートが自分の意思を自由に政策に反映できる条件と環境が、制度的に封鎖されている。国家の総ての戦略は、最高権力者である首領によって企画され、樹立される。首領は、

自分の構想によって国家戦略の目標と推進方式を決定し、その実行に適合した行為主体を選定する。この過程で首領の意図を正確に実践できる教育と訓練された権力エリートたちが育成されて補充され、国家戦略の行為主体として成長するのである。首領が育て上げて登用した彼ら権力エリートは、当然首領が提示する国家戦略を忠実に履行する義務を持つことになる。結局、彼らによって推進される国家戦略は、首領の利益実現と永久執権を最高の目標にせざるを得ない。

　この研究は、金日成を主要行為主体として光復以後から1960年まで展開された反封建民主主義革命と、社会主義革命及び社会主義の建設過程と、金日成と金正日を共同の行為主体として1970年代から1994年の金日成死亡までの金正日後継体制時期を背景に推進された首領絶対主義体制の確立、金正日政権が先軍政治と実利主義を標榜して推進した強成大国建設戦略、そして金正日死後現在まで金正恩三代世襲政権が推進している北朝鮮の国家戦略を、幹部政策との相関性の中で考察した。

　こうした歴史的考察を通じてこの研究は、1960年代後半に、金日成の唯一支配体制確立を基点にして、それ以前は基本的に国家と国民の利益の増進を目標に推進されていた北朝鮮の国家戦略が、以降の時期からは首領の利益保障を最優先にする政権安保戦略に変質したことと、この国家戦略の性格変化は、首領に対する忠実性を権力エリート補充の最優先原則に掲げる幹部政策の変化によって制度的に可能になったことを確認することができた。

　解放後、金日成はソ連軍政の積極的な後押しにもかかわらず、国内政治基盤が劣勢なため、複数分派との政治連合を図るしかなかった。反封建民主主義革命と政権のスタート、社会主義革命段階に至るまで続いたこうした政治連合は、北朝鮮の国家戦略が、統治者個人や一分派の利益より全分派の利害関係を合わせながら、全般的な国益を優先させる背景になった。同様に幹部政策でも、金日成という個人に対する忠誠心よりも、マルクス・レーニン主義理念と階級的出身成分が、権力エリート補充の基準として適用され、首領のための国家戦略が制度的に不可能だった。

　しかし、朝鮮戦争と戦後復旧及び社会主義革命、社会主義建設の段階を経る中で、権力を共有していた複数分派が金日成によって徐々に粛清され、主体思想と自主路線の名分で金日成の唯一支配体制が確立し、北朝鮮には首領独裁と個人崇拝、権力の世襲に有利な政治的環境が作られた。これは国家戦

略が首領による、首領のための戦略に転換しうる契機を作った。そして、首領中心の国家戦略は、金日成に対する忠実性が権力エリート補充の最高原則として提示されて可能になった。

　1970年代初めの金正日後継体制のスタートは、北朝鮮の国家戦略がもはや国家と国民のためではない、首領とその後継者のための戦略として完全に定着する決定的な契機になった。政治、経済、社会、文化、軍事、外交など総ての分野が、ひたすら首領のために服務する首領絶対主義体制へ転換された。これを制度的に可能にしたのが、まさに『党の唯一思想体系確立10大原則』と、これを幹部政策に具体化した忠実性中心の原則であった。金日成と金正日に忠誠を示さない者は、どんなに完璧な出身成分と党性、優れた資質と能力の持ち主であっても、権力への進出は阻まれ、生存さえ保障されなくなった。また、血縁、地縁、学縁、縁故などによる人事を禁じることで、権力層内にいかなる派閥も形成できないようにした。

　国家と国民の利益より首領の安全や偶像化、権力の強固化と永久執権を目的とするこうした政権安保戦略は、凄まじい国力の乱費と経済の没落、人民生活の疲弊化を招いた。結局、首領絶対主義を至上目標として追求された国家戦略が、逆に首領絶対主義体制に危害要素として作用することになった。もし、この時期からでも北朝鮮が、国家と国民の利益保障を国家戦略の最優先目標に掲げて、中国のような改革と開放を推進したなら、1990年代中盤のような数百万人が餓死する事態は発生しなかっただろう。

　しかし、既存の路線とイデオロギーの象徴である金日成と彼の総ての思想と路線の継承を後継体制の名分にしていた金正日の共同統治下では、国家の利益のために政権の利益を犠牲にし得る国家戦略の変化は期待できなかった。変化を拒む金正日の確固な意志は、「革命偉業の継承」の次元から元老優待政策を幹部政策の重要な構成要素として堅持したことにも表れた。首領絶対主義体制の確立と共に加速化した北朝鮮の経済危機は、1980年代終盤の東欧圏の崩壊による国際的孤立により、もはや自力で立ち直れない状況に陥った。とりわけ1994年の金日成の死亡に続いた自然災害は、それまで北朝鮮社会に蓄積されていた様々な問題を一気に表面化させ、社会主義国家としての北朝鮮の様相を根本的に変えた。党の社会統制機能が麻痺し、国民の生存に責任を持つ国家の施策と機能は名ばかりのものになった。資本主義的生存競争の法則と不正腐敗、金稼ぎの風潮が全社会に蔓延した。党大会と全員会議、政

治局のような政策協議機構は無用のものになり(その機能を失い)、時期ごとに提示されていた人民経済計画も姿を消した。体制に対する不満と敗北主義は危険な水準に達し、こうした社会の雰囲気は、体制の最後の砦である軍隊にまで及んでしまった。こうした状況で軍隊を掌握できない場合、どういう結果が招来されるかは、1989年のルーマニアの事態が明確に示した。

　結局、金正日は体制が置かれた最悪の危機を打開するために、軍に総ての命運をかけるしかなかった。軍を前に立て、軍事を重視し、軍に頼って危機を乗り越えるという金正日の戦略は、「苦難の行軍」過程でその当為性が立証された。後に「先軍政治」と命名され、国防委員会を中心にした金正日政権のスタートと共に北朝鮮の基本の政治方式として、強盛大国建設戦略の核心手段として定着した。

　政治強国と軍事強国に続いて経済強国さえ建設すれば強盛大国は実現される、という北朝鮮の主張は、事実上、体制防衛のためになることならどんなことでもする、という実利追求の方式によって現実に具体化された。こうした実利主義の国家戦略は、「7・1経済管理改善措置」のような経済分野における部分的政策変化のみならず、対米・対日・対西側関係の正常化と南北関係の改善を通じた経済的実利を確保する努力につながった。その一方で北朝鮮は、こうした実利主義的変化が体制の生存に及ぼす副作用を徹底して遮断する努力も惜しまなかった。これは、体制防衛に危機をもたらし得る改革・開放のような根本的変化を依然として拒む一方、住民統制や思想教育、外部思想の遮断などで体制結束と対内統合に力を注ぐことに現れた。こうした見地から、北朝鮮が標榜した強盛大国建設戦略は、相変わらず国家と国民の利益よりも体制防衛を最優先する政権安保戦略としての本質と政策をそのまま維持したのである。

　とくに北朝鮮が1994年の朝米ジュネーブ基本協議にもかかわらず、持続的に核を開発し、ついに核保有宣言と核実験を断行したことは、国際的孤立と制裁、圧力による国民への犠牲を強いてでも体制安保を優先する意志を、余すところなく表した代表的な事例として見ることができる。金正日政権にとって核は、外部の脅威に備えて内部の結束を図る体制安保的機能と、国際社会の政治・経済的保障と支援を引き出す交渉カードの機能を総て備えた体制防衛の最後の砦であると言える。

　先軍政治と実利主義を二大柱にして展開された北朝鮮の体制防衛戦略は、

金正日政権が追求した幹部政策の変化を通じても確認できた。つまり、幹部政策全般において忠実性の原則と派閥形成遮断の原則を固執した中で、党と軍、保安などの統治分野の政治エリートの補充では、階級性と出身成分を強調して精鋭化を追求し、経済と行政、科学技術、社会文化分野の技術専門エリートの補充では、実力と学力、本人中心の原則を強調することで専門性を高めることである。また統治分野では元老優待政策を続けながら、他分野では世代交代が活発に行われた。

幹部政策の変化は技術専門エリートの役割を高め、経済と科学技術分野で実利主義を最大限保障しながらも、そこからもたらされる副作用を「精粋分子」で構成された先軍政治の主役が徹底的に相殺していくという意図から始まった。こうした見地から、「政治は政治エリートに、経済は経済エリートに」専門化させる北朝鮮の伝統的な幹部政策の基調自体はそのまま維持された。中国の改革・開放過程で保守的な革命エリートが権力から退き、実用主義的思考方式と専門性、改革の意志で武装した技術専門エリートが政治権力に迎え入れられて改革の主導勢力を形成した事例と比べると、北朝鮮のこうした幹部政策一つを見ても、金正日政権が追求した国家戦略がどのようなものなのか予想できた。

幹部政策と共に金正日固有の統治方式であった側近政治を通じても、北朝鮮が追求した国家戦略の性格と方向に対する把握が可能である。後継体制時期に、権力の二元化構造を反映して現れた側近政治は、権力エリートの中で相互牽制と忠誠競争を通じて金正日の唯一的指導を保障する役割をした。同時に、形骸化した党政治局をはじめとする上層部の集団的政策協議の機能を代替する北朝鮮の実質的政策決定機構としての役割も果たした。

金正日時代の側近とは、まさに権力の核心であり、国家戦略の実質的行為主体であった。こうした側近隊列によって、後継体制の時期には党僚（訳注：政党の中心的な指導成員）たちが中心になって首領絶対主義体制と後継体制確立の一番の功臣になったが、金正日政権では断然、軍部が中心になって先軍政治を率いてきた。その反面、金正日の側近から技術専門エリートは徹底して疎外された。

北朝鮮がいかに実利主義を標榜し、内閣の権能強化と幹部の実力第一主義を高唱しても、国民の利益のために真の意味の国家戦略を提言できる改革意志の持ち主たちが、金正日の側に近寄れない限り、そして体制防衛に命をかける側近と権力エリートが国家戦略の舵を握っている限り、北朝鮮の改革・

開放と核の放棄のような画期的な変化を望むことは、相変わらず国際社会の希望事項として残る他なかった。

　2008年の金正日の発病は、北朝鮮の首領絶対主義体制を根本から揺さぶりかねない史上初のリーダーシップの危機を招き、結局、共産主義運動史に類例のない三代権力世襲の背景になった。金正日は自身の健康悪化によるリーダーシップ及び安保危機の克服のため、20代半ばの末息子金正恩を急いで後継者に指名して本格的な後継修業に着手する一方、国防委員会と軍部主導の過渡的危機管理体制をスタートさせた。こうした措置は、後継者の無分別な誇示欲と権力層の忠誠競争を引き起こし、2009年の長距離ミサイル発射と第2次核実験、2010年の「天安艦」攻撃と延坪島砲撃のような強硬一辺倒の対外・対南政策と軍事挑発を呼び起こした。2010年9月労働党第3次代表者会議は、金正日の病気の状況で稼動した国防委員会中心の危機管理体制を党の伝統的な指導体制に転換して、リーダーシップの継承問題を決着させる契機となった。会議では、金正恩を党中央軍事委員会副委員長に選出することで、後継者の地位を国内外に公式化し、労働党の私党化の方向で党規約を改正し、党を後継者に相続できる名分と金正恩の党・軍掌握の制度的基盤を用意した。また、金敬姫、張成沢、崔竜海、李英浩など側近中心の「後見体制」と権力層の相互牽制構図を構築する方向で政治局と書記局、党中央軍事委員会など党指導部を新しく構成して、党が金正日の統治と金正恩の世襲を補佐する制度的手段として機能するようにした。

　第3次党代表者会議で、ポスト金正日時代に備えた後継権力基盤と、三代世襲の制度的名分が用意されたために、1年後の2011年12月金正日の急死にもかかわらず、金正恩への権力委譲作業は速かに行うことができた。金正日死後の2012年4月に招集された労働党第4次代表者会議と最高人民会議第12期第5次会議は、金正恩を党と国家の最高レベルに推戴すると同時に、金正恩時代を導いていく党・軍・政の指導部も新しく構成した。これは国防委員会中心の金正日政権が、党中心の金正恩政権に確かに転換されたことを意味した。しかし金正恩時代の党の地位と役割正常化は、金正恩の脆弱な権力基盤とリーダーシップを補完して軍に対する党の指導を保障するための措置だっただけで、先軍政治の弱体化のような路線と政策の変化を意味しなかった。

　金正恩政権スタート以後の3年間は、全党、全軍、全社会に対する金正恩

の唯一指導体系を確立して既存権力エリートの中で親衛勢力を確保し、先軍政治下で肥大化した軍部と権力委譲過程で勢力を伸ばした後見勢力を弱体化させ、親政体制を構築するための過渡的基礎築城段階だった、と評価できる。この過程で、金正日によって用意された後見体制性格の権力エリート陣容は多くの変化を経た。中でも金正恩の後見人を自任した張成沢（チャンソンテク）勢力の粛清は、権力層に金正恩の「権威」と唯一指導に挑戦する者は誰であろうとも容赦しないことを示した、恐怖政治の典型であった。金正恩の軍掌握と手なづけのために、軍事・安保分野エリートの大幅な総入れ替えと、即興的で頻繁な階級降格も持続的に断行し、伝統的に軍部が占めていた人民軍総政治局長にも崔竜海（チェリョンヘ）と黄炳瑞（ファンビョンソ）のような党員が任命された。この３年間、権力エリートの構成では多くの変化が起きたが、金正恩親政体制構築のため、権力層の世代交代と総入れ替え、張成沢「毒素清算」名分の粛清は今でも続いている。

　現在の金正恩政権を持ち上げている権力エリートは、金永南（キムヨンナム）、金己男（キムギナム）、崔泰福（チェテボク）など金日成時代から三代の間「首領に仕えてきた」元老と、崔竜海（チェリョンヘ）、金養建（キムヤンゴン）、金元弘（キムウォンホン）、趙延俊（チョヨンジュン）、金慶玉（キムギョンオク）、朴奉珠（パクボンジュ）、李炳鉄（リビョンチョル）、呉日正（オイルジョン）など金正日時代の核心側近、そして黄炳瑞、玄永哲（ヒョンヨンチョル）、趙京哲（チョギョンチョル）、崔富日（チェブイル）、金英哲（キムヨンチョル）、李秀勇（リスヨン）、韓広相（ハングァンサン）、金与正（キムヨジョン）など金正恩時代に急浮上した人物など３分類することができる。ほとんどが金日成・金正日によって権力に登用された、これら権力エリートと金正恩の間には、金正日時代のような「義理」に基づいた連帯感と忠誠心が存在しがたい。彼らはただ、生存と代を引き継いだ既得権の保障という利害関係と封建的世襲意識によって、体制に受動的に服従するだけである。

　金正日時代の権力構造の上に建てた金正恩政権が、先代と違う道を歩けないのは当然のことであった。金正恩政権は、三代世襲体制の早期定着と強化を目標に掲げ、金正日時代の先軍路線の継承と金正恩のリーダーシップを誇示する業績の創出を、国家戦略の二大課題として推進してきた。これに伴い、北朝鮮は2012年４月と12月、２度の長距離ロケット発射と2013年２月の第３次核実験に続き、ついに３月の党全員会議では「経済建設と核武力建設の並進」を金正恩時代の基本路線として採択した。

　北朝鮮が今まで追求してきた国内外政策は、この路線から一寸も離脱しないでいる。北朝鮮は核兵器の性能と威力向上に邁進し、同時に科学技術の発展と制限的経済改革、経済特区拡大など自己救済策を講じる方法で、経済と

人民生活回復に力を注いだ。しかし、北朝鮮のこうした努力は、核とミサイルなど大量殺傷兵器開発に対処した国際社会の制裁と圧迫の長期化で、顕著な成果を上げられずにいる。金正恩政権スタート後、北朝鮮の経済指標が多少好転したことが明らかになったことは、北朝鮮が主張するように核・経済並進路線のためでなく、北朝鮮住民の生活に深く根を下ろした市場化の結果だと見られる。

　金正恩は、経済と人民生活の回復によって政治功績を積むのが容易でなく、民心確保のために途方もない財源を民生および娯楽施設建設に投じる一方、党と勤労団体、公安機関の対住民統制と掌握、監視と処罰機能をより一層強化して、体制不安定を招く各種非社会主義現象と外部思想の流入及び拡散を遮断することに総力を挙げている。

　金正恩政権がこの間追求してきた対外・対南政策も、徹底的に三代世襲体制の構築と守護のための安定した条件の用意に集中した。北朝鮮は、国際社会の非核化要求に強硬対応で一貫しながらも、経済回復に必要な外部の支援と投資誘致には積極性を見せるなど、二重の姿を継続して現している。最近では、ウクライナ問題で西側と対立しているロシアと拉致問題に積極的な日本の利害関係を利用して、国際社会の対北朝鮮共助を瓦解させ、アメリカと韓国、中国など周辺国の対北朝鮮政策の変化を圧迫する戦略を駆使している。

　金正恩政権が、先代の路線と政策を今後も持続的に守っていくという点は、政権を構成している権力層の構造と金正恩政権の幹部政策を通じても確認される。金正恩政権スタート後、北朝鮮が一連の経済改革と対外開放措置を取っているのと関連して、今後の路線変化の可能性に対する展望も提起されたが、指導的地位と機能が回復した労働党の指導部構成と金正恩の側近幹部面々を見れば、本格的な改革を控えて、中国の鄧小平が取ったような幹部政策変化の兆しは全く見えない。党政治局と書記局は、相変わらず保守的な政治エリートが主導権を掌握している。金正恩政権で持続的に推進している指導部の要人交替と総入れ替えも、親政体制の構築次元であるだけで、路線の変化とは何の関連性も探せない。

　北朝鮮はこの3年間、ひたすら三代世襲体制の早期定着と強化の方向で権力構造を再編し、国内外政策を推進することで、外形上は体制安定化に成功したと見られている。しかし、スタート3年をやっと過ぎた現時点で、金正恩政権の長期生存を予断するのは時期尚早だと見られる。今後さらに加速化

する金正恩親政体制構築作業は、政権の基盤を成している旧時代権力エリートの既得権喪失に対する憂慮と不安をより一層増幅させるものと見られる。金正恩政権が核保有意志を曲げない限り、国際社会の制裁と圧迫はより一層強化されることであり、圧迫の刃先はしだいに人権問題のような体制の致命的な弱点を狙っている。北朝鮮が外部の助けなく自力で経済を回復させるために、やむをえず受け入れている粗雑な経済改革と開放措置は、北朝鮮の市場化と公権力の腐敗、貧富の格差をより一層深刻化させるだろう。これら総てのことは、中長期的な見地から金正恩政権を威嚇する潜在的な不安定要因になると展望される。

参考文献

1. 国内文献

1）単行本

康明道『平壌は亡命を夢見る』ソウル：中央日報社、1995

カン・ソンジョン、『北朝鮮の強盛大国建設戦略』ソウル：図書出版ハンウル、2004

ケーリャン・フェリ著、チン・ドッキュ訳『政治エリート』ソウル：梨花女子大学校出版部、1999

コ・ソンユン、『北朝鮮権力エリートの危機意識と体制安定化戦略』、韓国政策学会、1995

高英煥『金日成の夢、ソウルで実現』ソウル：朝鮮日報社、2000

金甲植『金正日政権の権力構造』ソウル：韓国学術情報、2005

キム・グソプ、チャ・ドゥヒョン『北朝鮮の権力構造と権力エリート』ソウル：韓国国防研究院出版部、2004

キム・グクシン『ブッシュ政府の対北朝鮮核政策推進現況と展望』ソウル：統一研究院、2005

キム・ナムシク『南労党研究』ソウル：トルペゲ、1984

キム・ソンボ『北朝鮮政治エリートの補充過程と経歴分析―政権機関幹部を中心に』ソウル：慶南大学校極東問題研究所、1997

キム・ソンチョル『北朝鮮幹部政策の持続と変化』ソウル：民族統一研究院、1997

_____ 他『金正日研究：リーダーシップと思想(1)』ソウル：統一研究院、2001

キム・セウン『中国、資本主義なのか社会主義なのか』ソウル：図書出版ヘマルグン、1994

キム・ヨンユン『北朝鮮経済改革の実態と展望に関する研究―改革の副作用を通じてみた北朝鮮体制転換の成功課題』ソウル：統一研究院、2006

キム・チョンゲ『中国の権力構造とパワーエリート』ソウル：平民社、1994

キム・チャンスン『北朝鮮15年史』ソウル：チムンガク、1961

_____『北朝鮮総攬』ソウル：北朝鮮研究所、1983

パク・サンファン『北朝鮮政策資料』ソウル：国家安保統一政策研究所、2005

パク・ヨンギュ『金正日政権の外交戦略』ソウル：統一研究院、2002

_____『金正日政権の安保政策：包括的安保概念の適用』ソウル：統一研究院、2003

パク・ヨンホ『韓半島平和体制構築過程での韓国の安保政策方向』ソウル：民族統一研究院、1996

パク・ジェギュ『北朝鮮のシン外交と生存戦略』ソウル：ナナム出版、1997

パク・ヒョンジュン他『金正日時代北朝鮮の政治体制：統治イデオロギー、権力エリート、権力構造意志速成科変化』ソウル：統一研究院、2004

北漢問題調査研究所『北朝鮮主要人物録』ソウル：北漢問題調査研究所、1997

ソ・デスック著作、ソ・ジュソク翻訳『北朝鮮の指導者金日成』ソウル：清渓研究所、1989

ソ・デスック『現代北朝鮮の指導者：金日成と金正日』ソウル：ウルユ文化社、2000

ソ・ジェジン『もう一つの北朝鮮社会』ソウル：ナナム出版、1995

_____『7.1措置以後の北朝鮮体制変化：下からの市場社会主義化改革』ソウル：統一研究院、2004

_____他『社会主義支配エリートと体制変化』ソウル：センガグェナム 1999

世宗研究所北朝鮮研究センター『北朝鮮の国家戦略』ソウル：図書出版ハンウル、2003

ソン・グァンジュ『金正日レポート』ソウル：パダ出版社、2003

Susan L. Shirk 著、チェ・ワンギュ訳『中国経済改革の政治的論理』馬山 慶南大学校出版部、1999

鈴木マサユキ著、ユ・ヨング訳『金正日首領制社会主義』ソウル：中央日報社、1994

シン・ピョンギル『金正日と対南工作』ソウル：北朝鮮研究所、1996

C.W. ミルス著、チン・ドッキュ訳『パワーエリート』ソウル：ハンギル社、1979

アン・チャンイル『主体思想の終焉』ソウル：ウルユ文化社、1997

_____他『10人の北朝鮮出身エリートが見る10年後の北朝鮮』ソウル：図書出版インガンサラン、2006

ヤン・ソンチョル『北朝鮮政治研究』ソウル:パクヨン社、1993

ヤン・スンチャン『中国式社会主義の理論と実際』ソウル:図書出版無限、1999

聯合ニュース『2003 北朝鮮人名・資料編』ソウル:聯合ニュース、2002

ウ・ピョンギュン『ソ連崩壊と現代ロシア政治』ソウル:図書出版メボン、2002

イ・ギョドク他『北朝鮮体制の分野別実態評価と変化展望:中国の初期改革開放過程との比較分析』ソウル:統一研究院、2005

イ・ミョンウ編『政治エリート研究2002:中国、日本、ロシアを中心に』城南:世宗研究所、2002

イ・ポムジュン他『アメリカ外交政策』ソウル:パクヨン社、1998

イ・ジョンソク『朝鮮労働党研究』ソウル:歴史批評社、1995

_____『現代北朝鮮の理解』ソウル:歴史批評社、2000

イ・ジョンソク、ペク・ハクスン『金正日時代の党と国家機構』城南:世宗研究所、2000

イ・ジョンス、ユン・ヨンジン他『新行政学』ソウル:テヨン文化社、1997

李韓永『大同江ロイヤルファミリー、ソウル潜行14年』ソウル:東亜日報社、1996

イ・ハング『金正日と彼の参謀』ソウル:図書出版新太陽社、1995

イ・ホンヨン著、カン・ギョンソン訳『中国の政治エリート、革命幹部世代から技術官僚時代に』ソウル:ナナム出版、1997

自由評論社『東欧圏国家の変革と葛藤』ソウル:自由評論社、1989

チョン・ヒョンジュン『金正日政権の権力エリート研究』ソウル:民族統一研究院、1995

_____『金正日政権の分野別政策変化推移分析:『労働新聞(1994.7.4～2001.11.31)社説・政論・論説を中心に』』ソウル:統一研究院、2001

_____『北朝鮮の対南政策の特徴』ソウル:統一研究院、2002

チョン・キュソプ『北朝鮮外交の昨日と今日』ソウル:イルシン社、1997

チョン・ソンジャン、ペク・ハクスン『金正日政権の生存戦略』ソウル:世宗研究所、2003

チョン・ヨンソク『共産圏の変化実状と本質』ソウル:図書出版タナ、1990

チェ・ソンホ、イム・ガンテク『北朝鮮「人民経済計画法」の分析及び評価』ソウル:統一研究院、1999
ジェームズ E. 他、イ・スヒョン訳『米国外交政策史、ルーズベルトからレーガンまで』ソウル:図書出版ハンウル、1997
チョ・ハンボム『体制転換期ロシアの社会像研究』ソウル:統一研究院、2001
_____『中国とロシアの経済体制改革比較研究』ソウル:民族統一研究院、1997
ジョン M. トムソン著、キム・ナムスン訳『20世紀ロシア現代史』ソウル:社会評論、2004
チョン・チャンヒョン『側で見た金正日』ソウル:図書出版土地、1999
チェ・シン『金正日と北朝鮮の権力エリート』ソウル:図書出版プルピッ、1997
_____『北朝鮮政治史』ソウル:図書出版プルピッ、1997
チェ・ワンギュ『北朝鮮はどこへ』馬山:慶南大学校出版部、1996
チェ・ジンウク『金正日政権と韓半島の将来』ソウル:韓国外国語大学校出版部、2005
_____『金正日の党権掌握過程研究』ソウル:統一研究院
_____『北朝鮮の人事行政』ソウル:統一研究院、1999
_____『現対北朝鮮行政論』ソウル:図書出版インガンサラン、2002
チェ・チュヌム『中国の韓半島安保戦略と韓国の安保政策方向』ソウル:統一研究院、2003
統一部『北朝鮮機関・団体別人名集』ソウル:統一部情報分析局、2004
_____『北朝鮮の主要人物』ソウル:統一部情報分析局、2005
_____『2005年北朝鮮経済総合評価』2006年1月;統一研究院『金正日政権10年:変化と展望』ソウル:統一研究院、2004
_____『統一環境と韓国、北朝鮮関係:1999-2000』ソウル:統一研究院、1999
_____『統一環境及び韓国、北朝鮮関係と展望:2000〜2001』ソウル:統一研究院、2000
韓国銀行金融経済研究院『朝中貿易の現況と北朝鮮経済に及ぼす影響』2006年1月
ホ・ムニョン『北朝鮮外交の特徴と変化の可能性』ソウル:統一研究院 2001
黄長燁『私は歴史の真理を見た』ソウル:図書出版ハンウル、1999

＿＿＿＿『北朝鮮の真実と虚偽』ソウル：統一政策研究所、1998
＿＿＿＿『闇になった陽光は闇を照らせない』ソウル：月刊朝鮮社、2001
藤本健二『金正日の料理人』ソウル：月刊朝鮮社、2003

2）論文

高英煥「北朝鮮の対中東及びアフリカ外交」『北朝鮮調査研究』第2号(2000)
＿＿＿＿「北朝鮮の政策決定過程に関する齟齬」『北朝鮮調査研究』第1冊1号
＿＿＿＿「北朝鮮外交政策決定機構および過程に関する研究」（慶熙大学校行政大学院修士学位論文、1999）
コ・ユファン「金正日の危機対応と生存戦略」『現対北朝鮮研究』第3冊2号(2000)
キム・カプシク「1990年代北朝鮮党国家体制の変容に関する研究」『平和論叢』第5冊1号(2001.6)
＿＿＿＿「北朝鮮の党・軍・政役割分担体制に関する研究」（ソウル大学校博士学位論文、2001）
キム・クンシク「金正日時代北朝鮮の経済発展戦略：'三大第一主義'で'科学技術重視'で」『現対北朝鮮研究』第3冊2号(2000)
キム・ドンス「北朝鮮の外交政策決定過程と対国際機構外交政策変化」『北朝鮮調査研究』第9冊1号(2005)
キム・ボン「北朝鮮の政治エリート補充に関する研究」（建国大学校大学院博士学位論文、1990）
キム・ヨンス「北朝鮮の対米認識」『現代北朝鮮研究』第6冊2号(2003)
キム・ヨンヒョン「先軍政治と金正日国防委員長体制の政治変化」『現代北朝鮮研究』第8冊3号(2005)
キム・ユヒャン「北朝鮮のIT部門発展戦略：現実と可能性のギャップ」『現代北朝鮮研究』第4冊2号(2001)
キム・ジェハン「韓国国家戦略の概念的構図」『国家戦略』、第5冊1号(1999)
パク・ヒョンジュン「比較社会主義観点で見た'実利社会主義'論議の位置と展望」『金正日政権10年：変化と展望』、ソウル：統一研究院、2004．

ペク・ハクスン「金正日時代の党と国家機構：1998 年改正憲法を中心に」：
　　　　　　イ・ジョンソク、ペク・ハクスン『金正日時代の党と国家機構』
　　　　　　城南：世宗研究所、2000
ソ・ヒス「北朝鮮権力エリート構造の変化に関する比較論的研究」（釜山大
　　　　　　学校大学院博士学位論文、1983）
アン・ビョンヨン「北朝鮮政治エリートの構造分析」『アジア研究』Vol.
　　　　　　XVI.No. 2（1973）
アン・チャンイル「北朝鮮の統治理念に関する研究」（建国大学校大学院博
　　　　　　士学位論文、1997）
ヤン・ソンチョル「北朝鮮の権力構造と金正日周辺エリート」『北朝鮮の権
　　　　　　力構造と金日成以後の政策方向展望』ソウル：民族統一研究院、
　　　　　　1992
呉勇錫「中国の対北朝鮮政策基調と経済協力」；イ・チャンジェ編『韓半島周
　　　　　　辺 4 国の対北朝鮮政策』ソウル：対外経済政策研究院、1996
イ・ウジョン「労働党第 5 次党大会以後の北朝鮮権力構造に関する研究：政
　　　　　　治エリート変化を中心に」（東国大学校大学院博士学位論文、
　　　　　　1986）
チョン・ソンフン「韓国の国家利益と国家戦略」『国家戦略』第 5 冊 2 号 (1999)
チョン・キュソプ「金正日体制の外交政策−持続と変化」『北朝鮮研究学会報』
　　　　　　第 3 冊 1 号 (1999)
_____「北朝鮮の南北首脳会談戦略」『北朝鮮研究学会報』第 4 冊第 1 号
　　　　　　(2000)
チョン・ソンジャン「金正日の'先軍政治'：論理と政策的含意」『現対北朝
　　　　　　鮮研究』第 4 集 2 号 (2001)
チョン・ヨンテ「北朝鮮'強盛大国論'の軍事的意味：金正日の軍事政策を
　　　　　　中心に」『統一研究論叢』第 7 巻 2 号 (1998)
チョ・ドンホ「金正日、変化−維持　二つの顔を見て」『朝鮮日報』2005.2.2
チュ・ソンファン、チョ・ミョンギ「北朝鮮の'第 2 の千里馬大進軍'運動
　　　　　　に関する研究」『北朝鮮研究会報』第 4 冊第 2 号 (2000)
チェ・ワンギュ「社会主義建設と主体思想」；チェ・ワンギュ他『北朝鮮社
　　　　　　会主義建設の政治経済』ソウル：慶南大学校極東問題研究所、1993
チェ・ジュファル「北朝鮮軍の外貨稼ぎ実態と戦闘力に及ぼす影響」『北朝

　　　　　朝鮮調査研究』第 2 号(1999)
　　────「北朝鮮軍の後方事業が戦闘力に及ぼす影響」『統一政策研究』第 1
　　　　　冊 2 号(1998)
　　────「北朝鮮体制での党─軍関係研究」(慶熙大学校行政大学院修士学位
　　　　　論文、2002)
　　────「朝鮮人民軍総参謀部組織体系と作戦局の任務と役割」『北朝鮮調査
　　　　　研究』第 6 冊 1 号(2002)
ハン・ペホ「'国家戦略'発刊に送って」『国家戦略』第 1 巻 1 号(1995)
ホン・ヒョンイク「ロシアのニューリーダー、プーチンのリーダーシップと
　　　　　国内外政策研究」；イ・ミョンウ編『政治エリート研究、2002：
　　　　　中国、日本、ロシアを中心に』ソウル：世宗研究所、2002
ファン・イルド「前北朝鮮核心官僚が肉筆で使った金正日権力掌握秘話」『新
　　　　　東亜』2005 年 10 月号
玄成日「北朝鮮労働党の組織構造と社会統制体系に関する研究」(韓国外国
　　　　　語大学校政策科学大学院修士学位論文、1999)
　　────「北朝鮮の人事制度研究」『北朝鮮調査研究』第 2 巻 1 号(1998)

※注： ──── は、同一著者を意味する。以下同じ。

2. 北朝鮮文献

1）単行本

『金日成同志略伝』平壌:朝鮮労働党出版社、1972

『金日成選集』第2版第1～4巻、平壌:朝鮮労働党出版社、1960～1964

『金日成著作選集』第1～9巻、平壌:朝鮮労働党出版社、1967～1987

『金日成著作集』第1～43巻、平壌:朝鮮労働党出版社、1979～1996

『金正日選集』全15巻、平壌:朝鮮労働党出版社、1992～2005

金正日『党宣伝部の役割を高めることに対して』平壌:朝鮮労働党出版社、1997

_____『朝鮮労働党は私たち人民の総ての勝利の組織者であり指導者である』東京:在日朝鮮人総聯合会中央常任委員会、1990

_____『革命先輩を尊大なのは革命家の崇高な道徳義理である』(朝鮮労働党中央委員会機関紙『労働新聞』に発表した談話、1995年12月25日)東京:朝鮮新報社、1996

_____『革命的党建設の根本問題に対し』東京:在日朝鮮人総聯合会中央常任委員会、1992

キム・ジェホ『金正日強盛大国建設戦略』平壌:平壌出版社、2000

キム・チョルウ『金正日将軍の先軍政治、平壌:平壌出版社、2000

キム・ファ、コ・ボン『21世紀の太陽金正日将軍』平壌:平壌出版社、2000

リ・サンゴル『思想理論の英才』平壌:社会科学出版社、1984

_____『社会主義と知識人問題』平壌:社会科学出版社、1995

『首領決死擁護精神を行動のスローガンとして実践に徹底的に具現することについて』平壌:朝鮮労働党出版社、2001年1月

『偉大な首領金日成同志革命歴史』平壌:朝鮮労働党出版社、1992

『資本主義の思想文化的浸透を壊すための闘争を力強く繰り広げることについて』平壌:朝鮮労働党出版社、2002

『朝鮮労働党歴史』平壌:朝鮮労働党出版社、1979

『朝鮮労働党歴史』平壌:朝鮮労働党出版社、1991

『主体革命偉業の完成のために』全5巻、平壌:朝鮮労働党出版社、1987～1988

『主体革命偉業の偉大な指導者金正日同志(1〜2)』平壌:朝鮮労働党出版社、2001

タク・チン他『金正日指導者(1〜3部)』平壌:平壌出版社、1994

2）論文

カン・ヒョンジェ"強盛大国建設は新しい高い段階の社会主義建設"『金日成総合大学学報(哲学経済学)』第47巻第4号(2001)

キム・トクプ"1990年代私たちの式社会主義思想陣地をより一層しっかり確かめるための私たちの党の偉大な領導"『金日成総合大学学報(歴史法学)』第52巻第2号(2006)

キム・ヤンホ"経済事業での実利保障と価値空間の合理的利用"『金日成総合大学学報(哲学経済学)』第48巻第1号(2002)

キム・ヤンファン"先軍政治は社会主義の基本政治方式"『金日成総合大学学報(歴史法学)』第52巻第4号(2006)

キム・ヨンスン"私たち民族同士力を合わせて祖国統一のドアを開けて行こう"『労働新聞』2003.6.13

キム・ジョンギル"社会主義原則を確固と守って最大の実利を得るようにするのは社会主義経済管理完成の基本方向"『経済研究』2003年第1号

リャン・チャンイル"連邦制統一方案は最も現実的で合理的な祖国統一方法"『金日成総合大学学報(歴史法学)』第48巻第4号(2002)

リュ・ウンチュル"社会主義経済管理で握り締めてゆくべき種子"『経済研究』2003年第4号

リ・グァンホ"情報技術発展のための科学研究事業を前面に出すことに対する方針の正当性"『労働新聞』2001.6.5

リ・ドング"社会主義物資交流市場は計画的物資供給の補充的形態"『金日成総合大学学報(哲学経済)』第50巻第4号(2004)

リ・リョンドク"連邦制方式の民族統一国家創立は祖国統一の最善の方法"『金日成総合大学学報(歴史法学)』第48巻第4号(2002)

リ・ミョンイル"共和国表彰制度の本質と発生発展"『金日成総合大学学報(歴史法学)』第52巻第4号(2006)

リ・ポンチャン "先軍革命路線は私たちの党の基本戦略路線"『金日成総合大学学報(哲学経済)』第50巻第4号(2004)

リ・ヨングン "企業所経営活動で収入を高める方法"『経済研究』2003年第1号

ムン・ソン "人民経済の近代化、情報化"『労働新聞』2001.5.17

パク・ナムジン "21世紀に対する認識"『労働新聞』2001.4.27

パク・ジェヨン "現在の経済事業で実利保障の重要性"『経済研究』2001年第4号

シン・トヒョン "変化した環境と条件に合うように社会主義経済管理運営方法を私たちの式に改善し、立ち向かう重要問題"『金日成総合大学学報(哲学経済学)』第48巻第3号(2002)

シム・テソン "北と南の間の関係を改善することは、祖国の自主的平和統一を実現するための切迫した課題"『金日成総合大学学報(哲学経済学)』第44巻第3号(1998)

チョン・キルラム "国防工業発展に継続して大きな力を入れるのは先軍時代の要求"『金日成総合大学学報(哲学経済学)』第50巻第2号(2004)

チェ・クムチュン "幹部革命化で根本的な転換を成し遂げられるようにした歴史的文献"『金日成総合大学学報(哲学経済)』第50巻第3号(2004)

ハン・グァンチョル "国防工業を確固と前面に出す事と共に、軽工業と農業を同時に発展させ、人民生活を画期的に高めることは、先軍時代社会主義経済建設路線の重要な要求"『経済研究』2004年第4号

3) 事典、新聞、放送、通信、定期刊行物

『経済研究』科学百科事典出版社

『教育新聞』『金日成総合大学学報』平壌:金日成総合大学出版社

『労働新聞』

『民主朝鮮』

『政治用語辞典』平壌:社会科学出版社、1970

『朝鮮語大辞典(1～2巻)』平壌：社会科学出版社、1992
『祖国』『朝鮮新報』『朝鮮中央年鑑』平壌：朝鮮中央通信社
『朝鮮中央放送』
『朝鮮中央通信』
『千里馬』2005年第12号
『青年前衛』
『平壌放送』
『現代朝鮮語辞典』平壌：科学百科事典出版社、1981

3. 外国文献

1）单行本

Aberbach, Joel D., Putnam, Robert D. and Rockman, Bert A. *Bureaucrats and Politicians in Western Democracies.* Cambridge,Mass.: Harvard University Press, 1981

Barnett, A. Doak. *Cadres, Bureaucracy and Political Power in Communist China.* New York:Columbia University Press, 1967

Beck, Carl and Malloy, James. *Political Elite: A Mode of Analysis.* Pittsburg: University Center for International Studies, 1971

Burns, John P. *The Chinese Communist Party's NOMENKLATURA System.* Armonk: M. E. Sharpe,1989

Djilas, Milovan. *The New Class: An Analysis of the Communist System.* New York: Frederick A. Praeger, 1957

Fleron, Frederick J. (ed). *Communist Studies and the Social Science.* Chicago: Rand McNally, 1969

Harding, Harry. *Organizing China; The Problems on Bureaucracy, 1949~1976.* Stanford: Stanford University Press, 1981

Hough, Jerry F. and Fainsod, Merle. *How the Soviet Union is Governed.* Cambridge: Harvard University Press, 1979

Huntington, Samuel P. *Political Order in Changing Societies.* New Haven: Yale University Press,1968

Inkels, Alex and Bauer, Raymond A. *The Soviet Citizen: Daily Life in a Totalitarian Society.* Cambridge, Mass.: Harvard University Press, 1959

Johnson, Charlmers (ed). *Change in Communist Systems.* California: Stanford University Press,1970

Lieberthal, Kenneth. *Governing China: From Revolution Through Reform.* New York: Norton, 1995

М. Восленский, **Номенклатура** (Москва: Советская Россия Октябрь, 1991

Mosca, Gaetano. *The Ruling Class.* New York: McGraw-Hill, 1965

Pareto, Vilfredo. *The Mind and Society: A Treatise on General Sociology, Vol. 1.* New York: Dove, 1965

Scalapino, Robert A. (ed). *Elites in the People's Republic of China.* Seattle:University of Washington Press, 1972

Triska, Jan. F. (ed). *Communist Party-States: Comparative and International Studies.* Indeanapolis: Bobbs-Merrill, 1969

Whitefield, Stephen. *Industrial Power and the Soviet State.* New York:Clarendon Press, 1993

曹志 編『中華人民共和國人事制度概要』北京: 北京大學出版社、1985

張庭延『出使韓國』山東大学校、2004

2) 論文

Armstrong, John A. "Sources of Administrative Behavior: Some Soviet and Western Europe Comparisons." *American Political Science Review, Vol. LIX, No. 3* (September 1965)

Aron, Raymond. "Social Structure and Ruling Class." in Roy C.Macridis, Bernard E. Brown (eds.). *Comparative Politics: Notes and Reading.* Homewood, III: Dorsey Press, 1972

Burns, John P. "Reforming China's Bureaucracy, 1949~1976." *Asian Survey, XIII, No. 6* (June 1983)

Feuer, Lewis S. "The Intelligentsia in Opposition," *Problems of Communism, Vol. XXI, No. 6* (November-December 1970)

和田春樹、"The Structure and Political Culture of the Kim Jong Il Regime: Its Novelty and Difficulties. (慶南大学校とアメリカン大学校共同主催発表論文、1998. 5. 28〜29)

Rutland, Peter. "The Role of the Communist Party on the Soviet Shoppfloor." *Studies in Comparative Communism. Vol. XXI, No. 1* (Spring 1988)

Kringen, John A. "An Exploration of the 'Red-Expert' Issue in China through Content Analysis." *Asian Survey, Vol. 15, No. 8* (August

1975)

Welsh, William A. "Comparative Political Leadership in Communist Systems." in Carl Beck, et al. *Comparative Communist Political Leadership*. New York: David Mckay, 1973

4．その他資料

『ニューシス』
『東亜日報』
『デイリーNK』
『北朝鮮動向』
『新東亜』
『聯合ニュース』
『月刊朝鮮』
『朝鮮日報』
『中国国際放送』
『中央日報』
『毎日新聞』
『今日の北朝鮮ニュース』北朝鮮研究所
統一部情報分析局『週間北朝鮮動向』
http://100.naver.com/100.nhn?docid=149116
http://home.cein.or.kr/~kupkika/6-1-21.htm
http://nk.chosun.com
http://nk.joins.com
http://www.dailynk.com/korean/index.php
http://www.nis.go.kr/app/board/dailylist?sc_param=,M03010100&midArr=M03010100
http://www.uniedu.go.kr
http://www.unikorea.go.kr/index.jsp
http://www.uriminzokkiri.com
http://www.yonhapnews.co.kr/services/0204000000.html

著者紹介

■ 玄　成　日（ヒョン　ソン　イル）

- 1975〜1981：金日成総合大学外国語文学部英文科卒業
- 1987〜1989：ルーマニア、ブカレスト総合大学外国語文学部
　　　　　　　フランス語研修
- 1996〜1999：韓国外国語大学政策科学大学院政治学修士
- 2000〜2006：慶南大学校大学院政治外交学科政治学博士

■ 経歴

- 1982〜1989：金日成総合大学外国語文学部英語講座教員
- 1989〜1993：北朝鮮外交部（現外務省）非同盟国担当指導員
- 1993〜1996：ザンビア駐在北朝鮮大使館3等書記官
- 1996〜現在：韓国・国家安保戦略研究所責任研究委員を経て主席研究委員

■ 論文

- 「北朝鮮の国家戦略と幹部政策の変化に関する研究」（博士課程論文、2006）
- 「北朝鮮労働党の組織構造と社会統制体系に関する研究」（修士学位論文、1999）

監修者あとがき

　『北朝鮮の国家戦略とパワーエリート』の存在に気づいたのは、遅まきながら 2011 年 12 月、金正日書記が死去し、三男の金正恩が、指導者の称号でその後継者と呼ばれ始めた頃だった。後継体制は、指導者が父親から先軍政治、強盛大国をめざす遺訓政治を受け継ぎ、さらに先軍政治と経済建設の併進路線をとることが明らかになった頃と重なる。

　北東アジアの平和と安全、安全保障、北朝鮮による拉致問題などの人権人道問題の解決には、ヨーロッパで教育を受けた若い指導者に、それまでとは違った新しい北朝鮮の変化を期待する雰囲気も一部にはあった。わずか数年間のスイスでの教育によって、堅牢な独裁体制の変化に期待感を煽る一部の識者の言説は、根拠が薄弱とは思いつつも、そのような幻想が醸し出された一時期でもあった。

　金日成、金正日に続いて金正恩と三代続く金王朝が安定的に継承されるのか、それとも不安定な統治によって崩壊への道をたどるのか様々な憶測がなされている。権力を継承した金正恩は、後継者になるための修業期間は、わずか 3 年。それに比べて金正日は、父親の金日成の強大な権力と保護のもとで 10 年の修業と 20 年の豊富な統治経験を経て権力基盤を築いた。しかし誰もがわずか 30 歳の青年の登場に、政治的経験の不足と浅さを危ぶんだのである。

　金正日総書記の霊柩車につき従った李英浩総参謀長、金英春人民武力部長、金正覚総政治局第 1 副局長、禹東則国家安全保衛部第 1 副部長の 4 人の軍出身の将官と若き後継者の後見人と見られた金正日総書記の義弟で政治局員、党行政部長の張成沢は、粛清される運命をたどった。80 歳を超える党書記の金基南、崔泰福の党関係者だけが残った。テレビメディアに頻繁に露出する多くの北朝鮮専門家は、8 人が新しい指導体制の核心と推測したが、その後の展開は予測を裏切るものであった。

　党第 1 書記に就任し、金正恩は朝鮮人民軍最高司令官への就任をはじめ権力の掌握に入る。第 1 書記の権力強化作業は、粛清と人事を通じて行われている。人民武力部長を例に取ってみると、就任 2 年間で金英春→金正覚→金格植→張正男と 4 人が、平均 6 ヶ月間で交代している。金日成主席が 46 年間で 5 人、金正日が 17 年間で 3 人であったことからすると頻繁な交代である。これまで北朝鮮の権力維持が粛清によって政権

継承をしてきたのは、目新しいことではないが、金正恩の権力掌握はことさら性急だと言える。

さらに朝鮮人民軍の第一線の軍団長の 44%が入れ替わったと、韓国軍の合同参謀本部関係者の指摘からも権力掌握を急いでいる様子がうかがえる。すでに独裁権力を掌中にしたと言われている金正恩は、些細な理由で職務違反、怠慢を口実に政権幹部の粛清を続け、2015 年にはその数が 70 名とも 100 名を上回ったともいわれている。

残念ながら、こうした北朝鮮国内の国家権力の変化の分析を適切に行っている北朝鮮問題専門家、国際政治専門家は少ない。あまりにも北朝鮮の閉鎖国家体質に主因があるのだろうが、腑に落ちるような、北朝鮮情勢、事件の分析、傾聴に値する分析や論述に接したいものであるが、マスメディアからは期待できるようなものが少ない。分析や評価に使っている情報源が、韓国の国家情報院、アメリカ国防省や CIA に偏っていることに原因があるのかもしれない。中国やロシアの専門家の見解で見るべきものがあったとしても日本のメディアで紹介されないのは不思議でしかたがない。当然、北朝鮮出身の専門家による分析、評価に何としても接したいという願望が強くならざるを得ないが、これまで遭遇する機会に恵まれなかった。

北朝鮮は、権力を担う核心階層の性向とは関係なく、統治者の意に無条件で従う首領絶対主義体制であることを事象の背景にあると気づかせてくれる分析、評価は少ない。ここで参考になるのは、北朝鮮の国家戦略を理解するうえで必要な幹部養成、登用、管理が政策決定にどのような影響を及ぼすのかは、首領絶対主義体制の社会で暮らし、核心階層の一員として働いてきた研究者の分析、解説である。

まえがきにある一文は『北朝鮮の国家戦略とパワーエリート』が北朝鮮理解の最適な文献の一つであることを示している。

「私が北朝鮮の国家戦略研究のために権力エリート問題を主題に選択することになった別の動機は、私の出身背景とも関連している。抗日革命烈士の遺児という身分を背景に、父は解放後に万景台革命学院と朝鮮戦争(6・25)と戦後の時期に政府護衛総局、東欧留学過程を経て労働党中央委員会組織指導部副部長、第 1 部部長、幹部部長、検閲委員長、道党責任秘書など権力の核心に長い間身を置くことができた。叔父もまた同じような過程を経て主に軍部で私が韓国に来た後も金日成の側近として変わりなく体制に忠実に尽くしていた。このような家庭環境は私にとって

北朝鮮で幹部の養成と選抜、登用と管理など全般的な変遷過程を間近で見守る機会を提供してくれた。このような出身背景から始まった私の成長と経歴、生活体験も体制と権力層の生理を把握するのに一定の助けになったと言える」

　本書には北朝鮮を理解するうえで必要な首領絶対制を支える思想イデオロギーについての詳述はないが、その理解も欠かせない。「北朝鮮の権力パワーエリート」を支える政治イデオロギーとして、党規約や憲法の上に君臨する金日成の文書「党の唯一思想体系確立10大原則」(1974年2月)は、金日成思想の絶対化をはかったものであった。金正恩時代になって金王朝は金正恩を含めた三代世襲絶対化を考慮に入れる必要から思想体系として金日成、金正日と同格にする神格化作業を進めたのが、新たに改定した「党の唯一領導体系確立10大原則」(2013年9月)である。ここには党、領導という言葉で先代の指導者たちと同格にするのには無理があるが、権力の絶対化からすれば必要な改定であった。北朝鮮の独裁体制を支えるために、全国民がこの「党の唯一領導体系確立10大原則」を一字一句間違えずに暗記することを求めている。こうした呪文が権力維持にどれだけ有効かは、今後を待たなければならないだろうが、当分政権を支える道具としての役割は依然として有効であることは間違いない。

　今後の北朝鮮の命運が衰退、滅亡に向かうのか、外部圧力によって指導者の交代がありうるのか、それとも蘇生し市場経済、民主主義に向かうのかを読み解くために『北朝鮮の国家権力とパワーエリート』が参考文献に加えられることを願っている。

2016年4月8日
理事長　加藤　博

翻訳を終えて

　この著書は、韓国の「先人」という出版社から 2007 年 8 月に初版が出され、2011 年 3 月までに 3 版を重ねた。研究論文でありながら、重版を重ねたことは、今後の北朝鮮の国家戦略を予測するにおいて、北朝鮮出身エリートの手による研究の斬新性が認められた結果であろう。

　著者が、「いかなる国家でも（中略）権力エリートは国家戦略の樹立と実行に決定的な役割を担う（中略）」としながら、北朝鮮の特殊性に触れ、「北朝鮮はエリート（中略）と関係なく、統治者である首領の意中に無条件に従う他ない」と、まえがきで述べている。北朝鮮の国家戦略を予測するにおいては、幹部政策の研究が重要だということである。

　金日成、金正日、金正恩という三代世襲体制の今後を予測することは容易ではないが、この著書が北朝鮮の国家戦略に関心をお持ちの方々に、少しでも応えることができればと願います。

　この著書を翻訳して日本語版を出版しようという話が出てから、出版までに約 2 年の期間を要しました。まず、藤本明夫氏（政治学博士）、増田泰夫氏（脱北日本人）、李善行氏（元在日本大韓民国大使館勤務）と川﨑の 4 人で翻訳をしました。その後、文章のチェックと体裁を整え、パク・ホミ氏（No Fence 世話人、翻訳家）、三浦朝子氏（翻訳家）による韓国語原文とのチェック及び校閲を、山下和雄氏、宋允復氏（No Fence 事務長）、加藤博氏（NPO 法人北朝鮮難民救援基金理事長）、佐伯浩明氏（同基金副理事長）、尹重悦氏（同基金理事）、田平啓剛氏（同基金理事）、高橋さち氏（同基金理事）、浅井政弘氏のご協力で行いました。ご多忙中にもかかわらず、手弁当で参画して下さいました皆様に、心から感謝致します。

　原著のハングル表記人名は、カタカナ表示だと区別が難しくなります。例えば姓の、鄭정、丁정、千천、全전、田전、は総て「チョン」となってしまいます。そのため、できる限り漢字表記にしました。漢字表記に当たっては、ラジオプレス発行の『朝鮮民主主義人民共和国組織別人名簿』に依拠しました。これに記載されていない人名は、ハングル表記しルビ

を付けました。また、文中に記載された言葉で、説明を要すると考えられる部分には、割注を加えました。

　韓国・朝鮮語では漢字語が大半を占めています。しかし、その使い方は日本と異なる場合も多々あります。例えば、「교양」ですが、直訳は「教養」となり、通常は「教育」と訳されています。北朝鮮で「교양」を使う場合、単なる「教育」というよりも「洗脳教育」に近いため、洗脳教育を「教養」としました。
　また、70年間の南北分断で言葉の意味が異なってしまった言葉もあります。北朝鮮で高等教育を受けた著者の書かれた文章の翻訳には、20年前に北朝鮮で購入した『朝日小辞典』(外国文図書出版社)が、意外と役立ちました。

　出版に至るまで、思いのほか時間を費やしてしまいました。この間に、先先代・先代から仕えてきた幹部層に対する金正恩による粛清が続き、大きな変化が起きています。北朝鮮に関心をお持ちの多くの方々に、一人でも多く、読んで頂けることを願っています。

　最後に、出版に至る過程で、多くの方々の助力を賜ったことに、改めて感謝致しますと同時に、理事長の不慮の事故により出版が大幅に遅れましたことをお詫び申し上げます。

　　　　　　　　　　　　　　特定非営利活動法人 北朝鮮難民救援基金
　　　　　　　　　　　　　　翻訳チーム長　川﨑孝雄

北朝鮮の国家戦略とパワーエリート
── 幹部政策を中心に ──

2016年9月28日　初版第1刷

著　　者	玄　成　日 / 현성일
訳　　者	北朝鮮難民救援基金翻訳チーム
企画発行	特定非営利活動法人　北朝鮮難民救援基金
	〒113-0024　東京都文京区西片 2-2-8　A-101
	電話/FAX　03-3815-8127
	E-mail: nkkikin@hotmail.com
発 売 者	斎藤信二
発 売 所	株式会社　高木書房
	〒114-0012　東京都北区田端新町 1-21-1-402
	電　話　03-5855-1280
	ＦＡＸ　03-5855-1281
	E-mail: syoboutakagi@dolphin.ocn.ne.jp
装　　丁	黒岩二三
印刷製本	合同会社　京成社

Ⓒ Life Funds for North Korean Refugees　2016 Printed in Japan
ISBN978-4-88471-442-0 C0031

※乱丁・落丁は、送料小社負担にてお取替えいたします。